[美] 辜朝明（Richard C. Koo）—— 著

被追赶的经济体

发达经济体如何理解与应对新现实挑战

徐忠 任晴 译

PURSUED ECONOMY
UNDERSTANDING AND OVERCOMING
THE CHALLENGING NEW REALITIES FOR ADVANCED ECONOMIES

中信出版集团 | 北京

图书在版编目（CIP）数据

被追赶的经济体 /（美）辜朝明著；徐忠，任晴译. -- 北京：中信出版社，2023.11（2024.9 重印）
书名原文：Pursued Economy: Understanding and Overcoming the Challenging New Realities for Advanced Economies
ISBN 978-7-5217-6015-6

Ⅰ.①被… Ⅱ.①辜… ②徐… ③任… Ⅲ.①经济学－研究 Ⅳ.① F0

中国国家版本馆 CIP 数据核字（2023）第 191688 号

Pursued Economy: Understanding and Overcoming the Challenging New Realities for Advanced Economies by RICHARD C. KOO
ISBN 9781119984276 (Cloth)
Copyright © 2022 by Richard C. Koo
All rights reserved.
Authorized translation from the English language edition published by John Wiley & Sons Limited.
Responsibility for the accuracy of the translation rests solely with China CITIC Press Corporation and is not the responsibility of John & Sons Limited.
No part of this book may be reproduced in any form without the written permission of the original copyright holder, John Wiley & Sons Limited.
Copies of this book sold without a Wiley sticker on the cover are unauthorized and illegal.
Simplified Chinese translation copyright © 2023 by CITIC Press Corporation.
All rights reserved.
本书仅限中国大陆地区发行销售

被追赶的经济体
著者：　[美]辜朝明
译者：　徐忠　任晴
出版发行：中信出版集团股份有限公司
（北京市朝阳区东三环北路 27 号嘉铭中心　邮编　100020）
承印者：　北京盛通印刷股份有限公司

开本：787mm×1092mm 1/16　　印张：31.75　　字数：410 千字
版次：2023 年 11 月第 1 版　　印次：2024 年 9 月第 7 次印刷
京权图字：01-2023-5097　　书号：ISBN 978-7-5217-6015-6
定价：98.00 元

版权所有·侵权必究
如有印刷、装订问题，本公司负责调换。
服务热线：400-600-8099
投稿邮箱：author@citicpub.com

致我最亲爱的妻子千美

对作者此前著作的赞誉

《大衰退年代：宏观经济学的另一半与全球化的宿命》（*The Other Half of Macroeconomics and the Fate of Globalization*, 2018）

辜朝明提出的观点，是过去20年来最重要的经济学观点之一。他在该书中将视角延伸至更大范围、更长远的话题，对那些旨在推动工业化国家实现强劲、可持续经济增长的人而言，辜朝明的观点值得关注。

——劳伦斯·H. 萨默斯（哈佛大学前校长，美国财政部前部长）

辜朝明是当代最重要的经济学家，因为他独创了一套革命性的分析框架，并将其用于准确解释全球经济危机。他的研究成果是革命性的，这并非因为他的理论推翻了先前的经济学理论，而是因为他完善了先前的理论。辜朝明提供了一套政策良方，在经济危机演变为政治危机、继而发展为地缘政治危机之前，为世界提供了恢复繁荣之策。政策制定者越早领会这本非凡著作的政策启示，越早采取行动，我们所有人也将越安全。

——理查德·邓肯（《美元危机：成因、后果与对策》作者，《宏观观察》发行人）

辜朝明是最敏锐的宏观经济政策分析师。他指出，只有财政政策才能有效应对资产负债表衰退。如今，他将视野扩大至世界经济和发达国家经济发展史，认为在可预见的未来，财政扩张是唯一有效的宏观经济政策。但是，与凯恩斯所提出的"政府部门埋钞票，私人部门挖钞票"的建议不同，辜朝明鲜明地指出，发达经济体想要赶上新兴经济体的步伐，需要开展社会生产性投资。
——彼得·特明（麻省理工学院经济学教授）

随着大衰退时代的到来，辜朝明在他的最新著作中挑战了传统观点，认为要审视宏观经济学的另一半，认识到私人部门主要关切的是债务最小化而非利润最大化。辜朝明将他在美国和东亚工作的丰富知识和实践经验引入对经济发展阶段的讨论，他所列举的关于日本和中国的案例尤其引人入胜。我强烈推荐这本书。
——阿克塞尔·莱荣霍夫德（加利福尼亚大学洛杉矶分校、意大利特伦托大学荣誉教授）

辜朝明的这本书将是21世纪经济学著作中能与皮凯蒂《21世纪资本论》相媲美的书。正如这本书标题所暗示的，其分为两个部分：第一部分就像凯恩斯的《就业、利息和货币通论》一样，深度颠覆了传统经济学理论；第二部分则像卡尔·波兰尼的《巨变：当代政治与经济的起源》一样，对当代经济史做了全新分析，并为人类的未来指明了新方向。除教条主义者和反人道主义者外，这本书适合其他所有人阅读。
——爱德华·富布鲁克（世界经济学协会创始人，《真实世界经济学评论》编辑）

所有对全球化问题感兴趣的人都应该读这本书，其兼具了深刻性、分析性、原创性、政策相关性和高度趣味性。
——杰弗里·E.加藤（美国商务部前副部长，耶鲁大学管理学院前院长）

大萧条成就了凯恩斯，大衰退成就了辜朝明。辜朝明不仅把经济学分析带入了21世纪，还往前追溯了几个世纪，并展示了经济学长期以来缺失的东西。这本书深入浅出，所包含的新洞见堪获诺贝尔经济学奖。
——村山杉山（日本京都大学下设 iPS Academia Japan 公司首席执行官，日本央行前研究室主管）

《复盘：一个经济学家对宏观经济的另类解读》（*The Escape from Balance Sheet Recession and the QE Trap: A Hazardous Road for the World Economy*, 2014）

在面临金融危机和潜在通缩的时代，辜朝明一直是重塑宏观经济学的开拓者。这本书以一种清晰而有力的方式展现了他的最新思考。如果想要在未来十年推动工业化国家实现更高质量的发展，无论是否同意他的观点，你都应该仔细研究他的研究成果。
——劳伦斯·H.萨默斯（哈佛大学前校长，美国财政部前部长）

这是一本重要的、极具启发性的、令人兴奋的书，这本书的出版很及时。以书中的观点为指导，越来越多的专家开始认识到全球金融危机与20世纪末日本所经历的危机具有相似之处。这本书的基本观点是，在存在持续负债的情况下，私人部门倾向于实现债务最小化。只有充分理解了这一观点，才能制定适当的政策。对于那些致力于解决当前经济萎靡不振问题的读者来说，这是一本必读书籍。
——丹尼斯·J.斯诺尔（基尔大学世界经济研究所所长，德国基尔大学经济学教授）

辜朝明的这本书为当前宏观经济政策提供了具有洞察力的指南，其中提出的"资产负债表衰退"概念为"流动性陷阱"和"零利率下限"增加了深度和细节。他在书中解释了需要实施什么政策、多长时间才能取得成果。任何关注宏观经济政策的读者，都应该读一读这类分析，以便知道世界经济如何才能再现繁荣。

——彼得·特明（麻省理工学院经济学教授）

我一直喜欢辜朝明的风格——简洁的理论、敏锐的观点、自洽的逻辑，更重要的是，一套可行的解决方案。此书绝对值得一读。

——高西庆（清华大学法学院教授）

2008年金融危机爆发后，政府和金融机构在风险管理、金融监管、市场组织以及财政和货币政策等领域进行了广泛变革。但不幸的是，这些措施缺乏对基础性问题的统一认知。辜朝明用一种清晰、有趣、犀利的方式，诊断出当下挑战的核心本质，并提出合适的应对政策。对于对未来全球经济感兴趣的读者，这本书可以提供必要的指导。

——杰弗里·E.加藤（美国商务部前副部长，耶鲁大学管理学院前院长）

当人们书写这段经济萧条的历史时，那些无视辜朝明的发现的政策制定者，将会因为给社会带来不必要的痛苦而受到严厉的评判。

——理查德·邓肯（《美元危机：成因、后果与对策》作者，《宏观观察》发行人）

《大衰退：宏观经济学的圣杯》（*The Holy Grail of Macroeconomics: Lessons from Japan's Great Recession,* 2008, revised 2009）

日本政策制定者曾指出，美国面临陷入长期经济疲软的危险。他们的这一观点是正确的，你如果想知道其中原因……应该读一读辜朝明的杰作。

——马丁·沃尔夫（英国《金融时报》副主编及首席经济评论员）

关于对20世纪90年代的日本金融危机的讨论，可能永远也不会终止。但辜朝明的书可能是所有已出版书籍中最重要的。不管你同意与否，任何对美国当前形势的分析，都必须考虑辜朝明的观点。

——劳伦斯·H. 萨默斯（哈佛大学前校长，美国财政部前部长）

辜朝明再一次成功做到了！他为美国大萧条和日本15年持续衰退提供了独一无二的理论解释，让人们对美国以及其他经济体当前面临的问题有了全新理解。这本书是智慧的结晶，无论对于经济学家、政策制定者还是个人投资者而言，这都是一本必读书。

——出井伸之（索尼公司前董事长兼首席执行官）

辜朝明在资产负债表衰退方面的开创性工作，对我们理解过去15年日本经济和货币当局所面临的困难有巨大价值。在这本书中，他论证道，美国大萧条也同样是由私人部门对资产负债表衰退的担忧引发的，预示了这类衰退可能发生在任何一个"泡沫后"的经济体中。我希望，当其他国家在应对类似衰退（包括美国次贷危机）时，这本书中所包含的经验教训能有其用武之地。

——三重野康（日本央行前行长）

这本书提供了一套巧妙的、原创性的分析框架，我们可以将其用于解释和克服"泡沫后"的经济危机，比如2008年国际金融危机。通过对"货币政策可以有效抗击由泡沫引发的衰退"这一观点进行质疑，辜朝明在当下这个正确的时点，为经济学理论做出了极其重大的贡献。

——理查德·邓肯（《美元危机：成因、后果与对策》作者，《宏观观察》发行人）

《资产负债表衰退：日本与未特许经济学的斗争及其全球影响》(*Balance Sheet Recession: Japan's Struggle with Uncharted Economics and its Global Implications,* 2003)

这本书为理解经济衰退提供了突破口，尤其是对于理解这场严重且长期困扰日本的经济衰退，更是如此。辜朝明为观察日本经济和其他处于类似困境中的经济体提供了独特视角。
——出井伸之（索尼公司前董事长兼首席执行官）

辜朝明的写作具有强烈的紧迫感，为有关日本经济的未来这一旷日持久的讨论提供了全新且必要的视角。
——保罗·沃尔克（美联储前主席）

正如这本书所揭示的，日本一直在进行历史性的经济试验，其成功不仅符合日本的利益，也符合世界的利益。我高度评价辜朝明对资产负债表衰退的洞察力，以及他敢于警告政府和人民在这次非同寻常的衰退中放弃试验的勇气。
——中曾根康弘（日本前首相）

辜朝明对普遍性资产负债表衰退及其在20世纪90年代以来经济停滞中起到的作用，进行了极具说服力的分析。相较于传统宏观经济学理论，资产负债表衰退理论为日本银行体系和日本经济的影响提供了一个全新的解释思路。过去，日本政府推出的财政政策备受质疑，而辜朝明的分析框架则是对日本财政政策的背书。
——安东尼·M.所罗门（国际经济研究所执委会主席，纽约联储前主席和首席执行官，美国财政部货币事务部前副部长）

目　录

译者导读 / *003*

序　言 / *015*

第一章　理解宏观经济学的另一半 / *001*

第二章　资产负债表问题导致借款人短缺 / *029*

第三章　引入"被追赶的经济体"概念 / *081*

第四章　经济发展三个阶段的宏观经济政策 / *117*

第五章　经济增长和维持发达经济体地位所面临的挑战 / *169*

第六章　新冠肺炎疫情和量化宽松陷阱期间的货币政策 / *229*

第七章　欧洲正在重复20世纪30年代的错误 / *291*

第八章　宏观经济学另一半中的货币和银行 / *329*

第九章　逆全球化以及自由贸易和自由资本流动之间的冲突 / *373*

第十章　经济学再思考 / *429*

参考文献 / *467*

后　记 / *477*

译者导读

徐忠　任晴

辜朝明以其对 20 世纪 90 年代日本大衰退的研究所提出的资产负债表衰退理论而扬名于国际经济学界。在之后的 20 余年里，他持续运用这一理论对欧盟和美国在泡沫破裂后，以及新冠肺炎疫情暴发后陷入资产负债表衰退的情况和政策应对进行思考。这本书是作者在疫情防控期间对资产负债表衰退和全球化背景下政策选择的分析。书中关于宏观经济学的另一半理论及政策应对等观点为越来越多的经济学者所接受，对疫情后中国经济的宏观政策选择有一定借鉴意义。

经济发展阶段与宏观理论和政策的选择

作者根据经济活动中借贷双方是否充足以及经济体工业化情况，将经济发展划分为四种情形和三个阶段，经济体在不同阶段所处的经济情形不同，因此宏观政策选择也是不同的。传统经济学理论能够解释四种情形中的前两种，即市场主体以利润最大化为目标；但是对后两种情形，即宏观经济学的另一半，市场主体以债务最小化为目标，传统经济学理论不足以解释，只有运用资产负债表衰退理论方能释义。

所谓经济所处的四种情形，是根据贷款人（储蓄者）和借款人

（投资者）的多寡来划分的。情形一是贷款人和借款人都很充足；情形二是借款人比贷款人多，即使在高利率条件下也是如此；情形三是贷款人比借款人多，即使在低利率条件下也是如此；情形四是借款人和贷款人同时缺乏。传统经济学默认借款人已经存在，即情形一和情形二，并且借款人资产负债表良好，愿意积极寻找有吸引力的投资机会，追求利润最大化。但是，如果借款人短缺，即情形三和情形四，则传统经济学无法解释。借款人短缺的主要原因有两个。一是资产负债表衰退，市场主体因净资产为负而停止借款，在资产负债表修复之前不会恢复借款。二是国内缺乏有吸引力的投资机会。投资机会的可得性取决于多种因素，包括技术创新和科学突破的速度、商人判断投资机会的能力和其借款意愿、劳动力和其他投入的成本、合理定价融资的可得性、知识产权的保护和经济及世界贸易的状况。每个因素的重要程度均取决于一国的经济发展阶段。对于已处于技术前沿的国家而言，技术创新和科学突破的速度更加重要；而对于新兴经济体而言，合理定价融资的可得性和知识产权的保护可能同等重要。

根据经济体工业化程度的不同，经济发展又可以分为三个阶段，即刘易斯拐点前的城镇化阶段、跨越刘易斯拐点的黄金时代和被追赶的阶段。第一，在刘易斯拐点前的城镇化阶段，即工业化初期，劳动力无限供给，贫富差距显著，资本收入份额增长快于劳动力收入份额增长，企业不断增加投资赚取更多收入。持续的高投资率意味着国内资本积累和城镇化进程发展迅速，这是一个经济体经济增长的起飞期。第二，跨越刘易斯拐点的黄金时代，城镇化基本完成，对劳动力的需求会推高工资，收入差距自我修正，普通公民购买力持续增长，企业也有动力扩大产能、提高利润，衍生出投资性借贷的增长。此时经济的供给和需求、消费和投资都较为强劲。第三，在被追赶的阶段，经济体的资本回报率低于新兴经济体，外国工人的工资水平远低于国内水平，企业不再有同样的动力投资国内，转而开始在海外投资。

经济体在不同发展阶段对宏观经济政策的选择各有侧重。第一，在刘易斯拐点前的城镇化阶段，由于工人的工资被抑制，通胀不是主要问题。此时财政政策能够发挥较大作用，提供的基础设施可使私人部门的投资蓬勃发展。第二，在整个黄金时代，私人部门对借款的强劲需求将货币乘数推至最高值，此时货币政策非常有效。而财政政策在此阶段刺激经济的能力有限，因为有"挤出"私人部门投资的倾向。只有当发生资产负债表衰退时，财政政策方能发挥作用。第三，被追赶的经济体面临的最根本宏观挑战是，企业因在国内没有足够的投资机会而无法吸收私人部门储蓄。在此阶段，货币政策逐步失效，借款人的缺失导致无论利率降至多低都无法刺激经济。相反，财政政策此时不会对私人部门造成"挤出"，并能够吸收储蓄转化为投资，因此财政政策更加有效。

全球主要经济体应对资产负债表衰退政策的评价

日本、美国和欧盟等国家和地区在面对资产负债表衰退时，做出的政策选择并不相同。

20世纪90年代初日本经历资产负债表衰退，此后20余年，日本执政党理念不同导致财政政策方向多次改变，且每次实施财政刺激的力度和规模都不够充分，因此未能达到彻底恢复经济的效果。1997年日本接受国际组织的建议，实施了一系列财政紧缩措施，旨在将财政赤字降至15万亿日元［日本GDP（国内生产总值）的3%］，这引发了全面的日本银行业危机。危机发生后，日本政府迅速实施一系列财政刺激措施以防止经济收缩，取得了一定成效。2001年日本政府受传统财政理念的影响，重新开始财政紧缩，旨在将财政赤字控制在30万亿日元（日本GDP的6%），经济再次陷入停滞。2008年日本为应对全球金融危机，实施了四轮财政刺激措施，有效稳定了经济。但

2009年后日本政府仍坚持控制财政赤字，并认为扩张的货币政策足以支撑经济，因此在2014年和2019年相继上调消费税，这导致经济增长再次受到打击。正是财政刺激的力度和规模不到位，导致了日本经济的长期停滞。

美国对次贷危机和疫情衰退两次危机的应对有所不同。雷曼兄弟倒闭后，伯南克遵循其导师弗里德曼的观点，将联邦基金利率降至0~0.25%的超低水平，并在2008—2014年10月出台三轮量化宽松政策，合计购买3.9万亿美元的资产，但这些措施仍无法阻止信贷紧缩，这使伯南克认识到：在私人部门不借钱时，货币政策效果取决于最后借款人，即政府。因此伯南克与耶伦一道，警告美国政府不要进行财政整顿限制政府支出，避免了美国跌落"财政悬崖"。在此阶段，美国实施了为期两年、合计7 870亿美元的一揽子经济刺激计划[①]，金额约占美国GDP的2%。但这2%的财政刺激力度太小，根本不足以扭转经济颓势。叠加2010年中期选举后美国开始平衡政府预算，后续没有财政刺激继续跟进，导致资产负债表长期难以修复。2020年新冠肺炎疫情暴发后，美联储向市场注入了大规模资金，并迅速将联邦基金利率降至零，同时向非金融企业提供流动性，通过直接购买公司债券，缓解市场对企业生存的担忧，安抚市场情绪，上述措施使公司债券收益率回到疫情前的水平。与此同时，美国政府认识到财政刺激的重要性，仅在2020年就先后推出多轮、合计3.9万亿美元的财政刺激措施，约占美国GDP的20%。2021年，拜登政府通过了1.9万亿美元的经济支持计划和1.2万亿美元的基础设施支持计划。然而，大规模的财政措施对价格形成上行压力，一旦疫情结束，经济恢复正

---

① 2009年2月，时任美国总统奥巴马签署通过《美国复苏与再投资法案》，实施了7 870亿美元的经济刺激计划，包括约3 000亿美元减税、约2 000亿美元基础设施项目，以及直接惠及各州和个人的2 500多亿美元。

常，居民手中的财政资金就会变成真实的需求，在量化宽松并未退出的背景下，必然带来通货膨胀。

欧盟的情况较为复杂，德国在 2000 年互联网泡沫破裂时就进入了资产负债表衰退，欧洲央行通过降低隔夜存款利率在其他地区制造泡沫帮助德国走出衰退。2008 年后，欧洲其他地区陷入资产负债表衰退，欧洲央行进一步放松货币政策，将隔夜存款利率降至零以下。整个过程欧盟都在固守《稳定与增长公约》对财政政策的限制，即财政赤字不得超过当年 GDP 的 3%，导致欧洲经济长期疲软。新冠肺炎疫情暴发后，欧盟从欧元区危机中吸取了教训，在疫情防控期间暂停了《稳定与增长公约》和"财政契约"对财政赤字 3% 的限制。① 然而，由于担心本国财政状况恶化会导致政府债券被抛售，各成员国仍不愿采取较大的财政扩张行动。欧元区的这种 19 个相同币种政府债券相互竞争的情况，让各成员国在实施财政措施时存有顾虑，这种特有的市场因素形成的财政束缚变相剥夺了成员国的财政主权。如果成员国不能利用本国私人部门产生的储蓄来对抗经济衰退，选民将会认为本国政府无法控制本国的经济命运，并对民主机制和欧元失去信心。

财政政策的作用和政策优化

当借款人缺乏时，政府应当通过财政政策充当最后借款人。私人部门因为资产负债表衰退等开始追求债务最小化时，政府充当最后借款人，可以通过财政刺激将私人部门储蓄转化为投资。与此同时，由于没有私人部门借款人，政府债券收益率（政府的借贷成本）处于极低水平。如果通过妥善选择和执行，很多基础设施项目能够基本实现

---

① 暂停至 2023 年底。

收益和融资成本的平衡。这时即使公共债务规模增加，也不会给政府偿还债务增加太大压力。

对于公共项目，政府需要建立一个独立的委员会进行筛选，从回报率和紧迫性两个方面进行考量。一方面，政府在评估项目的回报率时，需要找到回报率能够超过政府融资成本的项目，即选择能够实现收益和融资成本平衡的公共项目，以降低未来政府还债压力。这里的回报率是指社会回报率，受诸多难以量化的外部因素影响，需要谨慎评估。另一方面，政府也要考虑是否有充足的时间建立委员会或等待理想的公共项目。因为立即实施可动工项目能够增加的 GDP 和工作机会，通常会大大超过等待理想公共项目所节约的收益，因此政府需要在营利性和紧迫性中做出选择。此外，委员会的独立性十分重要，需要赋予其一定的法律地位确保委员会有权力拒绝不适当的项目申请。委员会还承担监督责任，确保项目的后续执行能够实现收支平衡。

被追赶的经济体面临的问题和解决途径

被追赶的经济体面临两个问题。一是国内投资回报率低，企业将投资转移至境外高回报率地区。在股东要求提高资本回报率的持续压力下，企业缺乏投资国内生产的动力，并选择投资海外或直接购买海外低成本产品，这直接导致国内借款需求减少。二是国内融资性贷款的比重逐步增加。贷款可分为经营性贷款和融资性贷款，两者有着重要区别。经营性贷款是以实际消费和投资为目的的融资，资金用于建造工厂或者购买消费品，对 GDP 增长有贡献。该指标提供了企业扩张情况，是能够提供未来经济活动走势的领先指标。融资性贷款是为购买现有资产而进行的融资，例如购买现存房产或股票等，只涉及资产所有权的转移，对于经济增长并无直接促进作用，对 GDP 增长无贡献，但是可以用来衡量未来资产价格。

随着经济体从黄金时代进入被追赶的阶段，融资性贷款的比重相较于经营性贷款的比重逐步增加，这必然形成泡沫和资产负债表衰退的循环。由于资本追逐境外市场更高的投资回报率，被追赶的经济体对经营性贷款的需求不断减少。而融资性贷款的资金会留在本国金融部门，投向房地产和股票等现有资产并"炒作"价格，形成资产价格泡沫。如果资产价格泡沫严重到一定程度，央行通常会以提高利率的方式来削减泡沫。泡沫破裂会导致资产价格崩溃，进而使经济进入资产负债表衰退。

为解决上述问题，被追赶的经济体需要从长期和短期两个角度入手。从短期来看，政府必须继续借款并将私人部门多余的储蓄用于能够收支平衡的公共项目，直至国内投资回报率得到长期的改善。从长期来看，解决被追赶的经济体缺乏投资机会的办法是通过结构性改革提高国内资本回报率，这通常需要十年或更长时间才能产生宏观经济效果。结构性改革可从三个方面开展：第一，寻求供给方面的改革，如放松管制和减税，提高国内资本回报率；第二，提高劳动力市场的灵活性，降低工资的刚性和雇佣关系的固定性，以便企业能够通过调整劳动力成本来应对追赶上来的经济体的竞争；第三，改革教育系统，以应对被追赶经济体特有的人力资本需求的增加和不平等问题。

从稳经济和稳金融两方面应对危机

在出现经济危机、市场主体资产负债表衰退时，政策制定者的首要任务是稳定经济增长，也就是稳定总需求，同时要稳定金融体系。

应对危机首先要稳定总需求。私人部门因资产负债表衰退等总需求减少，充足的财政刺激是稳定总需求的关键。美国在新冠肺炎疫情后实施了充足的财政刺激，及时稳定了总需求。而日本在20世纪90年代资产泡沫破裂后未实施充足的财政刺激，导致日本经济长期停滞。

稳定金融体系是应对危机的另一重要任务，其核心是确保贷款人充足，避免信贷紧缩。在这个过程中，决策者需要解决的问题是如何处理好金融机构的道德风险和识别应对系统性风险的关系。拉美债务危机和次贷危机期间，美国通过"以时间换空间"策略较好地稳定了金融体系。两次危机期间，尽管美国的很多银行已经资不抵债，但是监管当局没有急于要求银行提高资本充足率或核销不良贷款，而是选择让银行继续放贷经营，避免集中抛售导致资产价格暴跌，进一步加剧危机的恶性循环。美国的银行在此宽容政策下逐步恢复并重建资产负债表。这种被称为"假装和拖延"策略的实质是"以时间换空间"策略，成功稳定了金融体系，避免了信贷紧缩，维持了贷款人的充足。相反，日本在处理1990年资产泡沫破裂时的错误政策应对引发了信贷紧缩，进一步加剧了危机。一方面，泡沫破裂后日本急于要求银行处置不良贷款而不是稳定信贷，监管当局在1995年开始要求银行针对不良贷款进行巨额拨备，到2001年约80%的不良贷款损失已经备抵，大量资金无法用于贷款；另一方面，日本试图推动银行业内部纾困，即让债权人和债务人直接承担损失，意图取消全面存款保险，这使日本的商业银行信用评级大幅下降，任何一家银行破产都会引发银行挤兑，导致银行贷款意愿极低。两种政策叠加使日本发生了全国性信贷紧缩。

在稳定金融体系时，区分普通的银行危机和系统性银行危机是关键。在只有少数银行陷入困境且其处置不会影响系统稳定时，监管当局选择处置不良贷款、内部纾困、提高资本充足率等市场化处置方案是较为合适的，银行体系的其他部分和经济都可以吸收市场化处置的冲击。而在系统性银行危机中，拯救银行业至关重要。此时很多银行面临相同的问题，市场化处置容易导致合成谬误，形成系统性风险。

其中有几处需要特别注意的问题。一是需要授予监管机构相关权力，确保其立即采取行动。救助银行的决定十分艰难，因为这涉及道德风险的问题。一些央行可能会考虑救助行为的合法性，担心越权而未采取必要的行动，直到错过最佳救助时机。因此，在出现系统性银行危机的迹象时，应明确授予监管当局相关权力，让其能够立即采取救助行动。二是对银行实施救助的策略，结束信贷紧缩应优先于修复银行资产负债表，确保市场中贷款人充足。清理不良贷款和结束信贷紧缩是两个对立的目标，银行处理不良贷款越快，资本缩水越大，这就妨碍了放贷活动。尽管两者都是最终要实现的目标，监管当局应该优先以时间换空间，结束信贷紧缩，然后将核销不良贷款作为中长期的目标，让银行利用收入逐步核销。

量化宽松政策的使用应适时适度

量化宽松政策是为经济发展提供宽松货币环境的非常规手段，但量化宽松政策存在两个问题：一是在退出量化宽松时会出现货币当局与市场投资者之间的拉锯战，引发市场动荡，即量化宽松陷阱；二是过度量化宽松政策的总成本会大于总收益。因此量化宽松政策的使用应适时适度。

第一，在退出量化宽松时会出现量化宽松陷阱。与未实施量化宽松的央行相比，实施了量化宽松的央行在进行货币正常化时，需要先出售超大规模的长期债券，才能挤干超额准备金。这会使债券价格下跌、收益率迅速升高，很可能引发股市崩盘，带来负的财富效应。一旦引发市场动荡，央行就需要在政策上做出退让，确保市场总体稳定。市场恢复后，央行继续推动货币正常化，又可能引发新一轮波动。因此实施了量化宽松的央行自开始货币正常化，就会和市场之间反复拉锯。

全球量化宽松陷阱会以本币升值的形式呈现。例如，在 2014 年美联储宣布有意实现利率正常化后，美元的走强就是全球量化宽松陷阱的体现。当时受美国利率升高、日本和欧洲利率下降的预期影响，欧洲和日本的资本涌入美国债券市场，寻求更高的收益率。这些资金的流入推动美元大幅走强。美联储被迫缓和由美元汇率飙升带来的各种政策反应。另外，全球量化宽松陷阱的情况在一定程度上取决于其他央行的行动。对于率先退出量化宽松的经济体，在本币迅速走强的同时，流入的外国资本会平抑本国债券收益率上升的幅度。对于最后退出量化宽松的经济体，在其他央行退出量化宽松时，其他币种走强，本国会受益于货币贬值，这正是日本央行希望实现的目标。但是，最终该央行在退出量化宽松时，该国债券收益率上升的幅度可能更大，因为届时国内外投资者将都倾向于购买其他国家已经抬高收益率的债券产品，不会急于购买本国债券。总之，最后一个退出量化宽松的国家，无法通过外国资本流入来平抑债券收益率的上扬。

第二，过度量化宽松政策的总成本会超过总收益。退出量化宽松会提高债券收益率并使本币走强，进而抑制经济活动，导致经济复苏更慢。如果从整个政策周期的视角分析，过度量化宽松政策的总成本会超过总收益。如何在不将债券收益率或汇率推至极高水平的前提下，退出数万亿美元的量化宽松，是西方和日本货币当局今天面临的最重要挑战。因此维持宽松的货币环境无可厚非，但不能过度。

正确认识宏观经济中常见的合成谬误问题

宏观经济中充满了合成谬误问题，经济学家应学会识别这些违反日常直觉的合成谬误，避免掉入陷阱。首先，宏观经济中经常出现合成谬误。第一个例子就是"节俭悖论"，如果所有人都想储蓄，无人愿意借钱，经济缺乏增长动力，那必然会衰退至较低的稳态水平。凯恩斯正是认识到了这个宏观经济学中存在的合成谬误问题，因此提出了总需求的概念，以区别于对个体需求的简单加总。第二个例子是资产负债表衰退，当私人部门为恢复财务健康而同时去杠杆时，会造成借款人的消失，从而引发通缩螺旋。第三个例子是个人节省引发整体储蓄下降。人们试图通过购买更便宜的进口商品来省钱，从而获得更多储蓄和消费，但这会导致在本国生产此类进口商品竞品的企业和就业人员收入下降。部分人员收入和储蓄的下降，最终会导致本国整体储蓄的下降。其次，金融体系同样存在危险的合成谬误陷阱。当资产价格泡沫破裂时，所有人都想通过出售资产来止损，从而导致市场中没有买家，资产价格彻底崩溃。处理系统性银行危机时同样面临合成谬误问题。当整个银行业都面对相同的资产价格暴跌问题时，核销不良贷款会进一步加剧危机的恶性循环，从而导致银行体系崩溃。

跨境资本自由流动与逆全球化思潮

在全球资本自由流动前，贸易的失衡可以通过汇率调整来重塑平衡。1980 年，美国、欧洲和日本开始推动资本自由流动，汇率不再仅由贸易决定，而是更多地由资本收益率和资本流动决定。资本自由流动影响汇率形成机制，使汇率无法纠正贸易失衡。

被追赶的经济体国内投资回报率低于国外新兴经济体，因此具有跨境投资的需求，这会引发跨境资本流动并影响汇率的形成机制。汇率定价的复杂性使汇率失去了纠正贸易失衡的作用，贸易的持续失衡让越来越多的人认为自己是自由贸易的输家，在自由贸易中承担了损失。这导致了当今包括美国在内的国家开始出现对自由贸易的抵制，政治领域出现逆全球化的思潮，自由贸易受到保护主义的威胁。因此，经济体应对资本项目的跨境流动实施一定的管控，让贸易失衡重新找回调节机制，这将会在一定程度上缓和逆全球化与贸易保护主义的思潮。

应该看到，在这本书中，作者基于其背景和立场，对中国特色社会主义市场经济发展的方式和道路存在片面理解和认识误区，读者应该坚定道路自信和理论自信，用批判的眼光客观看待和理解相关问题及观点。历史上，我国在亚洲金融危机和国际金融危机的时候，分别通过有助于增加总需求的结构性改革和实施大规模的刺激计划，帮助经济走出了困境。相比较而言，后者留有一些后遗症，为各方所诟病。这也是作者的应对资产负债表衰退政策在国内有争议的原因。当然，作者分析问题的框架值得我们借鉴，应对的政策应结合本国国情。

序　言

近年来，新冠肺炎疫情、俄乌冲突对世界经济造成破坏，很多人陷入艰难境地，普通人如此，经济学家也如此。但经济学家面临的困境早已显现：绝大多数政界、学界、商界的经济学家既未能成功预测2008年后的大衰退，也没能预测这场大衰退的严重程度和持续时间，这给政府部门和经济学界造成严重的信誉危机。毕竟，这场大衰退肇始于内生因素，而非新型病毒或地缘冲突等外生因素。那些所谓的"专家"为大衰退开出的药方千差万别，央行和其他政策制定者推出的天量货币宽松政策则在实现通胀与经济增长目标时频频失败，于是公众理所当然地开始质疑政府及其经济学家。

我提出了"被追赶的经济体"概念，叠加此前提出的"资产负债表衰退"理论，尝试对"为什么一个强大而有活力的经济体会失去增长动力并陷入长期停滞"这一问题做出解释。近期，俄乌冲突和新冠肺炎疫情后的供给约束推升了通胀水平，但很多人经历了数年乃至数十年的实际收入停滞，感到自己"被遗忘"，愤怒不已。

因为年龄大、资历深，我还能回忆起20世纪60年代的美国、80年代的日本和90年代的中国台湾，那时的人们充满了活力和希望。在那个时代，空气可能没有现在新鲜，但其他一切似乎都在有条不紊地向前发展，几乎所有人都能从经济增长中获益，面对未来，人们满怀信心。对于今天的许多发达经济体而言，这种美好光景已然不再。

我对上述三个经济体很熟悉，尽管三个经济体有着截然不同的文化背景，但都经历了非常相似的经济发展过程。这些经济体之间的文化或历史差异可能会对 GDP 增长造成几个百分点的差别，但它们都经历了类似的经济发展阶段，并且都面临着长期的低利率和低通胀——至少在新冠肺炎疫情暴发之前如此。

此外，2008 年以来，尽管大多数主要央行实施了大规模货币宽松政策，但通胀仍维持低位。财政赤字和公共债务大幅增加，但利率仍处于较低水平：首先是 1990 年后的日本，然后是 2008 年后的西方国家。日本和欧元区许多经济体的债券收益率实际上已经转为负值。

上述现象与当前仍在大学讲授的经济学课程内容并不一致，后者认为大规模的印钞会导致恶性通胀，而巨额财政预算赤字如果不推升通胀，就会导致高利率。零利率或负利率在资本主义制度中意味着什么？这个问题让人百思不得其解。人们很好奇卡尔·马克思或托马斯·皮凯蒂会如何解释"负利率"。

25 年前，我提出日本资产负债表衰退的概念，用以解释为什么经济体在泡沫破灭后会陷入多年停滞，以及为什么在此衰退期间传统货币政策药方基本无效。这一观点的关键在于认识到，私人部门并非总如经济学教科书中所假设的那样追求"利润最大化"，而是在面临严峻的资产负债表挑战（债务积压）时，会选择追求"债务最小化"。

一旦传统宏观经济学的基本假设被推翻，并承认追求债务最小化的可能性，则所有建立在原始假设上的观点都必须被重新认识，包括许多权威的政策建议。这是因为，如果一部分人储蓄或偿还债务，那么为了维持国家经济正常运转，另一部分人就必须借贷和消费。如果私人部门作为一个整体偿还债务（哪怕利率为零），那么为了实现经济正常运转，公共部门就必须借贷和消费。

虽然资产负债表衰退的概念有助于解释自 2008 年以来在西方和自

1990年以来在日本观察到的许多现象，但它不能解释现象的全部。这些国家发生的一些现象早于2008年，或者晚于其资产负债表衰退，因而难以归咎于资产负债表衰退。例如，西方国家的收入增长放缓早在2008年资产负债表衰退前就开始了，而日本的经济低迷在2006年私人部门完成资产负债表修复后仍持续了很长时间。

我进而想到了在极低利率环境下，私人部门追求债务最小化甚至不愿借贷的另一个原因，即企业无法找到足够有吸引力的投资机会，借贷和投资变得无利可图。毕竟在商业和经济领域中，没有人能保证这样的机会一直充足。

企业在找不到投资机会时，通常会倾向于最小化其债务，除非税收安排和资产回报不够适宜。在没有债务的情况下，企业在长期内存活下来的概率显著上升。与之相应，投资机会不足有两个可能的原因。第一个原因是缺乏技术创新和科学突破，导致具备可行性的投资项目变得难找。这也能解释18世纪60年代工业革命前长达几个世纪的经济停滞。第二个原因是海外资本回报率更高，促使企业选择赴海外而非在本国开展投资。发达经济体的企业在进行投资决策时，这个因素和技术进步因素同等重要。20世纪70年代的日本和90年代的新兴经济体相继崛起，改变了西方企业的投资选择。它们继续推动利润最大化，不断满足股东对更高资本回报率的期望，但大部分投资不再发生在本国市场。认识到企业投资在区位选择上不再局限于本国后，我在本书中提出了"被追赶的经济体"这一概念。

然而，主流经济学界没有顾及私人部门资产负债表困境和低资本回报率带来的宏观经济学启示，即便所有发达经济体都遇到了这些问题，经济学家给出的政策建议仍旧是旧调重弹：货币宽松、平衡预算，而这基于的假设还是企业只在本国投资，追求利润最大化。

由于政府承诺的经济复苏远远慢于公众预期，而且往往根本不能实现，公众逐渐对老牌政党的能力失去信心，并开始投票给政治外行

（outsiders）和极端分子，这在任何社会都是危险迹象。当前，社会保障体制已经明显健全，这意味着今天的民主国家比 20 世纪 30 年代更能应对衰退及政策失误，但如果中左翼和中右翼领导人继续推行有根本性缺陷的经济政策，从而导致普通民众陷入痛苦，那么民主将无法存续。

一旦掌握了经济停滞和传统经济政策失效的根本原因，政策应对自然水到渠成。然而，在发达经济体尚未面临资产负债表问题、资本回报率相较新兴经济体更高时，人们形成了一套关于货币政策和财政政策的传统观念。如今，环境已然不同，想要摆脱当前的经济困境，提高政策有效性，我们必须摒弃传统的政策观念。

几个世纪以来，在新现象挑战旧理论的过程中，物理学和化学不断发展演进。大量实际案例表明，人们最终会认识到，过去的认知并非谬误，而只是更大真相的一部分。经济学也类似，学校教授的经济学并非完全不对，而是只适用于特殊情形，如私人部门资产负债表健康、国内存在大量可观的投资机会值得企业借贷。如果这些条件不满足，我们则需要寻找一种全新的、广泛的理论范式，在不依赖上述特殊情形的前提下，对现实情况予以解释。

本书出版的初衷，是对我上本书《大衰退年代：宏观经济学的另一半与全球化的宿命》的修订和更新，全书的结构和章节设置与上本书类似。居家办公后，我无须每天地铁通勤，也无须经常飞往一些金融中心，因此有大量时间用于这本新书的创作，内容上可以超越上本书，相应地，也就有了这本新书的标题。

我希望本书有助于解释为何过去有效的政策却在今天失效，为什么怀念过去美好的日子无助于解决未来的问题。面对这些改变，有的应对方式是正确的，有的则不然。一旦理解了改变背后的驱动因素，政策制定者和市场参与者也就能对当前的全新环境予以正确的应对，而不用把时间都浪费在已经失效的政策上了。

第一章

理解宏观经济学的另一半

人类的进步，始于中国文明、埃及文明和美索不达米亚文明的兴起。13世纪开始的欧洲文艺复兴，则加速了人类的探索，人们深入理解物质世界，探寻更好的政府组织形式等。但接下来的几个世纪，这种进步仅惠及了少数幸运者，让他们有食物可享用，有闲暇思考世俗事务。反观普通大众，他们即使进入18世纪，生活质量也只是比文艺复兴时期略有改善。皮凯蒂在《21世纪资本论》一书中指出，在此期间，经济增长基本处于停滞状态，年均增长率仅为0.1%。[①]

然而今天，经济增长通常被认为是理所当然的，因此人们发现经济增速放缓时，就会感到忐忑不安。大多数经济学家也只会讨论"如何重回高速增长的正轨"，他们认为，如果通货膨胀率达到2%的目标，经济就会重回过去的高增长水平。但他们从未寻根究底：这一增长趋势一开始是如何启动的？我们有必要对经济发展及其运行逻辑进行回顾，以便理解为什么经过数百年的经济停滞后，会迎来一段时间的高速增长，而紧随高速增长而来的是当前正在经历的经济增速下

---

① Piketty, Thomas（2014）, *Capital in the Twenty-First Century*, translated by Arthur Goldhammer, Cambridge, MA：Belknap of Harvard University Press.

降、社会紧张局势加剧。

宏观经济学常识：我之支出，他之收入

一个人的支出就是另一个人的收入。住户部门和企业部门的支出和收入决策之间，有着千丝万缕、密不可分的联系，而正是这种联系让经济学既充满趣味又独特无比。经济学的趣味性在于，居民与企业之间的互动关系使得一加一通常不等于二。

假设世界上只有两个经济主体（A和B），每一个经济主体从另一个经济主体购买1 000美元的商品。如果A为了应对未来的不确定性，决定将收入的10%（100美元）用于储蓄，减少向B的100美元商品购买，则B用于向A购买商品的收入也将减少100美元。B的收入从1 000美元减少至900美元，并将向A购买商品的支出减少100美元，则A的收入降至900美元。A原想将收入的10%用于储蓄，结果仅储蓄了90美元，而不是最初计划的100美元。可以看到，两个经济主体之间的互动，会导致一加一不等于二的情况。

如果只有两个参与主体，则它们之间的反馈回路可以被轻易识别。而当出现千百万个参与者时，情况就不一样了，但一个人的支出是另一个人的收入，这一原则不会改变。

收入与支出之间的这种互动关系还意味着，在国家层面，如果一个群体在储蓄，那么另一个群体必然在做相反之事（即"去储蓄化"，dissaving），从而保证经济正常运转。"去储蓄化"通常以借贷方式呈现。如果所有人都在储蓄，而无人"去储蓄化"，则储蓄将从整个经济体的收入流中漏出，结果是所有人的收入都会减少。

例如，如果一个人收入1 000美元，将其中900美元用于消费，100美元用于储蓄。用于消费的900美元会成为另一个人的收入，并继续进入经济循环，而储蓄的100美元通常会存放于金融机构，比如

银行，并贷款给最能高效使用资金的其他主体，一般来说是企业主体。企业借款后支出这 100 美元，经济体中的总支出等于 900 美元加上 100 美元，与最初的 1 000 美元收入相等，经济将继续向前运转。

但是，如果这 100 美元找不到借款人，则这 100 美元还存放于金融机构，经济体的总支出会从最初的 1 000 美元萎缩至 900 美元。以此类推，如果人们获得 900 美元的收入后，将其中的 10% 用于储蓄，而只消费 810 美元，且储蓄的 90 美元找不到借款人，那么经济规模将继续萎缩 10%。以上的过程证明，当一个国家存在储蓄者时，借款人是何等的重要：有人储蓄就必须有人借贷，否则经济将不可避免地陷入萎缩。只要储蓄的资金没有被全部用于借贷和消费，经济规模就会出现萎缩。

金融中介的重要性

在一个正常的经济体中，金融部门承担着匹配储蓄者和借款人这一重要职能，贷款利率根据借款人过多或过少而相应地上调或下调。如果借款人过多，利率就会因竞价激烈而上调，一些潜在的借款人会选择退出；反之，如果借款人过少，利率就会因竞价不足而下调，那些保持观望的潜在借款人就会参与进来。当所有储蓄资金都被借走用于支出时，经济将持续向前发展。

这意味着，如果一个社会的金融部门不能良性运转，无法实现储蓄者和借款人的匹配，那么将面临严重的问题。因为储蓄资金的一部分可能从收入流中漏出。在古代社会，借钱被认为是犯罪，除非储蓄者在未来某个时点选择"去储蓄化"，否则储蓄资金将无法重新进入收入流，这也是古代社会经济发展停滞不前的原因。

人类学家在评估古代社会的发达程度时，关注的指标之一就是货币的使用。但货币被发明后，其作为价值储藏手段，也更容易被人们储蓄起来，以应对未来的不确定性。如果这些储蓄资金不能被用于为其他人提供借贷和消费，这反而增加了储蓄资金从收入流中漏出的风险。同理，经济学家在判断一个经济体是否良性运转时，关注的指标应包括金融部门在匹配储蓄者和借款人方面的能力。

要强调一点，这里所说的借款指的是真实开支，比如用于建造工厂或者购买消费品，而不是用于购买房产或股票等存量资产的开支。前者可以增加GDP，而后者只涉及资产所有权的转移，而不会增加GDP。当然，只要贷款最终能够实现偿付，金融机构作为贷款人并不关心借款人是将资金用于建造工厂还是购买房产。但这一区别对于经济学家来说十分重要，因为前者会增加GDP，而后者不会。

遗憾的是，没有现成的数据来区分这两种借款类型，因此本书使用的数据都指的是借款总量。读者应当注意，真正发挥作用的借款规模比数据显示的要低。

货币政策和财政政策的作用

前文提到了由市场驱动的利率调整，通过该利率调整足以实现储蓄和借款二者匹配，从而防止经济螺旋式下滑，当然这是理想情况。事实上，在很多情况下，仅靠由市场驱动的利率调整还不够。众所周知，政府部门有两类政策来应对上述情况，这就是货币政策和财政政策。政府部门运用这两类政策来实现私人部门借款和储蓄的匹配，进而稳定经济。

在这两类政策中，更常使用的是货币政策，央行通过上调或下调利率，帮助资金供需两端实现匹配。资金供不应求的情况通常伴随着经济的强劲增长，上调政策利率将有助于防止经济过热和通货膨胀，在此情形下，中央银行可以减少银行部门可供放贷的资金，直到利率升至合意水平为止。中央银行还可以上调商业银行的存款准备金率，政策利率可能高于放贷利率，进而减少商业银行向私人部门放贷的动力。

同样，资金供过于求的情况通常伴随着经济疲软，下调利率将有助于防止经济衰退和通货紧缩。在此情形下，中央银行会增加银行部门可供放贷的资金，直到利率降至合意水平为止。

财政政策则是政府部门举债将资金用于兴建高速公路、机场以及其他社会基础设施。在此情形下，政府部门的介入可有效填补私人部门储蓄和借贷之间的缺口，并防止经济出现收缩。

央行行长及其同僚可以迅速做出货币政策决策，与之相比，在和平时期的民主国家，民选官员必须就政府举债规模和财政资金用途达成一致，因而财政政策的实施流程往往非常烦琐。财政政策具有政治属性，且实施财政政策需耗费较长时间，因此近年来，各国倾向于采取货币政策来平抑经济波动。

借款人消失的两大原因

想象这样一种现象：私人部门的储蓄规模远超借款规模，即使利率水平降至零附近也不例外。这种现象至少会在两种情况下出现。

第一种情况，私人部门企业主体找不到有可观回报的投资机会。企业只有当相信自己有能力偿还债务本息时才会借贷，但没有人能保证这类赚钱机会一直存在。实际上，这类机会通常有赖于科学发现和技术创新，但二者并无规律可循且难以预测（这些问题在后文第五章讲述经济增长问题时会进一步讨论）。

在当今经济全球化的背景下，投资机会缺失问题的另一种表现是：企业发现海外投资比本国投资更具吸引力。例如，如果因为低廉的工资等，新兴市场国家的资本回报率被推升，股东就会施压企业开展海外投资，减少在本国的借贷和投资。企业如果发现竞争对手因廉价劳动力而开展海外投资，那么为了保持竞争力，自身也不得不这样做。

企业在海外扩张业务有外币资金需求，会增加海外借贷，而不会增加国内借贷。在此情形下，企业仍然是追求利润最大化的，但因为投资发生在海外而非国内，所以企业的国内业务及其对宏观经济的影响与企业完全不借贷的情形并无二致。在全球化的现代经济体中，企业面对股东的压力，需要向资本回报率最高的市场投资。在决定是否开展本国借贷和投资这件事情上，来自股东的压力比任何科技突破都更重要。第三章将要解释"被追赶的经济体"概念，资本回报率就是这一概念的关键。

第二种情况，私人部门借款人遭受巨大损失，不得不通过偿还债务或重建储蓄来恢复财务健康。比如，企业大量借贷开发新产品，将新产品推向市场时发现销量惨淡，结果就会出现上述困境。即使在良好的经济形势下，也总会有企业因竞争失败而陷入财务困境乃至破产。但如果这些陷入财务困境的企业只占很小一部分，企业部门作为一个整体是健康发展的，那么经济本身也会健康发展。

然而，当资产泡沫主要由债务驱动时，一旦全国范围的资产泡沫破灭，那么遭遇财务困境的企业和住户数量就会呈现爆发式增长。这是因为当资产泡沫破灭时，曾经为购买资产而承担的债务价值仍维持不变，但用借贷资金所认购资产的价值却出现暴跌。泡沫破灭前，资产负债表还处于平衡状态，而随着泡沫破灭，资产负债表会恶化至资不抵债的严重程度，债务规模远超资产规模。面对积压的巨大债务，这些借款人为了恢复偿付能力，无论利率水平如何，都只能偿还债务或增加储蓄，除此之外别无选择。

对于企业而言，净资产为负或者失去偿付能力，均意味着包括商业信用渠道在内的所有融资渠道被掐断，将引发潜在损失。在最糟糕的情况下，对于正在寻求破产保护的主体，没有供应商或债权人愿意为其提供信用，所有交易都只能通过现金结算。为保障存款人资金安全，监管部门也对银行和其他存款性机构的行为加强限制，禁止其为失去偿付能力的借款人新增信贷或提供展期。

对住户而言，净资产为负意味着他们为退休或未雨绸缪而准备的储蓄消失殆尽，许多住户将此视为极大的压力，并尽其所能地增加储蓄。

面对前述关系生死存亡的情况，企业和住户都会采取应对措施：无论利率水平多低，始终将恢复财务健康放在最优先的位置，直至生存不再受到威胁。这意味着他们不仅会停止借贷，还可能会开始偿还债务或者增加储蓄，即使利率为零也不例外。因此，在一场全国范围的资产泡沫破灭时，整个私人部门会变为一个大型的"净储蓄者"，这也正是日本1990年和西方国家2008年泡沫破灭时发生的情况。

始于2020年初的新冠肺炎疫情引发衰退，随之而来也可能出现类似的企业部门、住户部门重建储蓄的情况。这是因为那些在疫情防控期间收入遭受损失的人，不得不提取储蓄予以弥补，他们倾向于在收入恢复正常后重建储蓄。同时，他们很可能会不顾利率高低，一直增加储蓄，直到达到他们所认为的安全水平。

通缩螺旋机制

前文讲述了借款人消失的两大原因，那么当借款人消失时会发生什么呢？如前文举例所提到的，对于形成的100美元储蓄，假如在零利率条件下也无人借贷，则经济体的总支出规模将降至900美元，而100美元储蓄仍存放在金融机构。整个经济规模实际上会从1 000美元萎缩至900美元，即萎缩10%。这里的900美元会变为另一些人的收入，如果这些人决定将其中的10%用作储蓄，并且依然缺乏借款人，则消费规模将降至810美元，经济规模也萎缩至810美元。这一循环会不断重复，如果借款人仍然不借贷，那么经济规模将降至730

美元。

人们通过偿还债务、增加储蓄来恢复其财务健康，这一做法本身是正确且明智的。但这种做法驱动了上述1 000美元—900美元—810美元—730美元的萎缩过程。因为这些人在同一时间偿还债务、增加储蓄，结果使经济陷入通缩螺旋。根据资产泡沫的规模以及需要补充的储蓄金额，这一过程可能持续数年甚至数十年。

存放在金融机构的100美元还是会被投资于各类资产中，受托管理的金融机构会尽其所能找到借款人，或者有增值潜力的资产。但是，如果实体经济中找不到借款人，金融机构就只能将储蓄资金用于认购或投资于存量资产，如股票或房地产。这些资产购买行为可能不时催生出小型资产泡沫。如果实体经济中找不到借款人，这些储蓄资金就绝不可能离开金融部门，也无法被用到增加GDP、提升通胀等相关交易活动中。换句话说，只要实体经济中缺乏借款人，通缩螺旋问题就会一直持续。

当然，先前描述的1 000美元—900美元—810美元—730美元的萎缩过程不会永远持续下去，因为一旦人们变得太穷而根本无力储蓄时，储蓄导致的收入漏出就会结束。如果一个人收入只有500美元，没有任何结余，那么这500美元收入自然会全部用于消费。如果获得这500美元的另一方也是这种情况，那么他也会将500美元的收入全部用于消费。结果是，经济最终会在500美元的水平稳定下来，这也就是通常所说的经济衰退，这也恰恰是20世纪30年代大萧条时期发生的事情，当时美国的名义GNP（国民生产总值）下降了46%。

合成谬误与节俭悖论

作为宏观经济学鼻祖，凯恩斯对这种"每个人都想储蓄，但因为无人愿意借钱，储蓄目标难以实现"的情况有过专门的命名，他称之为"节俭悖论"。这是一个悖论：如果所有人都想储蓄，则经济会衰退至较低的稳态水平，其结果是无人能够储蓄。

将良好的个体行为进行加总，却出现坏的结果，这一现象被称为"合成谬误"。举例来说，一个农民可以通过努力种植更多的农作物来增加收入，但如果所有农民都这样做，虽然他们的共同努力带来了丰收，但农作物价格会下降，农民的收入反而比他们最初预期的有所减少。

节俭悖论就是这样一个合成谬误问题，宏观经济学充满了这类问题。事实上，研究宏观经济学（而不是微观经济学或工商管理学）的真正动因，应该是学会识别这些违反日常直觉的合成谬误，从而避免掉入陷阱。

换句话说，如果一加一永远等于二，那么我们只需将所有的住户、企业行为进行加总，便得到了总体结果。在那样的世界，如果前例中的 A 和 B 都想储蓄 100 美元，那么经济体的总储蓄金额就是 200 美元，我们也就没有理由去区分宏观经济学、微观经济学这两门学科了。但是，当不同行为之间的互动和反馈回路产生合成谬误问题时，一加一通常不等于二，这就是宏观经济学（不是将所有微观经济结果进行简单加总）能发挥作用的地方。从这个意义上讲，微观经济学和工商管理学将外部环境视为给定，而宏观经济学则是一门关于反馈回路的科学。

凯恩斯意识到经济体中普遍存在的合成谬误问题，并提炼出总需求的概念。而在此之前，大多数人认为一加一总是等于二，宏观经济学这一门学科并不存在。正因如此，1936 年凯恩斯在大萧条（对应前文举例中的 500 美元稳态的经济规模）期间首次出版的《就业、利息和货币通论》，被认为是宏观经济学的开创性著作。当借款人消失时，合成谬误问题将变得尤为突出。

借贷对于经济增长的重要性

当经济处于增长阶段时，合成谬误会反过来发挥作用。想要实现经济扩张，人们的消费必然要多于收入（通常依靠借贷）。如果所有人的消费只是和收入一样多，经济就会处于稳态，而不会增长。为了实现经济扩张，一些行为主体必须通过借贷或者动用储蓄的方式，实现大力扩张（over-stretch）。

一家企业当找到有吸引力的投资项目，发现项目的投资回报高于融资成本时，就会借贷或动用储蓄。当一个家庭想要买一件必备商品时，也可能增加借贷或者动用储蓄。换句话说，想要经济实现增长，就要不断出现对企业有吸引力的投资机会，以及值得消费者借贷消费的必备商品。

当很大一部分私人部门大力扩张时，它们的收入也会增加。收入的增长，使人们对最初的大力扩张决策不会产生疑虑，并会激励更多人采取大力扩张策略。这种（积极的）合成谬误加速了经济增长。第五章详细讨论了促进企业借贷所需的条件。

二战后凯恩斯理论没有得到应用

直到2008年经济学界都认为，停滞于500美元经济规模的收缩性均衡是一种罕见的现象。最近的唯一案例是1929年10月股市崩盘所引发的大萧条，导致美国的名义GNP损失46%。尽管凯恩斯在宏观经济学中认识到了节俭悖论的问题，但他未能理解人们试图修复资产负债表所导致的1 000美元—900美元—810美元—730美元这一通缩螺旋机制。大萧条问题研究专家本·伯南克甚至在1995年写道，谁能够解释在大萧条中美国的名义GNP大规模萎缩之谜，谁就找到了宏观经济学的圣杯。[1]尽管日本在1990年资产泡沫破裂时也陷入了类似困境，但经济学界[2]几乎完全忽视了日本的教训，直到2008年西方国家在雷曼兄弟倒闭以及随之而来的大衰退中遭受重创。

经济学家为什么没有想到借款人短缺的问题？因为宏观经济学在二战后才成为一门独立学科，而在当时，1929年大萧条所造成的私人部门资产负债表损失，都在战争期间通过大规模政府采购得到了修复。当政府向企业订购大量战斗机和坦克时，即使是资产负债表不太理想的企业，也可以从银行获得贷款以扩大生产。银行之所以愿意放贷，是因为它们知道借款人有一个非常可信的买家——政府。这使得积极的反馈回路被启动，每家企业都在极力扩大生产，以造出更多的战斗机和坦克。由此带来的收入快速增长，反过来又让企业修复了自己的资产负债表。

战争期间的技术进步也在战后为企业带来了大量投资机会，从洗衣机到电视机，各类新的必备商品被推向市场。由于企业迫切希望新产品投产或扩大再生产，私人部门借款人众多，利率也处于相当高的水平。

当凯恩斯在大萧条时期撰写关于总需求重要性的论文时，美国正遭受缺乏借款人而导致的1 000美元—900美元—810美元—730美元的通缩螺旋，回顾这一段宏观经济学历史，这确实是一个极大的讽刺。当战争在10年后结束，总需求的重要性终于得到认可时，由于战争期间政府的大量采购修复了私人部门的资产负债表，借款人缺口已经消失。1946年凯恩斯的去世也加重了讽刺意味。第七章和第十

---

[1] Bernanke, Ben S. (1995), "The Macroeconomics of the Great Depression: A Comparative Approach," *Journal of Money, Credit, and Banking*, 27 (1).

[2] 一个例外是位于华盛顿特区的美国全国商业经济协会，该协会将其艾布拉姆逊奖颁发给了我于2001年4月在《商业经济学》杂志上发表的题为"资产负债表衰退中的日本经济"的论文。

章再次提到了战争前后的世界变化。

随着借款人不再短缺，经济学家在二战后将研究重点转向了储蓄的可得性以及如何正确实施货币政策，确保企业以足够低的利率获得所需资金，从而能够继续投资。由于担心公共部门将宝贵的私人部门储蓄浪费在低效的建设项目上，当20世纪70年代通货膨胀问题出现时，经济学家还对当时的财政政策（政府借贷和支出）进行了抨击。

政府部门借贷会阻碍私人部门从有限储蓄中获得资金，影响私人部门开展更高效的投资，这种现象在经济学中被称为"挤出效应"，这也是经济学家鄙弃政府部门借贷的原因之一。

在2008年前，经济学家还假设金融部门能使所有储蓄资金自动被借贷和使用，当借款人相对储蓄者过多时，利率会升高；当借款人过少时，利率就会降低。这种假设使2008年前形成的大多数宏观经济学理论和模型都不包含金融部门。

然而，1990年始于日本和2008年始于西方的经济衰退表明，当债务融资驱动的资产泡沫破灭后，私人部门借款人所面临的资产负债表问题令人望而生畏，即使在零利率或负利率的情形下，这些借款人也可能完全消失不见。在1990年后的日本和2008年后的西方经济体中，由于面临后文所述的一系列事件，借款人都消失了。

面临偿付能力约束时，借款人消失

所有的一切都始于在资产价格泡沫的环境下，人们为了快速致富而不断加杠杆。如果一栋房屋的价值在一年内从100万美元上升到120万美元，那么用现金购买房屋的人将获得20%的回报。但如果一个人只支付10%的首付，剩下的资金依靠借贷获得，那么他最初的10万美元首付投资将增值到30万美元，获得200%的回报。如果

90万美元贷款的利率为5%，从20万美元中减去45 000美元的利息成本，当年即获得15.5万美元的回报，年回报率为155%。这种轻松赚取155%而非20%的前景，导致许多人在泡沫期间通过大量借贷、加大投资的方式来提高杠杆率。

然而，当泡沫破灭、资产价格崩塌时，这些人将背负巨额债务，且没有资产来支撑债务。在前面的例子中，如果房屋的价值下降30%，降至70万美元，但买家仍持有价值90万美元的抵押贷款，那么抵押贷款的净值将变为-20万美元。如果房屋所有者没有其他资产，那么他将陷入破产困境。资产负债表处于负值的人别无选择，只能通过偿还债务或重建储蓄来恢复其财务健康。由于他们的财务状况十分危险，即使利率降至零，他们也无法借款。监管约束机制也阻止银行向破产的借款人放贷。

实际上也不会有很多愿意放贷的人，尤其是当放贷人本身存在资产负债表问题时（泡沫破裂后往往会出现这种情况）。这是因为，银行将大量资金借给了泡沫参与者，这些参与者实际上已经破产，无力偿还债务。随着不良贷款的迅速增加，银行被迫削减贷款以保护资本。这些银行业问题在第八章中将有进一步讨论。

因此，一旦面临债务积压所带来的偿债能力约束，住户和企业就将优先目标从利润最大化转向债务最小化。由于资产泡沫可能突然破灭，私人部门向债务最小化的转变也可能突然发生。

经济学家从未思考过追求债务最小化导致的经济衰退

直到最近，经济学界才开始关注私人部门追求债务最小化会导致经济衰退的问题，这可能会让非经济学家读者感到惊讶。换言之，过度加杠杆的借款人会拼命修复资产负债表，进而导致1 000美元—900美元—810美元—730美元的通缩螺旋，这一思路以前从未被讨论过。经济学家认为的衰退仅限于商业周期中的库存波动，以及中央银行收紧货币政策以控制通胀所导致的衰退。如前所述，即使是凯恩斯也未能认识到由私人部门追求债务最小化所推动的通缩螺旋机制。

经济学家在创立理论时，为什么没有想过私人部门追求债务最小化会导致经济衰退呢？因为他们认为私人部门总是试图实现利润最大化。但私人部门要实现利润最大化，必须满足两个条件：一是有一张干净的资产负债表，二是能发现有吸引力的投资机会。

经济学家认为在大多数情况下，这两个条件都会得到满足，因而假设私人部门总是在追求利润最大化。事实上，战后的大部分时间内确实如此，至少在1990年日本资产泡沫破裂前和2008年西方泡沫破裂前都是如此。但是，泡沫破裂后，数以百万计的私人部门资产负债表受损，这不仅导致借款人消失，而且促使许多借款人开始偿还债务，偿债金额巨大，即便当时利率已经创下历史新低。

评估去杠杆问题的严重程度

发达经济体的资金流动数据表明，2008年后私人部门的行为的确发生了巨大变化（见图1-1）。通过观察金融资产和金融负债的变化，从资金流动数据可以看出，经济体中的部门是资金的净供给者（净储蓄者）还是借款人。经济体被划分为五个部门：住户部门、非金融企业部门、金融部门、政府部门和外国部门。

如果一个部门的金融资产增长超过其金融负债，则该部门被视为盈余，换句话说，它在经济中是净储蓄者或资金的净提供者。如果该部门的金融资产增长低于其金融负债，则被认为是赤字，这意味着它是资金的净借入者。因此，这些数据反映了经济体中谁储蓄资金、谁借入资金。因为一个部门的金融负债总是另一个部门的金融资产，所以这五个部门的总和应为零。①

私人部门¹盈余（＋）和赤字（－）的年度均值

国家/地区	占GDP比重（%）截至2008年第三季度末的五年	2008年第四季度至今⁴	近四个季度
英国	-0.18	2.65	7.39
美国	3.31	7.01	9.52
加拿大	-0.03	-0.82⁵	5.92
日本	7.38²	8.08	10.22
韩国	-1.80	3.48	3.61
澳大利亚	-7.37	2.14	9.37
欧元区	1.29	5.11	9.54

国家	占GDP比重（%）截至2008年第三季度末的五年	2008年第四季度至今⁴	近四个季度
德国	8.03³	6.41	6.17
法国	2.83	4.14	9.19
意大利	1.35	4.55	10.69
西班牙	-7.93	7.64	10.10
希腊	0.33	1.68	6.68
爱尔兰	-4.94	0.62	16.16
葡萄牙	-3.79	4.29	4.47

1. 私人部门=住户部门+非金融企业部门+金融部门。
2. 1990年进入资产负债表衰退。
3. 2000年进入资产负债表衰退。
4. 截至2021年第三季度。
5. 加拿大例外。

图1-1　2008年后私人部门借款人消失

数据来源：野村综合研究所根据国民账户数据和资金流动数据计算所得。

应当指出，资金流动数据中的盈余概念区别于人们常用的储蓄率概念，因为储蓄率会对折旧以及其他影响储蓄者财富净增加值的因素进行调整。

---

① 需注意的是，在美国的数据中，五个部门的总和不为零。这是因为编制这些数据的美联储认为，最好将收集的原始数据进行公开分享，而不必为了确保数字总和为零而进行额外的调整和估计。

与其他宏观经济统计数据一样,在获得更多增量信息后,统计部门会经常性地修正这些数据。正如我在此前著作中所指出的,①这些数据修正的尺度可能非常大。因此,考虑到后续数据修正的可能性,这些数据的使用者在使用每个统计数据时要有所保留。本书中使用的数据反映了截至 2022 年 3 月 7 日的网络公开信息。

根据图 1-1 中的数据,从 2008 年第三季度到 2021 年第三季度,即雷曼兄弟倒闭导致零利率的这一时期,整个美国私人部门年均储蓄占 GDP 的比重为 7.01%(截至 2019 年第四季度,即新冠肺炎疫情暴发前,年均储蓄占 GDP 的比重为 6.16%)。在一般情况下,零利率促使私人部门借贷更多,但事实恰恰相反。在雷曼危机前的五年里,利率水平非常高,美国私人部门的年均储蓄占 GDP 的比重为 3.31%;而在雷曼兄弟倒闭后,利率降至零,美国私人部门的年均储蓄占 GDP 比重的年度均值增加到 6.16%。换言之,在利率大幅下降的同时,年均储蓄占 GDP 的比重从 3.31% 增至 6.16%,增长幅度达到 86%。

在欧洲也可以观察到私人部门类似的变化。雷曼事件后,西班牙私人部门的年均储蓄占 GDP 的比重从 –7.93% 上升到 7.64%,爱尔兰由之前的 –4.94% 增至 0.62%,而葡萄牙则由 –3.79% 增至 4.29%。这种大幅度的变化发生在零利率或负利率的环境下,这一事实表明,2008 年房地产泡沫破裂时,欧洲的私人部门也遭受了严重的资产负债表损失。

1990 年,日本资产泡沫破裂,并且自 1997 年以来,利率基本上降至零或负。在 2008 年雷曼兄弟破产前的五年里,私人部门的年均储蓄占 GDP 的比重为 7.38%,在随后的 13 年里,这一数值升至 8.08%。德国没有经历过房地产泡沫,原因是作为以科技股为主的德

---

① Koo, Richard C.(2015), *The Escape from Balance Sheet Recession and the QE Trap*, Singapore: John Wiley & Sons, pp. 143–146.

国本地版纳斯达克指数，德国法兰克福"新市场"的互联网泡沫在2000年破裂，导致经济陷入严重衰退。在雷曼兄弟倒闭之前，德国私人部门的年均储蓄占GDP的比重为8.03%，而在雷曼兄弟破产之后，私人部门的年均储蓄占GDP的比重则为6.41%。

经济学界没有考虑经济体的去杠杆问题

在零利率时期，这些规模庞大的储蓄数据让人忐忑不安。在如此低的利率下，企业和住户本应大量借款，但恰恰相反，他们为修复受损的资产负债表，一直在大规模储蓄。实际上，除了加拿大，所有发达经济体私人部门的运作方式都超出了经济学教科书的解释范畴。加拿大是一个例外，因为它是唯一一个房地产泡沫尚未破裂的经济体。

雷曼兄弟破产前后世界的突然转变，可以说是令人瞠目结舌。例如在西班牙，雷曼兄弟倒闭前的5年和倒闭后的13年相比，私人部门经历了从借贷到储蓄的大幅波动，波动幅度占其GDP的比重超过了10%。

在许多国家，雷曼兄弟倒闭前后，私人部门从借贷到储蓄转变的规模更大，甚至达到GDP的20%以上。这种从净借贷到净储蓄的巨大且突然的转变，将使经济体陷入衰退。住户和企业在财务状况恢复之前不会重新借贷，这一过程可能需要持续数年。

每出现一个因泡沫破灭而破产的借款人，就可能存在着几十个诚实、负责任的借款人，他们尽力偿还债务，以恢复其财务状况和应有的体面，避免破产的悲惨命运。正是这些可敬的借款人，通过集体行动，将经济推入了1 000美元—900美元—810美元—730美元的通缩螺旋。

这种去杠杆化行为使整个私人部门变为盈余状态，即使是那些拥有干净资产负债表的主体（它们占据了大多数），其收入也会随着经济萎缩而下降。经济收缩还会损害银行体系，因为即便这些银行家和银行的借款人没有参与泡沫经济，其收入总体上也会减少。

然而，经济学家的模型和理论都假设私人部门总是以利润最大化为目标，因而一直隐晦地、无意识地假设借款人总是充足的。自2008年以来，他们基于这些模型和理论对经济增长和通货膨胀的预测一直都没有达到预期，因为私人部门利润最大化的假设在后泡沫时代已经失效。

日本央行前行长黑田东彦和前副行长岩田纪夫在2013年任期伊始时自信地表示，他们将在两年内实现2%的通胀目标。当时，他们认为日本经济仍能为传统经济学理论所解释。岩田纪夫对实现2%的通胀目标非常有信心，因此他承诺，如果日本央行在两年内未能实现该目标，他将辞职。尽管日本央行实施了负利率和天量QE（量化宽松）政策，但它们始终无法靠近目标，这表明日本经济现实离传统经济学理论甚远。

自2008年以来，无论是来自公共部门还是私人部门的西方经济学家，都未能实现通胀和增长目标，并且仍在犯同样的错误。问题在于，私人部门利润最大化的假设对经济学家的模型和理论非常重要，大多数经济学家仍然没有意识到，由于关键假设失效，以此为基础所构建的模型也已经失效。他们中的大多数人，连同普通公众，甚至都没有注意到图1–1中那些非常令人担忧的数据。

尚无术语界定追求债务最小化引发的衰退

米哈伊尔·戈尔巴乔夫说过一句名言："只有对问题进行准确命名，才有可能解决问题。"2008年经济危机爆发时，经济学界不仅忽视了私人部门追求债务最小化所造成衰退的可能性，甚至都没有为这一现象命名。20世纪90年代末，"资产负债表衰退"这一概念开始被用来描述发生在日本经济中的这类顽疾。①在2008年房地产泡沫破灭后，这一概念最终进入了西方经济学的词汇库。

经济学家无法想象一个借款人停止借款甚至开始偿还债务的世界。这导致了一系列可怕的历史后果：美国的大萧条，以及20世纪30年代德国希特勒和民族社会主义者的崛起。欧洲政策制定者长期不理解资产负债表衰退，也导致自2008年以来，欧元区出现了类似的极右翼政治团体。我们将在第七章中讨论欧洲的这些经济和政治问题。

节俭悖论是工业革命前的常态

实际上，在1760年工业革命前的数千年里，借款人短缺所引发的经济停滞是常态。如图1-2所示，在1760年前的几个世纪里，经济增长微乎其微。但即使在那时，也可能有数以百万计的人试图储蓄。毕竟，人类一直担心未来的不确定性。未雨绸缪是人类的天性，是根深蒂固的。如果说储蓄是人类的天性，那么工业革命前长达数世纪的经济停滞，一定是因为借款人缺失。

只有看到有潜力的投资机会，私人部门才会借贷，因为除非确信债务可以被连本带息一并偿还，否则企业不会借贷。换言之，投资项目的经风险调整后收益必须显著高于借款成本。但在工业革命（本质上是一场技术革命）之前，很少有或者没有技术创新，因此几乎没有投资项目能够靠自身实现净盈利。

---

① 我感谢纽约联邦储备银行前行长爱德华·弗莱德尔给予的启发，他在讨论20世纪90年代初的美国经济时使用了"资产负债表驱动的衰退"这一概念。

(1990年国际美元，万亿)

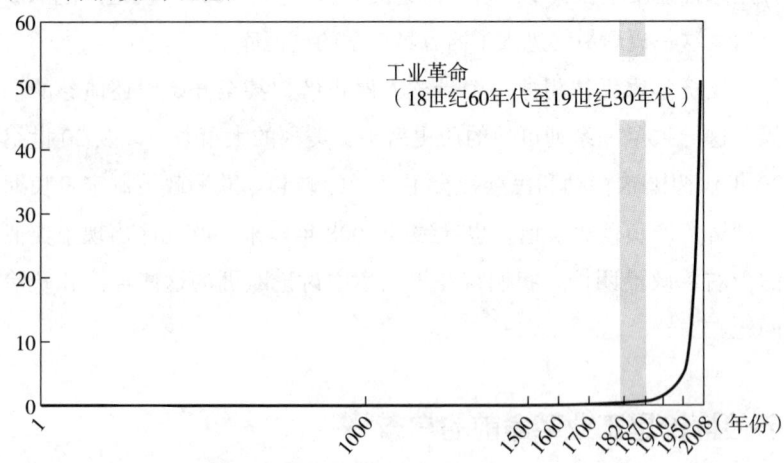

图1-2 直到工业革命后经济增长才成为常态

资料来源：Angus Maddison, "Historical Statistics of the World Economy：1–2008 AD." http：//www.ggdc.net/maddison/Historical_Statistics/vertical-file_02–2010.xls。

当企业看不到投资机会时，它们也倾向于尽量减少债务，因为通过削减债务可以大幅降低破产的概率。在日本，有许多已经成立数个世纪的公司，其中很多公司位于京都和名古屋附近。这些公司通常不会为了追求投资利润而借钱，它们就算借钱，也会尽快偿还，以最小化破产风险。因此，除了税收和净资产收益率（ROE）因素，在出现有吸引力的投资机会前，企业将债务降至最低是合理的。只要想想工业革命之前这种投资机会的匮乏程度，就不难理解为什么愿意借款的人如此之少。

1760年前的世界缺乏投资机会和借款人，人们努力储蓄导致经济萎缩。结果是出现了一个永久性的节俭悖论：人们致力于增加储蓄，但他们的行动和意图却使国家经济处于萧条状态。这种情况在东方和西方都持续了几个世纪。

强大的统治者有时会借用私人储蓄，并将其用于修建纪念碑或建设社会基础设施项目。此时节俭悖论的恶性循环被暂时中止，因为政府借用了私人部门的储蓄（在前文举例中最初的储蓄为 100 美元），并将这些资金注入收入流，从而推动经济的快速增长。但是，除非该项目能实现盈利——政客不太善于选择盈利的投资项目——否则，面对不断增加的债务负担，政府在某个时候将会撤出并停止投资。随后，整体经济将重新陷入节俭悖论所反映的停滞状态，这些政权也因为其建立的纪念碑而寿终正寝。第四章讨论了遴选可行性公共投资项目任务所面临的挑战。

土地是工业化前农业社会的关键生产要素，各国都试图通过领土扩张来实现经济增长。事实上，在 1945 年前的几个世纪里，人们认为领土扩张即使不是经济增长的必要条件，至少也是合理可取的（这一年份的重要意义将在第三章解释）。这种由领土扩张驱动的繁荣，为殖民主义和帝国主义奠定了经济基础。但这二者对全球经济来说基本上都是零和命题，并导致了无尽的战争和死亡。

具有讽刺意味的是，战争及其带来的破坏以战后重建的形式创造了投资机会。在那个年代，战争经常发生，但如果没有持续的创新，投资机会很快就会被耗尽，经济增长也会逐渐消失。

借款人和贷款人的四种可能情形

前面的讨论表明，根据是否存在贷款人（储蓄者）和借款人（投资者），经济总是处于四种可能情形之一：贷款人和借款人都很充足；借款人比贷款人多，即使在高利率条件下也是如此；贷款人比借款人多，即使在低利率条件下也是如此；借款人和贷款人同时缺乏。这四种情形如图 1-3 所示。

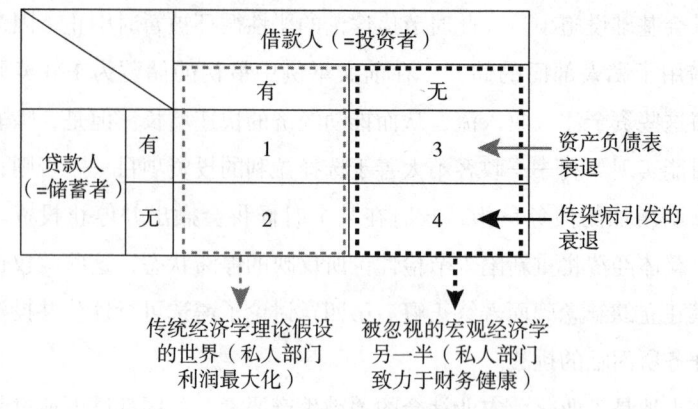

		借款人（=投资者）	
		有	无
贷款人 （=储蓄者）	有	1	3
	无	2	4

3 ← 资产负债表衰退
4 ← 传染病引发的衰退

↑ 传统经济学理论假设的世界（私人部门利润最大化）
↑ 被忽视的宏观经济学另一半（私人部门致力于财务健康）

图1-3 四种可能情形下的借款人和贷款人

在这四种情形中，传统经济学只研究情形1和情形2。这是因为其默认借款人已经存在，并隐含了如下假设：借款人的资产负债表良好，愿意积极寻找有吸引力的投资机会，追求利润最大化的目标。并且只要实际利率足够低，他们就会借款。换言之，那些认为央行应该放松货币政策以刺激经济的人，已经默认一个假设，即经济处于情形1或情形2。

在这两种情形中，只有情形1要求最低限度的政策干预，例如对利率进行微调，以协调储蓄者和借款人，防止经济萎缩。因此，这种情形下的政策应对涉及利率调整，可以被视为符合传统经济学理论的理想案例。

贷款人短缺的补救措施众所周知

情形2（贷款人不足）一般是由宏观、金融或某些文化和宗教因素造成的。最常见的宏观因素是央行为了控制通货膨胀而收紧货币政策，由此导致的信贷条件收紧让贷款人不愿放贷。但一旦通胀得到控制（通常在一两年内），央行就会放松货币政策，经济就会回到情形1。

金融因素也可能影响贷款人的贷款意愿，并将经济推入情形2。其中一个因素是银行账面上的不良贷款过多导致的银行业危机。当贷款变为坏账时，银行的资本就会被侵蚀。当银行的资本与资产比率低于法定最低限额时，就必须停止放贷。当大量银行发现自己处于这种状况而无法放贷时，经济就会遭受所谓的信贷紧缩。监管当局对金融机构的过度监管也可能引发信贷紧缩，实际上这种情况在20世纪80年代末的美国真实发生过，当时银行业存款和贷款都遭受了灾难性冲击，信贷紧缩也随之而来。当许多银行同时遭遇不良贷款问题时，银行之间的互不信任不仅可能引发信贷紧缩，还可能导致银行同业市场失灵，这种状况通常被称为金融危机。第八章将进一步讨论这类危机。

当贷款人遭遇不良贷款问题时，中央银行的政策利率可能会大幅偏离银行设定的实际贷款利率。这是因为银行体系不良贷款问题会削弱经济增长动力，并促使中央银行降低利率。但由于银行贷款受到银行资本不足的限制，借款人之间对可用资金的竞争，使实际贷款利率远高于央行政策利率所隐含的水平。由此产生了"丰厚利差"，只有那些愿意支付高额市场利率的主体才能获得借款。在某些情况下，货币当局也可能默许巨大利差的存在，以使银行赚取更多的利润，并利用这些利润来进行资本重组。

某些文化和宗教因素也可能导致金融体系的落后和贷款人短缺，例如禁止放贷以及人们因收入水平过低而无力储蓄等。这些与发展程度相关的问题通常出现在前工业化社会，可能需要很多年才能解决。最近所谓伊斯兰金融的发展，就是为了克服伊斯兰国家对贷款的宗教限制。

一个国家也可能因过度贫穷或欠发达而无法储蓄。但是，如果该国的低储蓄源于节俭悖论，那么它将被归类为情形3或情形4，问题的实质还需归咎于缺乏借款人。

贷款人短缺问题如果与文化或宗教因素无关就有补救办法，这些办法已经达成普遍共识。例如，政府可以向银行注资，恢复它们的贷款能力；也可以放松监管，为金融机构发挥金融中介功能提供便利。在银行同业市场失灵的情况下，中央银行可以充当最后贷款人，以确保清算体系继续运行。中央银行还可以放松货币政策。情形2中的贷款人短缺问题，如信贷紧缩和金融危机，将在第八章中详细讨论。

在情形1和情形2下，传统经济学家一直重视货币政策，担忧财政政策的挤出效应，这是有道理的。在情形2下，虽然有充足的私人部门借款人，但（出于各种原因）没有足够的贷款人。

借款人的缺失与宏观经济学的另一半

真正的问题出在情形3和情形4上，其关键就是借款人短缺。当借款人出于之前提到的两种原因而消失时，货币政策就会失去效力，因为低利率不会使借款增加。如果借贷不增加、私人部门不能大力扩张，经济就没有理由扩张。

财政政策也就是政府借贷，在填补私人部门储蓄和借贷之间的缺口方面责无旁贷。如果政府借贷并将私人部门的多余储蓄（前文例子中的100美元）消费出去，经济就没有理由收缩。在缺乏私人部门借款人的情况下，这种政府行为也不会带来挤出效应。这是传统经济学家忽视的宏观经济学的另一半。

固守利润最大化假设妨碍了理论创新

凯恩斯在大萧条时期曾写道，他意识到宏观经济学充满了合成谬误问题，并提出了总需求的概念，以区别于对个体需求的简单加总。这固然是一种革命性的思想见解，但他仍然受制于传统观念，认为私人部门总是追求利润最大化。这种固执使他提出了各种令人费解的观点，以说明为什么总需求在 20 世纪 30 年代初突然萎缩，他认为当时私人部门仍然在追求利润最大化。例如，他指出，当时的资本边际效率出现了下降，这使投资动力被削弱。他还认为，流动性偏好突然增加，因此人们不太愿意花钱。但这些理论上的凭空捏造，并不能解释为什么这些变化发生得如此突然。

1990 年后的日本经验充分说明，凯恩斯误解了资本边际效率下降和流动性偏好增加的原因，因为这仅是私人部门将债务降至最低的结果。在债务融资泡沫破灭后，人们将债务降至最低，以恢复财务健康。

也有人指出，在流动性陷阱下，低利率未能刺激经济增长，是由于贷款人拒绝以如此低的利率放贷。但 1990 年后的日本和 2008 年后的西方国家经验证明，这一陷阱源于借款人因资产负债表问题而没有借款。这也意味着"货币需求函数"和"流动性偏好 – 货币供应曲线"这两个凯恩斯经济学的支柱，即所有经济学专业学生在几十年前就开始学习的这两个概念，在很大程度上是不相关的。

凯恩斯还创造了"动物精神"一词，以说明他无法解释的人类行为的变化。但是，当人们遇到偿付能力约束时，他们会突然从追求利润最大化转向追求债务最小化，这是可以理解的。他们将持续去杠杆化，直到资产负债表得到修复，这一过程可能需要数年时间。因此，动物精神发挥作用、投资实现增长的一个必要条件，就是私人部门拥有干净的资产负债表。

如前所述，私人部门借款人消失的主要原因有两个。一是他们在国内找不到有吸引力的投资机会；二是他们的财务状况已经恶化，在修复资产负债表前无法借款。第一种情况的例子，包括工业革命前存在的世界和今天的发达经济体，那里的资本回报率低于新兴经济体。第二种情况的例子，通常出现在债务融资驱动的资产泡沫破灭之后。

新冠肺炎疫情后，私人部门补充疫情防控期间耗尽的储蓄的情况，也可以被视为第二种情况的变体。

2008年以来，大多数发达国家都受到了上述两大因素的影响，在这两种因素的作用下，借款人的数量开始减少。换句话说，这些经济体都处于情形3或情形4中，即它们适用于宏观经济学的另一半。不幸的是，大多数决策者和经济学家仍在假设经济体处于情形1或情形2中。当经济体处于情形3或情形4时，所需政策往往与情形1或情形2的政策相反，这在本书的其余部分中有所讨论。由此导致政府和中央银行未能实现经济增长和通胀目标，这是公众难以忍受这些机构的主要原因之一。

资产负债表问题会在短时间内迅速抑制经济增长，因此这一问题的解决也更加紧迫。在第二章中，我们首先讨论了这些问题。然而，本书更关注第二种情况，并在第三、第四和第五章中对其进行了探讨。已经熟悉资产负债表衰退概念并了解世界主要经济体现状的读者，可以直接阅读第三章。

第二章

资产负债表问题导致借款人短缺

如第一章所述，因净资产为负而停止借款的市场主体，在其资产负债表修复前不会恢复借款。如果问题是由严重的资产泡沫所引发，那这一修复过程可能需要持续多年。例如，如果第一章中的借款人净资产为 –20 万美元，其税后收入为 15 万美元，储蓄率为 20%，那么他每年可以储蓄 3 万美元。如果他能拿出这笔钱的 2/3，即 2 万美元用于解决债务问题，那么他仍需要 10 年来修复其资产负债表。

在一大批人同时修复财务问题的背景下，经济将面临陷入通缩的危险。如果由此产生的经济衰退导致借款人的收入减少，那么他用于偿还债务的资金将减少，也就需要更长时间来调整资产负债表。经济衰退还可能推动房价下跌，这使上述调整过程更加困难。收入减少和资产价格下跌，这两个因素都会延长资产负债表修复所需时间。

资产负债表衰退有一个令人厌恶的特点，即悄无声息、外界无法感知。如果企业认为可以在一定时期内修复资产负债表，它们就不愿意承认自己的资产负债表处于资不抵债状态。对于许多人来说，这种预期并非没有道理，因为实际上资产负债表中净资产为负的企业有两类：有现金流的和没有现金流的。后者将不得不破产，这当然对经济不利。但前者也会损害经济，因为企业为了避免破产，会使用经营性现金流来偿还债务，导致经济中借款减少、储蓄增多（偿还债务可以算作储蓄）。

如果贷款人相信这些借款人最终能够偿还债务，则也倾向于不发声。在资产泡沫期间，因用借贷资金投机失败而蒙受重大损失的人，羞于承认自己的错误和贪婪，也会保持沉默。由于每个拥有现金流的人都假装一切很好，经济学家需要费尽周折才能找出经济中真正发生的问题。

幸运的是，资金流动的数据统计，可以反映企业和住户是如何对待其资产和负债的。尽管这些统计数据并不完美，而且经常会有所调整，但这些数据可以显示企业在当前利率水平下的金融负债状况，从而可以看出企业是在向前看（追求利润最大化）还是在向后看（追求债务最小化）。如果企业正在减少金融负债，即以接近零的利率偿还债务，我们就可以合理地确定它们正面临资产负债表问题，并将债务降至最低。换言之，这些数据形象地表明资产负债表衰退成为可能。

日本的资产负债表衰退

大萧条后，日本是第一个资产负债表问题导致私人部门转向追求债务最小化的发达国家。日本的资产泡沫是巨大的，在顶峰时期，据说东京市中心的皇居周长约5 000米，价值相当于整个美国的加利福尼亚州（以下简称加州）。1990年日本资产泡沫破灭后，全国范围内的商业地产价值下跌了87%，降至1973年的水平（见图2-1），全国企业和金融机构的资产负债表遭到破坏。1990年后日本的财富损失占GDP的比重是美国在大萧条期间损失的3倍。

图2-2显示了日本非金融企业部门从银行体系和资本市场获得的融资及融资利率。1985—1990年，当日本资产泡沫迅速膨胀时，这些企业通过大规模借入资金，加杠杆投资各种各样的资产。日本央行

意识到存在泡沫、经济过热，稳步将短期利率（见图 2-2 中的 3 月期同业存单利率）提高至 8%，试图遏制过度繁荣（当时的通胀率仅为 3% 左右）。

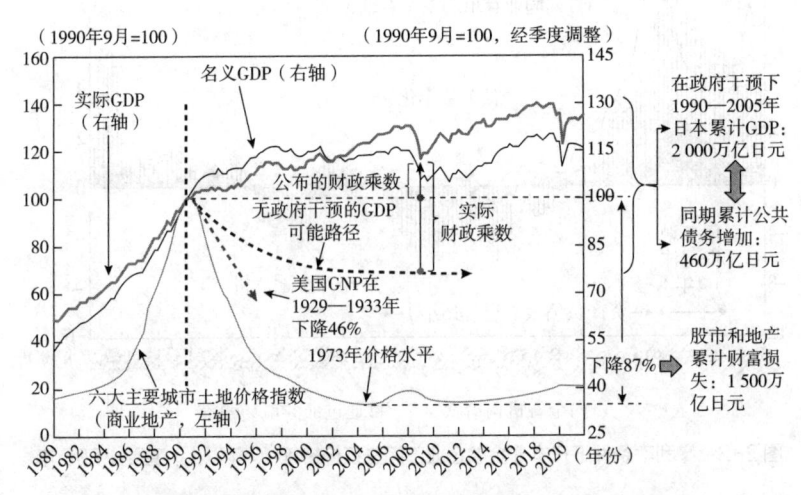

图 2-1　在财富大量缩水和私人部门去杠杆下的日本 GDP 增长

注：GDP 回到 1985 年泡沫前水平。
资料来源：日本内阁府，日本房地产研究。

当泡沫最终在 1990 年破灭时，借款需求随之迅速萎缩。日本央行注意到经济也在急剧放缓，到 1995 年利率已从 8% 的高点降至几乎为零。但是，贷款需求不仅没有恢复，甚至在当年还转为负值。换言之，日本整个非金融企业部门在零利率条件下都在偿还债务（见图 2-2 中的圆圈区域）。

这是一个高校经济系或商学院从未想象过的世界。传统理论认为，在如此低的利率下，企业应当大举借款，但实际上日本公司不仅停止了借款，而且开始偿还债务，并持续了十余年。

非金融企业部门融资情况

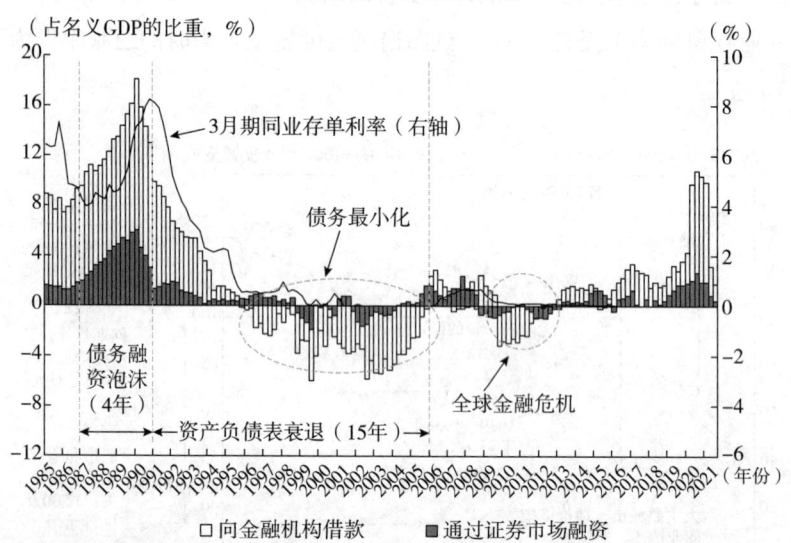

（占名义GDP的比重，%）

图2-2 零利率条件下日本非金融企业部门去杠杆持续10年以上，直到2005年

注：所有数据项都是四个季度移动平均。

资料来源：日本央行和日本内阁府。

图2-3使用资金流数据更全面地展示了这一时期日本的经济情况。如第一章所述，这些数据将经济体分为五个部门——住户部门、非金融企业部门、金融部门、政府部门和外国部门，并展示某一部门是资金的净供给者还是净借款人。横轴上方的部门是资金的净供给者（财政盈余＝储蓄者），而横轴下方的部门是净借款人（财政赤字＝投资者）。这些数据的编制方式，确保五个部门加总数值为零，并显示各个时期哪些部门储蓄了资金，哪些部门借入了资金。

为了简化对国民经济的介绍，我们将非金融企业部门和金融部门合并为一个单一的公司部门，最初的五个部门缩减至四个。此外，本书中的所有资金流动数据均以四个季度移动平均表示，以消除季节性波动，这是使用这些数据的常见做法。

各部门的财政盈余或财政赤字

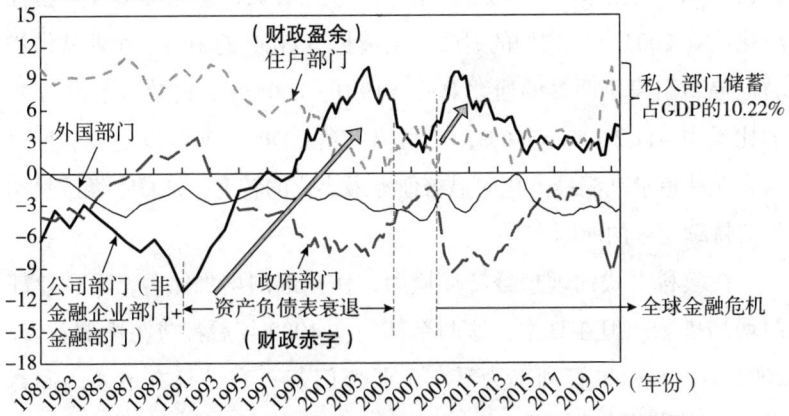

图 2-3　日本面临说服受创伤的企业重新借款的挑战

注：所有数据项都是四个季度移动平均，最新数据截至 2021 年第三季度末的四个季度移动平均数据。

资料来源：日本央行资金流量账户，日本内阁府国民账户。

还应注意的是，在这些图中，一个部门内部的金融资产或负债的变动被净额轧差。例如，企业发行债券回购股票对本国资金流动数据产生的净影响为零，因为债务和股权都代表企业部门的金融负债。这意味着，如果公司利用借入资金进行股票回购，即使公司部门的财政赤字没有变化，公司杠杆率也可能仍在增长。为了捕捉这类风险，我们必须关注资金流数据中总金融负债的构成，而不仅仅是净额。

在经济学教科书所描绘的理想世界中，住户部门的净储蓄应该大于零，或者实现财政盈余（储蓄），企业部门的净储蓄应该小于零，或者实现财政赤字（借贷），政府部门和外国部门净储蓄应该接近零，这意味着政府的预算和国家的经常账户都是平衡的。

图 2-3 清楚地表明了现实与理想之间的反差，日本泡沫后所面临的困境就是由大规模的企业去杠杆化驱动的，如图 2-3 中大箭头所

示。日本资产泡沫从1985年前后就开始了，到1991年，日本企业借款占GDP的比例增至11.2%。但泡沫一旦破灭，企业突然开始去杠杆化，到2004年，它们的财政盈余增长至GDP的10%。企业从借贷转向储蓄引发了明显的通缩效应，1991—2004年，财政盈余占GDP的比重由–11.2%增至10%，变动幅度达GDP的20%以上。这种大量企业从追求利润最大化向追求债务最小化的转变，是日本经济长期停滞持续至今的原因。

在教科书式的理想经济环境中，住户部门增加储蓄，而企业部门增加借款。但在日本，这两个部门在1999年后都成为净储蓄者。2002年以来，尽管利率为零，企业部门却一直是日本最大的储蓄者。泡沫破灭整整30年后，在负利率的情况下，日本企业部门的储蓄仍超过GDP的4.3%。正是这种企业借款人的消失，导致日本经济在过去30年里陷入停滞。"日本化"现象的罪魁祸首是企业债务最小化。

对西方资产负债表衰退的观察

2008年前，西方经济体经历了大规模的房地产泡沫（见图2-4）。2008年，当这些泡沫在大西洋两岸崩溃时，数百万家庭和金融机构的资产负债表遭到了破坏。由此造成的财富损失高达数十万亿美元和欧元，而泡沫期间产生的负债仍为账面上的原始价值。因此，2008年以来，尽管利率创下历史新低，但几乎所有主要发达经济体的私人部门都在增加储蓄或偿还债务（见图1-1）。

在美国，由于资产泡沫发生在房地产领域，其私人部门去杠杆化发生在住户部门。图2-5显示了美国住户部门的金融资产和负债。在此图中，横轴上方的白色柱状表示住户部门正在增加其金融资产，即增加储蓄；横轴下方的白色柱状表示住户部门正在减少其金融资产，即消耗储蓄。同样，横轴下方的阴影柱状表示该部门正在增加其金融负债，即增加借款；横轴上方的阴影柱状表示该部门正在减少其金融负债，即偿还债务。净额由带圆圈的线条表示。

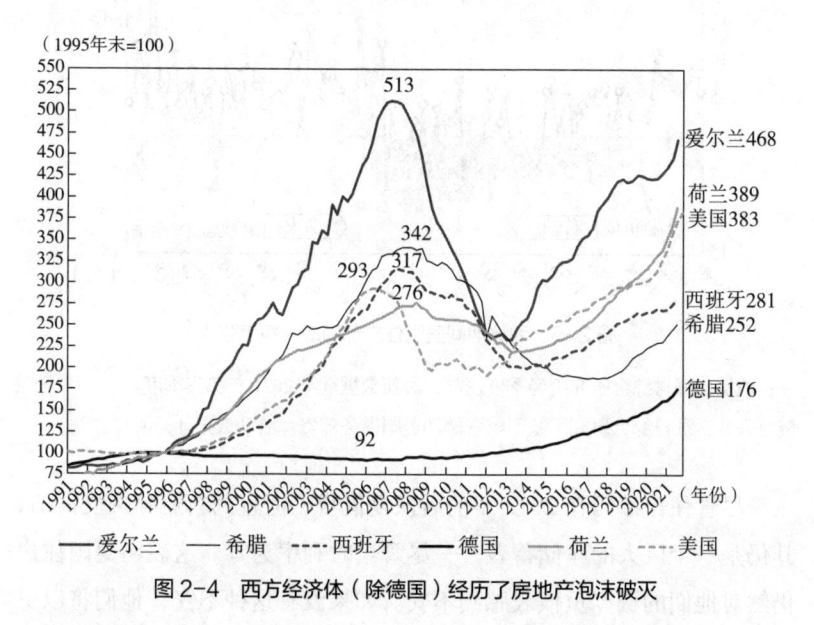

图 2-4　西方经济体（除德国）经历了房地产泡沫破灭

注：2005 年以前的爱尔兰数据仅是存量住房价格。希腊数据是雅典和塞萨洛尼基的公寓价格。

资料来源：野村综合研究所根据国际清算银行、美联储和标准普尔道琼斯指数计算所得。

经济学教科书认为，住户部门应该储蓄，而企业部门应该借贷。但美国住户部门在房地产泡沫期间成为巨型净借款人，这表明市场情况变得相当恶劣。

在泡沫破灭后，住户部门不仅成为巨型净储蓄者，而且在零利率的环境下，在约 4 年内没有新增借贷（见图 2-5 中的圆圈区域）。2008 年后，住户部门突然变为财政盈余，对美国经济造成重创。

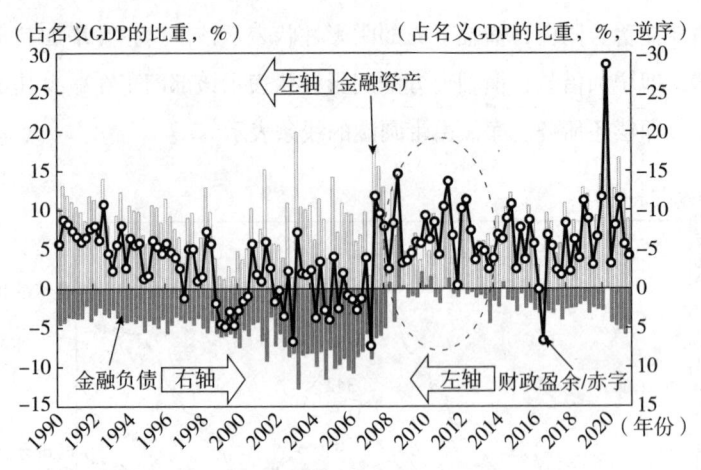

(占名义GDP的比重，%)　　　　　　（占名义GDP的比重，%，逆序）

图 2-5　泡沫期间美国住户部门成为净借款人

注：数据由野村综合研究所经季度调整，最新数据截至 2021 年第三季度。
资料来源：野村综合研究所基于美联储和美国商务部资金流动数据计算所得。

尽管住户部门在 2012 年前后恢复借贷，但直到新冠肺炎疫情前，其仍是一个巨大的净储蓄者——尽管当时利率为零。这表明美国住户仍然对他们的资产负债表感到不安。如果没有这种不安，他们将以史上最低的利率借入更多资金。

在欧洲，西班牙、爱尔兰和希腊的房地产泡沫相对较大。图 2-6 显示了西班牙住户部门的资金流向。该部门长期以来都相当保守，直到资产泡沫出现，开始大量借贷。当 2007 年资产泡沫破灭时，该行业不仅在零利率（现在是负利率）的情况下完全停止借贷，而且开始偿还债务（用横轴上方的阴影柱状表示），这种趋势持续了 8 年多。

尽管西班牙经济在 2016 年下半年开始复苏，并持续改善，直至 2020 年新冠肺炎疫情引发经济衰退，但复苏似乎不太可能是由内需推动的。因为尽管利率为负，住户部门和企业部门仍然是净储蓄者。

如图 2-7 所示，爱尔兰住户部门经历了更加剧烈的变化。在 2000 年前后住户部门还非常保守，但此后在房地产泡沫期间深陷债

（占名义GDP的比重，%）　　　　　　　　　　（占名义GDP的比重，%，逆序）

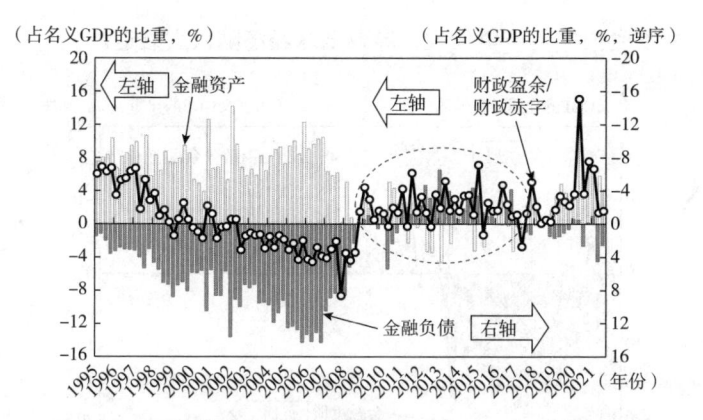

图 2-6　西班牙住户部门在房地产泡沫后经历了 8 年多去杠杆化

注：数据由野村综合研究所经季度调整，最新数据截至 2021 年第三季度。
资料来源：野村综合研究所根据西班牙央行和西班牙国家统计局数据计算所得。

务中。泡沫破灭后，借贷完全停止，几乎每个季度都在偿还债务（见横轴上方的阴影柱状），一直持续了 10 余年。这表明，从 2016 年到 2020 年新冠肺炎疫情暴发，爱尔兰经济的强劲表现与该国住户部门关系不大，在负利率环境下，住户部门仍然是净储蓄者。

前述关于日本、美国和欧洲的图示表明，在经历了资产泡沫后的经济体中，发生着从追求利润最大化向追求债务最小化的巨大转变，而且追求债务最小化会持续多年。

2008 年以来的这一大转变令很多人关注。在利率处于历史最低水平的情况下，美国私人部门净储蓄占 GDP 的比重从 2007 年第二季度的 0.49%，增长到 2011 年第三季度的 10.88%。美国不仅遭遇借款人的撤出，而且同期私人部门需求减少的幅度相当于 GDP 的 10.39%，使经济陷入严重衰退。在英国，2007 年第四季度至 2009 年第四季度，占 GDP 比重为 7.65% 的私人部门需求消失了。2007 年第三季度至 2010 年第一季度，私人部门行为的转变使西班牙的 GDP 减少了 19.6%，这也是在创纪录的低利率时期发生的。私人部门争先恐

第二章　资产负债表问题导致借款人短缺　　039

后地修复受损的资产负债表，导致全球经济陷入大衰退。

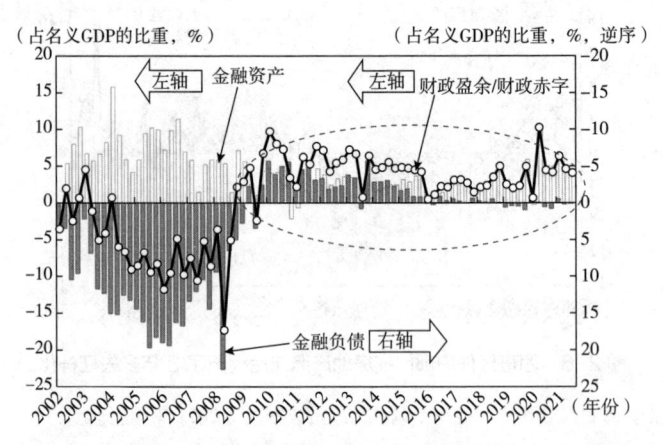

图 2-7 爱尔兰住户部门在房地产泡沫后经历了 10 余年去杠杆化

注：数据由野村综合研究所经季度调整，最新数据截至 2021 年第三季度。
资料来源：野村综合研究所根据欧洲央行和爱尔兰中央统计局的资金流数据计算所得。

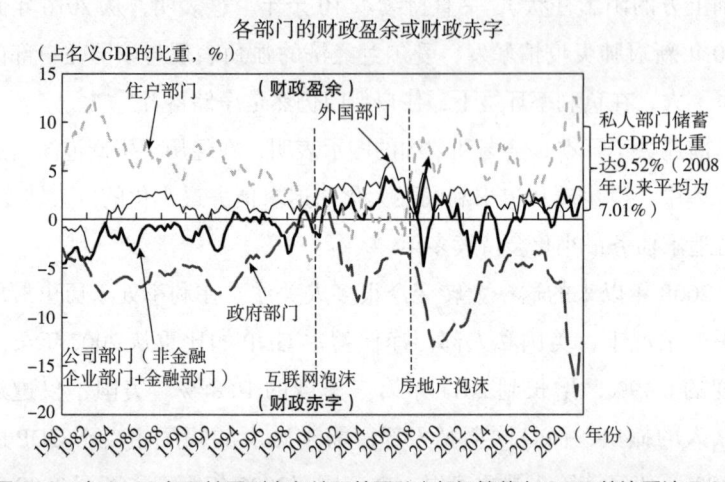

图 2-8 自 2008 年开始零利率条件下美国私人部门储蓄占 GDP 的比重达 7.01%

注：所有数据项都是四个季度移动平均，最新数据截至 2021 年第三季度末的四个季度移动平均数据。
资料来源：美联储和美国商务部。

就在新冠肺炎疫情暴发前的 2019 年，美国私人部门储蓄仍占 GDP 的 9.50%。2009—2018 年，尽管欧元区实行负利率政策，但私人部门平均储蓄额达 GDP 的 4.74%，随后这一数字在 2019 年下降至 2.67%，企业部门 12 年来也首次成为净借款人（见图 2-11）。

各部门财政盈余或财政赤字

（占名义GDP的比重，%）

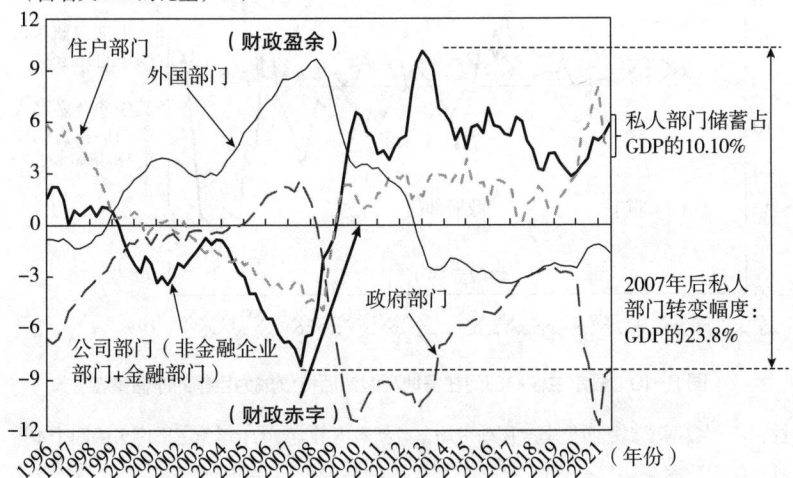

图 2-9 西班牙住户部门和公司部门持续保持净储蓄

注：所有数据项都是四个季度移动平均，最新数据截至 2021 年第三季度末的四个季度移动平均数据。

资料来源：西班牙央行和西班牙国家统计局。

在许多西方国家创纪录的低利率环境下，不仅是住户部门，企业部门也一直在增加储蓄或偿还债务（见图 2-8 至图 2-11）。[1] 这种企业行为完全不同于经济学教科书上的观点，即追求利润最大化的公司应该利用史上最低的利率环境来增加借贷。换句话说，这些发生在发达国家的私人部门行为，完全不在新古典经济学传统框架内。当前正

---

[1] 由于许多跨国公司将爱尔兰作为避税天堂，因此很难对关于爱尔兰公司部门和外国部门的数据进行解释。

第二章 资产负债表问题导致借款人短缺　　041

在发生的情况，属于图1-3中所描述的贷款人和借款人象限的情形3。

各部门的财政盈余或财政赤字

（占名义GDP的比重，%）

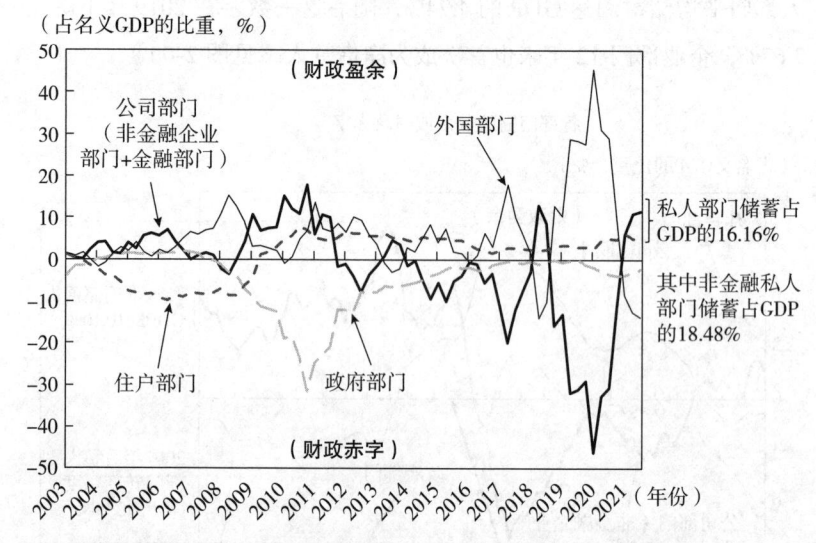

图2-10 爱尔兰住户部门在房地产泡沫后持续成为巨额的净储蓄者

注：所有数据项都是四个季度移动平均，最新数据截至2021年第三季度末的四个季度移动平均数据。

资料来源：爱尔兰中央银行和爱尔兰中央统计局。

在所有这些经济体中，私人部门都在增加储蓄或偿还债务，这是因为当债务融资驱动的资产泡沫破灭后，它们的资产负债表遭到严重破坏。由于巨额债务积压且资产不足以偿付，受影响的企业和住户别无选择，只能对自身财务状况采取整顿措施。如果不这样做，他们即使不破产，也难以重新获得信贷。因此，私人部门不得不增加储蓄或偿还债务，直至安全地摆脱净资产为负的困境，结果是经济在情形3（宏观经济学的另一半）中停滞多年。

各部门的财政盈余或财政赤字
（占名义GDP的比重，%）

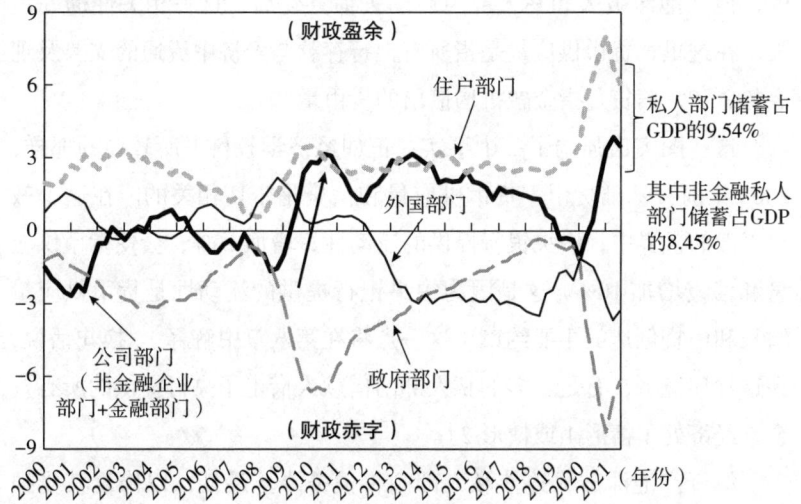

图 2-11 欧元区私人部门在房地产泡沫后持续成为大型净储蓄者

注：所有数据项都是四个季度移动平均，最新数据截至 2021 年第三季度末的四个季度移动平均数据。

资料来源：欧洲央行和欧盟统计局。

借款人消失的第一个受害者：货币政策

当借款人消失且整个私人部门成为净储蓄者时，哪怕利率为零，经济仍将面临通货紧缩缺口（第一章示例中的 100 美元）。问题在于当借款人缺席时，作为经济学家首选的政策工具，货币政策对经济的支持作用微乎其微。想要货币政策发挥刺激经济的功能，必须有人愿意利用宽松的融资环境增加借款，并将所得资金用于实体经济。然而，当借款人因迫切需要恢复财务健康而不再借款时，央行的货币宽松政策并不会带来借款增加和经济扩张的效果。

图 2-12 至图 2-14 和图 2-17 表明，2008 年前中央银行提供流动

性（基础货币）与货币供应量、私人部门信贷增长之间是密切相关的，但在泡沫破灭和私人部门启动去债务化后，这一相关性彻底消失。在这里，货币供应量是指所有银行存款与经济中流通的支票及现金的总和，信贷是指金融机构借出的货币量。

这些图突出强调了一个事实：正如经济学教科书所教导的那样，2008年前，基础货币、货币供应量和信贷是密切相关的。在这个教科书般的世界中，中央银行提供的流动性每增加10%，会使货币供应量和信贷增加10%。这是因为中央银行提供的流动性是货币供应量增长和信贷创造的主要约束（这一点将在第八章中解释）。换句话说，在这种环境下，有足够多的私人部门借款人借走了央行提供的所有资金，经济处于情形1或情形2。

但资产泡沫破灭迫使私人部门将债务降至最低，以修复其受损的资产负债表，央行注入再多的流动性也无法增加私人部门的借款。例如，从雷曼兄弟倒闭到2020年2月新冠肺炎疫情暴发，美联储将基础货币扩大了298%，但货币供应量仅增长了99%，信贷仅增长了45%。私人部门信贷在11.5年间仅增长了45%，意味着年均增速非常慢，仅为3.4%。

在前述三个与货币相关的总量中，最值得关注的是银行信贷。这是因为中央银行总是可以通过从金融机构购买资产来增加银行体系流动性，但要让流动性进入实体经济，银行必须借出这些资金。这些资金最终归储户所有，银行不能免费赠送。2008年以来美国银行信贷增长了45%，这意味着从金融部门进入实体经济的增量资金仅增长了45%。换句话说，由于缺乏借款人，央行所提供流动性（298%）中的大部分仍然留在金融部门。

此外，美国私人部门的去杠杆化还一度导致信贷余额下降了9%，从雷曼兄弟倒闭时的100降至2011年的91（见图2–12）。美联储投放了大量流动性，并且将利率降至零，但这些措施并没有阻止信贷余额的萎缩。这反映出，当借款人因资产负债表衰退而消失时，货币政策是多么无能为力：即使是美联储的天量货币宽松政策，也无法阻止美国的信贷收缩。

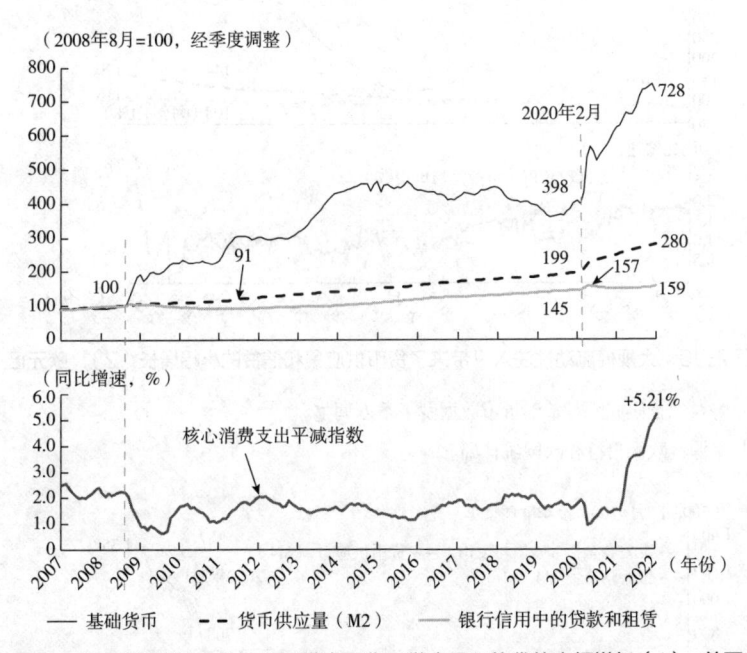

图 2-12 大规模流入性注入只带来了货币供应量和信贷的小幅增长（1）：美国

注：商业银行贷款与租赁，野村综合研究所对数据非连续性进行了调整。

资料来源：美联储和美国商务部。

在所有后泡沫经济体（post-bubble economies）中，我们都可以观察到类似的"脱钩"现象，其中包括欧元区（见图 2-13）和英国（见图 2-14）。在欧元区，截至 2015 年，银行信贷萎缩了 3%，在我撰写本书时，银行信贷仅比 2008 年高 16%。在英国，截至 2014 年，银行贷款大幅下降 20%，目前仅比 2008 年增长 5%。

第二章 资产负债表问题导致借款人短缺　　045

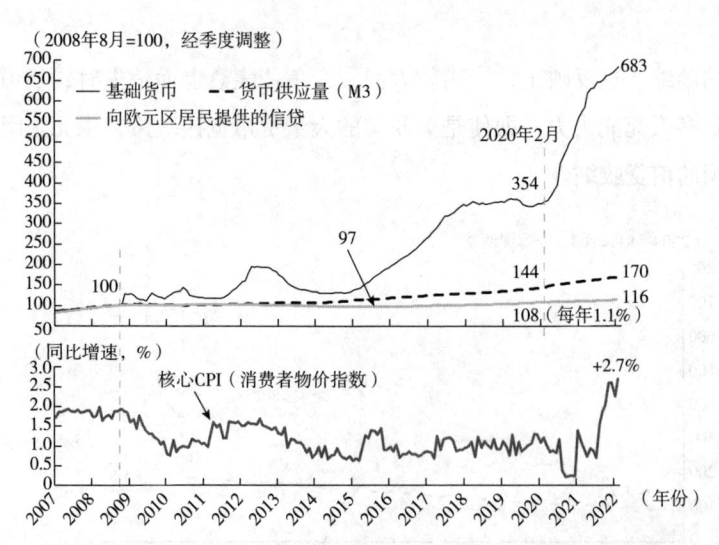

图 2-13　大规模流动性注入只带来了货币供应量和信贷的小幅增长（2）：欧元区

注：野村综合研究所对基础货币数据做了季度调整。

资料来源：欧洲央行和欧盟统计局。

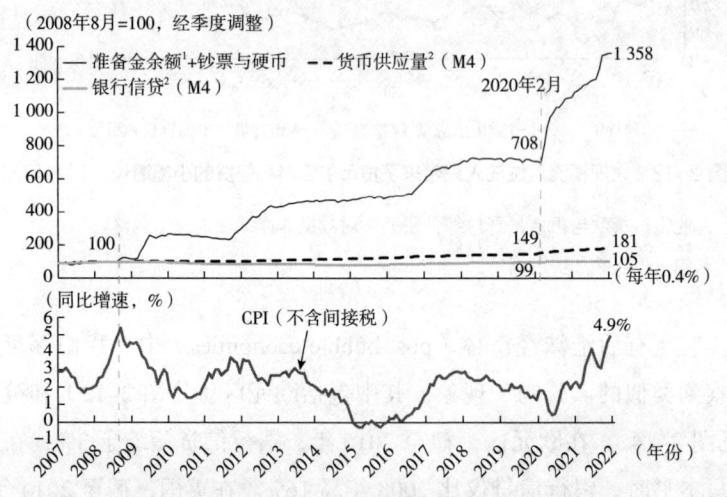

图 2-14　大规模流动性注入只带来了货币供应量和信贷的小幅增长（3）：英国

注：1. 准备金余额数据是经季度调整的。

2. 货币供应量和银行信贷数据不包含金融中介机构数据。

资料来源：英格兰银行和英国国家统计局。

2008年以来，面对零利率和央行天量流动性投放，发达经济体的通胀和增长指标未能做出反应，这是为什么？借款人的缺席可以合理解释这一问题。借款人消失后，在实体经济中循环的货币增长受阻，导致中央银行一直未能实现其通胀目标。米尔顿·弗里德曼和他的支持者认为，通货膨胀在任何时候、任何地方都是一种货币现象，因此负责货币政策的中央银行可以随意制造通货膨胀。如果真是这样，那么基础货币增长298%应该会导致货币供应量和信贷出现同等增长，并相应地推动通胀飙升，但这种情况在2008年后从未发生。

大萧条是一次严重的资产负债表衰退

1929年，美国资产泡沫破灭导致了大萧条，这是所有资产负债表衰退中最严重的一次。此次泡沫破灭后，同样的货币总量"脱钩"现象也发生在美国，这丝毫不让人感到意外。1990年房地产泡沫破灭后，日本也出现了同样的"脱钩"现象。

图2-15显示了1929年10月股市崩盘前后向私人部门提供的基础货币、货币供应量和信贷。这三者在股市崩盘前走势是同步的，正如经济学教科书所教导的那样，但随后出现"脱钩"，"脱钩"方式与2008年后发生的情况一样。该图显示，因为美国私人部门试图偿还债务并修复其受损的资产负债表，1935年私人部门贷款较1929年峰值下降了54.7%。货币供应量（1933年下降了33%）在图中略高于贷款的那条线，基础货币则是图中最上方的线。

大萧条备受各方关注，原因在于货币供应量和信贷的断崖式下降。在此期间，因为人们从银行存款中提取资金来偿还债务，货币供应量收缩了33%，债务下降了54.7%。在一般情况下——当经济处于情形1或情形2，且私人部门借款人充足时——人们偿还债务后银行会很快将收到的资金借给其他借款人，以使总存款余额在银行体系中保持稳定。但是，当整个私人部门成为净储蓄者或债务偿还者时，信贷和货币供应量最终都会收缩。

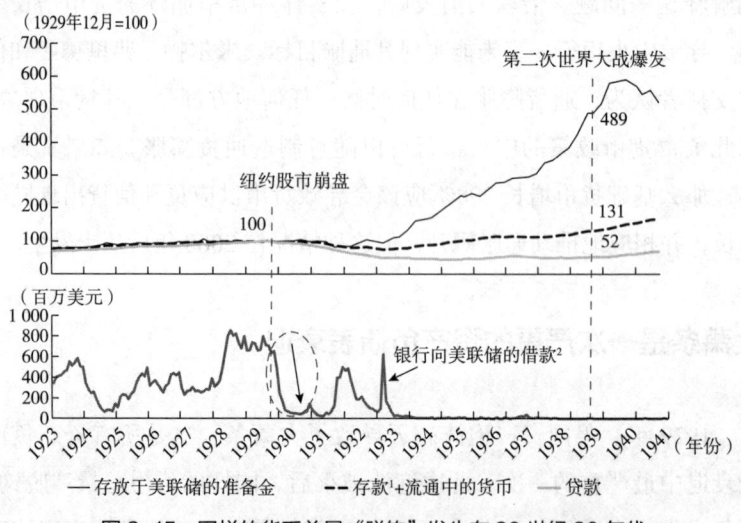

图 2-15　同样的货币总量"脱钩"发生在 20 世纪 30 年代

注：1. 存款＝经调整的活期存款＋其他定期存款。

2. 只有这个数据序列是基于排名前 101 个城市的美联储会员银行，其他数据序列包含所有美联储会员银行。

资料来源：野村综合研究所根据美联储数据整理，详见 Board of Governors of the Federal Reserve System（1976），*Banking and Monetary Statistics 1914–1941*，pp. 72–75，pp. 138–163，and pp. 409–413。

米尔顿·弗里德曼及其他货币政策支持者认为，20 世纪 30 年代的大萧条之所以如此严重，是因为美联储在纽约股市崩盘后没有迅速扩大基础货币（与之后雷曼兄弟的行为相反，如图 2-9 所示）。换句话说，如果美联储在股市崩盘后立即增加基础货币供应量，经济萧条就不会如此严重。

但基础货币主要由商业银行存放在中央银行账户中的资金组成。这被称为银行准备金，数额包括从储户和债券持有人处获得的资金，以及从中央银行借入的资金。①

若仔细查看图2-15最下方从美联储借入的准备金数据，就可以发现，美国的银行在股市崩盘后立即向美联储偿还了大量先前借入的准备金。该图还表明，在股市崩盘前，商业银行从美联储大量借款，因为从储户收取的准备金不能满足私人部门强劲的（投机性）借款需求。

但在股市崩盘后，从1929年7月到1930年8月，银行向美联储的借款减少了95%，从8.01亿美元减少至仅4 300万美元（见图2-15中的圆圈区域）。这很可能是危机后贷款需求崩溃的应对之举，借款人要么偿还债务，要么增加储蓄以支撑其资产负债表。银行没有理由继续大量持有借来的准备金。由于银行还在急不可耐地归还准备金，美联储也就没有理由提供更多准备金了。因此，弗里德曼关于美联储应该增加银行体系准备金的观点是没有道理的。如图2-12所示，深谙弗里德曼观点的伯南克，在雷曼兄弟倒闭后立即将基础货币翻了一番，但仍无法阻止信贷紧缩。伯南克的迅速行动实际上证明了弗里德曼先前的观点毫无根据。

货币政策的支持者还认为，1933年后美国的复苏不是由罗斯福新政（涉及政府借贷和支出）带来的，而是由美联储的宽松货币政策带来的。他们指出，虽然财政赤字占GDP的比重在1933年后没有大幅增长，但货币供应量却有大幅增长（见图2-15）。但正如我在《大衰退：宏观经济学的圣杯》一书中指出的那样，货币供应量主要来自银行存款，其本质是银行体系的负债，只有在银行体系的资产端也实现增长的情况下，货币供应量才能增长（这一点也将在第八章中进行解释）。

银行存款（货币供应量）确实从1933年6月的233.6亿美元增加到1936年6月的341.0亿美元（见图2-16）。但是，通过美国银

---

① 这一点将在讨论银行业务的第八章中进行进一步解释。

行业1933年后资产负债表的资产端,我们可以清楚地看到,在此期间只有对公共部门的贷款有所增加,从86.3亿美元增加到163.0亿美元(见图2-16中的圆圈区域),而这是罗斯福新政中财政政策的直接结果。

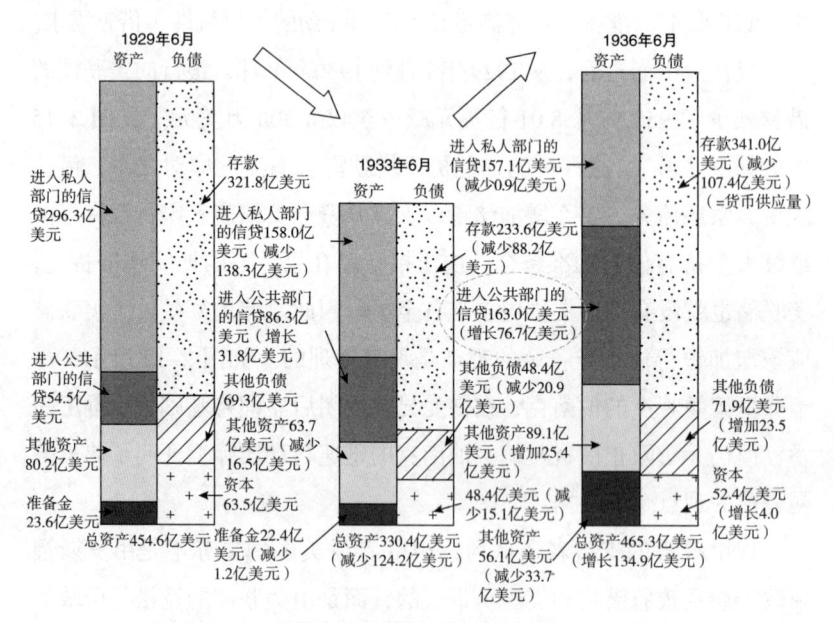

图2-16 货币政策支持者忽视了1933年后政府借贷在美国货币供应量扩张中的作用

资料来源:Richard C. Koo(2008), *The Holy Grail of Macroeconomics: Lessons from Japan's Balance Sheet Recession*, John Wiley & Sons, p. 112, based on data from The Board of Governors of the Federal Reserve System(1976), *Banking and Monetary Statistics 1914–1941*, pp. 72–78。

1936年前,银行对私人部门的贷款实际上一直在萎缩,并且在那之后长期保持低迷。如图2-15所示,1939年第二次世界大战开始时,美国的银行贷款仍比1929年的水平低48%。货币供应量增长与私人部门信贷增长之间的差距是由政府借贷造成的。

因此，对 1933 年后美国复苏的正确解释是，罗斯福新政扩大了政府借贷和支出，进而促进了 GDP 和货币供应量增长。当政府是唯一的借款人时，货币政策的有效性取决于政府财政刺激的规模。由于 GDP 快速增长，赤字占 GDP 的比重没有像财政刺激政策推出时预期的那样增加。

由于政府扮演了最后借款人的角色，美国货币供应量在 1933 年后有所增长。当时，随着政府愿意借用前文示例中的 100 美元甚至更多的储蓄，经济增长终于摆脱了 1 000 美—900 美元—810 美元—730 美元的通货紧缩螺旋。

1990 年后日本同样出现货币总量"脱钩"现象

如图 2-17 所示，日本在 1990 年泡沫破灭后也出现了同样的货币总量"脱钩"现象。当时，日本央行向银行体系注入了大量准备金，尤其是在 2013 年后，结果因为借款人短缺，未能增加对私人部门的贷款，也未能抬高通胀。在 1990 年私人部门借贷迅速收缩的情况下，反而是政府借贷阻止了日本货币供应量的收缩。

随着企业偿还债务以修复资产负债表，日本的银行贷款从泡沫峰值 100 下降到 2005 年 96 的低点。但由于政府在同一时期成为超大的净借款人（图 2-3 中政府部门财政盈余低于零），在经济方面使 GDP（见图 2-1）和货币供应量（见图 2-17）都保持在泡沫时期的高点之上。

从大萧条时期的美国、1990 年后的日本以及 2008 年后的美国和欧洲来看，当私人部门将债务降至最低、货币总量之间的传统关系不在时，货币政策就会失去效力。换句话说，当经济体处于情形 3 时，货币政策在很大程度上已经无能为力。

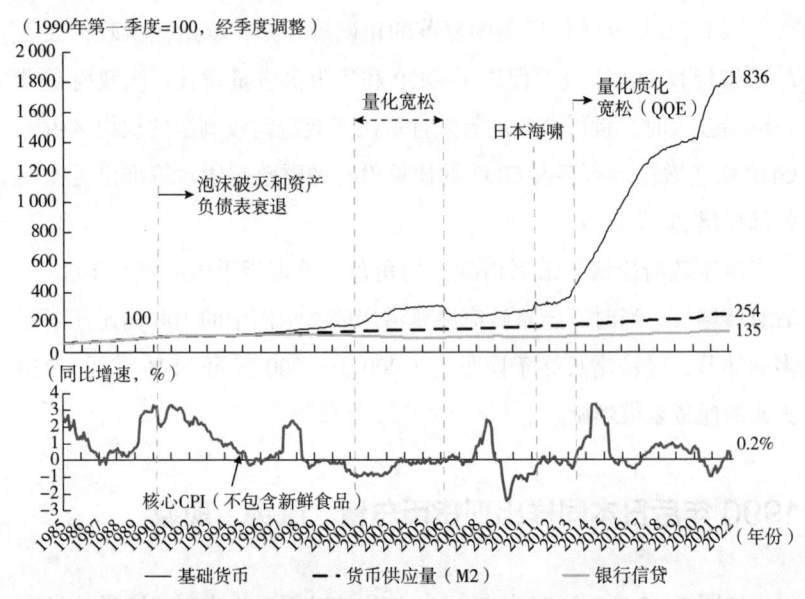

图2-17 大规模流动性注入只带来了货币供应量和信贷的小幅增长（4）：日本

注：野村综合研究所对银行信贷数据做了季度调整。
资料来源：日本央行。

2008年以来，中央银行一直无法实现其通胀目标，因为这些经济体的私人部门都在尽量减少债务，以解决资产负债表受损的问题。一些央行行长坚持进一步放松货币政策，认为这将有助于实现通胀目标，这表明他们仍然不明白为什么模型和预测失效了。实际上，失效的原因就是他们的模型假设私人部门正在实现利润最大化，经济体处于情形1或情形2。

情形4下，需要最后贷款人的介入

紧随泡沫破灭而来的，是经济体陷入情形4，其特征是贷款人和借款人都消失了。贷款人停止放贷，是因为他们过去向制造泡沫的借款人提供了贷款，但这些借款人现在已经无法偿债或者资不抵债。如果许多借款人无法偿还债务，那么银行本身可能会遭遇严重的偿付能力不足。由于银行贷款的上限为资本的12.5倍，如果超过8%的贷款变成坏账，那么大多数银行将没有足够的资本继续放贷。这可能导致严重的信用紧缩，银行将拒绝放贷或拒绝给贷款展期。

当许多银行同时面临不良贷款问题时，银行之间互不信任也会导致银行同业市场失灵，这通常被称为金融危机。在这种情况下，中央银行必须充当最后贷款人，以确保清算体系的持续运作。第八章将重点讨论银行业危机，对这些问题进行更全面的解释。

在全球金融危机刚结束时，大多数发达经济体处于情形4，主要中央银行都正确地扮演了最后贷款人的角色，以保持清算体系的良性运转。政府还向银行注资并采取其他措施，在雷曼兄弟倒闭后的约两年内使金融体系成功恢复了正常。换句话说，当问题出在贷方时，货币政策既有效又必不可少。但当问题出在借款人一方时，货币政策在刺激经济方面基本无效。

情形3和情形4下，政府必须充当最后借款人

一旦资产泡沫破灭，住户和企业就会发现自己已陷入了债务危机。在资产负债表完全修复之前，即使央行的货币政策再宽松也无法说服其恢复借贷。紧接着，经济将陷入第一章中描述的1 000美元—900美元—810美元—730美元的通货紧缩螺旋，借款人消失会使储蓄资金和去杠杆化的资金很难重回实体经济循环。

当私人部门借款人消失且货币政策失效时，政府应当借入并消费私人部门的多余储蓄（在前文的例子中为100美元），这是防止通货紧缩的正确方式。换句话说，当经济体处于情形3或情形4时，政府应该实施财政政策，充当最后借款人。

如果政府将留存在金融部门的100美元借入并消费出去，总支出将是900美元加上100美元，即1 000美元，经济将继续向前发展。由于私人部门的收入总体保持在1 000美元，住户和企业可以使用当前的收入来偿还债务或重建储蓄。政府借贷可以通过增加政府借贷和支出行为，来确保去杠杆化的资金重新进入经济体，从而防止货币供应量减少。换句话说，政府借款人的出现，防止了银行资产负债表中资产端的缩水，1933—1936年的政府借贷就是一个典型案例（见图2-16）。扩张性的政策应该持续一段时间，直到私人部门做好再次借款的准备。

当经济体处于情形3或情形4时，只要政府试图采取措施减少预算赤字，通货紧缩螺旋就有可能重新开启。这些风险实际上在1997年的日本（稍后在图2-21的背景下讨论）和2010年的欧元区（见第七章）出现过。

情形3下，政府通过债券市场借款

更多的政府借款意味着更高的公共债务和赤字。这让很多人感到不安，因为他们认为增加公共债务不是一件好事。但对于处于情形3的经济体而言，可以将债券市场中的政府债券收益率压至极低水平，鼓励政府充当最后借款人。之所以发生这种情况，是因为在资产负债表衰退时，政府是唯一幸存的借款人，且金融部门充斥着大量资金。这些资金来自私人部门去杠杆化、新增加的家庭储蓄，以及央行宽松的货币政策。

人寿保险公司和养老基金等机构投资者的基金经理必须赚取合理回报，但不得承担过多的外汇风险或本金损失风险。也就是说，他们不能将所有资金都投资于股票或外币资产。一旦他们对股票和外国资产风险的敞口触及上限，就只能选择购买政府债券。这是因为，政府是唯一发行以本币计价的高等级固定收益产品的借款人。正如1990年后的日本和2008年后的西方国家那样，基金经理涌入政府债券市场，随后将政府债券收益率推至异常低的水平。[①]

1990年后，日本首次出现政府债券收益率异常低的情况，当时，日本预算赤字和公共债务飙升。到1997年，日本的公共债务已超过其GDP的100%，但10年期国债收益率降至1.7%。到2009年，公共债务已达日本GDP的200%，但10年期国债收益率降至1.34%。在日本央行于2013年4月推出量化质化宽松政策前，尽管公共债务上升至日本GDP的230%，但10年期国债收益率已下滑至0.735%。2008年后，西方经济体也出现了同样的债券收益率急剧下降情况。

资产负债表衰退下经济体的自我纠正机制

异常低的债券收益率会吸引政府充当最后借款人，这是经济体在资产负债表衰退（一般是情形3和情形4）下自我纠正机制的体现。这种机制能实现自我纠正主要有两个原因。

首先，当私人部门在零利率或负利率的情况下产生过剩储蓄时，开展财政刺激的可用资金（对应前文例子中的100美元）就留存在金融部门，这些资金可以被用于稳定经济。这些可用资金将以发债融资的方式流入最后借款人（政府），因此中央银行或任何其他实体都无须为政府赤字融资而担忧。换句话说，当经济体处于情形3时，政府的赤字融资不成问题。

其次，这种机制之所以能实现自我修正，还因为债券市场融资成本降到了异常低的水平，这有助于鼓励政府发债融资。这些债券的超

---

① 这种降低债券收益率的机制在欧元区并不总是有效，因为19个政府债券市场使用相同的货币。这一欧元区特有问题的性质及其解决方案将在第七章中讨论。

低收益率向政府传达了一个信息，即如果未来需要社会基础设施，现在就是建设它的时机，因为融资成本永远不会比现在更低。甚至还可能出现社会基础设施项目的回报率高于政府债券超低收益率的情况（这一点将在第四章做进一步探讨）。

政府接收到债券市场传递的信息，充当最后借款人，不仅可以为经济增长和货币供应提供支撑，还可以为必要的基础设施项目锁定低融资成本，最大限度降低未来纳税人负担。

在经济学教科书中，这种政府预算赤字飙升，同时政府债券收益率急剧下降的情景是不可能的。传统经济学理论假设私人部门总是追求利润最大化，经济体处于情形1或情形2。私人部门利润最大化的假设十分关键，因为要满足这一假设，私人部门必须拥有干净的资产负债表，以及拥有大量有吸引力的国内投资机会。如果同时具备这两个条件，私人部门借款人将不得不与公共部门借款人竞争有限的储蓄资金，利率将高得多。

但当今大多数发达经济体都不具备这两个条件。相反，由于泡沫破灭后资产负债表受损，私人部门经常主动将债务降至最低，而且由于新兴经济体能提供更高的资本回报率，大量企业正加强对新兴经济体的投资。当经济体处于情形3时，政府债券收益率保持低位是很自然的，因为基金经理再也无法找到来自私人部门的借款人。

目前，大多数宏观经济模型都不包含金融部门，这些模型还假设私人部门总是追求利润最大化。最终，它们未能捕捉到当经济体处于情形3或情形4时，基金经理在寻找借款人时面临的困难。这反过来又加大了经济学家的担忧，即巨额的政府赤字终将导致债券收益率飙升和财政危机。

由于在情形3和情形4下，政府有可能在债券市场以极低的利率借款，政策制定者面临的真正挑战是确保所有储蓄资金都被借入和支出，并且维持这一政策，直到私人部门做好再次借款的准备。

换言之，财政刺激措施必须确保既有较大的规模，又能持续较长时间。

刺激措施必须持续较长一段时间，原因是即使企业和家庭完成了资产负债表修复，一些人也可能因多年痛苦的去杠杆化经历而受到严重创伤，再也不会借贷了。事实上，大多数经历过大萧条的美国人都因为这种创伤而再也没有借过钱。这表明了去杠杆化问题的严重性和持久性，同时也表明，在情形3下政府要想推动经济增长就必须做出坚定承诺。

G20在2010年多伦多峰会上改变路线

2008年11月，即雷曼兄弟倒闭两个月后，G20（二十国集团）在美国华盛顿召开紧急会议，同意实施协调一致的财政刺激措施，这在本质上同意了由政府充当最后借款人和最后支出者。这一决定避免世界经济立即陷入通货紧缩的恶性循环。

然而，政府当局普遍对资产负债表衰退缺乏理解，它们在2010年6月的G20多伦多峰会上再次强调正统的财政观念。在当时私人部门仍处于大规模去杠杆化进程、资产负债表远未恢复健康的情况下，各成员同意在未来三年内将赤字减少一半。发生这种情况的原因可能是东道主加拿大是唯一一个房地产泡沫尚未破灭、经济仍处于情形1的国家。如图1-1所示，加拿大是2008年以来唯一一个私人部门保持财政赤字的国家。换句话说，减少财政赤字对加拿大是有利的，但也只对加拿大一国有利。

此次峰会直接导致全球经济突然丧失动力，世界大部分地区的经济衰退时间被无谓延长。2010年后，理解了资产负债表衰退危害的国家都表现良好，而那些不理解的国家则受到负面影响。

追溯四个经济体中央银行的历史记录

美国、英国、日本和欧洲都实施了非常规的量化宽松货币政策,各经济体在认识上的差异变得非常明显。在量化宽松政策中,中央银行通过购买私人部门的资产,不断向银行体系注入准备金。如图2-12至图2-14所示,这些经济体中央银行的政策行为,导致基础货币大幅扩张。但这些经济体似乎对政策如何发挥作用有截然不同的理解,从而也产生了截然不同的结果。欧洲针对美国的政策实施效果明显优于欧元区的问题展开了大量讨论。[1]

大多数人听到量化宽松这个词时,总会想到米尔顿·弗里德曼教授关于"通货膨胀无处不在且始终是一种货币现象"的说法,这意味着作为实施货币政策的中央银行,应该能够控制通货膨胀。通过增加或减少基础货币,来调控通货膨胀水平。

基于这种观点,如果中央银行简单地启动印钞机,创造足够量的货币,那么通货膨胀一定会产生。保罗·克鲁格曼教授在与我长达两个小时的辩论中反复强调了这一点,相关内容于1999年11月发表在日本有影响力的月刊《文艺春秋》。[2] 2008年后,日本、英国和欧洲的央行行长也声称量化宽松货币政策将扩大信贷和货币供应量,从而可能有助于实现通胀目标。

2009年3月6日,当英格兰银行推出英国版量化宽松货币政策时,央行官员保罗·费舍尔明确表示,该政策旨在扩大银行信贷和货币

---

[1] Greenwood, John (2016), "Successful Central Banks Focus on Greater Purchasing," *Financial Times*, May 31, 2016.

[2] Koo, Richard and Krugman, Paul (1999), "Gekitotsu Taidan : Nihon Keizai Endaka wa Akuka" ("Big Debate on Japan's Economy : Is Strong Yen a Bad Thing?") *Bungeishunjū*, November 1999, edited by Yasuhara Ishizawa, pp. 130–143.

供应量，促进经济复苏。① 日本央行前行长黑田东彦在 2013 年 4 月 12 日就任行长后的首次讲话中宣布，量化宽松货币政策将刺激银行放贷，并使日本央行在两年内实现 2% 的通胀目标。② 前副行长岩田规久男坚信，通货膨胀是一种货币现象，③ 他宣布如果银行未能在两年内实现通货膨胀目标，那么他将辞职。同样，欧洲央行前行长马里奥·德拉吉于 2015 年 1 月 22 日公布了欧元区量化宽松政策，并认为该政策将"支持货币供应量和信贷增长，进而有助于推动通胀率回升至 2%"。④

量化宽松并未使日本、英国或欧洲的货币供应量加速增长

然而，这些经济体自 2008 年（日本是 1990 年）资产泡沫破灭后，一直处于严重的资产负债表衰退中。尽管中央银行总是可以通过量化宽松货币政策向银行业注入尽可能多的流动性，但银行必须贷出这笔钱，使其进入实体经济。这些资金本身是属于储户的，银行不能免费赠予借款人。但如果私人部门作为一个整体正在去杠杆化，则借款人的缺席将妨碍流动性进入实体经济。最终，流动性仍然被困在金

---

① Oakley, David（2009），"A Bold Bid to Revive Lending," *Financial Times*, 2009. https://next.ft.com/content/9b3fd930-0a90-11de-95ed-0000779fd2ac.
② Kuroda, Haruhiko（2013），"Quantitative and Qualitative Monetary Easing," speech at a meeting held by Yomiuri International Economic Society in Tokyo, April 12, 2013.
③ Iwata, Kikuo（2001），*Defure no Keizaigaku（The Economics of Deflation）*, Tokyo: Toyokeizai.
④ Draghi, Mario（2015），"Introductory Statement to the Press Conference（with Q&A），" ECB press conference in Frankfurt am Main, January 22, 2015.

融体系中，央行没有办法扩大实体经济中的货币流通量。[①] 因此，如图 2-12 至图 2-14 和图 2-17 所示，这些国家的货币供应量和银行信贷的增长，最多也只能算中等水平。

在英国，保罗·费舍尔大胆宣称不会重复"日本的错误"，英国央行从 2008 年 9 月到 2020 年 2 月将基础货币扩大了 608%。但是，信贷比雷曼兄弟破产前仍低了 1%，而且英国的经济继续在零通胀和完全通缩之间摇摆（见图 2-14），与日本极为相似。2016 年"脱欧"公投后，英国通胀率确实有所回升，但这主要得益于"脱欧"公投后的英镑大幅贬值。在欧元区，从 2015 年 1 月推出量化宽松政策到 2020 年 2 月新冠肺炎疫情暴发，马里奥·德拉吉将基础货币扩大了 154%，但银行信贷仅增长 11.1%，即每年约 2.1%，而通货膨胀率仍然接近于零（见图 2-13）。

在日本，2013 年 4 月推出量化质化宽松政策以来，黑田东彦已将基础货币增加了 277%，但截至 2020 年 2 月，银行信贷仅增长了 21%，这一增速与他的前任白川方明时代并没有差异。从图 2-18 中可以看出，日本央行换届前后，银行信贷和货币供应量一直是水平的直线。银行信贷增速完全没有变化，这意味着黑田东彦的基础货币大规模扩张并未对实体经济产生影响，通胀率仍然锚定在零附近。

这三个例子可以证明，只有在私人部门对资金有强劲需求时（对

[①] 从技术上讲，中央银行可以通过直接从非银行私人实体购买金融资产来增加货币供应量。然而，此类行动只会增加货币供应量的储备部分，因为向中央银行出售资产的非银行实体原本就将这些资产作为一种储蓄。比如，将储蓄的形式从政府债券转变为银行存款，不太可能促使该实体增加消费。因此，即使中央银行此类购买增加了货币供应量，也不会增加 GDP 或通胀压力。相比之下，如果中央银行从非银行私人部门购买汽车和相机，此类购买将增加货币供应量的交易部分，从而增加 GDP。但公共购买商品和服务通常被认为属于财政政策而非货币政策。

应情形1和情形2），"通货膨胀无处不在且始终是一种货币现象"的论点才可能有效，但在私人部门拒绝借贷时，这一论点不成立，即便此时利率为零甚至为负（情形3和情形4）也是如此。我们可以说，已实现的通货膨胀通常是一种货币现象，但中央银行并不总能通过扩大货币供应量来制造通货膨胀。

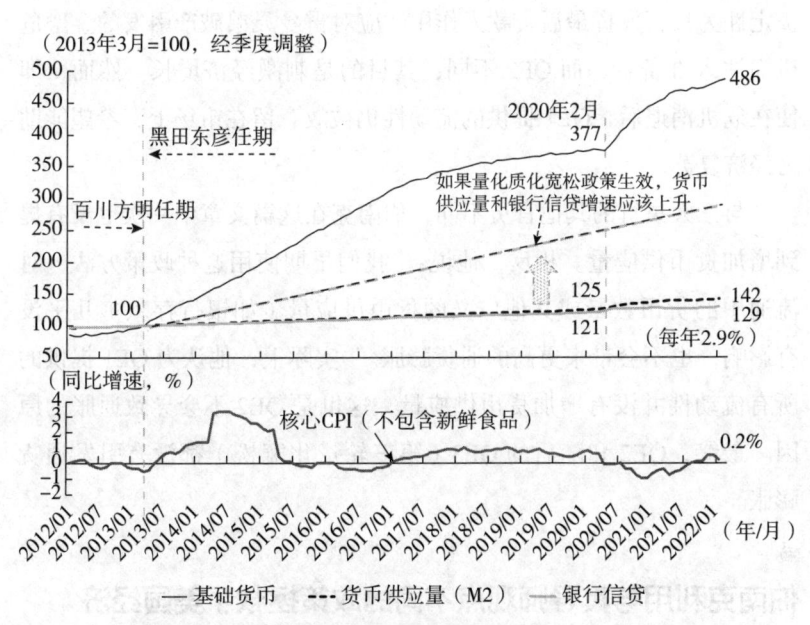

图 2-18 日本央行推出量化质化宽松政策后私人部门信贷及货币供应量增速并未上升

注：野村综合研究所对银行信贷数据做了季度调整。
资料来源：日本央行、日本内务和通信部。

美联储官员未承诺通过扩大货币供应量来提高通胀

相比此前提到的三大央行，包括前任主席本·伯南克和珍妮特·耶伦在内的美联储官员，在推出量化宽松政策时的表态则截然不同。虽然他们也是量化宽松政策的先驱，但至少据我所知，他们从未声称要通过扩大货币供应量来提高通胀。相反，伯南克在2010年11月4日《华盛顿邮报》一篇题为"美联储的行动及原因：支持复苏和稳定价格"[①]的文章中提出了相反的观点。这篇文章试图对推出QE2（第二轮量化宽松）的原因进行解释。QE1（第一轮量化宽松）最初被定性为央行发挥最后贷款人作用、应对雷曼兄弟破产引发的金融危机而注入准备金，而QE2不同，其目的是刺激经济增长。然而，即使在危机消退后，QE1提供的流动性仍被故意留在市场上，希望能助力经济复苏。

与三大央行的其他官员不同，伯南克在这篇文章中一次也没有提到增加货币供应量。相反，他说："我们早期使用这种政策方法，对流通中的货币数量或其他广义的货币供应量（如银行存款）几乎没有影响，也不会带来更高的通货膨胀。"实际上，他认为QE1提供的所有流动性并没有增加货币供应量，这也是QE2不会导致通胀的原因。最终，QE2和随后的QE3（第三轮量化宽松）都没有引发通货膨胀。

伯南克利用与其导师观点不同的政策拯救了美国经济

伯南克深知，在2011年推出QE2时，美国正处于资产负债表衰退中。美联储在推出QE2时编制的资金流量数据显示，尽管处于零利率环境，美国私人部门的储蓄仍接近GDP的8%。此外，其中很大一部分储蓄以偿还债务的形式出现，如图2-12所示，2008—2011年

[①] Bernanke, Ben S.（2010），"What the Fed Did and Why：Supporting the Recovery and Sustaining Price Stability," *Washington Post*, November 4, 2010. http://www.washingtonpost.com/wp-dyn/content/article/2010/11/03/AR2010110307372.html.

银行贷款下降了9%。这意味着由于缺乏借款人，债务偿还后返还的资金无法离开银行体系。由于美国企业和住户的储蓄过多，私人部门的货币乘数①在边际上为负。换句话说，如果没有其他借款人来填补空缺，美国的货币供应量就会收缩。

在纽约股市崩盘（见图2-15）后，由于私人部门集体偿还债务而没有其他人借款，美国的货币供应量在大萧条期间（1929—1933年）实际上缩减了33%。在这种情况下，防止GDP和货币供应量收缩的唯一办法就是增加政府借贷和支出。

伯南克和耶伦都深谙此道，他们用"财政悬崖"一词来警示国会实施财政整顿的潜在危险，并得到共和党和许多正统经济学家的支持。从伯南克在2012年4月25日新闻发布会上的发言中可以听出他对财政整顿的担忧，当被问及如果国会将美国经济推下"财政悬崖"，美联储将采取什么行动时，他回答："……美联储绝不可能有任何能力抵消财政整顿对经济的影响。"②伯南克清楚地认识到，如果政府拒绝充当最后借款人，美联储的货币政策将不仅无法抵消财政整顿的负面影响，而且会失去效力。

美国曾多次险些跌入"财政悬崖"，比如政府关门、政府自动减支和债务上限辩论（所有这些都是由共和党中的财政鹰派发起的），但得益于美联储和奥巴马政府官员的努力，最终还是避免了这种不利结果。这就是2008年后美国经济表现优于欧洲的原因，欧洲几乎每个国家都跌入了"财政悬崖"。

伯南克此前曾表示，他是弗里德曼的亲传弟子，弗里德曼是强烈反对财政刺激的。在2009年年中，伯南克还就财政赤字规模发出过

---

① 这一概念将在第八章中进行解释。
② Board of Governors of the Federal Reserve System（2012），"Transcript of Chairman Bernanke's Press Conference，"Washington，D.C.，April 25，2012.

警告。① 但最终，他支持了一项与其导师观点背道而驰的政策，将美国经济从战后最严重的经济危机中拯救过来。简言之，他明白，除非政府充当最后借款人，否则处于资产负债表衰退中的经济必定崩溃。量化宽松的影响仅限于所谓的投资组合再平衡效应，② 这远不能抵消私人部门和公共部门去杠杆化所带来的不利影响。当私人部门不借贷时，货币政策的有效性将取决于最后一位借款人——政府，它有改变立场的勇气。美国经济之所以表现得较好，正是因为伯南克和耶伦让政府承担起了最后借款人的责任。

其他中央银行支持财政紧缩

美联储关于"财政悬崖"的警告，让其与日本、英国和欧洲的同行区别开来。在英国，时任央行行长默文·金公开支持戴维·卡梅伦推出的严厉财政紧缩措施，认为央行的量化宽松政策将为英国经济提供必要的支持。当时，英国利率处于300年来的最低水平，私人部门的储蓄占GDP的6%（见图2-19）。③ 英国央行的这一判断，导致在卡梅伦任期的头两年，英国经济表现不佳，并促使卡梅伦的前财政大臣乔治·奥斯本任命加拿大人担任英国央行行长。

日本央行前行长黑田东彦也在2014年强烈主张提高消费税税率，认为在量化宽松政策的支持下，日本经济足以承受财政整顿的冲击。而事实上，当时在零利率条件下，日本私人部门储蓄占GDP的6.11%

---

① Guha, Krishna（2009），"Bernanke Warns on Deficits," *The Financial Times*, Asian edition, June 4, 2009.
② 这种效应是指，央行在量化宽松政策下购买资产所带来的资产价格上涨对经济的支撑作用。
③ 这个数字最初报告为9%，但在9年后的2017年，英国资金流量数据被大幅修订。2017年前的政策制定者和市场参与者是根据原始数据做出决策，因此在使用修改后的数据来理解他们当年决策背后的理由时，请务必小心。

（见图2-3）。2014年4月实施的加税政策，使日本经济重新陷入衰退，此后，全球对安倍经济学的热情也烟消云散了（安倍经济学是旨在帮助日本经济走出低谷的三管齐下的政策）。2019年10月的另一次小幅度加税，也促使经济陷入衰退。

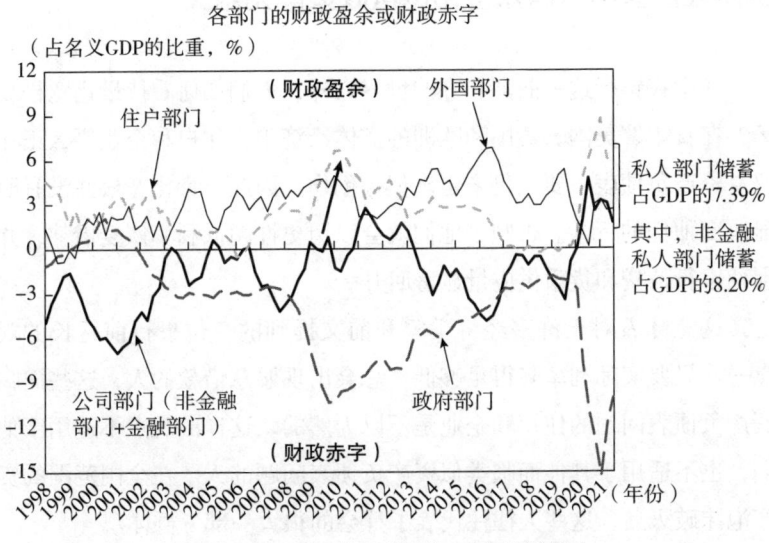

各部门的财政盈余或财政赤字
（占名义GDP的比重，%）

图2-19　2008年后英国私人部门储蓄飙升

注：所有数据项都是四个季度移动平均，最新数据截至2021年第三季度的四个季度移动平均数据。

资料来源：英国国家统计局。

欧洲中央银行前行长马里奥·德拉吉几乎每次对通胀的预测都高于实际水平，但即便如此，他每次都会在新闻发布会上诚恳地建议成员国政府实现《增长与稳定公约》所规定的财政紧缩目标。他似乎完全没有注意到财政紧缩所带来的危险，尽管利率为零甚至负，2008年后欧元区私人部门的储蓄或GDP年均值维持在5%（见图2-11）。

反复的失败表明，这些央行行长未能建立正确的经济决策模型。他们不仅没有认识到私人部门储蓄（或债务最小化）的程度，而且鼓

第二章　资产负债表问题导致借款人短缺　　065

励政府放弃最后借款人的角色。美国比其他经济体做得更好,不是因为美国版量化宽松政策实施得更好,而是因为它是唯一一个中央银行公开反对财政紧缩的国家。

实体经济参与者深知量化宽松政策毫无意义

在中央银行这一曲高和寡的世界之外,人们如何看待量化宽松政策?在日本、美国、英国和欧洲的实体经济中,住户和企业要么正在修复资产负债表,要么仍未走出债务创伤。因此,量化宽松并没有明显改变他们的行为。否则,他们就会以历史性超低利率恢复借款,并促使银行信贷和货币供应量显著回升。

这意味着对于许多经济学家和前文提到的三位央行前行长的观点——只要实际利率降得足够低,总会出现愿意借款的人,这些面临资产负债表问题的住户和企业是不以为然的。这样的观点不适用于他们,也不适用于其他面临类似资产负债表问题的人。在全国范围的资产泡沫破灭后,这些人往往代表了社会的很大一部分群体。

市场参与者仍然假定经济处于情形 1 或情形 2

然而,外汇和股票市场的参与者持有不同的看法。现实是,他们中的许多人继续基于传统经济学理论的假设来采取行动,认为全球经济仍处于情形 1 和情形 2。事实证明,每当中央银行宣布新一轮量化宽松政策时,市场机构就会卖出本国货币并购买股票。市场参与者的行为基于以下假设:量化宽松国家的货币供应量增长将远高于非量化宽松国家,相比货币供应量和通货膨胀率增长不那么快的国家,货币供应量迅速扩张且通胀相应回升国家的货币将贬值。

以美国和英国在全球金融危机后实施量化宽松政策为例,美元兑日元下跌30%，英镑兑日元下跌40%，均创历史新低（见图2-20，左）。实际上，外汇市场参与者假设美国和英国的货币供应量增速将大大超过日本，美元和英镑供应量的大幅增长，将削弱其相对日元的汇率。

2013年，当日本实施本国的量化宽松政策时，日元兑美元和英镑下跌了35%（见图2-20，右），这也基于同样的假设：日本实施量化宽松政策后，货币供应量增长相对美国和英国将显著分化。当德拉吉宣布欧洲央行准备推出量化宽松政策时，欧元也因同样的逻辑而大幅下跌。

图2-20　外汇市场参与者依然坚信经济学教科书

注：1. 雷曼兄弟倒闭前的一个月。
　　2. 安倍经济学实施前的一个月。
资料来源：野村综合研究所基于《日本经济新闻》数据计算所得。

然而现实并非如此，如图2-12、图2-13、图2-14和图2-17所示，对于任何实施量化宽松政策的国家，货币供应量和信贷增长都未明显加速。在实施量化宽松之后，尽管各国利率之差的确有所扩大，但还远未大到足以使汇率波动30%~40%。

每当宣布新一轮量化宽松政策时，股票价格和汇率都会出现剧烈波动，因为许多市场参与者继续按照经济学教科书上的错误观点行事。由此产生的股价和汇率波动，反过来影响了这些国家住户和企业的行为，量化宽松政策的支持者据此声称政策奏效了。

据报道，伯南克曾表示，量化宽松政策在理论上行不通，但在实践中确实有效。他指的可能就是这些市场参与者的行为，这些人仍在按照经济学教科书上的传统观点行事。

然而，最近市场尤其是外汇市场对中央银行的货币政策行动变得不那么敏感了。例如，2015—2018年，美联储9次上调政策利率，日本央行和欧洲央行则保持利率不变。尽管出现了如此大幅度、有利于美元走强的利差变化，但日元兑美元汇率几乎没有变动，至少在2021年底能源价格开始飙升前是这样的。这种对汇率的不敏感在很大程度上归因于特朗普政府的上台（如第九章所述），但在一定程度上也是因为市场参与者意识到货币政策正在失去效力。他们得出这个结论，可能是已经观察到，任何实施量化宽松政策的国家的信贷增长都没有回升。

CFA协会是一家给特许金融分析师授予证书的投资行业认证机构，享有很高的声誉及全球影响力。CFA协会也很早就认识到资产负债表衰退概念的重要性。2010年以来，CFA协会在许多重要的市场教育活动中都提到过我。随着越来越多投资专业人士认识到资产负债表衰退的弊病，量化宽松政策对市场的影响可能会进一步减弱。

追溯财政政策的历史记录

如果资产负债表衰退时，有关货币政策的操作记录是清楚的，那么财政政策也应如此。如前所述，大萧条后第一个经历资产负债表衰退的国家是1990年后的日本。当资产泡沫破灭时，全国商业地产价格下跌87%，触及1973年以来的最低水平。由于房地产在日本一直被用作借款的抵押品，土地价格的崩溃摧毁了私人部门的资产负债表，引发经济坍塌。

日本自民党政府为防止经济彻底崩溃，迅速实施了财政刺激。当然，这并非因为官员了解资产负债表衰退的可怕之处及其机制，而是他们认为政府支出会促进经济发展并让经济再次正常运转。

每次政府实施财政刺激时，经济都会做出积极反应，但一旦取消，经济就会失去动力。事实上，刺激措施不能促进经济，因为在房地产价值下跌87%后，私人部门需要经历10年甚至更长时间的去杠杆化才能恢复财务健康，企业和住户正在用节省下来的每一元钱偿还债务。由于经济学界尚未理解资产负债表衰退的概念，政策制定者没有意识到他们所面临的不是普通的最多持续一两年的商业周期衰退，而是长达10年的长期性问题。

正统财政鹰派主导了日本媒体和学术界，试图给财政刺激设置重重障碍，表示巨额赤字将很快导致利率飙升和财政危机。一旦经济出现复苏迹象，鹰派就会给政客施压削减刺激措施，从而引发新一轮经济衰退。由此产生的时断时续的财政刺激，并没有提升公众对政府处理经济方式的信心。幸运的是，日本自民党有足够多的政治家支持最低水平的刺激，因此日本GDP从未跌破泡沫时代的高点（见图2-1），日本的失业率也从未超过5.5%。

1995—2005年日本私人部门储蓄占GDP的比重平均达8%，这可以被视为一项巨大而夸张的成就。而与此同时，泡沫破灭让日本人损失的财富（占GDP的百分比）是美国大萧条期间的3倍，当时美国名义GNP暴跌46%。

但到了1997年，即日本经济陷入衰退7年后，国际货币基金组织

（IMF）和经济合作与发展组织（OECD）——这些组织对资产负债表衰退一无所知——开始向日本施压，要求其削减财政赤字，理由是人口正在老龄化，所有那些众所周知的没有发挥什么作用的道路和桥梁将产生可怕的经济后果。这些机构完全不明白，如果没有政府在这些道路和桥梁上的支出，日本经济将在1929年后步入美国经济的后尘。

很不幸，桥本政府听从了它们的意见，并于1997年4月开始实施15万亿日元（占日本GDP的3%）的财政紧缩计划，由此产生的加税和削减开支，无论是对于实体经济而言还是对于银行体系而言都是一场彻底的灾难。日本GDP连续5个季度收缩，成功度过前7年衰退的日本银行业，最终在1997年底独木难支，引发全面的银行业危机（这一话题将在第八章中讨论）。

如图2-21中第一组箭头所示，财政赤字不仅没有减少15万亿日元，反而增加了16万亿日元，即增长72%。日本花了10年才将赤字恢复到1996年的水平，其间，公共债务增加了近100万亿日元。

前首相桥本龙太郎在1997年12月认识到自己的错误，并开始调整财政政策方向，同时向银行体系注资，以解决全国性的信贷紧缩问题。随后小渊惠三政府也实施了充足的财政刺激措施以防止经济萎缩，但随着小泉政府和安倍首届内阁的传统财政理念卷土重来，经济再次停滞不前。

特别是小泉政府，在私人部门储蓄已经超过30万亿日元、经济发展停滞不前的背景下，仍坚持将财政赤字上限控制在30万亿日元，即日本GDP的6%。如图2-21中的第二组箭头所示，税收收入下降，财政赤字实际上反而增加了。这就是为什么这一届政府始终未能兑现承诺，无法将财政赤字控制在30万亿日元以下。

在短命的安倍和福田政府后，前首相麻生太郎为应对全球金融危机而实施了四轮财政刺激措施，麻生太郎认识到了资产负债表衰退期间增加财政支出的重要性。这对于应对危机非常有帮助，但遗憾的是，他是在雷曼危机爆发时掌权的，当时的执政党自民党在2009年落选下台。随后，日本民主党政府完全没有从1997年桥本政府和2001年小泉政府的政策失败中吸取教训，在正统财政观念的作用下，经济再次陷入萎靡不振。

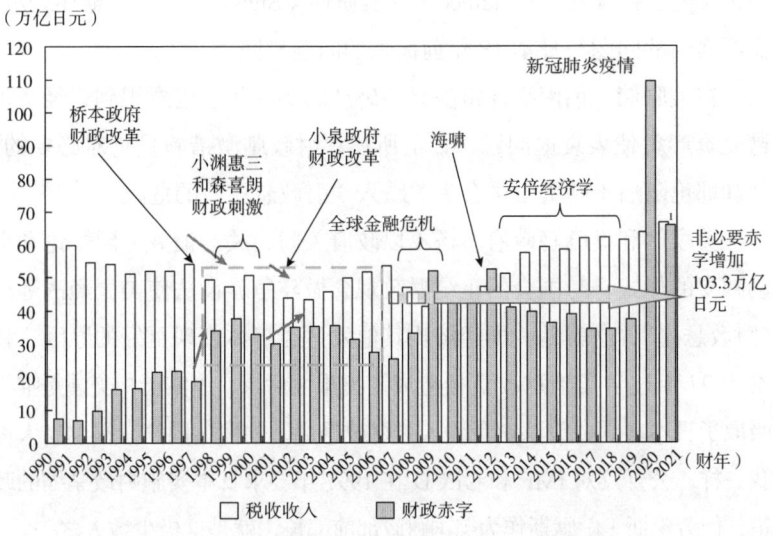

图 2-21 日本1997年和2001年跌入"财政悬崖"，导致经济走弱、税收减少、赤字上升

注：1.代表最新数据，日本财务省基于2012财年数据估算所得，数据包含海啸重建税和重建债券。

资料来源：日本财务省。

当日本自民党于2012年重新掌权时，时任财务大臣麻生太郎将财政刺激作为安倍经济学三支箭中的第二支，以推动经济复苏。然而，随着正统财政观念的回归，即使是这种努力也备受挫折。在许多人的呼吁下，2014年和2019年消费税相继上调，经济增长势头再次遭受重大打击。

在美国，奥巴马政府第一任国家经济委员会主席劳伦斯·萨默斯最初的想法和18年前日本官员的想法一样，认为一次性的大规模财政刺激足以刺激经济增长。他谈到财政刺激的"3T"原则：及时性（Timely）、针对性（Targeted）、暂时性（Temporary）。但他很快改变了观点，开始推动"3S"原则，称财政刺激实际上需要反应快（Speedy）、持续性（Sustained）和实质性（Substantial）。[①] 他还表示，美国面临的问题与日本18年前面临的问题相同。

在美联储，伯南克在雷曼兄弟破产的头两年里也意识到，经济正遭受资产负债表衰退问题，如前所述，财政刺激措施是绝对必要的。他和耶伦随后不断警告国会有关跌入"财政悬崖"的危险。

美联储和奥巴马政府不得不以政府关门、关于债务上限辩论和自动减支的形式，与国会的正统财政观念做斗争，设法使美国经济远离"财政悬崖"，这就是美国经济比其他发达经济体表现更好的原因。日本1997年过早实施财政整顿造成了灾难性后果，事实上，美国是唯一吸取了日本教训并设法避免跌入"财政悬崖"的发达国家。很少有人像我一样，公开反对IMF和OECD在1997年要求日本实施财政紧缩的政策，但劳伦斯·萨默斯作为美国财政部前部长，就是这极少数人之一。

在英国，雷曼危机刚一爆发，时任首相戈登·布朗就意识到资产负债表衰退的危险，并采取了大规模的财政刺激措施。这让英国经济得以持续发展，但他在接下来的选举中仍然输给了大卫·卡梅伦，一系列事件让人联想到日本前首相麻生太郎的遭遇。如前所述，在英国央行前行长默文·金的支持下，卡梅伦实施紧缩政策，相信央行宽松的货币政策足以防止经济收缩。但由此产生的经济衰退在2011年8月引发了全国性骚乱，并促使卡梅伦放弃紧缩政策，转而实施更温和

[①] Summers, Lawrence, H.（2009），"Rescuing and Rebuilding the U.S. Economy：A Progress Report," remarks at the Peterson Institute for International Economics on July 17, 2009. https://piie.com/commentary/speeches-papers/rescuingand-rebuilding-us-economy-progress-report.

的财政政策。

后来，欧元区危机爆发，迫使欧洲大陆国家的许多人将资金转移到英国，英国从中获益。因此，伦敦以及英国能够吸引外资的地区表现良好，而其他地区则继续苦苦挣扎。以下事实能清楚地反映这一点：尽管有大量外国购物者涌入，伦敦房地产价格持续升值（至少在新冠肺炎疫情暴发前是如此），但英国的总体通胀率在2015年降至零（见图2-14的底部），直到英国"脱欧"公投导致英镑汇率大幅走低，这与日本情况是相呼应的。

第七章将专门讨论欧元区经济体长期存在的问题。简言之，《稳定与增长公约》曾经在创设欧元时发挥了关键作用，但该公约对私人部门的大量储蓄视而不见，直接禁止成员国政府财政赤字超过GDP的3%。如图1-1所示，在私人部门储蓄占GDP的比重平均达5%的情况下，这种限制使该地区无法妥善解决资产负债表衰退问题。

例如，自雷曼危机以来，西班牙私人部门储蓄占GDP的比重平均为7.6%，但其政府仅获准借入7.6%中的3%，导致通货紧缩缺口相当于GDP的4.6%。这一缺口导致西班牙经济崩溃，2012年失业率飙升至26%。许多欧元区国家也因同样问题而遭遇困难。欧元区经济体所经历的长期经济停滞，就是这一事实的证明。

当私人部门借款人消失且经济处于情形3时，财政刺激对于防止经济螺旋式下降是必需的。每次实施财政刺激时，经济都会好转，而取消后，经济都会恶化。美国、英国、日本和欧洲的经验也显示了民主国家在和平时期维持财政刺激遇到的政治阻力，这个话题将在第十章中进一步讨论。

在资产负债表衰退期间衡量财政乘数的困难

长期以来，经济学界认为财政政策的乘数效应很低。弹性和乘数是指给定政策对经济增长的影响程度。例如，如果 1 美元的政府支出在给定时间内使 GDP 增加 1.4 美元，则财政乘数就是 1.4。

2008 年后的经验表明，情形 1 和情形 2 中财政刺激可能挤出私人部门投资并最终产生低乘数效应，与此不同的是，情形 3 和情形 4 中的财政乘数往往非常大。处于情形 3 和情形 4 的经济体对财政刺激反应非常敏感（对财政紧缩也是一样），这可以看作高财政乘数效应的证据。这也意味着财政乘数不是一个常数：根据经济是处于情形 1 和情形 2 还是情形 3 和情形 4，它会有很大差异。

然而，在情形 3 和情形 4 下，准确度量财政乘数面临两个困难。第一个困难是，财政乘数的度量必须以没有财政刺激的情况为基础。但在现实中，要对 GDP 沿着 1 000 美元—900 美元—810 美元—730 美元通缩螺旋的虚拟路径进行估计是很困难的。这是因为，除了大萧条的前三年，其他时期都缺少有关资产负债表衰退且不实施财政刺激的统计数据，这导致经济学家很难模拟 GDP 的虚拟收缩路径。

换句话说，如果历史上有大量不实施财政刺激的资产负债表衰退案例，在资产泡沫破灭、财富被摧毁后，可以确定在一定年度内可能损失多少 GDP，那么就有可能对虚拟路径下的 GDP 做出合理估计。在获得虚拟 GDP 数值后，再用实际 GDP 减去这一数值，用得到的差值除以财政刺激的实际金额，将得出正确的财政乘数。然而，没有可以用来估计这一虚拟 GDP 的数据。

但如果不能很好地估计虚拟 GDP 的数据，所采取的针对性政策就存在根本性缺陷。例如，日本国内外的大多数经济学家认为，日本的财政乘数很低，因为尽管在 1990—2005 年实施了 460 万亿日元的财政刺激，但 GDP 却没有明显增长。他们还认为，这些钱一定是花在了无用的项目上，例如各种没有发挥实际作用的道路和桥梁。事实上，IMF 和 OECD 正是使用这些逻辑，在 1997 年将日本推入了灾难性的财政紧缩试验。

他们的结论是财政乘数较低，这也就必然意味着：作为与财政刺激相反的政策，财政紧缩对经济的不利影响也会很小。但实际情况是，1997年在取消财政刺激措施后，日本经济陷入了崩溃。这表明财政刺激措施实际上为经济提供了巨大支持，并且基于没有财政刺激的虚拟GDP，将远低于实际观察到的GDP。

一个与之相关的问题是，太多的经济学家不自觉地认为，对于不实施财政政策或货币政策的经济体来说，最坏的情况就是GDP增速为零。日本财政乘数低的论点就是基于这样的假设，即经济学家认为即使停止修建无实际用处的道路，经济增长也只是降至零而已。但是，当经济处于情形3和情形4时，最坏的情况不是零增长，而是出现类似1 000美元—900美元—810美元—730美元的通缩螺旋崩溃。

度量财政乘数的第二个困难是，必须在私人部门将其重点从追求利润最大化转向债务最小化的那一刻开始。在实现这种转变前，经济仍处于情形1或情形2，如果度量财政乘数时使用了转变前的数据，就会低估情形3和情形4中财政乘数的实际数值。但是，在资产负债表衰退刚开始时，并不会有很多可用数据来度量财政乘数。这两个统计上的局限性，使在资产负债表刚开始衰退、最迫切需要财政刺激时，几乎不可能量化财政乘数。

由于这些统计局限性，图2-1对日本进行了情景模拟，模拟在没有财政刺激的情况下，GDP恢复到泡沫前（1985年）的水平。这是一种偏乐观的情景，因为在1929年后，美国GNP下降46%，财富损失规模相当于1929年一年的GNP。相比之下，日本在1990年后的财富损失，相当于1989年三年GDP的总和。这表明，如果日本效仿美国胡佛政府的政策并拒绝实施财政刺激，GDP下降幅度将远超46%。

在这个简单的模拟情景中，1990—2005年（全球金融危机前）实际GDP和模拟GDP之间的累计差异超过2 000万亿日元，同期，日本公共债务的累计增长为 460 万亿日元。这意味着日本政府花费了 460 万亿日元购买了相当于 2 000 万亿日元的 GDP，表明财政乘数实际上为 4~5，而不是正统财政鹰派通常认为的 1 左右。

值得注意的是，尽管在资产负债表衰退开始时难以量化实际的财政乘数，但情形 3 或情形 4 中的财政乘数可能远大于 1。这表明，当私人部门不借款或者减少债务时，政府必须充当最后借款人。

根据经济是处于情形 1 和情形 2 还是情形 3 和情形 4，财政乘数会发生变化，这一趋势也适用于货币政策的有效性，但效果是相反的。在情形 1 和情形 2 中，借款人过多，货币政策最有效，而在借款人短缺的情形 3 和情形 4 中，货币政策效果最差。

减税还是增加政府开支

当经济处于情形 3 或情形 4 时，财政刺激是必不可少的。财政刺激有两种工具：增加政府支出和减税。当经济体处于资产负债表衰退时，正确的财政刺激形式是政府支出，而不是减税。如果经济体缺乏国内投资机会（接下来的三章将讨论这一话题），正确的应对措施是增加政府支出并辅以减税和放松管制，以提高资本回报率。

政府支出是必不可少的，因为当私人部门出于资产负债表的原因将债务降至最低时，任何减税都只会被用来偿还债务。当然，此时私人部门能够比其他方式更快地恢复财务健康，但无助于消除经济的通缩缺口。一旦经济陷入通缩螺旋，收入和资产价格将进一步下降，修复私人部门资产负债表的任务就更加困难。因此，政府的首要任务应该是阻止通货紧缩的恶性循环。如果政府成功阻止了 GDP 的收缩，私人部门就会获得收入来偿还债务，并最终修复其资产负债表。

资产负债表衰退期间油价下跌

2014年发生的一件意外事件,证明了为什么在资产负债表衰退期间不应使用减税措施。2014年底油价出现下跌,大多数经济学家预测,对于依赖进口石油的发达国家而言,这将有助于提振经济。他们认为,油价下跌相当于进口国实施了减税政策,会增加本国可支配收入并促进消费。

尽管有这样的预期且油价跌幅惊人,即从2014年6月每桶107.73美元的高位暴跌至2016年2月每桶26.05美元的低位,但这些国家的经济仍然疲弱。原因就是它们处于资产负债表衰退期,私人部门正忙于减少债务。在零利率或负利率时期持续进行的去杠杆化表明,人们迫切需要修复资产负债表。对于许多企业来说,这确实是生死攸关的问题。

面对以低油价形式出现的"减税",大多数人将这笔多出来的资金用于修复或加强他们的资产负债表。换句话说,低油价带来的大部分收益用于存量调整——修复资产负债表,仅留下很少的资金用于增加消费等流量项目。这个例子表明,在资产负债表衰退期间,减税在支持经济方面并不是特别有效。

资产负债表问题的严重程度很重要

如果借款人的债务积压小到足以让社会其他人消化,则可以使用债务免除、债转股和直接清算等工具来解决。换句话说,如果资产负债表问题非常轻微,则可以使用市场化的解决方案,因为经济规模足够大,可以吸收负面冲击。

但如果问题很严重,即社会中有很大一部分人同时面临债务积压问题——这通常是在全国性资产泡沫破裂时出现的情况——那么,这些措施就只是将问题从一个群体转移到另一群体，而无法彻底解决问题。此外，当问题很严重时，依赖市场化解决方案很容易将经济推向1 000美元—900美元—810美元—730美元的通货紧缩螺旋，美国在大萧条期间的经验就证明了这一点。

因此，当问题广泛存在时，就需要采取措施帮助所有借款人重建资产负债表。出于政治和经济原因，这一过程必然需要较长时间。这就是为什么即使在最好情形下，和平时期的民主国家也会在情形3中深陷多年。

债务创伤可能会持续很长时间

即使在资产负债表修复完成后，借款人也可能因长期痛苦的去杠杆化经历而遭受创伤。这种现象在大萧条后的美国持续了数十年，随后在日本也出现了。在美国，得益于联邦政府在战争中大量采购战斗机和坦克，大多数私人部门的资产负债表在1945年得到修复。但对于那些在战前有过去杠杆化痛苦经历的人，即使修复了资产负债表也不敢借钱。许多人终其一生再也没有借过钱。直到1959年，即大萧条发生后整整30年（见图2-22）和二战结束后14年，美国的短期利率和长期利率才恢复到大萧条前的水平，当时私人部门的资产负债表早已被彻底修复。

1990年后，日本也遭受了同样的创伤，并以所谓"现金流管理"的形式表现出来。现金流管理，是指包括资本投资在内的所有支出，都必须由企业持续的经营性现金流来提供。换句话说，企业找各种理由拒绝借钱。这种行为恰恰发生在贷款利率处于历史最低水平、银行非常愿意放贷、借款人拥有半个多世纪以来最干净资产负债表的时候。

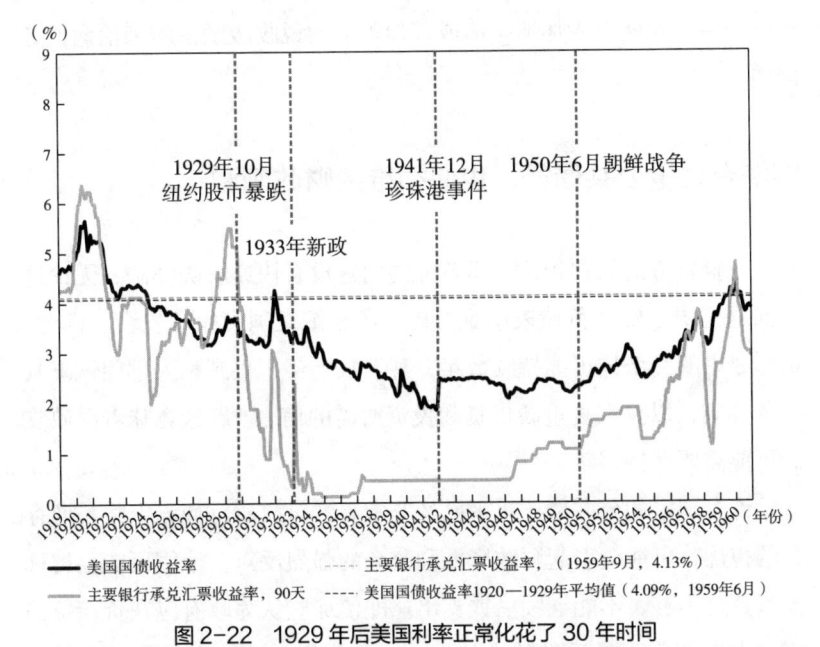

图 2-22　1929 年后美国利率正常化花了 30 年时间

资料来源：美联储，*Banking and Monetary Statistics 1914–1970. Vol.1*，pp. 450–451 and pp. 468–471，Vol. 2，pp. 674–676 and pp. 720–727。

这种创伤也可能出现在 2008 年后的西方，这意味着通货紧缩缺口将在私人部门修复其资产负债表后长期存在。

为了治愈这种创伤，各政府当局可能希望实施加速折旧或其他激励措施，鼓励企业借贷和投资。由于创伤一旦被治愈就不再是创伤，因此此类激励措施应尽可能充分且明显，以吸引更多的参与者。

然而，在资产负债表得到彻底修复之前，这种税收减免是不起作用的，只会留下因债务创伤而产生的心理障碍。如前所述，在资产负债表恢复健康之前，实施任何减税措施只会加快修复过程。

在和平时期，民主国家继续增加赤字支出所需的政治资本有限，政府应将所有精力用于基础设施支出，而不是减税，确保每一美元的赤字支出都能最大限度地促进 GDP 增长。只有在资产负债表本身得到修复后，才能引入加速折旧或其他类似的税收激励措施来治愈债务创伤。

即使有大量公共债务，也必须维持财政刺激

与贷款方的问题相比，借款方的问题没有快速解决办法，无论这一问题是源于资产负债表困难，还是源于缺乏国内投资机会。因此，情形3中的经济体可能持续数年，甚至数十年，直到私人部门恢复其财务健康，以及恢复重新借贷和投资所需的信心。[①]这意味着财政支持可能需要保持多年。

许多国家的公共债务水平已经非常高，对政府巨额赤字将长期存在的担忧，可能会引起财政鹰派和公众的强烈反对，他们可能会辩称国家资金不够、不能继续借钱支出。即使那些认为政府应在资产负债表衰退期间充当最后借款人的人，也可能担心政府会承担过多的债务。当借款人不足源于国内投资机会缺乏时——这个问题在工业革命前困扰了人类几个世纪——债务可持续性问题可能会更加尖锐，这一挑战连同有关国内投资机会的问题将在第四章一并讨论。

[①] 这一经济阶段对应作者所谓阴阳经济周期的阴相，这在作者的如下作品中讨论过：*Holy Grail of Macroeconomics*：*Lessons from Japan's Great Recession*，Singapore：John Wiley & Sons，2008，p.160。

第三章

引入"被追赶的经济体"概念

因缺乏有吸引力的投资机会而借款人消失，这是工业革命前长达数世纪经济停滞的原因，解决这个问题需要一个截然不同的思路。由于问题的根源在于各时期经济处在不同的发展阶段，因此需要用差异化政策解决应对。

如今的发达经济体皆由农业社会发展而来，长达数世纪的"节俭悖论"直至工业革命到来方才告终。新产品及用于制造产品的机器的出现带来了前所未有的巨量投资机会。私人部门只有在确定能找到足够多具有投资收益的项目来偿债时，才会开始借款。金融部门也因能够满足新出现的资金需求而有所发展。这些项目依靠债务融资筹措资金，但只要项目收益足以偿还债务，这个过程就将持续下去。

由此将开启一个良性循环，投资创造了更多就业和收入，并反过来提供更多储蓄，为新增的投资提供资金。与前几个世纪最终陷入融资困难的政府投资不同，只要有吸引力的新产品不断进入市场，私人部门的投资就可以维持下去。随着新型家用电器、汽车、飞机及其他产品的迅速发明和发展，缺乏投资机会不再是增长的限制。最终的结果便是自工业革命以来经济的快速增长。

工业革命之初，制约增长的因素包括供应不足的社会基础设施（比如交通网络）、支持投资的储蓄不足、劳动力识字率低以及技术创新的步伐缓慢，但其中的一些因素很快转变为铁路和其他公用设施形式的投资机会。仅人口城镇化便创造了大量的投资机会，因为农村人口迁移到城市的工厂工作需要住房等基础设施建设。

投资机会的增长也增加了企业对借款的需求，从宏观经济的角度来看，储蓄在历史上第一次成为美德而非恶习。那些本国国民未雨绸缪、储蓄较多的经济体，要比储蓄较少的经济体增长得更快。

借款人的可得性和经济发展三个阶段

没有人能对投资机会的可得性予以保证。它取决于各种因素，包括技术创新和科学突破的速度、商人判断投资机会的能力和其借款意愿、劳动力和其他投入的成本、合理定价融资的可得性、知识产权的保护和经济及世界贸易的状况。

每个因素的重要性取决于一个国家的经济发展阶段。对于已处于技术前沿的国家而言，技术创新和科学突破的速度更加重要。而对于新兴经济体而言，合理定价融资的可得性和知识产权的保护同等重要。

例如，当德国作为工业势力崛起时，英国谴责其剽窃，并要求其使用"德国制造"的标签，以便将德国产品与英国原产地区别开。日本也曾面临来自西方国家同样的指控。如今，得益于德国和日本在产品品质上的努力，"德国制造"和"日本制造"都成了高价值的标签。

中国也曾被西方国家和日本指控剽窃产品。如今，中国企业要求政府执行更加严格的知识产权规则，因为担心自己开发的产品很快会被本土的竞争对手模仿，导致研发努力付诸东流。如此来看，模仿能力会随着经济发展阶段的变化，由积极作用变为主要的制约因素。

为理解这些因素如何随着时间改变，根据不同的工业化程度，被追赶的经济体这一概念将经济体划分为三个阶段：城镇化经济体，此时尚未达到刘易斯拐点；成熟经济体，已跨越刘易斯拐点；被追赶的经济体，已跨越拐点，此时资本回报率低于新兴经济体。刘易斯拐点指的是特定时点，在该时点城镇工厂已完成对全部农村剩余劳动力的吸收（在本书中使用刘易斯拐点一词，仅因其惯常形容一个国家经济发展特定时点，它并不指代由亚瑟·刘易斯提出的经济增长模型）。

工业化的第一阶段：城镇化经济体

工业化初期，大部分人都居住在农村地区。只有少部分受过教育的精英拥有技术知识，并将其用于生产和交易商品。世代居住在农场的家庭并不掌握那样的知识。当他们为了寻找工作向城市迁移时，能贡献的仅有体力。在工业化转型的城镇化阶段，大部分的收益都由少数受过教育的精英群体获得，其他人群仅成了为城市实业家提供体力的工人。此时，由于在农村地区仍有大量的剩余劳动力，工人的工资常年低廉，直至刘易斯拐点的到来。

图 3-1 从劳动力供给和需求的角度进行了说明。从 D 点到 K 点，劳动力供给曲线几乎是水平的，直至到达刘易斯拐点，即 K 点。因为这一阶段到城市寻找工作的农村劳动力是无限供给的。处于城镇化阶段的企业主可以通过支付工资 D 来吸引任意数量的劳动者。

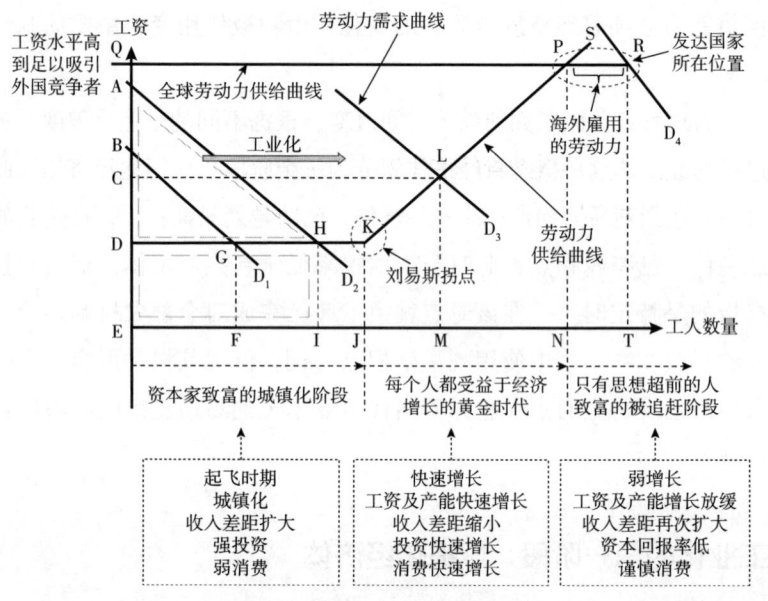

图 3-1 工业化/全球化的三个阶段

资料来源：野村综合研究院。

在图 3-1 中，资本份额是由纵轴、劳动力需求曲线和劳动力供给曲线构成的三角形区域，而劳动力份额则为劳动力供给曲线下方的区域。在劳动力需求曲线 D_1 处，资本份额为三角形 BDG，劳动力份额（即总工资收入）为矩形 DEFG。严格地说，三角形 BDG 不是资本家所获得的利润，因为商品和服务的生产和销售还涉及其他非劳动力成本，但是除了生产投入和对政府的支付，这个三角形可被视作资本家获得的份额，工人获得的工资收入为矩形 DEFG 区域。从收入分配不平等的角度来看，重要的是三角形与矩形的相对大小随时间如何变化，而非三角形和矩形自身的大小。在工业化的这一阶段，资本份额 BDG 可能只由少数人或家庭共享，而劳动力份额 DEFG 可能由数百万工人共享。

成功的企业继续投资以赚取更多的收入。这增加了对劳动力的需求，劳动力需求曲线稳步向右移动（从 D_1 点到 D_2 点），劳动力供应曲线保持不变。随着劳动力需求曲线向右移动，劳动力供给曲线以下矩形边长的增加，从 D_1 点的矩形 DEFG 的面积到 D_2 点的矩形 DEIH 的面积增加，但这种增长是线性的。与此同时，随着劳动力需求曲线向右移动，从 D_1 点的三角形 BDG 区域扩展到 D_2 点的三角形 ADH 区域，资本份额可能以超过线性的速度增长。

经济增长加剧了刘易斯拐点前城镇化阶段的收入不平等

在这一阶段，以贫富差距为特征的收入不平等急剧扩大，因为资本份额（图 3-1 中的三角形区域）的增长速度往往快于劳动力份额（图 3-1 中的矩形区域）。一个世纪前欧洲的少数家庭和商业团体及二战前的日本财阀之所以能够积累巨大财富，正是因为他们面对的是一条平直的劳动力供给曲线（财富积累在北美洲和大洋洲不那么极端，因为这些经济体当时劳动力短缺）。1978 年后的中国一部分人暴富的原因也在于此。

因为资本家在这一时期利润丰厚，他们继续将利润再投资，以赚取更多的钱。由于工资水平受抑制，工人无法拥有高储蓄，因而大多数投资必须由资本家"自筹资金"。换句话说，资本家的投资受自身储蓄的限制。持续的高投资率意味着国内资本积累和城市化进程的速度也非常快。这是一个国家经济增长的起飞期。

然而，在经济到达刘易斯拐点前，低工资水平意味着大多数人仍然过着艰难的生活，尽管从萧条的农村搬到城市可能会在一定程度上改善他们的状况。但对许多工人而言，城镇化并没有使生活变得更轻松。19 世纪末前，要求工人每天工作 14 个小时的工厂并不少见。根据 OECD 的数据，1870 年西方国家每年的平均工作时间为 2 950 个小时，是目前 1 450 个小时的近两倍。① 因而企业主在这段时间里积累了巨额财富。

工业化的第二阶段：后刘易斯拐点的成熟经济体

随着企业主继续积累资金和扩大投资，经济最终到达了刘易斯拐点。此时，城镇化基本完成，劳动力总工资——在那之前只有线性增长——开始更快增长，因为任何额外的劳动力需求都会推动工资沿着劳动力供给曲线上升（从图 3-1 中的 K 点到 P 点）。

即使劳动力需求仅小幅增加（从图 3-1 中的 J 点到 M 点），劳动力累积的总工资也将显著增加，从矩形 DEJK 区域到矩形 CEML 区域。这意味着相对于资本份额，劳动力在产出中的份额可能扩大。正是在这个时点，收入不平等问题开始自我纠正。但只要企业能获得可观的回报，它们就会继续投资，从而导致劳动力需求增加，劳动力市场进一步紧张。

如图 3-2 所示，第一次世界大战前，美国及欧洲的大多数人口依然居住在农村地区。即使是在与欧洲相比劳动力更紧缺的美国，20 世纪 30 年代末前也有近一半的人口居住在农场里。伴随着两次世界大战的人口动员，工业化持续推进，这些经济体在跨越刘易斯拐点后，工人的平均生活水平开始得到极大的提升。

一旦经济到达了刘易斯拐点，工资便沿着向上倾斜的劳动力供给曲线快速增长，工人开始具备工资议价能力，许多西方国家在 20 世纪 50 年代到 70 年代所经历的大量罢工就反映了这种变化。20 世纪 70 年代西方城镇化速度降低（见图 3-3）。

---

① Maddison, Angus（2006），*The World Economy：A Millennial Perspective*（Vol. 1），*Historical Statistics*（Vol. 2）. Paris：OECD, p. 347.

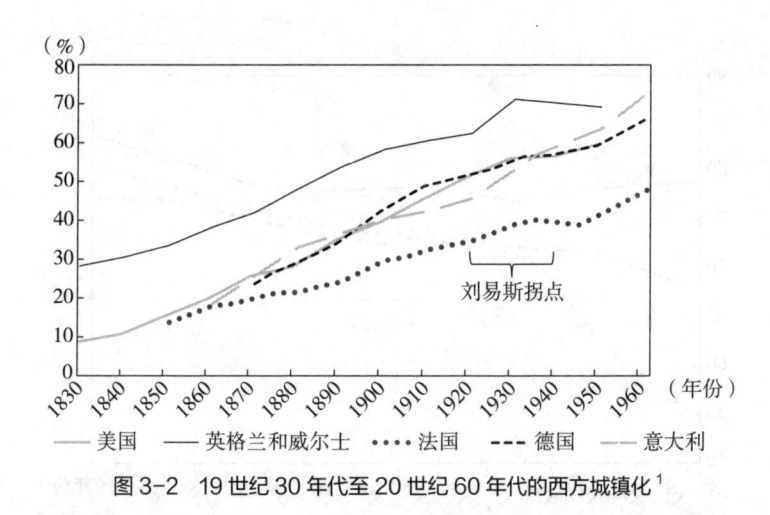

图 3-2 19 世纪 30 年代至 20 世纪 60 年代的西方城镇化[1]

注：1. 城镇化在英格兰和威尔士指的是生活在 20 000 人以上城市区域的人口百分比；在意大利和法国指的是生活在 10 000 人以上城市区域的人口百分比；在德国指的是生活在 5 000 人以上城市区域的人口百分比；在美国指的是生活在 2 500 人以上城市区域的人口百分比。

资料来源：U.S. Census Bureau（2012）*2010 Census*, and Peter Flora, Franz Kraus and Winfried Pfenning, ed.（1987）, *State, Economy and Society in Western Europe 1815–1975*。

面对劳工运动，资本家最初是通过雇人破坏工会组织、破坏罢工等来应对的。但是，随着劳动力供给数量越来越少，价格越来越高，资本家发现如果想维持工厂的运转就必须退让，于是开始接受劳工的一些要求。经过 20 年左右的斗争，雇主和雇员都开始理解彼此的合理期望值，因此产生了新的政治秩序。西方和日本目前由中左翼和中右翼政党主导的制度，在很大程度上是这种学习过程的产物。

换句话说，中左翼和中右翼政党占主导地位的国家，其特点是政治家和选民了解他们处于一个相互依存的体系中，这也是宏观经济体系的内涵。但对于那些学习过程正在消退或从未有过该过程的国家而言，可能会从一个政治极端摇摆到另一个政治极端，这对社会和经济都是不利的。

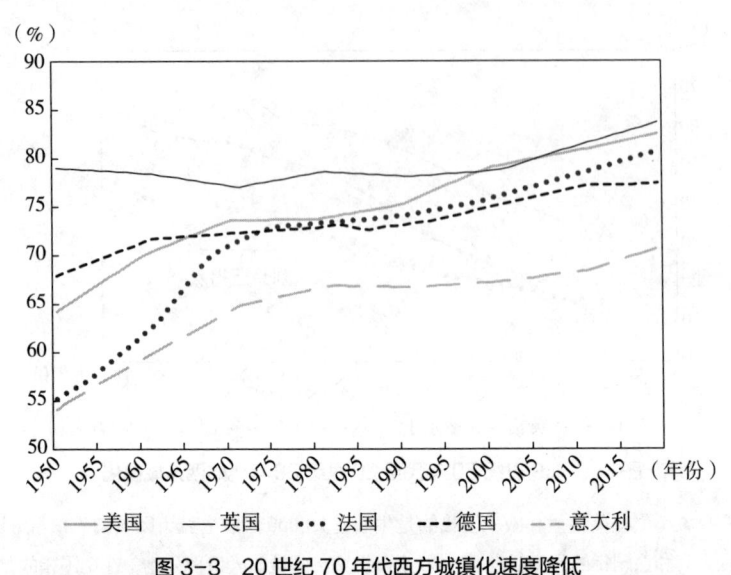

图 3-3　20 世纪 70 年代西方城镇化速度降低

注：这些国家的城市人口数据的定义如下。法国：拥有 2 000 名或更多居民的市镇，住宅间最多相隔 200 米。德国：每平方千米至少有 150 名居民的社区。意大利：有 10 000 名或更多居民的社区。英国：拥有 10 000 名或更多居民的定居点。美国：符合最低人口密度要求，并且有 2 500 名或更多居民。

资料来源：United Nations, Department of Economic and Social Affairs, Population Division（2019）. World Urbanization Prospects: The 2018 Revision（ST/ESA/SER.A/420）. New York: United Nations, and its custom data acquired via website.

为扩大产能和提高生产力水平，投资性借贷爆炸性增长

随着劳动力在 GDP 中所占份额的增加，消费的份额也将增加，而投资的占比会下降。同时，普通公民购买力的爆炸性增长，意味着大多数企业仅通过扩大现有产能就能提高利润。消费和投资都将迅速增加。

从那个时点起，经济状态用今天的说法就是进入了"正常化"。随着劳动力份额相对资本份额的增加，不平等现象也在减少。美国

进入了所谓黄金60年代（Golden Sixties），每个人都从经济增长中受益。随着收入的增加和不平等的减少，这个后刘易斯拐点的成熟经济体阶段在本书中被称为经济增长的"黄金时代"（golden era）。

这一阶段的经济通常是由制造业推动的，其进一步推动了收入不平等的减少。制造业工人不需要接受昂贵的教育，所以当制造业主导就业机会的创造时，工资提升就从社会最底层开始。从底层开始的工资增长自然也会将整体工资提升到更高水平，使社会上的每个人受益。

更高的工资和由此产生的普通工人购买力的爆炸性增长促使企业扩大投资，这主要基于两方面原因：首先，企业寻求提高工人的生产力，以支付逐步上涨的工资；其次，企业希望扩大产能，以满足工人不断增长的购买力。提高生产力和扩大产能的投资增加了借款的需求，进而促进了经济增长。这使经济完全保持在情形1和情形2中，对借款的需求往往超过了储蓄，并导致了更高的利率。

随着大多数工人生活水平的快速提高，后刘易斯拐点黄金时代呈现出广泛分配经济增长收益的特点。在这一阶段，商业投资往往只是提高工人的生产力，但没有提高工人的技能。即使是那些技能有限的人也能过上不错的生活，尤其是在他们加入了一个强大工会组织的情况下。在此期间，税收收入的快速增长也使政府能够提供更广泛的公共服务。这反过来又进一步减少了人与人之间的不平等。这样的黄金时代在西方一直持续到20世纪70年代。

当西方制造商引领世界时，西方也处于出口导向型全球化阶段，向世界其他地区出口消费品和资本产品。美国的汽车和德国的照相机是其他国家所渴望模仿的产品。

工业化的第三阶段：被追赶的经济体

但黄金时代不会永远存在。当工资达到了图 3-1 中的 Q 点时，国内制造商会选择将生产转移到海外盈利。企业在考虑是否将生产迁移到海外时，必须加总所有风险因素引发的成本，Q 点代表足够高的国内工资水平，说明企业在考虑到所有风险因素后，做出迁移的决策是合理的。这意味着外国工人的实际工资水平远远低于 Q 点。

20 世纪 70 年代，美国和欧洲企业遭遇了日本企业的竞争，日本第一次对西方经济增长构成严重威胁。最初，这被归因为日本和西方经济体之间的工资差距。但工资差距一直存在。真正的原因是，日本企业一直紧跟西方，甚至在技术和精明营销方面超过了西方，并同时从较低的工资成本中受益。

许多西方国家惊讶地发现，日本生产的汽车很少需要保养维护。德国人发明了汽车，美国人建立了廉价制造汽车的生产线，但是日本人生产的汽车不易出故障。20 世纪 60 年代，日本尼康相机的出现对德国相机行业也是一个巨大的冲击，与德国品牌莱卡和爱克山泰相比，它更结实，适应性强，易操作且耐用。世界各地的专业摄影师很快用起了日本品牌。自工业革命以来，西方国家第一次发现自己被一个来自东方的强大竞争对手追赶。

一旦一个国家被技术娴熟的竞争者追赶，且通常该竞争者拥有更年轻、更便宜的劳动力，这个国家就已经进入了经济发展的第三阶段或被追赶阶段。在这一阶段，企业在国内寻找有吸引力的投资机会将变得更具挑战性——直接从追赶者那里购买股票或直接在国外投资往往能获得更多收益。换句话说，国外的资本回报率高于国内。被追赶的经济体的企业仍在投资，以满足股东对追求利润最大化的要求，但不一定是在本国。当行业对手开始在海外生产时，许多企业也被迫在海外投资。

20世纪70年代，许多美国和欧洲公司都很愿意将日本产品添加到它们的产品线中，或者通过它们的经销商销售日本产品。这些产品贴着傲人的美国或欧洲商标，但实际上是在日本生产的。通用汽车公司从丰田公司购买汽车，福特从马自达购买汽车，克莱斯勒从三菱购买汽车。福特收购了马自达的大量股份，克莱斯勒也对三菱进行了收购。在德国相机行业，莱卡越来越多地使用柯尼卡美能达零部件——如果不能说完全是由日本公司生产的话。而爱克山泰和康泰克斯等老牌相机则已完全在日本生产。

一旦进入这一发展阶段，企业就不再有同样的动力投资提高国内的设备以提升国内的生产力水平或产能，因为有了可行的替代方案——投资海外或直接向海外低成本生产厂家购买。在股东要求提高资本回报水平的持续压力下，企业被迫将投资转移到能提供更高资本回报水平的地方。

一旦进入这一阶段，对本国生产性设备的投资就会显著放缓，导致生产力带来的收益下降。根据美联储斯坦利·费雪[①]整理的美国劳工统计局的数据，1952—1973年，非农业商业部门的生产力平均增速为3.0%，1974—2007年下降至2.1%，2008—2015年进一步下降至1.2%。这些数字不仅证实了先前指出的趋势，而且表明，未来生产力的提高将越来越依赖于工人的技能，而不是企业在设备上的投资。

在被追赶的经济体中，外包到外国生产成为可行的替代方案，企业感知的劳动力供给曲线在图3-1中基本为水平线。从Q点起，外国劳动力将满足任意劳动力需求增量。例如，如果劳动力需求曲线为D_4，图3-1中被雇用的劳动力总数为ET，其中NT部分为在海外雇用的劳动力。因此，从该时点开始，实际工资的增长将是最小的，除

---

① Fischer, Stanley（2016），"Reflections on Macroeconomics Then and Now," remarks at Policy Challenges in an Interconnected World, 32nd Annual National Association for Business Economics Economic Policy Conference, Washington D.C., March 7, 2016. https://www.federalreserve.gov/newsevents/speech/fischer20160307a.htm.

了那些能力不易在国外被复制和替代的劳动力。

需要指出的是，Q点的位置不仅取决于国内工资通胀，还取决于外国生产率的提高。例如，若20世纪70年代的日本产品没有竞争力，西方国家的Q点就会高得多。Q点的位置还取决于全球劳动力供给的变化。1978年中国加入世界经济中时，许多国家的Q点位置可能经历了下降。1992年墨西哥加入北美自由贸易协定（NAFTA）时，2001年中国成为世界贸易组织（WTO）的成员时，许多发达国家的Q点位置可能再次经历了下降。

随着国内投资机会的减少，被追赶的经济体经济增速放缓，其正处于进口主导的全球化阶段，资本都在寻求更高的海外资本回报率，便宜的进口产品充斥国内市场。随着越来越多的新兴国家加入了追赶者的行列，对Q点的持续下行压力有助于防止价格水平的上升。

此外，国内投资机会的缺失也意味着企业对借款需求的下降。家庭部门将继续为一个不确定的未来储蓄。

持续增加的家庭储蓄和企业借款大幅减少，将推动经济走向第三种情形，即私人部门开始出现财政盈余。便宜的进口产品激增和国内工资增速放缓缓解了价格的上行压力，而通胀率下降和借款需求减少则对利率造成了压力。

在20世纪90年代美国的大缓和时期，通货膨胀率和利率都大幅下降。尽管这通常归因于央行成功地遏制了通货膨胀，但更有可能是发达国家进入了被追赶的发展阶段。

日本的崛起迫使西方国家改变

20世纪70年代，日本的崛起震惊了美国和欧洲的工业机构。随着制造业工人的失业，日本和西方国家之间发生了贸易摩擦。这意味着西方国家已经越过刘易斯拐点，第一次被一个工资水平更低的国家追赶。

真力时、米罗华和许多其他美国知名企业在日本的竞争冲击下倒闭，通用电气和美国无线电公司等家喻户晓的企业停止了其大多数家用产品的生产。联邦德国的照相机行业在1965年前一直是世界上无可争议的领导者，但到1975年几乎消失了。虽然处于科技前沿的西方公司继续表现良好，但许多高薪的制造业岗位消失，导致这些国家的收入不平等加剧。

起初，西方国家面对日本的威胁不知所措。随着日本接管了一个又一个行业，西方国家的行业和劳工领袖企图通过更高的关税和非关税壁垒来进行保护。例如，法国即使没有与之竞争的录像机制造商也规定，所有日本生产的录像机必须通过位于普瓦捷埃的偏远乡村海关进行清关，因为那里的海关官员很少，清关时间长，会给这些产品进入法国造成障碍。还有人主张调整汇率，这在1985年9月的《广场协议》中实现了，该协议在1987年底前将美元兑日元的汇率减半（从1美元兑240日元减少到1美元兑120日元）。

还有人认为，西方应该研究并学习日本的成功经验，这引发了西方对所谓"日本管理"技术的痴迷。美国许多知名的商学院都积极招收日本学生，以便在课堂上讨论日本人的管理实践。一些人甚至认为，吃鱼特别是寿司有助于西方国家的管理者像日本人一样聪明。总而言之，西方国家对自己是世界上技术最先进经济体的信心破灭了。

西方工人所受到的痛苦被这样一个事实抵消：作为消费者，他们从来自亚洲的廉价进口产品中获益，这是由进口主导的全球化的一个特点。在黄金时代，工资上涨和物价上涨是常态。在被追赶的时代，停滞的工资和价格成为常态。

拥有先进技术的企业和拥有高学历的人的生活继续稳步向好，但不再是每个人都能从经济增长中受益。对于那些工作岗位能够被转移到国外的人来说，他们的生活水平停滞不前甚至下降了。

在被追赶的时代，收入不平等问题加剧

图 3-4 显示了 1947—2019 年美国家庭收入中排名最低分位 20% 的实际情况。这一群体的收入在后刘易斯拐点的黄金时代仍迅速增长，一直持续到 1970 年前后。但随着国家发展进入后刘易斯拐点的被追赶阶段，其收入增长陷入停滞。图 3-5 显示了其他收入群体相对于最低分位 20% 群体的收入增长，他们之间的比率在 1970 年前保持稳定，但之后开始分化。

表 3-1 显示了 1947—1970 年后刘易斯拐点的黄金时代和 1970—2020 年后刘易斯拐点的被追赶阶段的年化收入增长情况。该图表明，收入后 60% 的群体在 1970 年前甚至比收入靠前的群体拥有更快的收入增速，意味着不平等问题得到缓解。这对美国经济而言的确是一个黄金时代，每个人都在变得更富有并享受到了经济增长的红利。

图 3-4 1970 年前美国收入最低分位 20% 家庭收入飙升，但此后陷入停滞

资料来源：野村综合研究所基于美国人口普查局数据整理，详见 Current Population Survey, Annual Social and Economic Supplements（CPS ASEC），"Income Limits for Each Fifth and Top 5 Percent of All Families：1947 to 2020"。

一旦日本开始追赶美国，情况就发生了巨大的变化。图 3-4 显示，此后收入最低分位 20% 阶层的收入一直停滞不前。图 3-5 和表 3-1 表明，其他群体的收入情况仅略好一些——除了排名前 5% 的群体，即使在 1970 年之后，他们的收入增长依然显著。这一群体可能包括那些处于创新前沿和能够从日本崛起中获益的人。

表 3-1 显示，不同收入群体在黄金时代的收入增长情况类似，但美国成为被追赶的经济体后，就开始有了显著差异。收入前 5% 的群体收入增长率仅从黄金时代的 2.5% 下降至被追赶时代的 1.48%，但其增长率是收入最低分位 20% 群体的 3.36 倍。

各类群体的收入水平，以收入最低分位20%人口的收入倍数计算

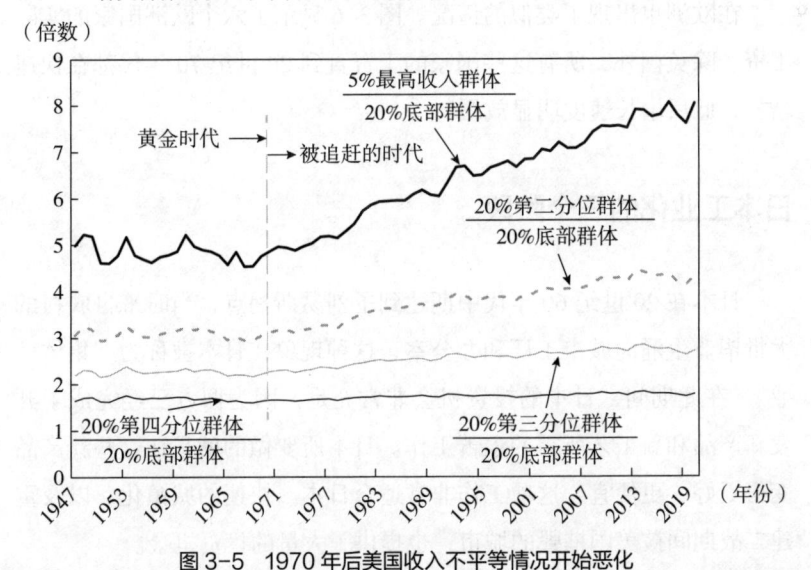

图 3-5 1970 年后美国收入不平等情况开始恶化

资料来源：野村综合研究所基于美国人口普查局数据整理，详见 Current Population Survey, Annual Social and Economic Supplements (CPS ASEC), "Income Limits for Each Fifth and Top 5 Percent of All Families: 1947 to 2020"。

表 3-1　按照收入分位计算的美国家庭收入年增长率

时期	最低分位 20%	第二分位 20%	第三分位 20%	第四分位 20%	最高收入等级 5%
后刘易斯拐点的黄金时代 1947—1970 年	2.805	2.854	2.861	2.719	2.496
被追赶的时代 1970—2020 年	0.440	0.605	0.841	1.126	1.479

资料来源：野村综合研究所基于美国人口普查局数据整理，详见 Current Population Survey, Annual Social and Economic Supplements（CPS ASEC），"Income Limits for Each Fifth and Top 5 Percent of All Families：1947 to 2020"。

在欧洲也出现了类似的情况。图 3-6 显示了六个欧洲国家的实际工资。除英国外，所有这些国家的工资直到 20 世纪 70 年代都在快速增长，此后增长速度明显放缓。

日本工业化的三个阶段

日本在 20 世纪 60 年代中期达到了刘易斯拐点，当时来自农村的大批毕业生涌向城市工厂和办公室，这种现象在日本被称为"集体就业"。在此期间，日本的投资机会非常充足，因为西方已经完成了开发新产品和新工艺所需的艰苦工作。日本所要做的就是让这些新产品变得更好、更便宜，这项工作非常适合日本。快速的城镇化，以及重建二战期间被美国摧毁的城市，也提供了大量的投资机会。

事实上，当时限制日本经济增长的主要因素是储蓄——根本没有足够的储蓄来满足日本企业的投资需求。日本当时处在情形 1 的一种极端情形中，即借款人的数量远远超过贷款人的数量。这导致那些年的通货膨胀率和利率相当高，因此政府将储蓄分配给优先度高的行业。政府和日本银行也实施了许多措施，鼓励日本家庭储蓄。

实际工资指数（基于本国货币计算）

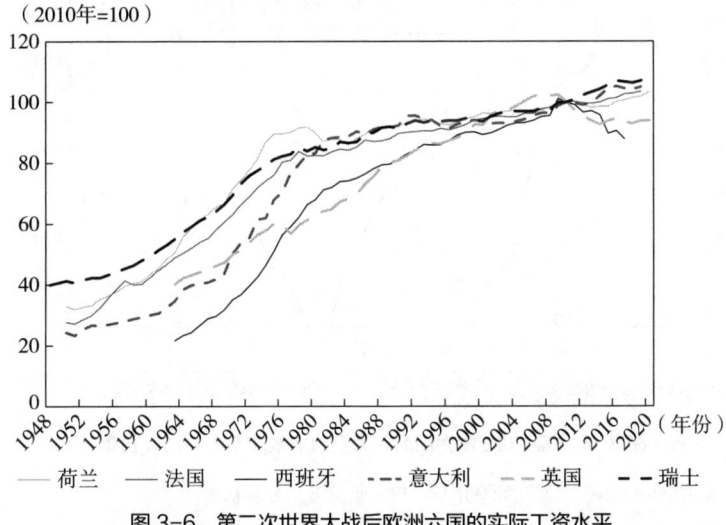

图3-6 第二次世界大战后欧洲六国的实际工资水平

资料来源：野村综合研究所基于国际货币基金组织数据整理，详见 International Financial Statistics；French National Institute of Statistics and Economic Studies（INSEE），Annual wages；Office for National Statistics，U.K.，Average weekly earnings time series，Retail Prices Index：Long run series；and Swiss Federal Statistical Office，Swiss Wage Index。

20世纪60年代中期，日本达到刘易斯拐点后，劳资纠纷案件激增，如图3-7所示。日本的工资开始大幅增长（见图3-8）。换句话说，日本正在进入后刘易斯拐点的黄金时代，而西方40年前已经经历了这些。

幸运的是，日本当时并没有被追赶，这使它能够专注于追赶西方。没有经济体在追赶它，是因为当时大多数新兴经济体都接受了所谓经济发展的进口替代型增长模式。为什么这种模式最终被推翻，转为日本首创的出口导向型增长模式，这一问题将在第五章中解释。

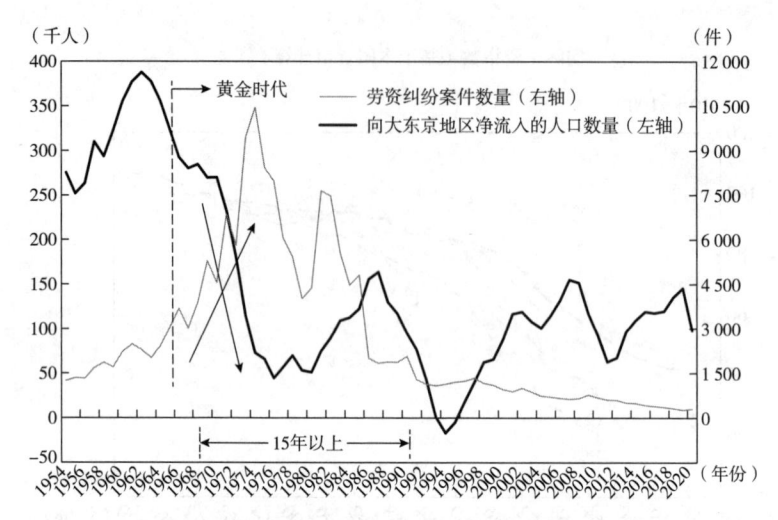

图 3-7 跨越刘易斯拐点后，劳资纠纷案件激增（1）：日本

注：大东京地区由东京都、神奈川县、埼玉县以及千叶县构成。
资料来源：Ministry of Internal Affairs and Communications, *Report on Internal Migration in Japan* and Ministry of Health, Labour and Welfare, *Survey on Labour Disputes*。

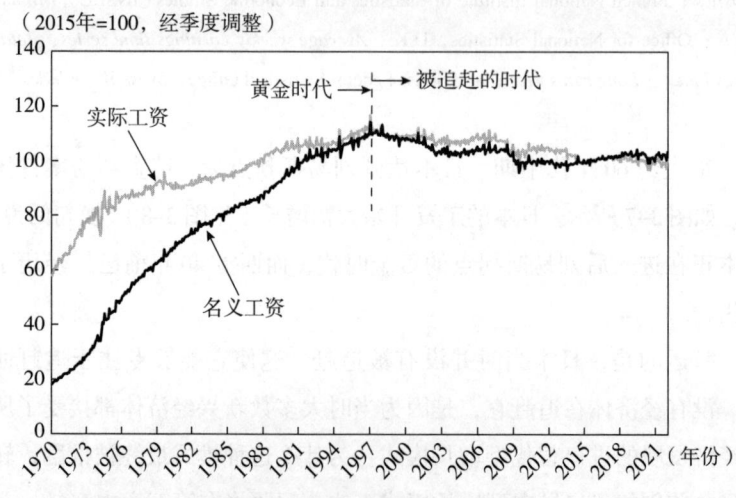

图 3-8 当日本进入后刘易斯拐点的被追赶阶段，工资水平在 1997 年达到顶峰（1）：日本

资料来源：Ministry of Health, Labour and Welfare, Japan, *Monthly Labour Survey*。

日本的劳动力价格迅速上涨，同时日本企业在国内投入了大量资金，以提高劳动力生产率。只要生产率的增长速度快于工资水平，这个强劲增长和繁荣的黄金时代就可以继续下去。随着其出口产品的质量受到世界各地消费者的赞赏，日本进入了出口导向型的全球化阶段。

劳动力在产出中的份额随着工资的增加而上升，后来日本被称为中产阶级国家，即超过90%的人口属于中产阶级的国家。日本人为他们的国家几乎没有不平等而感到骄傲。

日本的幸福时光一直持续到20世纪90年代中期，当时中国大陆、中国台湾和韩国三个经济体成为其主要竞争对手。彼时日本的工资已经足够高，引来了追赶者，进入了被追赶阶段。日本的工资在1997年停止增长，然后开始下降。

尽管这三个亚洲经济体也在追赶西方，但对日本的冲击更大，因为这是日本自1868年明治维新向世界开放以来第一次被追赶。日本所有的机构，从教育到就业，都朝着追赶西方的方向被优化，而非抵御来自东方的竞争对手。与此同时，25年前经历过日本冲击的欧洲和美国已经调整了它们的经济发展模式，因此受中国崛起的影响较小。

如今，随着高薪制造业工作岗位转移到低成本国家，日本人开始担心收入不平等。他们还对所谓劳动贫民的出现感到担忧，这些劳动贫民曾经在制造业工作，但现在被迫从事低端服务工作。据估计，目前日本1.3亿总人口中有多达2 000万人生活在贫困中。[①] 这些人所承受的痛苦，在某种程度上被涌入的廉价进口产品所带来的生活成本下降减轻了。这意味着日本已经进入了一个以进口为主导的全球化阶

---

① *Nikkei Business*（2015），"Tokushu：Nisen Mannin-no Hinkon"（"20 million Japanese in Poverty"），in Japanese，Tokyo：Nikkei BP, March 23, 2016, pp. 24-43.

段，并正在重温西方被日本追赶的历史。

2005年后的中国台湾和韩国也表达了类似的担忧，因为它们同样遇到了工厂转移到中国大陆和东南亚等其他成本更低地区的情况。这两个经济体在1985年前后越过了刘易斯拐点，进入了一个持续到2005年的黄金时代。在此期间，韩国劳资纠纷案件产生的频率也急速上升（见图3-9），因为工人首次获得了议价能力，并赢得了巨大的工资让步。在中国台湾，工资水平在后刘易斯拐点的黄金时代急剧攀升，但约在2005年达到顶峰，此后停滞不前（见图3-10）。中国台湾和韩国现在都感受到了压力，因为除了半导体制造业，中国大陆经济逐步发展，对这两个经济体过去增长贡献很大的一些行业甚至被取代。

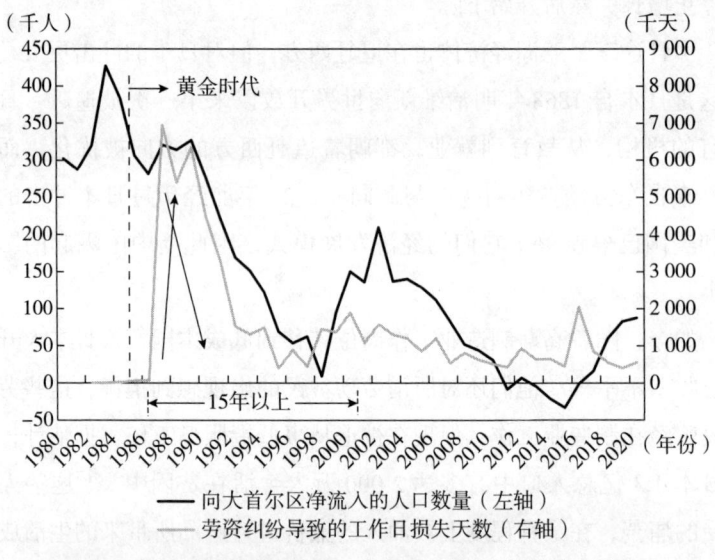

图3-9 跨越刘易斯拐点后，劳资纠纷案件激增（2）：韩国

注：大首尔区由首尔、仁川以及京畿道构成。

资料来源：Ministry of Employment and Labor, *Strikes Statistics*, Statistics Korea, *Internal Migration Statistics and Korea Statistical Year Book*。

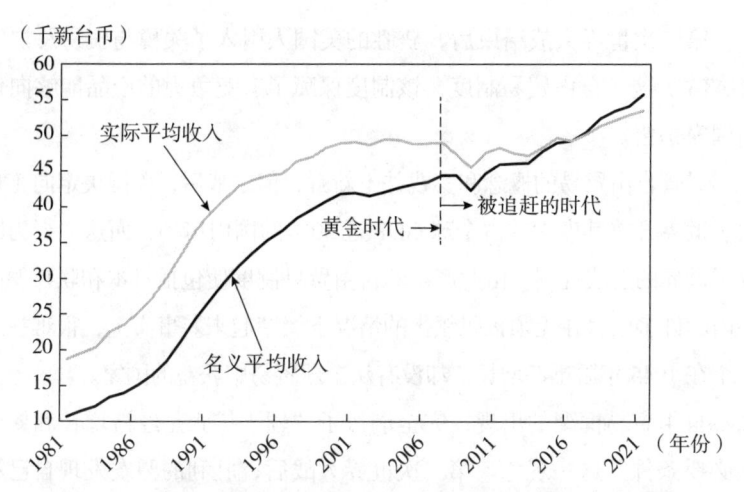

图 3-10　当中国台湾进入被追赶阶段，工资水平约在 2005 年达到顶峰

资料来源：野村综合研究所基于预算、会计及统计总局（DGBAS）数据整理，详见 the Executive Yuan, Taiwan, *Consumer Price Indices and Average Monthly Earnings*。

自由贸易加速了全球化

这种追赶和被追赶的过程也被称为全球化，可以追溯到二战后美国引入的自由贸易制度。在此之前，各种贸易壁垒阻碍了经济增长。当时，大多数国家对进口产品征收高关税，既是为了提高收入，也是为了保护国内工业。在刘易斯拐点前的城镇化阶段，消费需求主要来自工人，但因为他们的收入份额很低，不能提供足够的需求去消费所有的产品，而资本家通常有更高的边际储蓄倾向。因此，总供给往往超过总需求。

为了突破这一限制，欧洲列强开始转向殖民主义和帝国主义，试图获得原材料并垄断市场，以销售他们的产品。事实上，几个世纪以来，人们一直认为，如果没有领土的扩张，国家经济就无法增长。这种信念导致了数百年的战争和杀戮。

第二次世界大战结束后，获胜的美国人引入了关税与贸易总协定（GATT）这一自由贸易制度，该制度保障了有竞争力的产品能够向任何国家销售。

尽管自由贸易的概念和实践并不新鲜，但二战后，美国决定向（自由）世界开放其庞大的占全球 GDP 近 30% 的国内市场，而这一行为改变了世界的游戏规则。由此产生的自由贸易制度使包括日本和联邦德国在内的许多国家在无须扩张领土的情况下繁荣起来。事实上，很难找到一个在 1945 年后迅速增长，却没有从全球贸易中获益的国家。

自由贸易框架的出现，完全淘汰了"领土扩张是经济增长和繁荣的必要条件"这一观念。第二次世界大战后，胜利的盟友发现自己在殖民地忙于对抗本土独立运动。与此同时，日本和联邦德国——它们已经失去了所有的海外领土和部分国内领土——迅速发展成为世界第二大和第三大经济体。换句话说，战后的日本和联邦德国证明了经济增长需要市场和投资机会，而不是领土。如果能够在不需要收购和管理海外领土的情况下进入市场，经济增长将会加速。

1945 年后的战争通常归因于冷战和"相互确保摧毁"（MAD），但国家之间的冲突大幅减少，这也归因于领土扩张不再被视为经济繁荣的必要条件。在自由贸易制度下，殖民地实际上是一种负债，而非资产。

如今，由于自由贸易取得的巨大成功，几乎没有哪个经济体再将领土扩张视为经济繁荣的先决条件。这种观念的巨大变化，应该成为人类进步史上最伟大的篇章之一。

在亚洲，日本人在 20 世纪 50 年代发现，他们仍然可以通过为美国市场生产高质量的产品而促进经济增长和繁荣。他们把最优秀、最聪明的人才用于这项任务，而将复杂的外交和国家安全问题交由美国人决定。事实上，20 世纪五六十年代在日本制造的许多高端产品，比如 TEAC（第一音响）音频设备都只在美国销售，因为当时日本消费者仍然太穷，负担不起。

日本的巨大成功促使韩国和中国台湾，以及亚洲其他地区也构建了同样的出口导向型增长模式，这被称为"雁阵模式"。这些经济体的黄金时代成为出口导向型全球化的代名词。20世纪90年代，即使是追求经济增长的进口替代模式的新兴国家之一墨西哥，也决定通过签署《北美自由贸易协定》来紧跟全球化的潮流。

中国正处于后刘易斯拐点的工业化黄金时代

中国也在自由贸易体制中受益，在短短30年里就成功地将一个拥有超过10亿人口的极度贫困的农业国家发展为世界第二大经济体。1978年中国改革开放后的30年，可能是有史以来经济增长速度最快、规模最大的一段时期，超过10亿人口的人均GDP从300多美元增长到2019年的1万多美元。中国迅速融入全球经济，吸引了大量的境外直接投资，最早的投资来自中国香港和中国台湾，并很快扩展至所有发达经济体。

之所以能够吸引那些投资，是因为自由贸易体制允许企业在世界各地销售自己的产品。中国实行了改革开放：许多聪明的中国学生到西方大学学习，随着中国逐渐繁荣，大量游客开始周游世界。这与苏联和东欧完全封闭的制度形成了鲜明对比，后者与外国人的接触受到严格控制。改革开放促使中国在2001年加入WTO。

加入WTO以及借此进入全球市场，促使世界各地的企业在中国建立工厂。中国经济增长迅猛，出口最高曾占GDP的35%。如果不是自由贸易体制下的市场供给，中国可能还需要几十年的时间才能实现这样的增长。

西方那些能够利用中国低廉而勤劳的劳动力的企业，发现了无限的投资机会，并像资本家在刘易斯拐点前的城镇化时期一样投资中国。这些投资极大地促进了中国的经济增长，并把中国变成了"世界工厂"。

但这些投资也加剧了发达国家内部的不平等，正如其自身在刘易斯拐点前城镇化时期产生的不平等。这在一定程度上是因为在中国迅速扩张的外国企业可能会减少在本国的投资，从而抑制了本国国内经济和生产率的增长。事实上，发达经济体的生产率增长缓慢是中国和其他新兴市场生产率和收入快速增长的反面，这可能是发达国家企业的投资导致的。因此，亚洲其他地区和西方的工人不得不与中国工人竞争，并看到自己的工资水平停滞不前，甚至下降。

那些发达经济体的人，若还在疑惑黄金时代的固定资产投资热情到哪里去了，那只需在天气好的时候，在从香港到北京（或反之）的航班上找一个靠窗的座位就知道了。他们会看到下面一望无际、向各个方向扩展的工厂群。这些工厂许多最初是由外资创办的，因为中国在1978年改革开放时已经没有资本家了。

起初，境外投资主要来自中国台湾和中国香港。事实上，正是20世纪80年代的这些商人带来了管理市场经济的理念和方法。他们意识到，可以把在中国内地生产的东西销往世界各地。在他们开创性的努力之后，来自西方和日本的其他人也加入进来，因为这些人也认识到中国的资本回报率远远高于本国——前提是中国生产的商品能够在世界各地销售。

中国也像其他国家一样遵循城市化、工业化和全球化的规律。实际上中国已在2012年前后跨越了刘易斯拐点，正经历工资快速增长。这意味着中国处在后刘易斯拐点的黄金时代。

中国的工资上涨，使中外企业将工厂转移到越南和孟加拉国等低工资国家。事实上，促使中国在作为成本最低的生产国时受益的全球化和自由贸易体制，当前正面临挑战。

这意味着中国经济增长故事中容易的部分已经结束。中国如果希望在工资上涨的情况下保持经济增长，就需要改善国内的商业环境，以使企业即使发现国外的资本回报率更高，仍选择在国内继续投资，至少对某些行业而言如此。中国政策制定者面临的挑战，包括劳动力数量的减少和与美国的竞争，这些问题将在第五章进一步讨论。

国家/地区的幸福值

图 3-11 总结了前文关于经济发展阶段的讨论，粗箭头表示追赶的方向。

由于自由贸易和信息技术的快速发展，全球化进程加快，各经济体也更快地进入黄金时代。然而，随着越来越多的经济体加入全球化的行列，黄金时代的长度似乎正在缩短。例如，美国和西欧的黄金时代持续了约 40 年，在 20 世纪 70 年代中期结束。而日本的黄金时代持续了约 30 年，在 20 世纪 90 年代中期结束。"亚洲四小龙"如中国台湾和韩国的黄金时代约为 20 年，在 2005 年前后结束。中国大陆的黄金时代能持续多久将是一个有趣的问题，因为政策制定者已经开始担心人口结构和中等收入陷阱，这些问题将在第五章讨论。

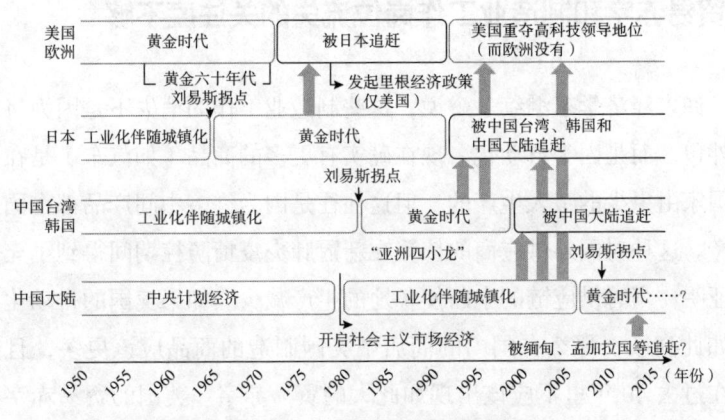

图 3-11 增长、幸福与成熟的国家/地区

注：A⇒B 表示 A 追赶 B。
资料来源：野村综合研究院。

如果一个国家/地区的幸福值可以通过不平等的消退速度和经济增长的速度来衡量，那么后刘易斯拐点的黄金时代有资格成为一个国家/地区最幸福的时期。在这一时期，快速扩张的制造业对工人的强劲需求迫使其他部门提供有竞争力的工资来留住工人。由于制造业的工作不需要高等教育，当制造业推动就业时，它提高了技能最低工人的工资，从而对所有其他部门的工资产生积极影响。在这个意义上，制造业是一个伟大的社会均衡器：当制造业繁荣时，没有受过高等教育的人仍然可以过上体面的生活。随着每个人都从经济增长中受益，人们对未来充满希望，不平等问题得到缓解。

美国制造业就业人数在1979年达到峰值（1 960万），大部分的增长发生在1946年（1 270万）至1969年（1 880万）。如前所述，这个时间段恰好是美国收入不平等缩小的时期。制造业的就业人数现在已经下降到1 260万，仅占非农就业总人数的8.4%。1946年这一数字是32%。

对贸易赤字和制造业工作岗位流失的关注度不够

许多经济学家继续争辩说，这些制造业工作的消失不是因为将产品外包，而是因为自动化。现在确实有更多的商品（如汽车）是在先进国家由更少的工人生产的。但这往往是因为许多中间产品都在国外生产。这种对国外供应商的依赖在新冠肺炎疫情防控期间得到了充分的证明，当时供应链的中断使各地的生产减少。如果美国的自动化工厂如此高效，那么在国内的商店中美国制造的商品应该更多，且美国在过去40年里不应该出现如此大的贸易赤字。美国的贸易赤字在2021年首次达9 000亿美元以上（见图9-1）。

自动化的说法也不符合日本人在参观美国工厂时的感受，即美国管理层短视，缺乏对自动化的投资，导致了制造业的衰退。这种衰退非常严重，美国制造呼吸机、口罩和其他各种应对新冠肺炎疫情所需物品的能力几乎为零。

出现这些问题的部分原因是，1980年在自由贸易体制的基础上，美国未经深思熟虑就引入了资本的自由流动，使自由贸易体制失去了再平衡的机制。第九章将讨论这如何导致美国制造业的流失，以及唐纳德·特朗普的"美国优先"运动和乔·拜登"购买美国货"政策的反全球化反弹。

一旦制造业开始迁移到成本较低的国家，收入不平等问题就开始恶化，因为只有那些拥有高等教育和技能的人才能跟上变化，继续做得很好。然而，他们收入的增加，难以带动社会底层没有受过高等教育的人的工资水平提升。

制造业对资本支出的借贷需求也远远大于大多数其他行业，这对保持宏观经济在情形1和情形2中的发展至关重要。因此，制造业的流失是发达国家转向情形3的主要驱动力之一。制造业也是有望获得最大生产力提升的领域。因此，美国制造业的萎缩状况与斯坦利·费雪提出的生产力增速下降的趋势是一致的。

在日本于20世纪70年代开始追赶西方之前，西方是最幸福的，因为它的制造业引领世界其他地区的发展。法国人在柏林墙倒塌前说过，如果没有苏联和日本，世界将是一个更美好的地方。

日本人最幸福的时期是他们的制造业在追赶西方但没人追赶他们的时期。当"亚洲四小龙"和中国大陆在20世纪90年代中期开始追赶日本时，日本的幸福日子就结束了。"亚洲四小龙"随后享受了它们约20年的黄金时代，直到中国大陆开始追赶它们。

后工业化社会和被追赶阶段的概念渊源

这里被追赶阶段的概念和由丹尼尔·贝尔等人推广的后工业化社

会的概念，指的是历史上的同一时期。当后者在20世纪70年代揭开面纱时，人们对社会将变得更公正、更人性化的前景感到兴奋，因为以知识为基础的产业在经济中越来越占主导地位。这与工业化时代形成鲜明对比，后者迫使人们在油腻、肮脏的工厂中长时间工作。

今天，大多数发达国家享有更清洁的空气，因为在其境内运作的工厂更少了。但对大部分人来说，后工业化社会支持者所承诺的美好的、人性化的场景从未实现。相反，许多人的安全感和希望值远远低于从前。一些人感到愤怒和绝望，以至于投票给民粹主义者和极端主义者。

过于乐观的后工业化设想从未实现，因为实现设想需要这样一个世界：以知识为基础的产业扩张得很快，报酬很高，并能把工人从制造业中吸引过来。随后，制造业将被迫迁移，因为它们无法与提供高工资的知识型产业竞争工人。

然而，实际情况是发达国家被迫去工业化，因为新兴经济体开始提供比国内更高的资本回报率。虽然以知识为基础的企业在大多数国家都在扩张，但它们需要的是受过高等教育的工人，与制造商雇用的工人不同。更重要的是，来自知识型产业的借款需求增加显然不足以抵消制造业的借款需求减少，而这些借款有助于吸收私人储蓄，是确保经济维持在情形1或情形2中所必需的。这个问题将在图4-1中进行讨论。

社会承受着增长放缓和收入不平等加剧的压力，因为企业借款相对于储蓄来说已经下降了，只有那些具有特殊能力或高等学位的人在以知识为基础的去工业化经济中获利。由于增长放缓和不平等加剧并不是正向发展，我创造了"被追赶的经济体"一词，以表达必须解决国内资本回报率低下问题的紧迫感。第四章和第五章讨论了被追赶的经济体如何应对所面临的挑战。

刘易斯拐点与理论的变化

前文关于不平等在刘易斯拐点前后如何增加和减少的描述，解释了为什么这么多人在历史上的某些时刻被共产主义吸引。卡尔·马克思和弗里德里希·恩格斯生活在刘易斯拐点前的欧洲城镇化阶段，他们对周围可怕的不平等问题以及普通人悲惨的工作和生活条件感到震惊。工人在黑暗、肮脏和危险的环境中每天工作16个小时，而资本家迅速积累财富的情况屡见不鲜。任何有良心的知识分子都很难对当时的社会和经济不平等现象视而不见。

马克思的回应是提出了共产主义的概念，要求资本由劳动者拥有和分享。他认为，如果资本由工人拥有，对劳动者的剥削就会结束，工人将享有更大的产出份额。许多在恶劣条件下长时间工作的"被剥削"的工人满腔热忱地接受了这一新理论。因为它提供了一个更美好的有益而无害的生活前景。在这个意义上，共产主义的诞生本身就是一种历史的需要。

然而，马克思和恩格斯认为，在没有共产主义革命的情况下他们所看到的极端不平等（图3-1中的G点和H点）会永远持续下去。但实际上，这只是工业化道路上一个不可避免的阶段。如果资本家在刘易斯拐点前的城镇化阶段赚取了大量利润，那他们很可能继续投资于企业，希望赚取更多的钱。正是这种追求更多利润的动力，最终推动经济达到并跨越刘易斯拐点，这时就会启动一个完全不同的动态的劳动力市场。

一旦经济达到刘易斯拐点，工资开始沿着正向倾斜的劳动力供给曲线（图3-1中从K点到P点）上升，工人就会意识到他们可以在现有框架内得到想要的东西。在黄金时代的早期，由于工人开始有能力进行议价，罢工和劳资纠纷成为那个时代典型的特征。20世纪60年代和70年代，许多国家工人游行的场景让人印象深刻，工人也因此赢得更高的工资。

经过 15~20 年的工资议价斗争，雇主和雇员都对彼此有了合理期待，并在这种理解的基础上建立起一种新的政治秩序，即今天在发达国家盛行的中右翼和中左翼政党。

虽然这种政治安排在后刘易斯拐点的黄金时代为发达国家提供了良好的服务，但在被追赶的阶段及有别于以往的劳动力市场动态下，它是不是最合适的安排，还有待观察。西方反对自由贸易和全球化的极右翼和民粹主义政党的崛起，已经成为既定政治秩序的重大挑战。这些政治问题将在第五章和第九章进一步讨论。

1978 年前的中国和 1986 年前的越南，曾停滞在非常低的收入水平上，因为没有搞市场经济，所以失去了促进投资和推动经济超过长期发展目标所需的利润动机。即使在那些被迫实现工业化的国家中，也有许多由此产生的工业并不稳固，因其无须在竞争性市场中盈利。因此，大多数企业因产品缺乏买家而倒闭。

有趣的是，当劳动力在国家达到刘易斯拐点前变得过于昂贵时，增长也会因为经济和政治原因而最终停滞。首先，经济停留在刘易斯拐点前的城镇化阶段，因为受保护的工人太昂贵，企业无法扩大生产。其次，加入工会的工人和享有特权的工人最终形成了一个两级劳动力市场，由于经济增速不够快，他们被剥夺了有意义的就业。这导致了政治上的疏远和分裂，使经济进一步放缓，20 世纪 50 年代以来，在一些拉丁美洲国家已经出现了这种情况。

刘易斯拐点与包容性社会秩序

如前所述，许多包容性的社会和政治改革只有在一个国家跨越刘易斯拐点后才有可能发生。即使在发达国家，大多数包容性改革，如美国的民权运动，也是在后刘易斯拐点时代发生的。这意味着改革的时点很重要，那些寻求更具包容性的社会和政治秩序的新兴国家，如果想避免前面提到的陷阱，可能要先让经济跨越刘易斯拐点。

前面的讨论表明，所有国家都经历了相似的发展过程，也都在更令人满意的工作条件方面取得了普遍进展。例如，在刘易斯拐点前的城镇化阶段，欧洲工人每天工作长达 16 个小时，而 1978 年后甚至在国家达到刘易斯拐点前，中国工人每天工作约 8 个小时。这表明，世界上其他地方取得的进步能反映在今天一些新兴经济体的工作条件中。

托马斯·皮凯蒂的"不平等"的真正来源

收入不平等已经成为经济学中最热门、最有争议的问题之一。不仅在发达国家，也包括在中国和其他地方，许多人越来越关注富人和穷人之间的鸿沟。托马斯·皮凯蒂的著作《21 世纪资本论》引发了一场关于财富最佳分配的新辩论，该问题曾被经济学界忽视。

我不敢自称完全理解了皮凯蒂重大理论贡献的全部意义，但我基于经济将如何随时间而发展进行分析，与皮凯蒂提出的一个关键历史观点相矛盾。皮凯蒂认为，一战前存在的极端不平等现象被两次世界大战和大萧条对财富造成的破坏纠正了。他还认为，从 20 世纪 70 年代末开始，发达国家累进税的下降最终造成的不平等程度接近一战前的水平。

虽然他有充分的数据支持自己的论断，但在一战前的结论也可能是由于这些国家都处于刘易斯拐点前的城镇化阶段，其特点是收入不平等现象迅速增加。同样，他在一战后的研究结论可能是由于西方进入了后刘易斯拐点的黄金时代，每个人都享受到了经济增长的成果，不平等现象减少了。皮凯蒂将此归因于两次世界大战带来的财富破坏和累进所得税的引入，但这一时期的特点也正是大多数国家的快速城市化进程已经结束。此外，直到1970年的40年是西方经济体的黄金时代，其制造业在世界范围内处于领先地位，没有追赶者。

最后，皮凯蒂在1970年后的结论可能是源于以下事实：西方经济体进入被追赶阶段，日本和其他国家开始追赶它们。对于能够利用亚洲资源的西方资本家来说，这是一个赚钱的黄金机会，与他们在刘易斯拐点前的城镇化阶段所享受的机会类似。但对西方工厂的工人来说，这并不是一个有利的变化，因为他们发现自己生产的产品要与来自亚洲的更便宜的进口产品竞争。

这也表明，皮凯蒂观察到的1970年前西方国家和1990年前日本的收入分配是过渡性的现象。这些国家享有收入增长和不平等缩小，不是因为它们有正确的税收制度，而是因为它们处于黄金时代，制造业繁荣。制造业繁荣是因为全球经济环境是这样的：这些国家要么领先于其他国家，要么在追赶其他国家，但自己没有被追赶。换句话说，资本回报率在国内是最高的。

然而，仅因为观察到这样的理想状态，并不意味着它可以持续或复制。面对激烈的国际竞争，任何维持这种状态的尝试都需要在人力和物力上进行大规模和持续的投资，而大多数国家都不准备这么做。

另外，这种投资是不是对资源的最佳利用尚无法确定，因为企业仍然可能发现其他地方的资本回报率更高。企业在股东的压力下需要在提供最高资本回报率的国家投资，强迫企业在本国投资并不是一件容易的事。这意味着可能需要一种比特朗普提出的保护主义更极端的形式，以阻止便宜的外国商品进入，并迫使企业在国内投资。可以肯定的是，需要一种完全不同的思维模式来确保被追赶国家的经济增长。

现在，大多数发达国家都处于被追赶阶段，决策者的关键问题应该是如何增加公共和私人部门的投资和借款，以吸收私人部门产生的所有储蓄，使经济再次增长。遗憾的是，在发达国家的政策辩论中，很少有人或几乎没有人提及这些。而对于资本在国外比在国内获得更高回报所带来的影响，几乎没有相关的宏观经济研究。相反，几乎所有的宏观经济理论和政策辩论都是基于黄金时代的假设，即有吸引力的国内投资机会总是存在的。

例如，发达国家的中央银行在2008年后的资产负债表衰退期间，一直试图将通货膨胀率提高到2%，因为这是黄金时代实现最大规模长期增长的最佳比率。但在当时，大多数企业只在国内设有工厂。

在今天被追赶的时代，企业在世界各地都有生产设施。如果国内的通胀率由于央行的宽松政策而超过国外的通胀率，许多公司将把生产转移到国外的工厂以保持竞争力，这会导致国内的就业和投资减少。这与2%的通胀目标想实现的效果正好相反。遗憾的是，经济学未能反映这些以及过去30年来发生的许多其他根本性变化。

发达国家的经济政策辩论仍然在进行，仿佛仍处于黄金时代，因为宏观经济学的基础是在20世纪50年代奠定的，当时西方正处于黄金时代。那曾是一个美好的时代（除了空气质量），政治家和经济学家都渴望它的回归。但是，在他们充分认识到全球背景下当前的经济现实之前，人们的生活水平无法被改善。这些观点将在接下来的两章中有更详细的讨论。

第四章

经济发展三个阶段的宏观经济政策

劳动力在经济发展三个阶段的变化

为了理解被追赶的经济体所面临的特有政策挑战，我们有必要看看经济的各个部门在发展的不同阶段是如何变化的。我们注意到，当一个经济体处于刘易斯拐点前的城镇化阶段时，资本家可以充分利用劳动力，因为农村地区有很多工人愿意在城市工厂为图 3-1 中的现行工资 D 点工作。在达到刘易斯拐点前，工人也没有讨价还价的能力。在这个阶段，农村地区的教育和职业培训机会有限，这意味着大多数工人在迁移到城市时既没有受过良好的教育，也没有高水平技能。而且需要竞争数量有限的城市工作机会，工作岗位并无保障。

然而，一旦经济体跨越了刘易斯拐点，进入了黄金时代，情况就开始对工人有利。农村地区剩余劳动力的供应被耗尽，图 3-1 中的劳动力供给曲线从 K 点移到 P 点。只要有部分企业寻求增加劳动力数量，所有的企业就都将被迫支付越来越高的工资。在这个阶段，因为工人的购买力正在迅速增长，企业也有动力进行扩张。这里的扩张指的是国内扩张：企业几乎没有海外生产所需的经验或技术，而国内工资虽然在增长，但仍可能具有竞争力。

为了满足不断增长的需求，同时支付稳定增长的工资，企业开始投资于提高生产力和扩大产能的设备。在这一阶段，国内对这两类设备的强劲需求体现在了对资本投资的借款需求上。换言之，经济正处于情形1。对更多设备的投资有效地提高了雇员的生产力，即使工人的熟练程度和受教育程度并不比达到刘易斯拐点前更高。

随着工资的快速增长，工人的工作保障也得到了极大的改善，因为企业试图留住员工。终身雇佣制和基于资历的薪酬制度变得更加普遍。同时，企业提供更安全、更清洁的工作环境以吸引和留住工人，工作条件得到改善。新兴的工会力量也迫使雇主加强工作保障。与刘易斯拐点前的时期相比，由于工人数量众多，企业实际上是在剥削工人，而后刘易斯拐点黄金时代的企业则通过使用提高生产力的设备来呵护它们的员工，这些投入使企业有能力支付更多的工资。因此，每个人都能享受经济增长的成果。

然而，在某个时点，工资达到了图3-1中的Q点水平，企业被迫在国外寻找替代的生产基地，因为国内的制造业不再有竞争力。正是在这一点上，企业意识到在国外投资比在国内投资有更高的资本回报率。这也意味着，企业的有效劳动力供给曲线在Q点趋于平缓，因为在这一点上，它们可以获得几乎无限的外国劳动力供给。换句话说，经济开始沿着水平的全球劳动力供给曲线移动（图3-1中从P点移到R点）。

然而，在国外生产需要管理层具备外语能力和其他专业技能，而这些能力和技能的培养需要时间。对企业特别是中小型企业而言，如果这个过程过于艰难，它们可能会干脆完全放弃业务，或者将所有生产外包给外国公司。

因此，从黄金时代到被追赶时代的过渡可能需要很多年。但是，一旦获得了在国外生产的技术，公司在投资新工厂时就会考虑整个新兴世界。由此，海外投资的过程变得越来越不可逆转。虽然不同行业可能在不同时间达到这一点，但当一定数量的行业都认为外国劳动力是国内劳动力的良好替代时，可以说该经济体已经进入了被追赶的阶段。

工人在被追赶的阶段只能"自立自强"

在被追赶的阶段，企业对工人的态度再次改变，因为它们现在可选择海外劳动力资源。随着资本更多地走出去，而非在国内进行劳动节约型设备的投资，企业进行国内投资的积极性降低。固定资本投资是经济增长的巨大动力，而在后刘易斯拐点的黄金时代开始放缓。随着投资的放缓，在黄金时代急剧上升的劳动生产率，其增长也开始减速，这种趋势在大多数发达国家已经出现了一段时间。因此，在被追赶的经济体中，生产力和工资的增长都开始停滞。

正是在这一时点，工人个人的能力开始变得重要，因为只有那些能够做海外工人力所不及工作的人才会继续受益。这与前两个阶段形成鲜明对比，当时工资主要由劳动力供需等宏观因素和工会成员等制度因素决定，与个人技能关系不大。一旦供应限制被国外生产或直接外包的选择消除，企业愿意在国内支付更高工资的唯一原因将是，雇员可以做一些便宜的外国工人无法轻易复制的工作。

如果说工人在刘易斯拐点前的城镇化阶段被剥削，在后刘易斯拐点的黄金时代被呵护，那么在被追赶的时代，他们必须完全靠自己，因为企业并不愿意为提高国内产能而投资于节省劳动力的设备。工人必须对自己进行投资，以提高他们的生产力和市场适应能力。

在这个被追赶的阶段，工作保障和基于资历的工资在那些必须变得更加灵活以抵御追赶者的行业中慢慢消失。在美国，终身雇佣制和以资历为基础的工资直到20世纪70年代都很常见，日本的竞争一出现便消失了，这并非偶然。同样的事情也发生在日本的劳动力市场上,"亚洲四小龙"和中国大陆在 20 世纪 90 年代中期成为日本的竞争对手,之后,日本的劳动力市场开始更多地使用"非正式"工人。如何实现更灵活的劳动力市场也一直是困扰欧洲的一个主要问题。

那些花时间和精力掌握技能的工人将继续过得好,而没有类似技能的工人只能赚取最低工资。那些在后刘易斯拐点的黄金时代从工会成员资格中受益的人发现,在被追赶的时代,工会成员资格的好处已大不如前。美国的工会成员比例已经从占劳动力 30% 以上[1]的高位下降到现在的 10% 左右[2]。收入不平等将再次加剧,即使按照技能水平调整后,收入差距也大致如此。

因此,希望在被追赶的经济体中保持或提高生活水平的工人,必须认真思考个人前景和在新环境中应当取得的技能。这个问题的答案因人而异,工人完全要靠自己。企业通过投资来提高工人的生产力,从而给员工支付更多工资的"旧日好时光"已一去不复返。从某种意义上说,这是公平的,因为那些花时间和精力来提高生产力的工人将比那些不花时间和精力的工人得到更多的回报。

消费者在经济发展三个阶段中的演化

工人也是消费者,他们的消费行为随着经济发展阶段的变化而变化。在刘易斯拐点前的城镇化阶段,大多数工人的工资很低。他们在

---

[1] 根据哈佛商学院网站的数据,1960 年美国工会会员率为 30.9%。https://www.hbs.edu/businesshistory/courses/resources/historical-data-visualization/Pages/details.aspx?data_id=37。

[2] 2020 年,美国的工会密度(由工会会员率表示)为 10.8%。U.S. Bureau of Labor Statistics, "Union Members–2020," U.S. Bureau of Labor Statistics Economic News Release, January 22, 2021. https://www.bls.gov/news.release/union2.nr0.htm。

产出中所占份额有限成为消费的制约因素，而且低收入无法转换为储蓄。因此，大部分的储蓄和投资是由资本家完成的，他们通常有较高的边际储蓄倾向。由于这个时代的资本家有很高的产出份额，而且有很高的储蓄倾向，国内资金供应往往超过了国内需求。叠加被抑制的工资水平，往往会使价格保持在低位。换句话说，在城镇化阶段，一般不存在通货膨胀。

一旦经济跨越了刘易斯拐点，工资开始沿着向上倾斜的劳动力供给曲线（图3-1中从K点到P点）迅速上升，消费者的心态就会发生变化。在工资不断提高的前景预期下，人们开始要求更高质量的产品和奢侈品，而这些产品是他们在刘易斯拐点前时期所可望而不可即的。许多人开始在财产上相互攀比，这种现象在美国被称为"赶上琼斯家"。企业努力提供一整套的产品，以吸引上流社会的消费者。

例如，在汽车行业，通用汽车公司将雪佛兰作为入门级产品，将庞蒂克作为升级版，别克和奥斯莫比则为更高级版本，而凯迪拉克则为顶级。对福特来说，低中高级的顺序是福特、水星和林肯，而克莱斯勒汽车公司的品牌有普利茅斯、道奇和克莱斯勒。每个品牌都提供不同等级的汽车产品，以激发客户的升级欲望。

当时的消费者愿意每两年买一辆新车，不仅是为了满足自我感受，也是为了与邻居和朋友攀比。汽车制造商为吸引这些不停追求品质的消费者而做出的努力，被称为"全线营销"。

在日本，经济体进入后刘易斯拐点的黄金时代也出现了类似的情形，居民开始进行基于财力的竞争。当一个家庭为孩子买了一架钢琴时，邻居出于压力也会为自己的孩子购买乐器，让孩子上音乐课。这种攀比在20世纪90年代初变得非常明显，以至于高中以上的女孩认为自己必须至少拥有一个路易威登包，因此当时日本有很大一部分女性每天背着这种包去上学和工作。这种攀比是为了拥有更好的东西或跟上其他人的步伐，其构成了一个巨大的经济正反馈循环，消费和 GDP 都由此迅速增长。

但是，一旦经济体进入被追赶阶段，收入无限增长的前景预期消失，消费者便重新调整了优先事项。由于收入增长缓慢或停滞，消费者开始追求物有所值。同时，在被追赶的时代，大量廉价的外国商品流入，为消费者提供了更多的购买选择。

在这一调整过程中，"赶上琼斯家"的攀比心态被抛到脑后，大多数消费者不再每隔一年购买一辆新车。相反，他们开始查看"消费者报告"等消费者网站，以获得物有所值的产品，无论该产品是何品牌，在哪里销售，或者在哪里制造。

在美国，这推动了大型折扣零售商的发展，比如沃尔玛和好市多。品牌等级的重要性下降，使诸如奥斯莫比和普利茅斯这样的高端汽车牌子消失了。

在日本，这种调整推动了百元店的爆炸性增长，从电子计算器到厨房用品都可以用 100 日元购买。事实上，现在日本的大多数新家庭都是从百元店购物的，因为那里提供的商品选择和质量更多更好。那些在百元店买不到的商品他们再去其他商店购买。

在英国，当出售从计算器到零食等各类百货的一磅店（Poundland）首次开业时，许多消费者表示不愿意被人看见在那里购物。显然他们还没有完全摆脱"赶上琼斯家"的攀比心态。但这种心态正在逐渐消失，英国的消费者也开始注重物有所值。

回头看，消费者行为的这种演变是完全合理的。当汽车本身的使用寿命很长时，人们却每隔一年就买一辆新车，或者很多女性都背着路易威登包走在街上，这都是荒唐的。就像工人在被追赶阶段需要靠自己一样，消费者也需要变得更聪明、更独立，并且不容易被愚蠢的潮流和时尚左右。许多人根本无法再负担那样的消费。

经济发展的三个阶段中不同的通货膨胀趋势

在经济发展的不同阶段，企业、工人和消费者行为的这些变化，通过对经济增长和通货膨胀的作用，对货币政策和财政政策产生了深刻的影响。

就通货膨胀和货币政策而言，在刘易斯拐点前的城镇化阶段，工人的工资非常低，这意味着工资或消费主导的价格增长受到了很大的限制。低工资也意味着工人不太可能成为国家储蓄的巨大贡献者。因此，金融市场作为储蓄和投资的媒介，只对社会的上层有意义。尽管上层的人们有更高的储蓄倾向，但这些储蓄的有效性和可得性限制了这一时期可以进行的投资。

当许多工人买不起他们生产的产品时，除非国外对这些产品有需求，否则很可能造成供应过剩和通货紧缩。如果国内需求不足以吸收国内生产，当局可能被迫保持低汇率以促进出口。换言之，在这一时期，通货膨胀并不会成为主要问题。

然而，当经济进入后刘易斯拐点的黄金时代时，工资通胀变得普遍，甚至在经济体系中根深蒂固。这导致了工资总额和消费者最终需求的快速增长。在这个阶段，收入不断增加的消费者更愿意接受更高的价格，也愿意追求那些高质量或能提升所在社会圈层声誉的商品。典型例子就是前文提到的日本人对路易威登的追捧。

面对工资上涨和国内需求增加的企业必须大量投资于提高生产力和产能的设备。事实上，后刘易斯拐点黄金时代的主要特征之一是资本支出水平高，相应地对为这些投资提供资金的借款需求强烈。这一阶段经济体正处于情形1。

住户部门强劲的消费需求和企业部门强劲的投资需求，叠加不断上涨的工资水平，会推动价格稳步上升，从而使通货膨胀成为经济增长的威胁。企业强劲的借贷需求也意味着收入没有流失，货币乘数稳定在最大值。① 经济状况是通货膨胀的，但货币政策也是最有效的。

事实上，私人部门对资金的需求在这一时期会急剧增加，除非中央银行继续通过调整利率和准备金的供应来进行控制。换句话说，中央银行维持较高利率和准备金的要求是这一时期对货币供应和信贷增长的制约。这种举措可能不时会将经济体推入情形2，但此时中央银行能够控制通货膨胀率。

黄金时代也标志着中央银行在历史上首次承担对抗通货膨胀的任务。正如后文第八章所解释的，建立中央银行的初衷不是为了对抗通货膨胀，而是通过充当最后贷款人来避免金融危机的发生。在刘易斯拐点前的城镇化阶段，工资被压低，如图3-1所示，这意味着通货膨胀的可能性很小，工人的购买力低下，叠加资本家的高边际储蓄倾向，这意味着存在通货紧缩问题。

在黄金时代，中央银行要全力对抗通货膨胀的压力。中央银行在这一阶段被赋予越来越大的权力和独立性，这并非巧合。这些权力在黄金时代是必要的，如果没有这些权力，中央银行就很难对抗通货膨胀。米尔顿·弗里德曼关于"通货膨胀无处不在且始终是一种货币现象"的论点，在黄金时代是成立的，因为此时私人部门对借款的需求很强，货币乘数稳定在最大值。

随着国内通胀压力的加大，强汇率变得更加必要。通货膨胀之所以成为问题，是因为需求超过了供给，而更强的汇率会通过减少出口来控制需求，通过增加进口来增加供给。这也意味着一个国家的汇率政策应该随着经济发展阶段的变化而变化。

然而，当经济体进入被追赶阶段时，收入和工资都增长缓慢，导致消费的增长更加平缓。在这个阶段，企业对提高国内产能和生产力设备的需求也会降低，因其发现国外的资本回报率更高。这导致借贷

---

① 该点将在第八章中做详细解释。

减少，并将经济体推入情形 3，使收入流失的机会增多。收入增长疲软或不再增长，使消费者更加挑剔且注重价值，企业更难以提高产品价格。廉价进口商品的快速增长也对国内价格产生了抑制作用。总之，通货膨胀的问题比后刘易斯拐点的黄金时代要小得多。

企业借款的减少和货币政策有效性的丧失

图 4-1 显示，美国企业在 20 世纪 80 年代仍在进行国内投资，因此有财政赤字，即它们是净借款人。换句话说，此时的企业恰如经济教科书中描述的一般，住户部门储蓄，而企业部门作为净借款人进行借贷和投资。但随着日本人的竞争，美国工业的空心化在 90 年代加速了。此外，北美自由贸易协定帮助墨西哥成为领先的生产基地，而中国的经济改革向世界各地的直接投资开放。美国非金融企业的净财政赤字因此快速下降。

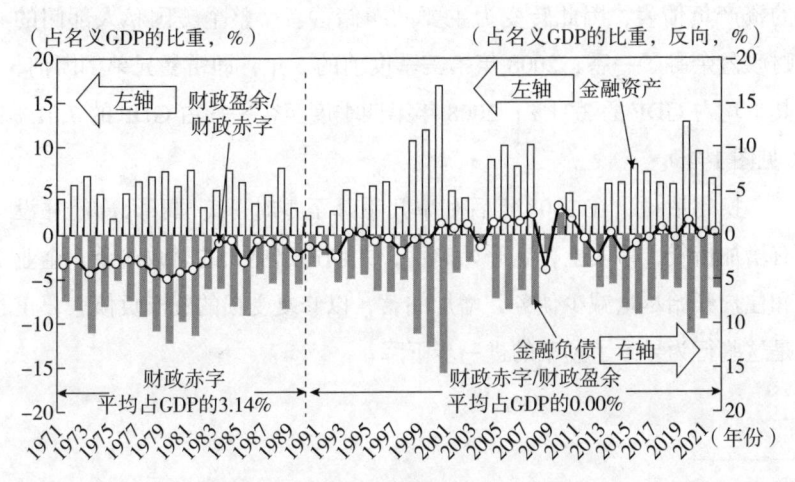

图 4-1 美国企业在 1990 年后停止借款

注：2021 年的数值基于 2021 年 7 月至 9 月数值的全年移动平均数。
资料来源：野村综合研究所基于美联储和美国商务部数据整理。

在 1970 年第一季度至 1990 年第四季度的 20 年间，这些企业的财政赤字占 GDP 的 3.14%，但在 1991 年第一季度至 2021 年第三季度的 30 年间，这一比重降至零。换句话说，它们实际上已经不再是净借款人。当企业借款需求强劲时，利率更高，之后的时期利率则低得多，因为企业对借款需求整整收缩了 GDP 的 3%，占 GDP 的比重为零。经济学家不应该追问为什么在如此低的利率下公司不去借款，而应该认识到利率如此之低正是因为越来越多的企业已经停止借贷。

随着时间的推移，这种利率的下降变得更加明显，当时的美联储主席本·伯南克将其称为"储蓄过剩"。[1] 他将此归因于中国对美国有大量的贸易盈余，并将赚取的大部分美元用于购买美国国债。虽然这或许是美国利率下降的原因之一，但美国企业对资金的需求从占 GDP 的 3.14% 骤降到零，可能是更关键的原因。

2008 年美国房地产泡沫的破裂引发了资产负债表的衰退，住户部门在泡沫期间是净借款人（见图 2-5）。住户由于急于修复其受损的资产负债表，因此转变为主要的净储蓄者。整个美国私人部门的财政盈余翻了一番：2008 年第三季度前的 5 年，即雷曼兄弟倒闭前，其平均占 GDP 的 3.31%；2008 年第四季度至今平均占 GDP 的 7.01%（见图 1-1）。

换句话说，在 2008 年后利率几乎降至零时，美国私人部门并没有增加借贷；事实上，它开始储蓄，并创造出更大的财政盈余。企业和住户开始尽量减少债务，增加储蓄，以修复受损的资产负债表，正是这些行为导致了利率的进一步下降。

---

[1] Bernanke, Ben S.（2005），"The Global Saving Glut and the U.S. Current Account Deficit," at the Sandridge Lecture, Virginia Association of Economists, Richmond, Virginia, March 10, 2005. https：//www.federalreserve.gov/boarddocs/speeches/2005/200503102/.

同样的原因使超低利率在日本根深蒂固

日本从 1990 年开始也出现了同样的现象，尽管它在成为一个被追赶的经济体之前已经历了一次资产负债表的衰退。在 20 世纪 90 年代资产泡沫破裂前，日本的非金融企业部门从住户部门借入储蓄，以典型的教科书所描述的方式扩大其业务。在整个 20 世纪 80 年代，企业的财政赤字平均占 GDP 的 5.96%（见图 4-2）。

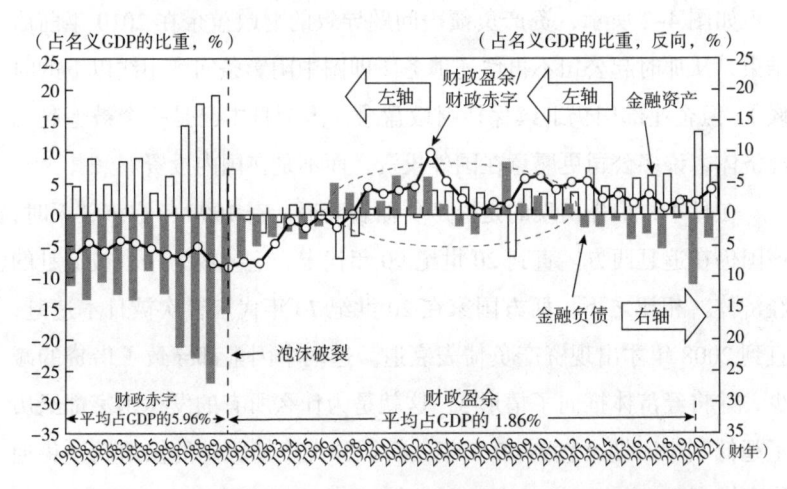

图 4-2　日本非金融企业部门终于开始恢复借款，但仍是净储蓄者

注：因承担与日本国营铁路结算公司、国家森林和野外服务特别账户（1998 财年），以及邮政服务私有化（2007 财年）有关的债务而数值有所调整。2021 财年的数字是截至 2021 年第三季度的四季度移动平均数。平均财政盈余／财政赤字数字计算到 2020 财年。

资料来源：Bank of Japan, *Flow of Funds Accounts*, and Government of Japan, Cabinet Office, *National Accounts*。

日本资产泡沫在 1990 年破灭，这迫使日本企业填补资产负债表的漏洞。从 1991 财政年度到 2020 财政年度，企业财政盈余占国内生产总值的 1.86%。1998 年前后，不仅是住户部门，企业部门也开始出现大量的财政盈余，使整个私人部门成为巨量的净储蓄者。即使在2003年，企业去杠杆化最糟糕的一年，仅企业部门的财政盈余也相当于GDP的10%。

尽管利率至今仍接近零，日本经济在过去30年里却停滞不前，最大原因在于，从20世纪80年代企业借贷（和支出）占GDP的5.96%，转变为90年代及以后企业储蓄占GDP的1.86%，相当于需求减少了GDP的7.82%。

如图4-2所示，资产负债表问题导致的财政盈余在2010年前后结束，从那时起公司不再偿还债务（即图中阴影条回到中线以下的时候）。但企业部门仍继续保持财政盈余，因为日本已是一个被追赶的经济体，许多公司更愿意在国外投资，而不是在国内投资。

在日本，最先出现的是资产负债表衰退，在1990年泡沫破灭时，该国仍在追赶西方。直到20世纪90年代末，它才成为一个被追赶的经济体。相比之下，西方国家在20世纪70年代末首次被日本追赶，直到2008年才出现资产负债表衰退。这两个因素都导致了借贷的减少，并将经济体推向了情形3，这就是为什么所有的发达国家都经历了超低利率时期，直到2021年，新冠肺炎疫情驱动的供给问题将通胀率推高。

随着美国进入被追赶阶段，其国内为投资提供资金的借款需求下降，货币政策也不再有效。从20世纪90年代开始，美联储的货币政策与芝加哥联储全国金融状况指数（NFCI）之间的相关性减弱。

如图4-3所示，这个指数衡量的是借款人在获得资金方面所面临的困难，其变动趋势在20世纪80年代末与美联储的政策行动保持一致，当时企业借款人很多。换句话说，当时只要美联储提高利率，使借款成本增加，这个指数就会上升，表明金融状况已经收紧。

但这种关联性在20世纪90年代消失了。90年代以后，出现了四轮主要的货币紧缩周期（见图4-3中圈出的区域），但在每一轮周期中，金融状况指数都没有对美联储的行动做出反应，而是停留在对借款人非常有利的水平。2015—2019年，尽管美联储9次加息，但金融状况指数有时还会下降。

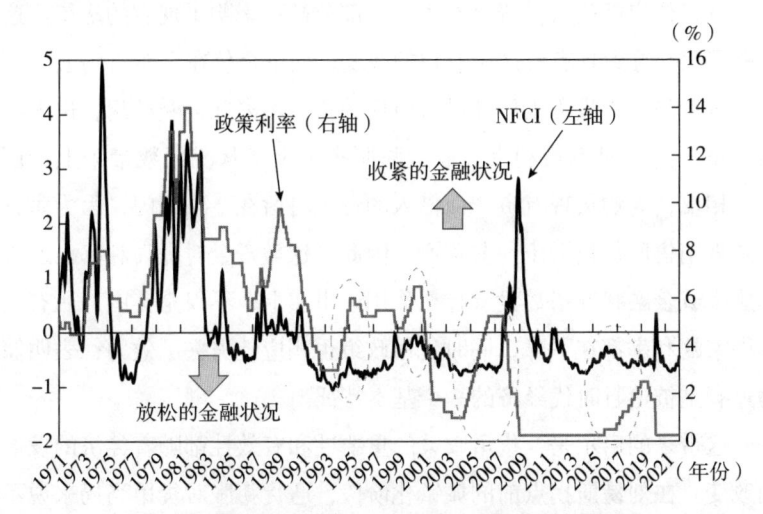

图4-3　美国货币政策自20世纪90年代起效力下降

注：在NFCI中，0代表1971年至今的平均值。在1987年前，美联储以联邦基金利率为目标，图中的政策利率是指官方贴现率。自从美联储开始以联邦基金的价值走廊为目标，此图显示了美联储目标范围的上限。

资料来源：Board of Governors of the Federal Reserve System，The Federal Reserve Bank of Chicago "National Financial Conditions Index"。

在1990年后发生的借款中，有很大一部分是用于购买现有的资产，如房地产、兼并收购和股票回购，但这些并不增加GDP。即使这些借款确实增加了图2-9至图2-14中的货币供应和贷款统计数据，但它们对通货膨胀和实际增长的影响很小。它们对金融状况的影响也很小，因为为购买现有资产而借入的资金会留在金融部门。资产的卖家也需要找到另一种资产来投资自身出售资产的收益。当非金融企业部门（即传统的资金借贷者）开始减少借款时，利率水平和货币政策的有效性都下降了，这或许并非巧合。

这里强调的是非金融企业部门，因为它们的借款更有可能用于实业投资（至少在黄金时代是这样），从而资金可以进入实体经济。相比之下，住户部门所借资金有很大一部分被用来购买现有的房屋。这种购买只会导致现有资产所有权的改变，而资金仍在金融市场上。

重点是，为投资工厂和设备所借的资金将离开金融部门，进入实体经济。这同时也给利率、通货膨胀率和金融状况指数带来上行压力。相反，为购买现有资产而借入的资金将留在金融部门，因为卖方必须将销售所得投资于一些资产。因此，这类资金对提高利率、通货膨胀率或金融状况指数没有什么作用。事实上，不仅是美国，所有发达国家的利率都在下降，同时货币政策也相应地失去了效力，表明储蓄过剩是被追赶时代经济的一个基本特征。

这带来的启示是，货币政策的重要性和有效性都随着经济的发展而改变。在刘易斯拐点前的城镇化阶段，通货膨胀对货币当局来说不是一个大问题，因为当时工资被压低了。但在后刘易斯拐点的黄金时代，它就成了一个大问题，中央银行必须保持高度警惕，采用收紧的货币政策，以防止工资上涨和国内消费与投资需求的增强推高价格。货币政策也是有效的，因为对借款的强劲需求使货币乘数保持在最大值。

一旦经济体进入被追赶阶段，在工资增长放缓、廉价进口商品激增、消费疲软和固定资本投资需求减少的情况下，通货膨胀就不再是问题。中央银行收紧货币政策的必要性就会降低。

由于对借贷资金的需求减少，货币政策在这一阶段也变得不再有效：借款人减少意味着能对中央银行的政策行动做出反应的人也减少了，降低了货币乘数。随着更多的工作机会流向海外，国内的通货膨胀压力减小，货币当局也可能因受到压力而降低汇率。

中性利率因经济发展阶段不同而变化

中性利率（即不增加或减少经济活动的利率）随着经济发展阶段的变化而变化。在刘易斯拐点之前的阶段，中性利率保持在较低水平，它的特点是工资低迷而导致的通货膨胀受到抑制。而在黄金时代，通货膨胀率大幅上升，其特点是企业对借款的需求更强，通货膨胀率更高。如果中央银行对通货膨胀的警觉性不够，中性利率可能进一步上升，因为储户和债券持有人要求更高的回报，以补偿可能出现的通胀飙升和他们所持有金融资产价值的损失。

当经济体进入被追赶阶段时，中性利率再次下降，该阶段的特点是对借款的需求减少，通货膨胀压力降低。在这个阶段，经济对利率变化的敏感度也因货币乘数的降低和不稳定而下降。因此，货币当局可能不得不更进一步地调整利率，以实现与黄金时代相同的经济影响。例如，如果中性利率是3%，中央银行必须将利率提高到5%才能产生紧缩的影响，或者降低到1%才能看到松动的效果。这种敏感度的降低也可能是20世纪90年代货币政策有效性下降的原因，如图4-3所示。

如果是资产负债表问题推动了私人部门行为的突然变化，就像2008年后的西方国家和1990年后的日本，那么更准确的说法是泡沫破灭后中性利率消失了，而非下降了。美联储在雷曼兄弟倒闭后将政策利率降至零，并一直保持到2015年12月，但私人部门继续保持高度通缩的财政盈余，相当于美国GDP的7%，如图1-1所示。

私人部门在较高的利率下出现大量财政盈余是很正常的，因为这是中央银行收紧货币政策以控制通货膨胀所期望的结果。但是，如果私人部门在零利率的情况下继续保持高度通缩，就意味着中性利率即使存在也必然是负值。

无论中央银行将政策利率降到多低，技术上无力偿债的企业和努力恢复偿债能力的个人都不会改变他们的去杠杆化行为，而私人部门的金融机构也不会在负利率下出借资金，因此在资产负债表衰退期间没有中性利率，且没有任何利率可以保持经济不萎缩。当经济处于资产负债表衰退时，整个中性利率的概念作为政策指导原则基本上是无效的。

这也意味着私人部门以外的其他部门（政府）必须借贷和花费私人部门的财政盈余，以保持经济不萎缩。这就是为什么明白这一点的美联储主席本·伯南克和珍妮特·耶伦劝说美国国会在2008年后不要过早地进行财政整顿，他们提示了跌入"财政悬崖"的风险。

经济发展三个阶段中的财政政策挑战

财政政策，即政府的借贷和支出，其重要性和有效性随着经济发展的进程而变化。在刘易斯拐点前的城镇化阶段，财政政策不仅是有效的，而且提供了基础设施以使私人部门的投资蓬勃发展。因此，这一阶段的基础设施投资的社会回报率非常高。这一时期的基础设施支出融资可能需要国外的帮助，因为在金融部门不发达的刘易斯拐点前的城镇化阶段，可调动的国内储蓄往往有限。

但经济处于黄金时代时，财政政策刺激经济的能力有限，除非是在资产负债表衰退期间，因为它有挤出私人部门投资的倾向。财政政策的能力之所以有限，是因为财政刺激的最终效果为政府部门借贷和支出规模，减去私人部门应有的借贷和支出规模（假定私人部门可以和政府部门一样去借贷）。

在黄金时代，仅私人部门借款人之间的竞争就可能将利率推到高位，而公共部门借款人的加入将使利率更高。反过来，更高的利率会促使一些私人部门的借款人退出，导致私人部门的投资被挤出。由于私人部门为提高生产力和产能而进行的借款通常比公共部门的项目更有效率，后者对前者的挤出会拖累经济增长。正是这个原因，经济学家往往批评财政刺激措施。

一旦经济体进入被追赶阶段，财政政策就不太可能造成挤出，因为私人部门对借款的需求比较弱。如图4-1所示，美国非金融企业的净借款从黄金时代最后几年平均占GDP的3.14%下降到被追赶时代的0.00%。因此，此时的财政政策比黄金时代有效得多。

事实上，在利率很低的情况下，如果私人部门对借款的需求仍低于私人储蓄的水平（即私人部门有财政盈余），那么经济实际上处于情形3，财政政策对于保持经济以免陷入1 000美元—900美元—810美元—730美元的通缩螺旋是必要的。此阶段是财政政策最有效的时期。

同时，由于没有私人部门借款人，政府的借贷成本极低，在某些情况下政府是唯一的借款人。在如此低的借贷成本下，如果精心选择，许多公共工程项目可以全部或近乎全部收支自求平衡。

2008年西方国家资产价格泡沫的破裂，使这些经济体陷入了资产负债表的衰退，从而加剧了这些经济体中私人部门借贷萎缩的趋势。如图1-1所示，尽管利率为零，但几乎所有被追赶经济体的私人部门都有大量的财政盈余。这些私人部门的资产负债表问题进一步降低了货币政策的有效性，并提高了财政政策的有效性。即使这些国家没有陷入资产负债表衰退，财政政策也很可能比黄金时代更加有效，而货币政策的情况则相反。

图4-4说明了财政政策和货币政策有效性的变化。在刘易斯拐点前的城镇化阶段，财政政策在基础设施建设方面的支出对经济产生了巨大的刺激作用。因为它促进了私人部门的投资。同时，货币政策的作用有限，因为低水平的工资使通货膨胀的压力较低。许多国家在这个阶段还采用固定汇率，这进一步限制了货币政策的有效性和灵活性。

在黄金时代，货币政策是王道，非常有效；财政政策的威力要小得多，只有在发生自然灾害或其他负面的外部冲击时，或者经济陷入资产负债表衰退时，才会被动用。

当经济进入被追赶的时代时，财政政策和货币政策的有效性发生了逆转，因为企业对借贷的需求在提高产能和生产力方面有所下降。财政政策的有效性会增加，而货币政策则失去了其效力。

如图4-4所示，被追赶阶段的货币政策和财政政策各有两条线，因为自2008年以来，处于这一阶段的大多数经济体也都遭受了资产负债表衰退及其影响。被追赶的经济问题和资产负债表问题都导致了借款人的减少，后者的存在使财政政策更有效，而货币政策的有效性则下降。这也意味着发达经济体的货币政策即使在资产负债表问题解决后也不会恢复其在黄金时代的效力，除非国内对提高产能和生产力的投资需求恢复到黄金时代的水平。

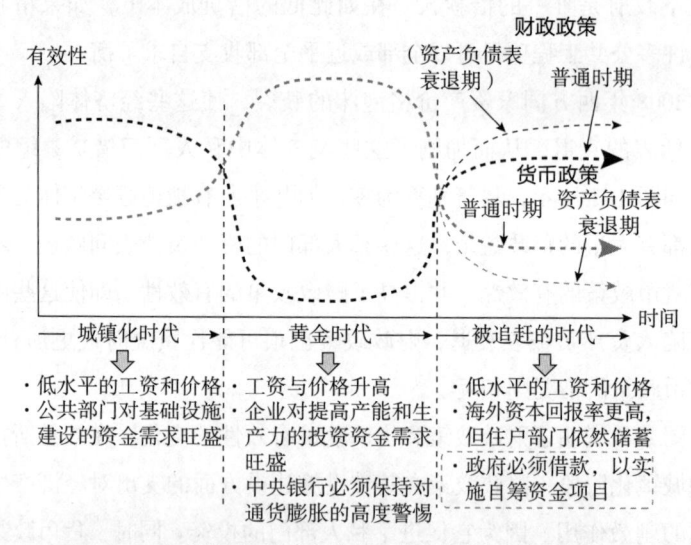

图4-4 经济发展三个阶段中货币政策和财政政策的有效性

黄金时代是货币政策的时代，财政政策发挥作用的机会有限。但在被追赶的时代，两者的角色基本上是颠倒的。经济学教科书上几乎总是假设经济体处于黄金时代，但今天大多数发达经济体已经处于被追赶的时代。这就是为什么教科书上的经济政策最近产生了许多令人意外的不良后果。

错误使用不同时期乘数和弹性数据是危险的

前面的讨论表明，在使用早期估计的各种政策工具的乘数和弹性数据时必须小心，因为它们可能不再与当前时期相关。如第二章所述，即使在同一时代，如果经济陷入资产负债表衰退时期，这些弹性数据也会突然改变。

例如，认为低财政乘数已经成为许多经济学家的"常识"。但这几乎只能在黄金时代或包括黄金时代在内的时期观察到，即当经济体处于情形1或情形2时。在这时，低财政乘数的说法是有效的，因为政府的预算赤字实际上是在与私人部门的借款人竞争有限的储蓄。更高的利率、对私人部门投资的排挤以及经常性的资源分配不当，所有这些都导致了低财政乘数。

但低财政乘数的假设对处于情形3或情形4的经济体来说是完全不合适的。如图2-1所示，1990年后日本的财政乘数已经达到4~5，这个数字是黄金时代所观察到的典型乘数的2倍或3倍，后者通常被估计为不超过1。换句话说，当一个经济体处于被追赶的时代或遭受资产负债表衰退时，不应该再使用黄金时代的财政乘数来进行政策考量。

然而，那些（像我一样）在黄金时代学习经济学或使用在那个时期编写的教科书的人，已经把低财政乘数效应的观点铭记于心。之所以引用黄金时代的财政和货币乘数，是因为这是他们熟悉的数据，他们会下意识地以那些过时的乘数和弹性数据为依据提出政策建议。尽管低财政乘数在30年前是"常识"，但发达经济体此时面临的全球环境已经发生了巨大变化。

被追赶的经济体所面临的根本宏观政策挑战

所有被追赶的经济体面临的最根本宏观经济挑战是，住户仍像以前一样在为不确定的未来进行储蓄，但企业无法吸收这些储蓄，因为它们找不到足够的国内投资机会，即使是在非常低的利率下。这是与黄金时代最大的不同，当时企业热衷于借用住户部门的储蓄。这对于所有被追赶的经济体来说都是一个生存挑战，因为如果有人存钱，就必须有人借钱并花掉这些钱以保持经济不萎缩。

在这种情况下，无论是外国部门还是政府部门，都必须借钱并花掉私人部门的储蓄。包括日本和德国在内的一些国家，依靠前者来实现贸易顺差。但这并不是一个普遍的解决方案，因为所有的国家都不可能同时拥有贸易盈余。这意味着正确的补救措施是政府在不牺牲财政前景的情况下实施财政刺激政策。

这确实是一个巨大的挑战，至少有两个原因。首先，大多数发达经济体的公共债务已经达到非常高的水平。其次，在今天的全球化经济中，被追赶阶段可能持续几十年。

这一挑战与第二章中讨论的处于资产负债表衰退中的经济体所面临的问题类似。数以百万计的资不抵债的资产负债表导致私人部门借款人的消失，而在被追赶的经济体中，因缺乏有吸引力的国内投资机会而产生了同样的结果。

在前一种情况下，私人部门对借款需求的缺乏将持续到资产负债表得到修复；而在后一种情况下，对借款需求的缺乏将持续到有足够的国内投资机会出现。在这两种情况下，这个问题可能会持续数年。同时，这两个经济体都将面临私人部门储蓄过剩带来的通货紧缩压力，除非有私人部门以外的部门（即政府）作为借款人利用这些储蓄，并将其返还给国民。

根本问题的根本解决方案

对于被追赶的经济体来说，应对这一看似不可能的挑战的关键，可以在所有这些经济体正在经历的超低政府债券收益率中找到。这些超低政府债券收益率，在第二章中被称为处于情形3经济体的自我纠正机制，要求政府确定并实施能够产生超过这些收益率的社会工程项目。如果能找到这样的项目，则以它们为中心的财政刺激措施将使政府充当最后的借款人，且未来不会给纳税人带来额外的负担。只要这些项目是收支平衡的，政府便可以实施，而不必担心赤字规模或达到某些假设的公共债务"上限"，因为这些项目未来并不构成纳税人的负担。

因此，被追赶经济体的政策制定者面临的最重要的宏观经济挑战，是找到能够获得超过这些超低政府债券收益率的社会回报率的基础设施和其他项目。如果能找到并实施这样的项目，经济就会继续良好发展，即使它正在被追赶（或正在经历资产负债表衰退）。因此，处于情形3和情形4的经济体应该动员最聪明的人去寻找和实施这样的项目，而不是把时间浪费在担心公共债务的规模上。

例如，对美国东北走廊地区连接华盛顿特区和波士顿的古老铁路进行彻底的现代化改造，其社会回报率将比目前的10年国债收益率（约为3%）高出许多倍。在世界许多地方，互联网的升级也可能具有非常高的社会回报率。这些都是被追赶的经济体为维持其经济发展迫切需要考虑的项目。

相比之下，很少有公共工程项目能在黄金时代收支平衡。在黄金时代，当经济体处于情形1或情形2时，私人部门对借款的强劲需求使利率居高不下。这意味着能够自筹资金的公共工程项目的政策选择在黄金时代基本上是不存在的。这也意味着在情形1和情形2中，政府可以积累的债务数额有一个上限，过高的借贷成本会导致财政危机。

这也解释了为什么经济学家一直很难阐明公共债务的上限。正确答案取决于能够达到收支平衡的这种债务的规模，而这又取决于所选择的公共工程项目的质量和政府债券收益率的普遍水平。反之，当经济体处于情形 1 和情形 2 或者情形 3 和情形 4 时，政府债券收益率也会有所不同。

不是私人部门的工作

有些人可能认为，如果存在这样的自求收支平衡的项目，就应该由私人部门而不是政府来承建。但这可能行不通，有以下两个原因。首先，私人部门的企业受股东的压力，资本回报率必须最大化。这意味着，即使国内有项目需要筹集资金，但如果国外回报更高，企业也依然会在国外投资。由于政府不需要最大限度提高资本回报率，并且它还要保证经济不陷入通货膨胀的旋涡，所以它可以而且应该实施公共工程项目，使经济不至于萎缩。

其次，这里所指的回报率是社会回报率。这个回报率涵盖了所有的外部因素，而私人部门的经营者可能无法提供。换言之，有一些项目可能无法提供足够高的资本回报，但作为公共项目是有意义的，因为这些项目可以提供对整个社会的正外部性。

需要独立的委员会来选择和监督项目

为了实现从货币政策向财政政策的转移，国家需要一个由高级官员组成的独立委员会，他们能够判断项目是否有可能产生超过政府债券收益率的社会回报率。这些计算并不容易，因为一个典型的公共工程项目涉及许多难以量化的外部因素，在做出最终判断之前，必须考虑这些外部因素。

为此，像世界银行这样的机构开发了一些识别和衡量技术，但由于当政府是唯一借贷和投资的主体时，这些决定的质量对一国的未来有着巨大的影响，因此现有的技术和方法或应当被重新审视和完善。如果被选中的项目不能自求收支平衡，就会使纳税人背上华而不实的累赘和沉重的债务负担，从而毁掉一个国家的经济前景。

至少在理论上，这些项目不必局限于砖头和砂浆。对于像西班牙等依赖旅游业的经济体而言，有针对性的英语培训项目可能会产生比政府债券收益率更高的社会回报率。

为了确保拟议项目是收支平衡的，一个政治上独立、由全国精英组成的委员会是必不可少的。它必须是独立的，因为政客会试图为他们的选区赢得项目。

这个委员会的独立性非常重要。在被追赶的经济体中，其独立性的重要性不亚于中央银行在黄金时代的重要性。与独立的中央银行一样，该委员会需要强有力的法律地位，因为它必须有权力拒绝民选代表所提出的项目。

这类委员会在历史上有过先例。美国在冷战结束后关闭军事基地时，成立了一个独立委员会来决定关闭哪些基地。尽管当时受影响地区的政客有一些抱怨，但过程还算顺利。处于情形3和情形4的经济体也需要类似的委员会，如此一来，虽然项目可以由民选代表提出，但委员会负责对项目进行排序，并确保能够收支平衡的项目有最高的优先权。即使该委员会对实施哪个项目没有最终决定权，但只要有一个可信的独立委员会来审查及排序，就能在很大程度上影响项目资助讨论的结果。

委员会还必须确保选定项目的后续执行是正确的。这种持续的审查对于防止成本超支和加入不必要的功能至关重要。建造的合同应交给可靠的、提供最低价格的承包商。这种监督功能是确保项目收支平衡的关键。

开发和完善评估项目所需的适当技术和准则，以及对相关人员进行培训，也可能需要数年。如果政府在越来越多的项目中充当最后借款人，委员会将不得不雇用更多受过培训的工作人员。由于被追赶的阶段可能持续很长时间，所以培养这些独立委员会所需的人才已刻不容缓。

债务限额争论的问题

具有黄金时代思维的传统财政鹰派可能仍然认为政府借贷和支出是不可能的，因为发达经济体的公共债务已经达到了高得惊人的水平。他们还认为，虽然在资产负债表衰退期间，政府借贷为财政刺激提供资金是可以接受的（因为一旦私人部门的资产负债表恢复，刺激经济的需求就会结束），但在被追赶的时代，对财政刺激的需求并没有明显的结束迹象。他们认为，在公共债务已经处于非常高的水平且看不到尽头的情况下出台财政刺激措施，简直就是疯狂。

随着大多数发达经济体的人口持续老龄化，许多人还认为，公共部门和私人部门应减少债务，或者至少应该努力限制债务的增长。这种观点在德国尤其盛行。事实上，债务已经成为一个备受关注的话题。不仅在发达经济体，甚至在中国等发展中国家，债务也成为经济学家热议的话题。他们认为，经济体需要进行结构性改革以提高竞争力，而不是依靠政府开支。

这种债务限额的说法至少存在四个问题。第一个问题是，被追赶的经济体若要抵御追赶的竞争者，的确需要很多改革（这些问题将在第五章讨论）。但问题是，即使在最好的情况下，这种改革也需要十年或更长时间才能产生效果。在此期间，政府必须持续充当最后的借款人，以维持经济的正常运转，尤其是在遭受资产负债表衰退影响的时期。

债务限额的争论忽略了一个事实：债务是储蓄的另一面

存在的第二个问题是，对债务规模的痴迷使他们忽视了这些数字背后的东西。债务只是储蓄的反面，必须有人储蓄，债务才会增长。① 如果没有人储蓄，债务就不可能增长，因为无钱可借。但如果有人储蓄，就必须有人进行借贷并利用这些储蓄，以保持经济不陷入衰退。

许多经济学家似乎已经忘记了这一点，他们认为，私人部门和公共部门都应该多储蓄，少贷款，为人口老龄化做准备。如果这两个部门都听从他们的建议，那么储蓄的资金就没有借款人了，而经济将立即陷入 1 000 美元—900 美元—810 美元—730 美元的通缩螺旋。节俭悖论意味着这样的经济将最终萎缩到 500 美元的水平，彼时没有人能够储蓄。换言之，如果有人在储蓄，但债务水平却没有增长（如果没有人借钱和花掉储蓄的资金），经济将收缩。这意味着只要经济中还有人在储蓄，债务就必须增加。

如果债务的增长速度比实际储蓄的速度快，这只是意味着某处的债务存在重复计算。换句话说，有人借了钱，但没有花掉，而是借给了其他人，可能使用了不同的信用等级、期限、债务结构（期限转移），或者利率（固定到浮动或反之）。在这种情况下，债务统计包括初始借款人和最终借款人的债务，但只有最终借款人实际借出并花了这些钱。

如果一家银行发现有机会扩大对一个快速增长行业的贷款，但其对该行业的风险敞口已经达到监管限制，它可能就会使用另一个实体来实现贷款的发放。比如，可以建立一个非银行实体并向其发放贷

---

① 那些被引导相信债务和货币供应量是由银行家用笔创造的人，请参考第八章中所讲的银行业务。

款，然后由该实体把钱借给目标行业的最终借款人。在这种情况下，非银行实体和最终借款人的债务都会增加，但后者才是实际借款人。

同样，一个具有高信用等级的公司可以低利率借取资金，并将其借给一个信用等级较低的子公司。在这种情况下，两家公司的债务都在增长，但真正的借款人是子公司。持有人之间基于固息或浮息债券的利率互换，也会在资产负债表上产生额外的负债（和资产），而不会实际增加"借款"。随着所谓的结构性产品的爆炸式增长，这些产品将期权、期货和互换市场的参与者连接起来，产生具有特定风险特征的金融产品，负债规模迅速增长。虽然之前讨论的所有负债加总，可能会出现一个巨大的数值，但实际债务只是总数的一小部分，因为它永远不可能大于实际储蓄。

这一点也可以从资金流中看出，该数据显示了负债总额和净额。例如，图4-1和图4-2同时显示了金融资产和负债的总额和净额。如果把所有的负债相加，那将是一个巨大的数值，但对宏观经济来说，重要的是净额，也就是总负债的一小部分。

这并不是说，大的债务数值毫无意义。对于那些关注金融稳定的人来说，这个数值非常重要，因为它显示了当最终借款人的贷款违约时，有多少金融机构和金融资产将受影响。换句话说，当越多的人参与进来时，违约的多米诺骨牌效应可能会越大。但这是一个金融稳定的问题，而不是一个宏观经济问题。

然而，许多公共部门和私人部门的经济学家都在无意识地引用这些巨大的总负债数值，并对债务规模发出警告。但如果他们的数值是正确的，那么这些经济体的储蓄肯定也在以同样的数量增长。可毫不意外的是，那些用巨额债务数值来吸引听众的经济学家，却很少提到储蓄数据。

公众对超额储蓄缺乏认识

事实上，今天大多数国家的政策辩论中最大的问题之一是，很少有人意识到在零利率的情况下，私人部门已经成为一个巨大的净储蓄者。大多数人从未见过图1-1所示的数字。这是因为大多数经济学家和新闻报道仅关注债务规模，只有少数人谈及储蓄规模。但是，如果债务相对于储蓄来说是过多的，那么利率就应该上升，而非下降。利率处于历史低位的事实意味着，鲜有人谈及的储蓄相对于债务来说太多了。

如果美国的财政鹰派意识到在零利率的情况下，私人部门的平均储蓄占GDP的7%；如果有人在储蓄，其他人就必须借贷和使用这些资金来维持经济运行，那么他们反对政府借贷和支出以支持经济的态度可能会缓和。这种公众意识的缺乏也证明了一个事实，即我在过去1/4世纪的努力在很大程度上是徒劳的，而对此我表示自责。但如果不了解被追赶经济体的根本动力——私人部门产生的大量超额储蓄，政策辩论就不可能产生适当的行动来提振经济。关键问题是，我们不应该被一个庞大的债务数值影响，因为这个数值与借贷和储蓄的实际情况毫无关系。

项目的质量及其宏观经济背景很重要

那些宣扬紧缩政策的人存在的第三个问题是，他们忽视了发行债务的宏观经济和金融环境。人们所能够承担的债务水平取决于利率以及募集资金所投项目的质量。如果这些项目的收益足以偿还借款利息和本金，那么不需要担心债务负担，因为不管规模有多大，它并不代表未来的负担。

所有私人部门的债务，如果能够进行尽职调查，则都应当满足这些标准。正如第一章所指出的，如果无法偿债，则正常情况下没有任何企业或住户会想要借钱，或者把钱借给别人。关键是，只谈债务的数量而不讨论用这些债务投资的项目质量，那是无稽之谈。

只有出现泡沫，导致贷款人和借款人都被贪婪蒙蔽双眼的时候，才会违反上述规则。当掌权者强迫金融机构向不可行的项目贷款时，也会发生类似的事情，但这是政治问题，而不是经济问题。

公共债务的情况也是如此。无论公共债务有多大，如果资金所投的公共工程项目能够产生足够高的回报，用以偿还利息和本金，这些项目就能自负盈亏，不会增加未来纳税人的负担。

即使这些项目不能收支平衡，如果财政刺激措施对GDP的增加超过了债务和利息的支付，公共债务占GDP的比重也不会增加。换言之，即使公共债务本身增加，债务可持续性问题也不会恶化。这一点在资产负债表衰退期间尤为重要，因为在这种情况下，财政刺激措施具有较高的乘数且没有财政刺激措施，GDP实际上可能沿着1 000美元—900美元—810美元—730美元的路径收缩。

这一点在1933年后的美国得到了证明。虽然财政赤字随着新政的实施而增加，但GDP也迅速恢复，促使赤字占GDP的比重小幅增长。这导致克里斯蒂娜·罗默等人误认为不是因为政府的财政刺激，而是美联储的货币宽松政策（也是在1933年开始的）扩大了货币供应量并带来了美国的复苏。

但正如第二章中的图2-15所示，1933—1939年，对私人部门的贷款根本没有增加，因为企业和住户仍然在修复他们的资产负债表。在这一时期，正是由于新政的推出，允许政府作为最后借款人和支出者，公共部门的贷款才有所增长。而正是这种贷款增加了货币供应量（见图2-16）。因此，1933年后的新政是一个完美的例子，恰恰说明了财政刺激增加的GDP幅度大于增加的债务和利息支出，导致赤字占GDP的比重以更小幅度增长。这也符合当经济体处于情形3或情形4时，财政乘数非常高的观点。

债务限额论只看数量不看价格

债务限额论存在的第四个问题是，它只看到了债务的数量，而忽视了价格，这与传统计划经济所犯的错误相同并总是以失败告终。由于只看债务水平，债务限额论者在判断财政刺激措施对经济是好还是坏时，忽视了来自债券市场的信息，也就是政府债券的价格。政府的借贷是否受欢迎，应该由债券市场来决定，也就是那些真正向政府借钱的人，而不是由一些经济学家使用任意选择的标准来决定。

在黄金时代，当经济体处于情形1或情形2时，私人部门急于借钱以投资于提高生产力和产能的设备，财政刺激措施对经济的影响很小，甚至可能因为有挤出效应而造成负面影响。在这个时代，债券市场将政府债券设定为低价（高收益率），表明这种刺激措施不受市场欢迎。

但在被追赶的时代或资产负债表衰退期间，即当经济体处于情形3或情形4时，私人部门对资金的需求是最小的，甚至是负的。在这时，财政刺激措施不仅是必要的，而且会对经济产生最大的积极影响，因为不再存在挤出的风险。在这一时期，债券市场为政府债券设定了高价格（低收益率），表明它们受到了市场的欢迎。

它们受到欢迎是因为对处于情形3和情形4的经济体来说，不能承担过多的外汇风险或本金风险的私人部门剩余资金唯一的投资去向，是仅存的国内借款人，即政府发行的债务。因此，受托管理私人部门储蓄的基金经理急于购买政府债券，从而推动了价格上涨，收益率会下降到情形1和情形2时无法想象的水平。

超低政府债券收益率，反过来又为政府提供了财政政策的空间，以抵消因私人部门储蓄过多而产生的通货紧缩压力。处于情形3和情形4经济体的这种以超低政府债券收益率为代表的自我纠正机制，近年来在大多数被追赶的经济体中都已出现（见图4-5），包括没有遭受资产负债表衰退的经济体。

1997年，日本政府无视债券市场的信号，试图减少借贷，导致日本经济崩溃；2011年，欧洲各国政府试图减少借贷，其经济也出现了同样的情况，这说明了无视债券市场警告的危险性（第七章详细解释了为什么一些欧元区外围国家的政府债券收益率在2011年急剧上升）。就日本而言，在经济因财政紧缩而崩溃时，财政赤字实际上增加了72%（见图2-21），这一点在第二章中已经指出。债券市场一直在用超低的收益率来告诉日本（自1995年以来）和西方（自2008年以来）的政策制定者，现在不是削减赤字的时候。

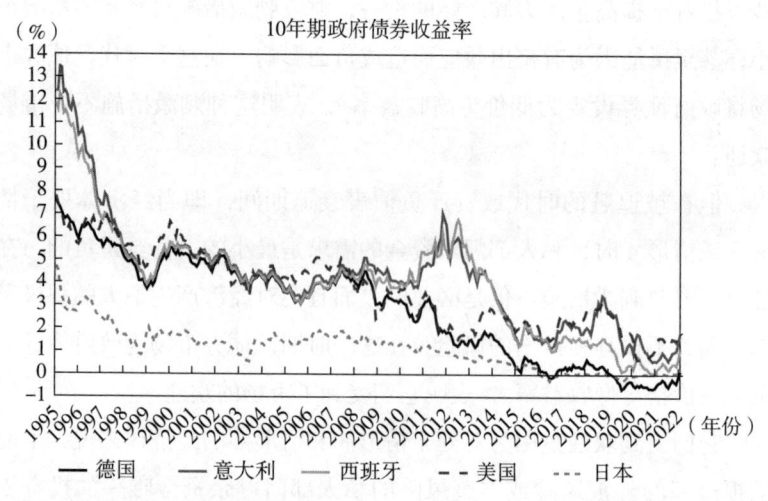

图4-5　有限的私人部门借贷需求降低了被追赶经济体的10年期政府债券收益率

资料来源：Nomura Research Institute, based on data from European Central Bank（ECB），FRB，and Ministry of Finance，Japan。

被追赶的经济体容易出现泡沫

即使不采取前文描述的那种财政行动，也会给被追赶的经济体带来巨大的成本。美联储主席杰罗姆·鲍威尔在2018年6月20日的演讲中说，美国过去两次经济衰退是由金融失衡造成的，而不是旨在扼制通货膨胀的央行紧缩政策造成的。金融失衡的出现与美国和其他发达经济体正处于被追赶的时代有很大关系，但这些经济体的政策反应仍然以黄金时代的货币政策为主。换句话说，这些金融失衡是在经济体处于情形3的背景下仍过于依赖货币政策的结果。

一旦企业开始投资海外，经济体进入被追赶阶段，企业对住户部门储蓄资金的需求就会急剧下降。这就使那些曾经把住户储蓄借给企业的金融机构陷入了困境。由于企业不再为提高产能或生产力的投资而借款，基金经理只得将住户储蓄投资于现有资产，于是导致了泡沫的形成，这是金融失衡最糟糕的表现。

当对实际投资相关贷款的需求大幅萎缩时，不仅利率会大幅下降，而且中央银行会在缺乏借款需求、经济走弱的情况下降低利率。在缺乏借款人的情况下，中央银行也会降低利率。问题是，基金经理仍被期望能带来黄金时代的那种高额回报，尽管这样的回报在一个被追赶的经济体中不再可得。

这给基金经理带来了需要参与新兴资产泡沫的压力，因为只要泡沫持续，就会有高额回报。即使是那些已认识到自己处于泡沫中的基金经理，如果他们认为自己可以在音乐停止播放前离开，也可能会加入这个派对。当然，如果每个人都这么想，那么当崩溃来临的时候，没有人能够脱身，因为每个人都会成为卖家，而没有买家。由此导致的资产价格崩溃便是合成谬误。

在过去的刘易斯拐点前的时代，当只有富人参与金融市场时，借款人的短缺可能会促使贷款人（富人）完全停止出借资金，而不是接受在风险调整基础上的不合理的过低利率。这就是凯恩斯所说的流动性偏好。这可能就是历史记录没有显示出过低利率的原因——一般来说，在达到这种极端情况之前，贷款早就停止了。

然而，在现代社会中，拿薪金的基金经理没有坐拥现金的选项：他们受到来自雇主的压力，必须提供回报。在黄金时代这不是问题，因为企业对资金有强烈的需求，以扩大产能和提高生产力。因此，利率相当高，大多数储蓄的资金都被扩张的企业以教科书中描写的方式借来花掉了。换言之，黄金时代是一个贷款人的市场。

然而，在被追赶阶段，企业借款人对资金的需求萎缩，而住户继续为应对不确定的未来储蓄。如前所述，由此产生的储蓄盈余将利率压到非常低的水平。但如今许多基金经理都面临提供足够投资回报的压力，这与刘易斯拐点前那些富裕的贷款人不同，他们可以选择持有现金并停止出借资金。

此外，许多人现在是在与市场指数竞争。这意味着，即使一个基金经理的绝对回报率很低，只要他产生的回报率高于指数，就会得到赞赏。因此，当基金经理在极低的利率环境下努力战胜指数时，风险调整收益的概念往往被搁置一旁。

中央银行是问题的一部分，而不是解决方案的一部分

一些中央银行愿意接受负利率，这进一步削弱了风险调整收益的概念。人们不禁要问，当一个监督商业银行的中央银行本身支持负利率时，它如何要求商业银行对贷款收取适当风险调整后的利率，而负利率是无法基于风险调整得来的。

被追赶经济体的中央银行也对这一问题起到了推波助澜的作用，它们以降息和注入流动性（量化宽松）的方式来应对经济的疲软。这些货币宽松政策具有类似于增加经济中资金出借者数量的效果。但是，当尽管有极低的利率，经济仍因缺乏借款人而受到影响时，新增加的资金除了流向现有资产，无处可去。

被追赶经济体的中央银行为实现 2% 的通胀目标所做的努力使情

况变得更糟，而这些经济体从根本上说不存在通货膨胀。若没有实体经济中的借款人，中央银行提供的流动性就无法离开金融部门（这一点在第二章中已描述）。这意味着通胀和GDP增长都不会加速，但低通胀率和经济增长的需要，推动中央银行实施更多的量化宽松，试图将通胀率提升到2%。这就使基金经理必须追加投资于现有资产的资金池，从而促进了泡沫的增长。换句话说，在一个被追赶的经济体中，量化宽松对创造通胀几乎没有作用，但它会加剧现有的金融失衡。这些因素表明，与前两个发展阶段相比，泡沫更有可能在被追赶的经济体中形成，因为它是一个借款人的市场。

投资于现有资产的资金滞留在金融市场

此外，当这些资金被用来收购现有资产时，唯一的变化是所有权的转移：资金本身仍然在金融市场，因为卖方必须将收益投资于其他资产。例如，一个投资者从另一个投资者那里购买股票，卖方就必须将收益投资于股票或其他资产。资金停留在金融领域的事实促成了泡沫期间经常出现的"炒作"行为。

相反，借给企业用于提高生产力或产能的资金，通常用于购买机器等，这促使资金从金融部门流向实体经济。换句话说，这些资金不再投资于现有资产。这种资金向实体经济的外流，将增加实体部门通货膨胀和金融部门利率的上行压力。

被追赶的经济体容易出现泡沫和资产负债表衰退的循环

一旦资产价格泡沫成为社会的问题，中央银行通常会提高利率，以消减泡沫。当泡沫开始破裂时，市场参与者都试图在同一时间出售他们的资产，却发现不再有任何买家。资产价格崩溃了，那些用借来的钱购买资产的人只剩下债务。这种财富的损失将经济推向了资产负债表衰退。

中央银行对经济衰退的反应是迅速将利率降至零甚至更低,以试图支撑经济。但在没有借款人的情况下,货币宽松的影响有限,经济衰退可能持续数年,直到私人部门最终完成其资产负债表的修复。

当私人部门最终恢复对其资产负债表的信心时,经济也将复苏。但只要经济处于企业借贷不足以吸收住户储蓄的被追赶阶段,就可能重复循环,产生另一个资产泡沫(很可能是不同资产类别的泡沫),最终也会破裂。

被泡沫破裂伤害的基金经理自然会变得更加谨慎,至少是暂时的。但只要宏观层面的超额储蓄持续存在,悲剧就一定会在几年后重演。中央银行对缓慢的经济复苏和低迷的通货膨胀不耐烦,也可能促使它向金融系统注入更多资金,为下一个泡沫埋下种子。

鲍威尔主席提到的最近两次经济衰退都遵循了这种模式。如图4-6所示,当时的美联储主席艾伦·格林斯潘为应对2000年网络泡沫的破裂,将联邦基金利率降至战后最低的1%,并引发房地产泡沫。随后再加息17次(最后两次是在伯南克时期),试图为繁荣降温。当房地产泡沫在2008年破裂时,伯南克又迅速将联邦基金利率降至零,并实施了量化宽松政策。

因此,美国房价再次回升,并超过了2006年的泡沫期峰值50.9%。在写这本书时,旧金山的房价比泡沫期峰值高58.2%。美国的商业房地产价格已经超过2007年的前一个峰值68.3%(见图4-7)。换句话说,美国正在进入另一个泡沫和资产负债表衰退的周期。尽管在历史上各种经济条件下都有泡沫形成,但被追赶的经济体应该特别小心,因为前文提到的因素使它们更容易出现泡沫。

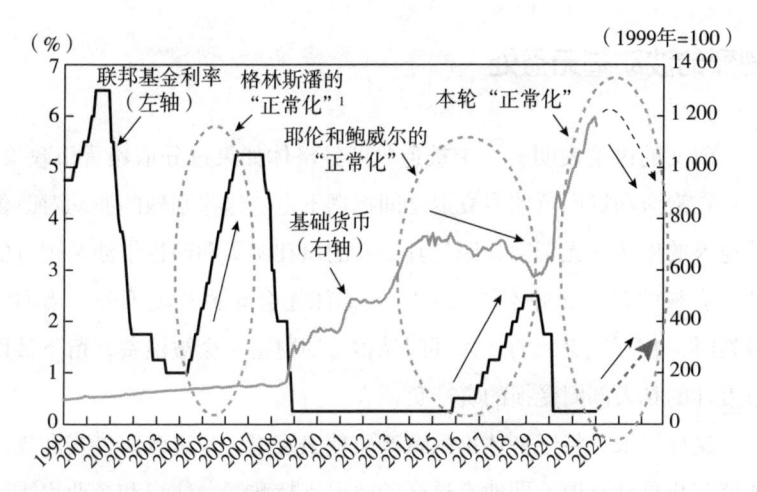

图 4-6　对货币政策的过度依赖导致泡沫和资产负债表衰退的循环

注：1. 最后两次加息是在伯南克时期进行的。
资料来源：野村综合研究所及美联储。

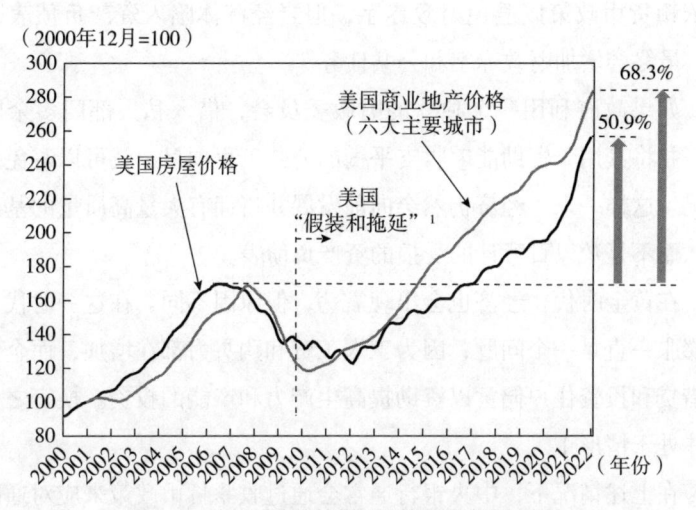

图 4-7　由于过度依赖货币政策而形成的新泡沫

注：1.《关于审慎商业房地产贷款解决的政策声明》（2009 年 10 月 30 日）。
资料来源：野村综合研究所基于如下整理：Real Capital Analytics，RCA CPPI；S&P Dow Jones Indices，S&P CoreLogic Case-Shiller Home Price Indices；and Federal Reserve Bank of St. Louis，Federal Reserve Economic Data。

第四章　经济发展三个阶段的宏观经济政策　　　153

剧烈的波动毫无益处

前文的讨论表明，一个被追赶的经济体如果过分依赖货币政策，就会在泡沫和资产负债表衰退之间摇摆不定。这些剧烈的波动对改善普通人的生活毫无帮助，因为其引发的疯狂购买和销售仅涉及现有资产所有权的转移而并不增加GDP。泡沫还会导致分配不公。当泡沫破裂时，数万亿美元的私人部门储蓄（即财富）会被浪费，留下数以百万计的私人部门受损的资产负债表。

这反过来又将经济体推入资产负债表衰退，只有政府借贷和支出才能阻止这种衰退。即使有这样的政府支持政策，住户和企业也需要数年来修复资产负债表，才能恢复借贷。在这期间，财政赤字和公共债务水平都会急剧增加。换言之，处于情形3的被追赶的经济体会过度依赖货币政策以避免财政赤字，但当经济体陷入资产负债表衰退后，最终会增加财政赤字和公共债务。

如果政府利用一个独立的财政委员会，借入私人部门多余的资金，并将其用于资助能够收支平衡的公共工程项目，就可以避免上述情况。这样一来，经济仍然会向前发展并将拥有大量高质量的基础设施，而不是数以百万计的受损的资产负债表。

在黄金时代，经济也会出现震荡，但原因不同。在这一时代，通货膨胀一直是一个问题，因为工人工资和购买力都在增加，而企业急于借贷和投资住户储蓄以资助提高生产力和产能的投资。换言之，经济体处于情形1。

在上述情况下，中央银行通常会通过收紧货币政策来应对通胀压力，从而诱发经济衰退，将经济体推入情形2。一旦经济衰退使通货膨胀得到控制，通常在2~3个季度内，中央银行将使货币政策正常化，经济体将回到情形1并恢复增长，直到另一场通货膨胀迫使中央银行出手。事实上，黄金时代的大多数经济衰退都是中央银行为控制通货膨胀而收紧货币政策造成的。

然而尽管有这些波动,但没有财富的消失,人们的收入继续增长,变得更加富裕。这是因为在此过程中,私人部门的资本存量稳步增加,为更高的生产力和GDP提供了助力。经济学家还设计了一些制度供中央银行遵循,比如通货膨胀目标制,以尽量降低波动的幅度。

政府应积极投资,直至结构性改革初见成效

如第五章所述,解决被追赶的经济体缺乏投资机会的长期办法是,通过结构性改革提高国内资本回报率。然而,即使在最好的情况下,这些微观经济改革通常也需要10年或20年才能产生宏观经济效果。在此之前,政府必须继续借款并将私人部门多余的储蓄用于能够收支平衡的公共工程项目。

政府借贷和消化私人部门的剩余储蓄,有助于防止泡沫的形成,否则这些储蓄可能被挥霍在资产泡沫上,从而避免随后的资产负债表衰退。因此,当经济体处于情形3或情形4时,政府的财政刺激措施可以稳定实体经济和金融市场。只要将钱花在能够收支平衡的项目上,就能防止财富的巨大损失。债券市场也鼓励政府作为最后的借款人,将政府债券收益率压到非常低的水平。

就像过度依赖财政政策在黄金时代是不可取的,过度依赖货币政策在被追赶的时代也是不可取的。正如黄金时代的经济有一个正确的政策组合一样,被追赶时代的经济也有一个正确的政策组合。与适合黄金时代的以货币政策为中心的方法(以通胀目标为标志)相反,被追赶的经济体需要关注财政政策,特别是寻找和投资能够收支平衡的基础设施项目。不把重点从货币政策转移到财政政策的代价显而易见:在过去30年里,发达经济体经历了一系列的泡沫和资产负债表衰退。

在过去 30 年中，至少有三次全球性的泡沫。最初是 20 世纪 90 年代中期的亚洲泡沫，其主要是由寻找有吸引力回报的西方资金推动的。1997 年夏天泰铢的崩溃导致了亚洲泡沫的破裂，随后全球互联网热潮迅速到来。这个泡沫在世纪之交破裂，它很快被大西洋两岸的大规模住房泡沫取代。当这些泡沫破裂时，紧随其后的是新兴市场债务、商品、石油、加密货币，以及股票和商业房地产等一系列小型泡沫。所有这些都是由私人部门的超额储蓄和发达经济体的中央银行提供的超额流动性推动的。

"金融资本主义"和被追赶的经济体

有人把金融部门的波动影响社会其他部门这一现象称为"金融资本主义"。当发达经济体进入被追赶阶段，减少用于提高生产力或产能的借款时，实体经济反过来受金融部门制约的本末倒置现象变得特别明显。

如果将资本主义中努力提高生产力和产能的部分称为"经营性资本主义"，寻求促进现有资产交易的部分称为"金融资本主义"，那么黄金时代是由"经营性资本主义"主导的，而被追赶的时代似乎是由"金融资本主义"驱动的。

之所以会这样，部分原因是被追赶经济体的政策继续以货币政策为中心，而真正需要的是财政政策。一旦财政政策叠加之前提到的独立委员会，使政府能够发挥更大的作用，成为最后的借款人，就可能驯服"金融资本主义"，为普通民众的生活带来稳定，这不仅适用于先进国家，而且适用于新兴经济体。

2008 年后，美国银行业监管机构引入了所谓的宏观审慎监管，允许货币当局限制银行向可能助长泡沫和其他金融失衡的部门或借款人贷款的能力。尽管比什么都不做要好得多，但如果没有之前讨论的各种财政措施，这些监管并不足够。这是因为寻求高回报的资金最终会通过不受监管的非银行机构或影子银行进入泡沫，即使这种监管能够避免有执照的商业银行陷入困境。

财政政策要尽早介入

建立独立委员会来选定能够收支平衡的公共工程项目，是处于情形 3 和情形 4 中所有经济体的基本解决方案。然而，目前处于资产负债表衰退期的国家可能没有足够的时间建立这样一个委员会。一些国家可能需要立即进行财政刺激，以避免 1 000 美元—900 美元—810 美元—730 美元的通缩螺旋。

由于从通缩螺旋中恢复的成本（即 500 美元的经济困境）是如此之高，以至于这些国家应该现在就实施资金到位即可动工的项目，而不是等待理想的收支平衡项目。前者所增加的 GDP 和工作机会将大大超过后者可能产生的节约收益。

通过比较 1929 年后的美国和 1990 年后的日本可以看出这一点。美国前总统赫伯特·胡佛和前财政部长安德鲁·梅隆允许经济见底，即使美国经济在纽约股市崩溃后处于 1 000 美元—900 美元—810 美元—730 美元的通缩螺旋中。由于在 1932 年前没有采取财政行动，美国损失了 46% 的名义 GNP（见图 2-1），许多城市的失业率超过了 50%。换句话说，美国最终陷入了 500 美元的经济困境。1938 年也就是股灾后整整 9 年，失业率仍为 19%。

美国经济需要天文数字的战时财政刺激来实现复苏。1944 年，在战争的高峰期，失业率终于下降到 1.2%，但这需要超过 GDP 30% 的预算赤字才能实现。

相比之下，1990 年后的日本从一开始就实施财政刺激措施，而不是等待理想的收支平衡项目，从而使其 GDP 不至于跌破泡沫的峰值（见图 2-1）。尽管有些项目确实招致了批评，国家遭受的资产负债表损失（即财富损失）在 GDP 中所占比例是美国在 1929 年后的 3 倍，但泡沫过后的日本失业率从未超过 5.5%。

一些评论家也认为，使用财政政策将 GDP 保持在泡沫时代的水平是错误的，是不可持续的。但 1929 年后的美国和 1990 年后的日本表明，让经济在萧条时期的 GDP 水平上找到其收缩均衡的选择，产出损失的代价太高。这也意味着，如果经济已经处于 1 000 美元—900 美元—810 美元—730 美元的通缩螺旋中，等待好的公共工程项目并不是一种选择：如果能够将经济拉出螺旋，即使是坏的项目也聊胜于无。

一旦实现了宏观经济的稳定，政府就应该把财政刺激措施转移到经过仔细审查的收支平衡（或接近收支平衡）项目上。当病人在重症监护室里时，每一秒钟都很重要，医生不应为了寻找最具成本效益的治疗方法而浪费时间，这应该在病人离开重症监护室并处于稳定状态后再进行。

提前为未来的危机准备精选项目清单

缩短时间的方法之一是让独立委员会不断地对拟议的公共项目进行审查和排序。当需要时，政府将始终有经过充分审查的项目。考虑到当前的资产价格水平，政府可能希望编制这样一份清单，作为危机管理措施，以应对泡沫破裂和财政刺激。

当日本和美国的泡沫分别于 1990 年和 2008 年破裂时，两国政府都没有任何可随时投入使用的项目。这导致抵消私人部门去杠杆化所带来的通缩压力所需的财政刺激措施被推迟，使经济更深地陷入 1 000 美元—900 美元—810 美元—730 美元的通缩旋涡，并增加了复苏成本。

在 1990 年后的日本，政府实施了它能找到的所有公共工程项目来阻止经济下滑。这成功地使GDP不至于跌破泡沫的峰值，如图2-1所示（这并不容易）。但它使政府受到了只看微观而不看宏观的人的政治批评，因为他们建造了"不知通向何处"的桥梁和道路。

这些攻击，叠加数以百计的外国学者和国际货币基金组织的批判，使政府在政治上难以维持克服资产负债表衰退所需的财政刺激措施。日本在1997年灾难性的紧缩政策尝试，使经济衰退至少延长了10年，在经济复苏到足以使赤字回到1996年的紧缩政策水平前，日本的公共债务增加了100万亿日元（见图2-21）。这100万亿日元以及日本人因长期经济衰退而遭受的产出和收入损失，比他们因1997年以前的道路和桥梁而遭受的损失要大100万倍。

在2008年后的美国，奥巴马政府在选择项目时格外谨慎，以避免发生18年前日本政府的情况。这推迟了所需的财政刺激措施，导致了800万个工作岗位的损失，加深了资产负债表衰退。如果这两个国家的政府在泡沫破裂前就准备好一份经过适当性审核的公共项目清单，作为其危机管理的一部分，那么这两个国家为救助经济所产生的额外成本是可以避免的。

财政刺激措施应该继续，直到私人部门准备好再次借款。当其准备好时，公共部门应该减少其借款，减少的数额应是私人部门对借款的新需求。届时，债券市场将发出警告——以较高债券收益率的形式，表明私人部门已经恢复了借贷。如果没有私人部门借款，独立委员会将不得不继续寻找能够自求收支平衡的项目，以保持经济不萎缩。

政策制定者无法摆脱黄金时代的记忆

尽管当前所有发达经济体都处于被追赶阶段，但无论是经济学教科书还是这些国家的政策制定者，都无法摆脱黄金时代的惯性，而黄金时代在30多年前就已经结束。人们之所以仍保持黄金时代的心态，至少有两个方面的原因。

第一，那是一个美好的时代，所有人的收入都在增长，每个人都对未来充满希望。人们希望回到那个时代，因为它定义了一个经济体的可能性。对许多人来说，黄金时代决定了经济的"趋势增长"。

第二，那是宏观经济学的创立时期。保罗·萨缪尔森和米尔顿·弗里德曼等知名经济学家都是在黄金时代著书立说的。经济学教授的大多数理论和模型都假设私人部门追求利润最大化，因为这个时代基本上是这样的。当私人部门拥有干净的资产负债表、大量有吸引力的国内投资机会，以及向上倾斜的劳动力供给曲线（图3-1中从K点到P点）时，货币基础和货币供给之间的密切联系、货币供给和通胀/增长之间的紧密联系，以及失业率和通胀率之间的菲利普斯曲线关系都基本有效。

一旦黄金时代结束，经济体开始被外国竞争者追赶，私人部门的资本投资和借款需求都会明显下降。由于工资停止上涨，进口急剧增加，消费者变得更加谨慎，通胀也随之放缓。这意味着货币政策的作用变得很小（作为抵御通胀的"斗士"），效果也比黄金时代差得多，而财政政策的情况则相反。

问题是，大多数国家的政策讨论还没有认识到，不同经济发展阶段所带来的根本性变化已经发生了。例如，发达经济体的大多数经济学家声称，货币政策是解决经济波动问题的正确工具，而财政政策应该被阻止，因为公共债务已经太大了。这已然忽略一个事实：私人部门现在是一个巨大的净储蓄者，而且大多数发达经济体的政府借贷成本已降至历史最低点。媒体和市场参与者也都强烈关注中央银行货币政策的变化，尽管这些国家进入被追赶阶段后，货币政策失去了很大一部分效力。

反抗有助于使日本养老金领取者不至于失去一切

尽管在过去 30 年里，债券市场发出了强烈而一致的信息，但具有黄金时代思维的日本财务省官员仍警告，庞大的公共债务和大规模的财政赤字很快就会把日本政府债券的收益率推高，并引发一场财政危机。美国的财政鹰派人士，包括共和党的茶党也警告，庞大的公共债务最终将使美国经济陷入瘫痪。德国政府在欧洲也提出了类似的观点，主张 Schwarz Nul 或被称为 Black Zero，即政府应以预算盈余至少是平衡预算为目标。

在过去 30 年里，随着政府债券价格的稳步上升，所有听信日本即将发生财政危机警告的投资者，包括一些做空日本国债的美国对冲基金都亏损了。1998 年，10 年期日本政府债券收益率跌至 2% 以下，远在日本央行实施量化宽松之前。当时，公共债务已经达到 GDP 的 116%，是 G7（七国集团）中最高的，日本政府的预算赤字达到 GDP 的 10.1%。尽管当时公共债务已经攀升至 GDP 的 230%，[①]但在前行长黑田宣布量化宽松的前夕，10 年期日本政府债券收益率仍跌至 0.7%，这都是处于资产负债表衰退期经济体的自我纠正机制。

幸运的是，日本的养老基金经理没有按照财务省的警告采取行动。如果他们听从建议，像美国某些对冲基金一样在过去 30 年里做空日本国债，那么现在退休人员的钱就损失殆尽了。

10 年期美国国债收益率也在 2009 年跌至 3% 以下，即使联邦赤字从 2007 年占 GDP 的 2.4% 飙升到 2009 年的 10.7%。随后，在美联储停止量化宽松计划后，该收益率在 2016 年下挫至 1.5%。那时，美国公共债务占 GDP 的比重已从 2007 财政年度的 35.2% 上升到

[①] 这些预算数据来自国际货币基金组织 2021 年 10 月的数据。https://www.imf.org/en/Publications/WEO/Issues/2021/10/12/world-economic-outlook-october-2021。

100.1%。^① 包括加拿大、韩国在内，未处于资产负债表衰退期的被追赶经济体，它们的政府债券收益率也已降至异常低的水平。

这种公共债务的大规模扩张与政府债券收益率的急剧下降同时出现的情况，对处于情形 1 或情形 2 的经济体来说是不可想象的，但当一个经济体处于情形 3 或情形 4 时，政府往往是最后的借款人，这就完全可以理解了。然而，那些以经济体总是处于情形 1 或情形 2 为前提接受经济学教育的人，无法理解之后私人部门借贷行为的巨大变化。

2%的通胀目标对被追赶的经济体是否合适

与黄金时代因低财政乘数而对财政政策厌恶一样，对货币政策的痴迷也难以改变。如前所述，今天许多发达经济体所采用的 2% 的通胀目标有可能将它们推入泡沫和资产负债表衰退的循环。

2% 的通胀目标是由经济学家提出的，他们研究了许多国家在一个较长时期内的通胀经验。问题是，这个时期涵盖了这些经济体处于刘易斯拐点后的黄金时代。澳大利亚储备银行在 1992 年成为第一批采用 2% 通胀目标的中央银行之一。澳大利亚储备银行时任副行长格伦·史蒂文斯称，这样做是借鉴德国联邦银行在 20 世纪 70 年代的成功经验，彼时德国联邦银行正在被本国快速增长的工资问题困扰。^② 但困扰黄金时代的工资快速增长问题，在被追赶的时代已不再是问题。

---

① 这些数字来自美国国会预算办公室于 2021 年 2 月提供的历史预算数据。https://www.cbo.gov/data/budgeteconomic-data。
② Stevens, Glenn（2003），"Inflation Targeting: A Decade of Australian Experience," address to South Australian Centre for Economic Studies April 2003 Economic Briefing, April 10, 2003. http://www.rba.gov.au/speeches/2003/sp-dg-100403.html.

在黄金时代，工资和国内需求的持续增长创造了更高的通货膨胀。企业在国内大量投资，以提高所需的产能和生产力。当工资逐年增长时，消费者也不会对价格特别挑剔。

事实上，除了石油输出国组织引发的石油冲击，黄金时代的大多数经济衰退都是中央银行为使通货膨胀回到一个更可接受的水平收紧货币政策引起的。而频繁的紧缩是必要的，因为黄金时代的经济本质上是通胀的。因此，经济学家寻求一个通胀目标，中央银行应先发制人，尽量维持该目标，以免被迫采取突然的紧缩政策，而这种突然性的紧缩在不确定性和产出损失方面的代价都很大。

然而，当经济体进入被追赶阶段时，在前一个时代助长通货膨胀的大部分因素都消失了。相反，大量廉价进口商品的流入、不再增长的工资和更有价格意识的消费者使企业难以提高产品价格。同时，由于国内有吸引力的投资机会消失，企业对借款的需求减少，而住户部门继续储蓄，形成了一个基本面通缩环境。即使没有资产负债表衰退所增加的通缩压力，处于被追赶阶段经济体的通胀率也远远低于黄金时代的经济体。如前所述，所谓的大缓和是经济体进入被追赶时代的结果。

那么问题来了，中央银行坚持 2% 的通胀目标是否可取？这个目标是为了在黄金时代保持通胀率不加速。如果同样的目标被用来保持通胀率在被追赶的时代不会降到 2% 以下，那么人们对该目标的期望一定是：这个水平的通胀将促使企业和消费者像在黄金时代一样行动。

但在过去的 30 年里，太多的事情发生了变化，不能期望企业和消费者回到过去的行为模式，而且回想起来，该模式相当令人费解。例如，很难期望消费者像那时一样每隔一年购买一辆新车，或者仅因为通胀率为 2% 便出于社会压力而选择购物。美国的好市多、日本的百元店和英国的一磅店等商店不会因为通胀率上升到 2% 而消失：现在的消费者明智多了。事实上，消费者变得更加明智的事实应该被视为人类进步的一个重要标志。

中央银行不应追求2%的通胀目标，因为这需要不断注入流动性，从而更加高估资产的价格，而是应该接受被追赶经济体的自然低通胀率，让政府通过投资精心选择的公共工程项目填补剩余的通缩缺口。

菲利普斯曲线是针对黄金时代的

在黄金时代，经济学家和政策制定者热衷谈论菲利普斯曲线。这条曲线将失业率与通胀率绘制在一起，并表明两者之间存在统计学上的显著负相关关系。随后，中央银行在这两者之间进行权衡，这因国家不同而有所差异。那些认为通胀是罪魁祸首国家的中央银行愿意接受较高的失业率，而那些情愿不惜一切代价避免失业国家的中央银行则允许通胀率略高一些。也正是在这个统计框架内，经济学家得出结论，2%的通胀率和相应的失业率将在一段时间内带来最令人满意的经济增长。

一旦国家进入被追赶的时代，并开始沿着水平的全球劳动力供给曲线移动（图3-1中从P点到R点），大多数在黄金时代促成较高通胀率的因素便不再存在。因此，在黄金时代观察到的在通胀率和失业率之间的权衡取舍，要么被大大削弱，要么完全消失。这使整个菲利普斯曲线的概念在被追赶的经济体中作为政策指导几乎没有意义。

被追赶经济体的企业也面临来自股东的压力，它们需要不断关注海外机会，以确保资本被投资在回报率最高的地方。此时它们中的许多人已有丰富的海外生产经验，而在黄金时代情况并非如此，企业的重点在国内。这与教科书所描述的经济学形成了鲜明的对比，后者是基于黄金时代的假设，即企业只在国内有工厂。

在黄金时代，劳动力市场紧张而导致的工资上涨，迫使企业投资于提高生产力的设备以保持竞争力。在被追赶的时代，由于企业在世界各地都有工厂，较高的通胀率——特别是国内工资的上涨——可能会阻止它们在国内进行更多的投资，正如第二章中所指出的那样。因此，被追赶经济体的较高通胀率可能与较高的失业率有关，特别是如果前者是由中央银行人为制造的，而不是源于劳动力市场的紧张。这与黄金时代观察到的菲利普斯曲线关系正好相反。

西班牙等欧元区外围经济体在2016年前后开始复苏，因为内部通缩降低了劳动成本，使其重新具有竞争力。这一点将在图7-9中进一步讨论，该图涵盖了欧元区的情况。

尽管有这些巨大的变化，2%仍是世界上许多中央银行的通胀目标，央行注入了大量的流动性，试图实现这一目标。那些推动这一目标的人认为，有必要重新调整公众的通胀预期，以降低预期实际利率。

但是，借款人缺席并不是因为（预期的）实际利率太高，而是因为他们在国内找不到有吸引力的投资机会，以及他们对自己的资产负债表不满意。在这种状态下，很少有企业会在意中央银行2%的通胀目标。

更重要的是，价格的总体水平与大多数企业无关——关键是其产品的价格。而他们从自己在激烈的被追赶时代的日常竞争中可以了解，提高价格并不容易。他们非常清楚自己每天都在与来自世界各地的对手竞争，且今时今日的消费者与黄金时代的消费者不同。

此外，在遇到产能限制、发现提高生产力或进入新领域的机会时，公司会进行投资。没有企业会因为通胀率恢复到2%就开始增加投资。

中央银行为追求2%的通胀目标而注入的过量流动性，通过投资组合再平衡效应在各种资产类别中产生了泡沫。尽管这些泡沫在短期内确实对实体经济产生了积极的财富效应，但当这些泡沫无一例外地破裂时，这种效应通常会起反作用，将经济推入泡沫和资产负债表衰退的破坏性循环。

此外，在通胀或存在借款人时，清除系统中过多的流动性会产生很大的成本。第六章将详细讨论这一困难，随着通胀的蔓延，这一困难正变得越来越真实。

鉴于前文的讨论，希望货币当局能够重新审视2%的通胀目标在遭受资产负债表衰退的被追赶经济体中的现实意义。为了追求目标而无意识地增加超额储备，不仅在经济体处于情形3和情形4时会造成泡沫和资产负债表衰退的破坏性循环，而且在经济体回到情形1和情形2后也会造成巨大问题。相反，中央银行应该推动政府借入私人部门的超额储蓄，并将资金投于能收支平衡的公共工程项目，因为当经济体处于情形3和情形4时，这才是支持货币供应和GDP的正确方式。

私人投资的恢复不会使黄金时代回归

虽然众所周知科学发现和技术创新难以预测，但这种发展总有可能大幅提高私人部门投资和借款需求。从化石燃料转向可再生能源以缓解气候变化的需要也将带动大量的国内投资，这可能会完全改变工业格局。①

如果发生这种情况，中央银行的货币政策将再次发挥作用——正如它在黄金时代所做的那样——而财政政策则必须受到约束，以防止私人投资被挤走。在这个意义上，如果有足够的投资需求，我们不能排除黄金时代回归的可能性。

然而，让被追赶的经济体回到真正的黄金时代，所有社会成员都从经济增长中受益的可能性似乎并不高。在黄金时代，制造业提供了

---

① 这一点将在第六章做详细讨论。

越来越多的高薪工作，从而迫使服务业公司提供同等工资来留住工人。由于制造业的工作不需要高等教育，所有人都能从经济增长中受益。换句话说，制造业自下而上地推动了经济增长。

很难设想未来的创新会给那些没有受过高等教育的人带来大量的高薪工作。如果有的话，目前的趋势是通过自动化、机器人和人工智能来减少从业人员数量。换句话说，技术创新可能会带来投资机会，但不太可能重现消失的就业岗位。

被追赶经济体的正确运作方式不同于黄金时代

谴责私人部门或公共部门的债务规模已经成为一种流行的做法。但如果对债务进行正确的衡量，债务增加则只是因为储蓄的持续增长。由于很难告诉人们不要储蓄，政策制定者需要确保这些储蓄被明智地投资于能够获得超过借款成本回报的项目。这就是政策讨论应该关注的地方。

仅讨论债务规模是毫无意义的。在情形 1 和情形 2 的教科书般的世界里，当国内投资机会很多时，经济学家理所当然地关注如何加强货币政策控制通胀的能力，同时贬低财政政策。利率也相对较高，在这种情况下很难找到能够收支平衡的公共工程项目。

目前，大多数发达经济体处于情形 3 和情形 4 中，私人部门成为一个大的净储蓄者。因此，经济学家和政策制定者必须重新调整他们的方向，从货币政策转向寻找可行的基础设施项目，以便政府继续发挥最后借款人的关键作用。而现在政府债券收益率接近历史最低点，寻找可行项目的任务变得容易。

总而言之，正如在黄金时代有适当的方式来管理经济一样，在被追赶的时代也有适当的方式来管理经济。被追赶的时代最根本的宏观经济挑战是，住户部门仍然像过去一样储蓄，但在黄金时代热衷于借入这些储蓄的企业部门却不再这样做了，尽管利率极低。

为了可持续地抵消源自私人部门储蓄盈余的通缩压力，政府必须建立一个独立委员会，以确定并实施承诺社会回报率高于超低政府债券收益率的公共工程项目。这对被追赶时代的财政当局来说是一个全新的挑战，就像在黄金时代对抗通胀对中央银行而言是一个全新的挑战一样。

许多最聪明的精英在黄金时代为独立的中央银行工作，现在需要一个亟待成立的独立委员会来确定和实施收支平衡（或接近收支平衡）的公共工程项目。希望经济学界有勇气抛弃通胀目标、对财政刺激的厌恶以及其他黄金时代的遗留问题，并承担起确定收支平衡的公共工程项目的责任，这些项目是所有被追赶的经济体所迫切需要的。

第五章

经济增长和维持发达经济体地位所面临的挑战

经济增长需要大力扩张

前四章讲述了当经济体处于情形 3 和情形 4 时，经济如何停滞不前，甚至是陷入长时间的停滞。本章讨论的是相反的情况，即经济增长的动力，经济增长与处于情形 1 或情形 2 的经济体高度相关。

自托马斯·马尔萨斯时代以来，关于经济增长的文章已经很多了。然而，最近经济学家对生产力和人口的强调使关于经济增长的辩论进入了误区。

从根本上说，必须使有些人的支出多于他们的收入，一个经济体才会增长。如果企业和家庭行为谨慎，在每个时期只花自己赚到的钱，那么经济可能会稳定，但不会增长。为了使经济增长，实体必须扩张——要么借钱，要么减少储蓄。

企业如果发现了有吸引力的投资机会，就可以得到高于借贷成本的回报，它便会借贷。同样地，如果家庭发现了"必须拥有"的产品，它可能会借钱或减少储蓄去购买。应该注意的是，企业和家庭为购买现有资产而进行的借贷不算——这些交易只导致所有权的改变，不会增加 GDP。

因此，经济增长需要有持续的足够多的机会，吸引企业借钱投资，或者令人兴奋的新产品不断出现，吸引消费者想要购买，即使这意味着增加负债或减少储蓄。许多因素影响着投资机会和"必须拥有"的产品的可得性，人口和生产力只是其中的两个。

政府也可以通过借钱和花钱来使经济增长。通过政府投资刺激经济是指政府试图扩张，以使疲软的经济重新走上增长的道路。政府对社会基础设施的投资也给企业提供了更多的理由来扩张，从而刺激经济增长。

但是，除非经济体处于情形 3 或情形 4，否则不能长期依赖政府的扩张，因为它可能挤出私人部门的投资，增加未来纳税人的负担。由于政府部门的投资效率往往比私人部门的投资效率低，当前者开始排挤后者时，经济增长会放缓。

如果有吸引力的投资机会和"必须拥有"的产品很多，私人部门的借款人就不会缺少，经济将处于情形 1 或情形 2。在这种情况下，政策制定者应该更依赖货币政策，因为它在引导经济方面非常有效。此时，过度依赖财政政策只会导致私人部门的投资被挤出，以及资源的不当分配。换句话说，当经济处于这两种情形中的任何一种时，标准教科书上关于财政政策不可取和货币政策可取的理论都适用。

由消费者和企业驱动的经济增长

要使经济继续增长，必须有充分的理由让企业和家庭持续扩张。为使由消费者驱动的经济增长继续下去，需要经常出现新的"必须拥有"的产品。

问题是很难预测何时会出现这样的"撒手锏"产品，因为预测到推动此类产品出现的发明和创新已被证明是困难的，也很难预料什么才能满足消费者快速变化的需求。这种不确定性在发达经济体尤为严重，因为那里的家庭已经拥有了大部分的生活必需品。

相比之下，由企业驱动的经济增长更加强劲，因为公司总是面临着来自股东的压力，需要扩大其业务并创造更多的利润。也正是企业创造了消费者认为无法抗拒的产品。虽然不能保证企业会发现这种产品或找到其他投资机会，但在推动经济增长方面，它们往往比善变的消费者更可靠。

黄金时代的正向合成谬误

如图 3-1 所示，在黄金时代，企业面临着大量的国内投资机会，消费者的购买力也在迅速增长。企业不难做出通过投资于提高产能和生产力设备来扩张的决定。反过来，这往往会产生一种正向合成谬误，有助于加速经济增长。

因为一个人的支出就是另一个人的收入，如果所有的家庭和企业都不是量入为出而是更多地消费和投资，其收入就会增加，增加的数额相当于支出的增长。例如，如果每个人都决定消费比收入多出 10%，那无论是通过减少储蓄还是借贷，人们的收入都会增长 10%，因为所有人的支出都比以前多了 10%。

由于收入增长了 10%，最初的扩张决定不再显得鲁莽。这就是所谓的"不储蓄悖论"。这种正向合成谬误与快速增长的收入可能使消费者和企业的消费和投资意愿更加强烈。这种良性的增长循环在黄金时代经常出现，是宏观经济学中一加一不等于二的另一个例子。这种正反馈循环所创造的增长势头也是黄金时代经济增长被视为理所当然的原因之一。

20 世纪 50 年代末，大量日本家庭热衷于购买"三神器"[①]——黑

[①] "三神器"原是指日本创世神话故事中，源自天照大神并在其后代日本天皇手中代代流传的三件神器，分别为草薙剑、八咫镜、八尺琼勾玉。在日本战后经济复苏时代，"三神器"被赋予新的含义，即日本家庭倾向于拥有的商品。——译者注

白电视机、冰箱和洗衣机——即使不得不借钱。这些购买大大加速了日本经济在那个时期的增长。这与凯恩斯的节俭悖论正好相反；通过集体性的超前消费，消费者可以推动经济进入一个良性的增长循环。一个处于泡沫中的经济体所经历的快速增长——例如，1990年泡沫破裂前日本GDP的激增（见图2-1）——可能是由于这个悖论。然而，只要这个悖论产生了积极的结果，大多数人都很乐意接受它。

要使这种正向合成谬误继续，就必须有足够的、同时增长的储蓄可以利用。这就是为什么在企业和家庭需要扩张的情况下，支持储蓄的经济体的增长速度会更快，因为它们有充分的理由进行扩张。因此，当经济体处于情形1或情形2时，储蓄是一种美德，如第三章所述。

企业应遵循的两种策略

虽然不能保证永远有投资机会值得借钱，但在这种不确定性中，基本上有两条增长途径可供企业选择。它们可以尝试开发让客户惊叹的新产品和服务（策略A），或者以较低的成本提供现有产品和服务（策略B）。

策略A一旦成功，不仅会给公司带来快速增长，而且会通过刺激消费给整个经济带来快速增长。如果新产品取代了旧产品，除了开发新产品所需的投资，经济中的总支出可能不会大幅增加。但是，那些被新进入者抢走市场份额的公司，很可能会通过投资开发和生产近似替代品的方式，重新获得市场份额。这些投资将加快GDP的增长。

但这种策略也是有风险的，因为预测有利可图的发明和创新十分困难。这种策略可能也需要只有少数公司才具有的前沿技术。因此，这一策略主要是由发达经济体的企业来实施的，它们既具有承担风险的经济实力，又能获得保护新开发产品所需的知识产权框架。

策略B以更便宜的价格制造现有产品，同时为那些相信自己以更好的方式来提供现有服务和产品的企业家制造了强大的借款和投资动机。由于消费者不需要为购买这些便宜的产品而超额支出，采取策略 B 的公司可以通过迅速占领市场份额来获得不错的资本回报。

提供有竞争力产品的公司的出现，也会迫使现有的生产商在提高生产力的设备上进行更多投资，以保持竞争力。由此产生的竞争对手的扩张，既推动了经济增长，也提高了生产力。

大多数企业根据它们的产品线，混合采用策略 A 和策略 B。但发达经济体和新兴经济体的主要增长来源可能分别是策略 A 和策略 B。

盈利动机和生产力

无论是采取策略 A 还是策略 B，大多数企业都在不断寻找通过提高生产力来提高利润率的方法，它们很可能借款并投资于能够降低成本和提高利润率的机器和创新。许多企业也可能为了保持竞争力被迫投资于新设备以提高生产力。这些投资支出将加快经济增长。

然而，应该注意的是，这种情况下的经济增长并不是缘于生产率的提高，而是因为企业超额支出了，希望在削减成本的创新出现时提高利润率。如果它们在购买新设备时不扩张，生产力可能会提高，但经济增量不会扩大，因为总支出保持不变。这意味着第二章中提到的日本泡沫破灭后的"现金流管理"概念，即公司拒绝借款，只在现金流允许的范围内进行投资，对该国的经济增长没有帮助。

前文的讨论还表明，利润动机和削减成本的设备等技术进步是提高生产力投资的重要驱动力。一方面，利润动机的重要性在缺乏这种动机的经济体持续缓慢的经济增长中得到了充分证明；另一方面，削减成本的设备等技术进步，往往取决于科学发现和技术创新，如前所述，这很难预测。

第五章　经济增长和维持发达经济体地位所面临的挑战　　175

生产力的概念和测量存在的问题

生产力的概念并非那么简单明了。人们一直认为，日本的制造业具有很高的生产力，但它的服务业并非如此。毫无疑问，前者是事实，但如果后者也属实，日本就应该到处是更有生产力的外国零售商和其他服务提供商。

几十年来，美国和欧洲零售商曾多次尝试进入日本市场。2010年前，日本是世界第二大消费市场，后来中国夺走了这个头衔。但几乎所有尝试进入日本市场的国家都失败了，至今仍没有任何外国企业渗透到日本的零售市场。

失败的原因很简单。日本和西方国家在房地产、能源和劳动力的相对要素价格方面存在很大差异。在日本，房地产和能源价格相对于劳动力成本较高，而在西方则相反。典型的日本零售商会尽量减少房地产和能源的使用，以达到利润最大化，而西方的零售商则会采取相反的做法。因此，日本的商店往往规模较小，员工众多；而西方的商店通常很大，灯光明亮，但员工很少。

当收入除以工人数量时，日本商店的表现自然不如西方商店好。但是如果不考虑建筑面积和能源使用这一生产力数字——所谓的"劳动生产力"数字是没有意义的，而只考虑前两者，日本的表现明显优于西方。

那些不了解这一点，在日本按照它们的方式经营商店的西方零售商最终不得不离开，并因此损失了大量资金。除非日本的相对要素价格与西方相同，否则在日本尝试提高所谓的"劳动生产力"是徒劳的。

这也意味着，实际的劳动生产力应该以每单位的资本（包括土地）来衡量。但衡量每个工人可用的资本量是非常困难的。然而，有一些例子可进行跨国比较。

澳大利亚的一个巡回演出团体多年来一直用相同的舞台道具为世界各地的儿童表演"托马斯小火车"。这些道具是由同样数量的年轻兼职工人在每个国家的剧院里布置的。该团体的澳大利亚经理告诉我儿子（他是日本的兼职工人之一），在其他国家，布置道具至少需要4个小时，甚至是6个小时或更长时间，但在日本，尽管每年都有不同的工人参与，但从来没有超过2个小时。这一例子表明，日本年轻的兼职工人可能比其他地方的同龄人有更高的生产力。

可以说，跨国生产力的比较应该基于全要素生产力而不是劳动生产力。这说起来容易做起来难，因为当涉及不同的生产要素时，可能需要把完全不相关的要素加总在一起。

在比较零售业生产力时，绕过这个问题的一个方法是考察各国的最终销售价格，因为全要素生产力较高的零售商能够以较低的价格出售产品。

《经济学人》杂志编制的"巨无霸指数"在这方面很有用，因为巨无霸汉堡包的质量在世界各地都是一样的（见图9-3）。尽管该指数的最初目标是在购买力平价的基础上确定货币的高估和低估，但有趣的是，即使人均GDP与欧洲相同，日本巨无霸汉堡包的售价也比欧洲低得多，尽管日本几乎所有的原料都从国外进口。这表明，要么日元被低估了，要么日本业务的全要素生产力比欧洲业务高得多。

事实并非一直如此。日本的物价曾比国际标准高得多，直到20世纪90年代，东京一直被评选为"世界上物价最高的城市"。甚至有一个专用词"内外价格差"，被用来描述日本国内和国际价格之间的巨大差距。价差之大，以至于我曾经在美国购买日用品、机油等物品，然后把它们装在行李箱里带回东京。

但是，当1995年4月令人难以置信的强势日元攀升至1美元兑

第五章　经济增长和维持发达经济体地位所面临的挑战　　177

79.75 日元，[①] 最终日本将国内市场向进口商品开放时，这一切都改变了。随后，国内零售机构之间的残酷竞争使日本成为发达国家中最便宜的餐饮和购物场所之一。

日本现在有 4 000 多家百元店，提供来自世界各地的高质量的家庭用品、文具等商品，每件价格为 100 日元。这些商店中的许多商品都是以世界上最低的价格出售，但它们往往位于世界上最昂贵的地产。这一事实表明，全要素生产力很高。这些商店出现后，在日本就再也没有人谈起"内外价格差"了。

盈利能力和物质生产力

生产力的另一个问题是，它经常与盈利能力相混淆。在 20 世纪 80 年代中期，许多日本企业借款并大量投资于最新的设备和工厂，以使自己更有竞争力。当时的汇率是 1 美元兑 240 日元。但当这些工厂在 80 年代末投产时，汇率已经下降到 1 美元兑 120 日元，反映出日元走强。进行这些投资的公司遭受了严重的创伤，经济增长放缓。

日本企业凭借其新设备和工厂享有较高的物质生产力，但产能利用率和利润率却低得多。在 20 世纪 90 年代中期，当汇率上升到 1 美元兑 80 日元时，这些企业中有许多因为先前的超额支出成为"僵尸企业"，尽管它们的生产力仍然是首屈一指的。

许多观察家认为，日本 GDP 增速下降是因为生产力增速下降，他们把盈利能力误认为生产力。正是强势日元导致有利可图的投资机会减少，拖累了投资（即扩张）和 GDP 增长。1990 年泡沫破灭后，投资下降，因为许多公司面临着资产负债表问题，生产力的增长也因为投资的减少而放缓。

[①] 日元波动如此之大的原因，将在第九章详述。

正如第四章所指出的，当前几乎所有发达经济体的生产力增长都放缓了，因为它们已经成为被追赶的经济体，资本回报率比新兴市场低。由于股东坚持要提高资本回报率，这些国家的公司已经很难证明在国内投资利润率较低的项目是合理的。这反过来又使发达经济体的经济和生产力增速下降。

在被追赶的经济体中，更高的生产力不一定产生更高的工资

在被追赶的时代，即使企业在国内投资提高生产力的设备，这种投资也不会像在黄金时代那样提高工人的工资或购买力。美国总统乔·拜登在2020年的竞选活动中指出，1979—2018年，美国的生产力上升了70%，而工资的实际增长只有12%。这种工资增长和生产力增长的"脱钩"，与美国和其他发达经济体当前正处于被追赶的时代有很大关系。

西方经济体直到20世纪80年代，日本直到20世纪90年代，都处于黄金时代，有吸引力的国内投资机会很多，但劳动力的供应是有限的。这导致了工资的逐年增长，因为不断扩张的经济沿着图3-1中从K点到P点向上倾斜的劳动力供给曲线前进。这种工资增长也是国内需求的关键驱动力，因为它提高了工人的购买力。

工资的上涨和产品需求的增加促使企业扩大投资，以提高生产力（保持竞争力）和扩大产能（满足额外需求）。因此，工资增长和生产力增长是同步进行的，前者推动了后者的发展。

然而，在过去的30年里，发达经济体的企业已经意识到，低工资新兴市场的资本回报率要高于高工资的本国市场，相应地，它们转移了投资目的地。它们没有在国内支付更高的工资，而是简单地将生产转移到了国外。这导致国内数以百万计的制造业工作岗位流失，经济增速放缓。由此产生的宽松的国内劳动力市场环境消除了工资上

涨的关键因素。因此，公司不再被迫提高生产力以支付不断增长的工资。

如果企业选择在被追赶的时代于国内投资，那它们这样做是为了提高盈利能力。即使工资没有上涨，也没有理由不投资于降低成本和提高利润率的设备。由此带来的生产力的提高并不会转化为更高的工资，因为工资是由劳动力市场决定的，而劳动力市场的供给要比黄金时代多。

在黄金时代，劳动生产率和工资同步发展，因为正是工资的上涨迫使公司提高工人的生产力。在被追赶的时代，企业投资带来的生产率提高的好处归于那些投资的人，而不是工人。

提高最低工资会促进生产力吗

有些人认为，政府应该再提高最低工资，以提高劳动生产力。虽然工资上涨会迫使公司进行更多提高生产力的投资，但如果工资上涨是由于政府的法令，而不是劳动力市场条件的收紧，也会导致失业率上升。

试图在被追赶的经济体中提高最低工资，也有可能通过进一步压低国内的资本回报率而将更多的投资转移到新兴经济体。与黄金时代的企业不同，被追赶时代的许多企业在世界各地都有生产设施。这意味着应该谨慎对待提高最低工资的建议，因为它们有可能进一步降低已经很低的国内资本回报率，导致更多的失业。

问题是，企业如果认为赚不到钱，就不会进行提高生产力或扩大产能的投资。生产力的增长是企业对削减成本的投资机会做出的反应，这些机会可以增加它们的资本回报。当这种机会以技术进步的形式出现，并且被那些扩张的企业利用时，经济和生产力的增长都会加速。

这种增长是否有利于劳动力，取决于劳动力市场的供求。而这又往往由经济体是处于黄金时代还是被追赶的时代决定的。在黄金时代，源于国内投资机会过剩的宏观经济浪潮促使企业扩张，在供给有限的劳动力市场上增加对劳动力的需求，从而提高所有人的工资。在被追赶的时代，当资本回报率在国外高于国内时，提升所有人工资的宏观经济浪潮不太可能出现。相反，个别工人如果想提高收入，就必须通过学习新技能来提高自己的生产力。但在被追赶的时代，企业继续加大投资以提高生产力，面对的是一个供给更多的劳动力市场，因此其带来的生产力提高往往不会提高工资。

出口导向型增长模式面临更少的障碍

一方面，对于发达经济体的许多行业来说，如果新兴经济体的劳动力成本大大降低，在国内推行策略 B 的选项就没有了。除非有革命性的发现或创新来大幅提高国内的生产力，否则它们继续执行策略 B 根本没有意义。这就是它们首先成为被追赶的经济体，以及这些经济体的许多公司被迫采取更困难的策略 A 的原因。

另一方面，对处于新兴世界的企业来说，工资水平往往使策略 B 具有很大的吸引力。例如，当日本和中国分别于 20 世纪 50 年代和 80 年代首次进入全球市场时，这两个国家的工资水平远远低于西方国家。制造商所要做的就是生产廉价且高质量的产品（当然，这并不容易），这样的产品会在海外市场上具有竞争力。

这些价格较低的产品很容易就能卖出去，因为进口国的消费者在购买时没有压力。进口国的消费者通过购买价格较低的进口产品来省钱，这与经济扩张恰恰相反。从出口国的角度来看，外国的消费者在做扩张，帮助了出口和经济增长，但进口国的个别消费者认为他们转向购买更便宜的进口产品，是扩张不足的表现（这里的内在矛盾将在

第九章进行讨论,该章将探讨全球贸易)。

这意味着,即使产品本身并不新颖,也不能让消费者感到"惊艳",但只要这些产品在海外市场的价格具有竞争力,出口企业和国家经济就能迅速增长。日本和其他所有在战后成功实现出口导向型经济增长的国家都是从策略 B 开始的。

即使大多数企业根据产品线的不同来选择策略 A 或是策略 B,但被追赶经济体的大多数企业都被迫采用风险更大、更难以实现的策略 A,导致经济增长放缓。而且,新兴市场的企业要么处于刘易斯拐点前的城镇化阶段,要么处于后刘易斯拐点的黄金时代,倾向于追求更容易实现、风险更小的策略 B,这导致经济增长更快。

进口替代型增长模式很少具有可持续性

用重视扩张来解释经济增长,也有助于解释为什么出口导向型增长模式,比一些国家所采取的进口替代型增长模式更成功。在进口替代型模式下,保护主义的政府政策所提供的"温室市场"使被保护企业的利润率在初期提高。这促使它们在国内增加投资,加速经济增长。但是,经济中必须有人不断地扩张,才能使这种增长模式保持可行性。

要做到这一点,企业必须不断拿出令人兴奋的新产品以吸引国内消费者,这对需要政府保护的不发达的地方产业来说,是非常困难的。国内市场的有限规模也导致生产成本增加,使这些产品对消费者的吸引力降低。此外,高成本也限制了它们对国外消费者的吸引力,使企业难以采取策略 B。换句话说,这种增长模式实际上要求发展中国家的企业选择更困难的策略 A。

这就是这种模式在其最初阶段推动增长之后,并未在任何国家保持长久可行性的原因——尽管拉丁美洲和其他地区的许多国家在 20 世纪五六十年代做过尝试。

透明度是美国市场最大的吸引力

出口导向型增长模式确实有一个进口替代型增长模式从来不需要担心的障碍：进入海外市场。在 1945 年前，由于所有国家都设置了贸易壁垒，对大多数国家来说，进入海外市场的机会是有限的。事实上，几个世纪以来，关税收入一直是政府收入的一个主要来源。由于许多海外市场的关闭，大多数国家别无选择，只能追求进口替代型增长模式。这反过来又限制了全球经济增长。

二战后，美国在关税与贸易总协定下引入了自由贸易制度，上述情况发生了变化。尽管自由贸易的概念和实践在过去不时被提及，但美国开放其庞大的国内市场——当时占全球 GDP 的近 30%，是一个改变游戏规则的决定。

日本意识到了美国政策变化的深远影响，将其最聪明的人才安置在进出口行业，开始了迅速增长。日本的成功很快被中国台湾、韩国和其他经济体效仿。当然，战时的技术突破起了很大作用，但如果没有自由贸易，就很难解释联邦德国和日本等经济体的经济快速增长，它们严重依赖美国市场。

1990 年冷战结束后，更多国家加入自由贸易体制，其中劳动力成本低的中国受益颇丰。在这一体制下，中国人均 GDP 从 1978 年的 300 美元提高到 2019 年的 1 万多美元，实现了历史上规模最大的经济增长。事实上，1945 年后，所有依靠出口实现经济增长的国家主要是通过开拓美国市场实现的。

识别大力扩张根源的重要性

1984 年，当我从纽约联邦储备银行调到东京野村综合研究所时，日本人对美国市场的重视给我带来了文化冲击。在预测 GDP 增长时，美国人的典型做法是从估计个人消费开始，这是美国 GDP 的最大组成部分。在此基础上，叠加 GDP 中其他较小的部分，比如固定资本投资和净出口的预测，从而得出一个最终数字。

在当时已经是世界第二大经济体的日本，野村综合研究所（日本历史最悠久、最大、最有影响力的私人智囊团）的预测工作从对美国经济的预测开始。然后叠加对西欧的预测，得出对日本出口的预测。之后是对固定资本投资、个人消费和其他项目的预测。尽管个人消费是日本 GDP 的最大组成部分，远远大于出口。

日本人知道，出口是增长的主要动力，而外国人才是大力扩张的关键。他们凭经验判断，如果出口下滑，GDP 的其他组成部分也会停滞。他们认为，就增长而言，大力扩张出现的地方比部门本身的规模更重要。即使出口不是最大的部门，如果大部分的扩张发生在这里，那么在预测整体经济增长时，重点也应该放在这里。

即使在今天，美国仍然是发达和发展中经济体（比如日本、欧洲和中国）的一个重要市场。这不仅因为美国市场的规模，也因为其较高的透明度和不存在非关税贸易壁垒。从商业角度来看，透明度往往与市场本身的规模同等重要，甚至更重要。

例如，2020 年，欧盟 27 国的名义 GDP 相当于美国 GDP 的 73.1%，中国的名义 GDP 是美国的 71.2%。[①] 而在 20 世纪 90 年代中期，日本的 GDP 接近美国的 70%。然而，因被排除在美国市场之外而遭受损失的公司和国家，远远多于因被排除在欧盟、日本和中国市场之外而遭受损失的公司和国家。原因是，这三个市场的透明度不如美国，需要外国出口商付出更大的努力。而且，在这三个市场营销的资本回报率比美国低。因此，许多公司甚至都没有尝试打入这三个市场。

---

① 数据来源于国际货币基金组织 2021 年 10 月《世界经济展望》。

例如，打入日本市场的困难，直到最近才由日本许多纯出口制造商充分证明。这些公司之所以存在，是因为它们可以通过将营销工作集中在更透明的海外市场——特别是美国市场——而不是试图打入更困难的国内市场来获得更高的资本回报率。这种透明度也是包括日本和欧洲在内的许多政府，在前总统唐纳德·特朗普推行保护主义的"美国优先"议程时，急切地与美国达成交易的原因。

中等收入陷阱和从策略 B 向策略 A 转型的困难

发达经济体是新兴经济体出口驱动力的接收端，它们在国内基本耗尽了易得的投资（即扩张）机会，经济增长放缓，尽管企业高管在寻找有利可图的投资机会方面得到了高回报。当日本在 20 世纪 70 年代作为一个有力的竞争者出现时，西方感到震惊，日本将许多知名的制造商挤出局，并迫使剩下的公司专注于更困难的策略 A。

随后，当"亚洲四小龙"在 20 世纪 90 年代开始追赶日本时，同样也震惊了日本，而当中国大陆作为竞争者在 21 世纪初出现时，"亚洲四小龙"也经历了同样的事情。今天，中国人担心本国的许多产业和工作会转移到越南等低工资成本的国家，尽管中国的人均 GDP 仍然明显低于发达经济体。

成功的新兴经济体的工资最终将接近发达经济体的水平。在采取策略 B 的过程中会获得技术和资本。然而，只有利用这些技术和资本来开发策略 A 所需优势产品的经济体，才能成功地进入发达经济体的行列。那些未能积累必要的技术和资本的经济体，最初可能会实现一定程度的出口驱动的经济增长，一旦国内工资上升到策略 B 不可行的水平，投资就会放缓。这些经济体的增长就会停滞，并发现自己陷入了所谓中等收入陷阱。

中等收入陷阱是指当国内工资上升导致一个经济体失去其作为低

成本生产者的地位时，经济增长就会放缓。当达到这一点时，国内公司和外国公司开始将工厂转移到工资成本更低的新兴经济体。这导致投资和增长下降，除非进行改革提高资本回报率，以促使国内公司和外国公司继续扩大在该国的投资。

事实上，除西方外，只有少数几个经济体成功地摆脱了这个陷阱，进入了发达经济体的行列。这些经济体包括日本、中国台湾、韩国和新加坡，而随着全球化的发展，努力摆脱收入陷阱的国家会更多。当前，越来越多的发展中国家采用出口导向型增长模式并进入全球供应链，许多国家正面临中等收入陷阱的挑战，这些挑战与被追赶经济体面临的挑战相似。

人口特征与企业投资决策

人口特征在这个分析框架中的地位如何，这是作为经济学家乐于谈论的话题之一。在今天的全球化市场中，国内人口数量对企业投资决策的影响应该越来越小——除非一个公司很难找到工人，或者它的业务与某个地理区域的命运紧密相连。在其他情况下，对于在全球化市场中经营的企业来说，重要的应该是全球人口特征。

在人口对企业用工影响减弱的情况下，如果新加入的人口能够有工作并获得收入，那么人口的增加会被企业视为潜在消费者的增加。如要新增工作岗位，企业必然感到对其产品的需求在未来会增加。

人口增长当然是企业相信对其产品和服务的需求会增加的一个原因。然而，很少有企业在做投资决策时完全依赖这个因素，除非它们是垄断（或者接近垄断）的企业。相反，它们可能会更加关注研究和开发部门相对于国内外竞争对手的工作。它们还关注推动短期和中期需求波动的因素，如新冠肺炎疫情。换句话说，人口趋势虽是企业投资决策中的一个因素，但通常不是主导因素。

然而，如果增长转为负数，人口可能会对投资决策产生巨大的心理影响。无法找到足够的员工，这是一家企业将工厂迁往海外的合理理由。但很多时候，即使是那些在全球范围内活跃的企业，也可能会把人口的减少作为不再投资的借口。我遇到过许多进行全球投资的投资者，他们完全跳过日本，因为他们认为"很快就没有日本人了"。尽管目前日本仍然是世界第三大经济体，其公司仍然在许多尖端技术领域占据主导地位。

即使在人口快速增长的国家，如果新进入劳动力市场的人无法找到有报酬的工作（也许是因为受教育程度低或机会不足），那么不断增长的人口也只会加剧贫困，而不会给经济增长带来多少好处。如果贫困破坏了社会稳定，企业可能更不愿意投资，经济增长将进一步停滞。今天，许多发展中国家正遭受这种人口爆炸和由此产生的社会动荡。

20世纪50年代，当战后的日本面临这种人口多、工作机会和社会服务少的状况时，政府开始鼓励日本人移民到南美洲，这样留下来的人就有机会在经济上有所发展。今天，南亚和东南亚新兴经济体的许多政府也在鼓励工人出国，以减少国内的过度供给。其中一些政府甚至指望这些工人的海外汇款支持其外汇储备。

这种减少人口的政策对某些发展中国家的经济增长产生了积极影响，这一事实表明，可能存在一个随经济发展阶段变化而变化的最佳人口增长速度。换句话说，过高或过低的人口增长（相对于最佳比率而言）都会对经济增长产生不利影响。最终，依赖人口增长的经济增长既不可取也无法持续，因为地球根本无法承受人类的无限扩张。

人口特征内生于经济发展阶段

人口特征也取决于经济发展的阶段。在工业革命前，当大多数人生活在农场时，家庭倾向于有更多的孩子，因为婴儿死亡率很高，而且人们期望孩子在家庭农场工作。世界上许多地方也有来自宗教的压力，不可限制生孩子的数量。

当经济体进入城镇化的工业时代，家庭往往不再想要过多的孩子，但拥有迅速增加的收入——特别是在后刘易斯拐点的黄金时代——以及由于更好的公共医疗而使婴儿死亡率下降，这往往导致人口的增加，有时是急剧增加。目前一些正在输出工人的新兴经济体面临着这种人口爆炸的情况。

当经济体进入被追赶阶段，成为后工业化的"知识型社会"时，出生率会进一步下降。这不仅是因为更多的妇女加入了劳动力大军，还因为父母意识到，只有接受良好教育的孩子才有可能在这样的社会中表现出色。最后一点在重视教育的东亚地区最为突出，那里的出生率急剧下降，因为家庭决定少生孩子，以便孩子能够接受高质量的教育。

即使政府取消了独生子女政策，中国的出生率仍持续下降到仅次于韩国的世界第二低水平，[①] 也充分说明了这种趋势。这表明，人口特征在很大程度上内生于经济发展阶段。

被追赶的经济体要保持领先，需要三管齐下进行改革

在被追赶的经济体中，没有太多的低价投资机会，而且人口正在老龄化，推动增长的政策制定者应将其结构性改革的努力集中在三个方面。第一，寻求供给侧改革，如放松管制和减税，以提高国内的资本回报率。第二，鼓励劳动力市场提高灵活性，以便企业能够采取规避措施来抵御追赶者。第三，改革教育系统，以应对被追赶经济体特

[①] 该数据未找到相应出处。——译者注

有的人力资本需求的增加和不平等问题。

这三个挑战是处于被追赶阶段的经济体所特有的，而这三个政策是其保持发达经济体地位的必要条件。政策制定者还必须更加关注贸易赤字以保障自由贸易（这一点将在第九章有所说明），并避免过度依赖货币政策（这一点在第四章中已经有所讨论）。

美国曾如何应对日本的挑战

在结构性改革的这三个方面，美国应对日本的现实经验是很有启发性的。这是一个被追赶的经济体失去其高科技领导地位，并在20年后重新获得的故事。如第三章所述，当美国在20世纪70年代中期开始在日本的竞争中全方位丢失其产业地位时，它采取了一种双管齐下的方法，试图阻止日本产品过快进入，同时加强国内产业的竞争力。

美国利用了一切手段来防止日本进口商品占领市场，同时在日本采取开放市场的措施。这些措施包括倾销指控，签订"超级301条款"、各种"君子协定"，通过1985年的《广场协议》实现货币贬值，以及通过1989年的《美日结构性贸易障碍倡议》试图改造日本的经济。我当时直接参与了美日贸易摩擦，可以毫无保留地说，这场斗争既不轻松也不愉快（我的一些经历将在第九章详细描述）。

与此同时，"日本式管理"在20世纪八九十年代的美国商学院中非常盛行。哈佛大学教授傅高义的《日本第一：对美国的启示》于1979年首次出版，被太平洋两岸的人广泛阅读。商学院还招收了许多日本学生，以便在课堂上讨论日本的管理方式。看似不可战胜的来自日本的挑战，叠加美国在越南战争中的失败，使国民信心降到了历史最低点，而寿司的消费量却急剧上升。

里根经济学和学习如何跑得更快

然而，美国是幸运的，前总统罗纳德·里根的供给改革——他从 20 世纪 80 年代初开始大幅减税和放松管制——通过提高国内的资本回报率，解决了被追赶经济体的三个挑战中的第一个。这些政策鼓励创新者和企业家产生新的想法和产品，特别是在信息技术领域。

里根经济学本身是对 20 世纪 70 年代滞胀的回应，滞胀的特点是罢工频繁，通货膨胀率高，制造业质量不达标，到处都是庸才。但劳工组织仍然试图扩大在后刘易斯拐点黄金时代取得的成果，并没有意识到随着日本竞争的到来，美国在 20 世纪 70 年代已经进入了被追赶阶段。美国正在失去很多产业和良好的工作机会，这也造成了一种紧迫感，即迫切需要打破过去的局面。

当里根总统降低税率和放松对经济的管制时，有想法和动力的人便注意到了。随后，这些人开始在许多方向上推动技术发展，最终使美国在高科技领域重新获得了对日本的领先优势。在 20 世纪 80 年代，很少有美国人认为美国会从索尼、松下和东芝等日本企业手中赢回高科技的领导地位，然而今天，日本企业的东京办公室也摆满了苹果、戴尔和微软等美国品牌的产品。

"日本式管理"在 20 世纪 80 年代似乎是不可战胜的部分原因是，日本正处于一个有许多正反馈循环的黄金时代，而美国已经进入了被追赶时代。今天，已经很少有人赞美"日本式管理"的优点，因为现在处于被追赶时代的日本企业正在努力解决 30 年前美国企业所面临的同样问题。其中一些企业已经破产，或者被来自追赶经济体的企业接管了。事实上，我正是在注意到今天的日本企业所面临的问题与 30 年前的美国企业所面临的问题相似后，才提出了被追赶的经济体这一概念。这也意味着，随着经济体从一个时代走向另一个时代，管理和劳工都必须改变。

被追赶的经济体需要劳动力市场的灵活性

里根还通过大力推动更灵活的劳动力市场来应对被追赶经济体的第二个挑战。他解雇了那些无视联邦法规而进行罢工的民用空中交通管制员，并以军事管制员取代他们。这一大胆的行动得到了公众的广泛支持，最终瓦解了仍在试图扩大黄金时代成果的工会。

一旦国家进入被追赶阶段，整个经济必须变得更加灵活，以使其企业能够采取规避行动来抵御追赶者。外国竞争者可能突然从某一地方出现，往往具有完全不同的成本结构。面对这样的竞争，企业必须缩减或放弃不再盈利的产品线，并将资源转移到仍然有利可图的领域。

这些艰难的决定——必须毫不迟疑地做出——使企业难以维持基于资历的工资和终身雇佣制，因为这两者都有效地将劳动力变成了固定成本，并削弱了管理层采取规避行动的能力。实现这种灵活性是一个新的挑战，是被追赶的时代所特有的。

相比之下，在黄金时代，当一个国家成为全球领先者，或者正在追赶某经济体而没有被其他经济体追赶时，通常不需要采取规避行动。前方道路充满希望，后视镜中看不到任何追赶者，企业采取前瞻性的方法，专注于寻找优秀员工并长期聘用他们。因此，基于资历的工资和终身雇佣制是黄金时代的典型特征，特别是在成功的企业中，这些措施有助于维持一个稳定和可靠的员工队伍。在美国，IBM（国际商业机器公司）和其他顶级企业在黄金时代都有终身雇佣制度。

里根的放松管制、减税和反工会行动增强了美国企业抵御来自背后竞争对手的能力。尽管这些措施伤害了劳工，并在某些方面加剧了收入不平等，但如果没有这些措施，1990年后美国的复苏很有可能会弱得多，或者完全失败。在尝试了从保护主义和货币贬值到学习日本的管理技术等各种方法后，美国得出结论，当一个国家被经济体从后面追赶时，唯一的解决办法是跑得更快，即不断产生新的想法、产品和设计，鼓励消费者和企业扩张。

供给侧改革的效果需要时间来呈现

尽管美国成功地从日本手中夺回了高科技的领先地位，取得了了不起的成就，但它花了近 15 年的时间。里根的概念在 20 世纪 80 年代初得到了实施，但直到比尔·克林顿成为总统，这些想法才结出了果实。在里根的两届任期和曾在里根手下担任副总统的乔治·H. W. 布什（老布什）的任期内，美国经济继续挣扎。

老布什取得了一些不朽的外交成就，包括冷战的结束、苏联的解体和第一次海湾战争的胜利。然而，他在连任竞选中输给了一位来自阿肯色州的年轻州长比尔·克林顿，后者唯一的竞选口号是："笨蛋，根本问题是经济！"老布什的选举失利表明，在里根经济学推出 12 年后，在大多数美国人眼中，经济仍然不能令人满意。

然而，克林顿一上台，美国经济就开始复苏——尽管今天很少有人能记得他的政府的任何经济政策。事情进展得如此顺利，以至于在克林顿的第二任期，联邦政府的预算就出现了盈余。这里得出的结论是，虽然供给侧改革在一个被追赶的经济体中必不可少，但这些措施可能需要很多年才能产生公众认可和赞赏的宏观经济结果。

结构性改革需要时间来产生足够多的国内投资机会，使企业扩张，这意味着如果经济体处于情形 3 或情形 4，那么政府必须在此期间作为最后的扩张者运作。当私人部门无法找到足够的国内投资机会来吸收经济中产生的所有储蓄时，财政刺激在短期内根本无法替代。

结构性改革也不是万能的。在 1990 年后的日本和 2008 年后的欧元区，许多经济学家主张进行结构性改革而不是财政刺激。但这两个经济体突然失去了活力，不是因为结构性问题，而是因为它们遭遇了泡沫后的资产负债表衰退问题。而只有作为最后借款人和支出者的政府才能帮助处于资产负债表衰退中的经济体，关于这一点在第二章已经进行了解释。

寻找和鼓励创新者的挑战

关于第三个挑战——拥有合适的教育体系以满足被追赶经济体的人力资本要求——美国拥有悠久的所谓自由人文教育传统，鼓励学生独立思考和挑战现状。这样的思想对于创造发达国家中采取策略A企业所需要的新产品和服务至关重要。

问题是，在一个社会中，并不是每个人都能提出新想法或制造出新产品，而且不一定来自同一个群体。将新产品推向市场也需要巨大的努力和毅力。但如果没有愿意坚持的创新者和企业家，经济就会停滞不前，甚至倒退。因此，对于被追赶的经济体来说，对最重要的人力资本的考虑是如何最大限度地增加能够产生新想法和新业务的人数，以及如何激励他们专注于创造性工作。

在任何一个社会中，都只有少数人才能够提出这样的想法。他们往往在社会主流之外，因为主流中的人很少有激励措施来进行不同的思考，而只有那些具有独立视角的人才能创造新的东西。有些人也可能对普通意义上的教育成就没有兴趣。对于那些想创造新东西的人来说，学习过去发现的东西似乎是浪费时间。事实上，许多成功的初创企业都是由大学辍学生创立的。

许多创新者和潜在的创业家可能会因为他们的"疯狂"想法而激怒权威机构或被其疏远。如果受到正统观念的大力阻挠，他们可能会完全停止创造性活动。因此，找到这些人并鼓励他们专注于创造性追求并不是一件容易的事。在这方面，西方的自由人文教育传统很有帮助。特别是，学生必须独立思考，并以逻辑和证据来证实他们的想法，而不是仅吸收和转述所学知识，这对于培养能够独立思考的人至关重要。

在美国的一些顶尖大学，学生如果只是简单地重复教授所说的话，可能只能得到 B 级；A 级要求他们超越课堂内容，提出自己的观点。这种训练鼓励学生挑战现状，只有这样他们才能提出新想法和创造新产品，这对采取 A 策略的企业来说至关重要。

自由人文教育在西方有着悠久的传统。它始于文艺复兴和启蒙运动，当时人类智力的价值在被天主教会压制了几个世纪后终于得到承认。这场将智力从教会权威中解放出来的长期斗争并不容易，许多杰出的思想家因此被烧死在火刑柱上。经历过这场漫长而血腥斗争的社会，往往会珍惜自由人文教育传统。

没有经历过这种斗争的社会，可能要提防教育等级制度崇拜"权威"而损害独立思想家的倾向。一旦这种等级制度被建立，新的思想家就很难获得听众，特别是当他们的思想挑战正统的时候。换言之，在教育机构和其他当局像过去的天主教审问者那样行事的社会中，公民的创造力可能不会得到充分的利用。

然而，问题是真正的自由人文教育是昂贵的。它需要一流的教师来指导和激励学生，而那些具有这种能力的人通常在其他地方的需求量也很大。因此，美国一些顶尖大学的学费几乎达到了令人厌憎的地步。此外，独立思考的能力并不能保证学生毕业后会立即找到工作。因此，这种类型的教育通常是为那些负担得起的人准备的，这加剧了被追赶的经济体中已经恶化的收入不平等，如第三章所述。

需要正确的教育方式

相比之下，填鸭式的教育方法（即学生仅吸收教师告诉他们的内容）更加便宜和实用。在这个意义上，学生在离开学校时至少知道如何谋生。绝大多数人都只接触到这种类型的教育。在这种教育中，表达创造性想法或挑战既定概念的空间有限。创造性的思想可能被埋没在权威中，就像未经雕琢的钻石一样。

在被追赶的经济体中，应该要求所有学校的教师关注那些有可能做出新的、有趣的东西的学生，并鼓励这些学生保持创造热情。

美国一直有所谓优秀的自由人文教育体系，鼓励学生挑战现状。因此，它能够在科学突破和新产品开发方面保持领先，即使它在以有竞争力的价格制造这些新产品方面落后于日本和其他国家。

相比之下，许多处于追赶模式的国家采取了填鸭式的教育方法，这可以在最短的时间内为工业准备最多的人。当一个国家处于追赶模式并采取策略B时，这种方法是可行的，因为发明和开发新东西的艰苦工作已经由发达经济体的其他人完成了。

然而，一旦这些国家用尽了城镇化和工业化带来的低价投资机会，它们将不得不创造出新产品和服务。那么问题来了，它们是否能够改变自己的教育系统，以培养出被追赶时代的策略A所需的独立且具有创新思维的思想家和创业家呢？如果社会从不鼓励人们跳出框架思考，这可能是一个重大挑战，因为教师和学生可能都无法应对培养独立思考者的新任务。

尽管大多数国家的人都能回忆起著名的本土创新者和企业家的名字，但国家政策制定者的问题是，这样的人是否足以拉动整个经济的发展。所有发达经济体现在都处于被追赶的时代，它们都需要更多的创新者。因此，政策制定者必须更加努力工作，创造一个允许创新者蓬勃发展的环境。人口众多的国家往往也需要更多的创新者。

被追赶时代教育的重要性凸显

教育在被追赶的时代有更大的回报，因为与黄金时代相比，工人收入更多地取决于个人能力，而在黄金时代，收入往往由 GDP 增长等宏观经济因素和工会制度等决定。

此外，处于被追赶时代的企业不像黄金时代那样投资于提高生产力的设备以提高工人的生产力。即使它们这样做了，这些投资也不会像在黄金时代那样使工人受益。这意味着工人如果想提高生活水平，就必须提高受教育程度和增加技能。

在被追赶的时代，工人需要靠自己的力量，这也意味着如果工人不提高自身技能，与制造业主导的黄金时代相比，不平等将加剧。这使教育成为被追赶的时代政策制定者缓解不平等趋势的少数领域之一。

这种不平等问题，无论是客观存在的还是主观感知到的，都已经发展到了让一切变得更加困难的地步，包括被追赶的经济体克服挑战所需要的改革。出现这种困难的部分原因是，在被追赶的经济体中，很大一部分人的工资增速很慢或根本没有增长，与黄金时代相比，普通人的容忍度和宽容度降低了，而当时每个人都在享受工资上涨。

确保平等获得高质量的教育，是被追赶的时代政策制定者缓解不平等问题的一个措施。鉴于当今发达经济体不平等的社会和政治成本很高，通过改善教育机会和提高教学质量来解决这个问题具有良好的经济意义。

不幸的是，这是前总统罗纳德·里根惨败的一个原因。虽然他的供给和劳动力市场改革对被追赶的经济体至关重要，但他在教育方面却走向了另一个极端，大幅削减联邦开支。正如麻省理工学院的彼得·特明所指出的，这是美国的不平等和社会分化在 30 年后成为一个大问题的关键原因之一。[①] 如果里根明白，改善教育是被追赶经济体的三个必要

[①] Temin, Peter（2017），*The Vanishing Middle Class：Prejudice and Power in a Dual Society*, Cambridge, MA：MIT Press, p. 22 and Chapter 10.

政策举措之一，美国的社会鸿沟就会比现在小得多。

唐纳德·特朗普也犯了同样的错误。虽然他的供给侧改革和帮助国内制造商而不是华尔街金融家的努力受到了赞扬，但他也削减了联邦教育预算。这导致国家本就严重的不平等问题更加恶化，使实施应对经济发展挑战的政策改革更加困难。

让学生留在学校的挑战

在去工业化的被追赶的时代，教育也比以制造业为主导的黄金时代重要得多，因为前者的大多数好工作都在知识型部门，需要更高的受教育水平。在包括美国在内的一些国家，教育方面的挑战首先是要让学生留在学校足够长的时间以学习有用的东西。美联储前主席珍妮特·耶伦在2016年6月21日的一次演讲中指出，亚裔美国人的收入中位数为85 000美元，白人为67 000美元，非裔美国人为40 000美元。[1] 而这个顺序与他们接受学校教育的年限是一致的。

根据我在日本和美国教育系统的经验，这种差距部分缘于许多（如果不是大多数）亚洲青年被灌输理念，在他们心中不再有不学习的选项。他们的默认选项是把大部分醒着的时间都用来学习。

我小时候在日本的一所小学读书，学校正常在星期六没有课，而当时日本国内几乎所有的学校都安排了课。当我在星期六早上出门时，经常会被成年人拦住问为什么不上学，好像他们在审问犯罪嫌疑人。而每次我都不得不解释，因为自己的学校在星期六没有课。这表明，在日本，每个孩子都有很大的学习压力，每周有五天半的时间在学校学习。

---

[1] Board of Governors of the Federal Reserve System（2016），Monetary Policy Report，submitted on June 21, 2016, p. 7. https：//www.federalreserve.gov/monetarypolicy/files/20160621_mprfullreport.pdf.

当我 13 岁搬到美国，进入一所公立初中时，我震惊地发现，那里的许多学生根本无意学习。我之所以感到惊讶，是因为对一个来自东亚的人来说，一个 13 岁的孩子可以不学习是无法想象的。我很羡慕这些学生，因为他们似乎更享受青少年生活。

55 年后，一些忽视学习的人可能会后悔他们的决定。但 55 年前，在黄金 60 年代，他们中的许多人可能认为自己不需要努力学习就能过上体面的生活。当时，美国正处于黄金时代，没有高学历的人可能也有能力购买一套三居室的房子和一辆有 V-8 发动机、自动变速箱和动力转向系统的汽车。

他们中的许多人看到自己的父母虽然没有高学历，但仍然过得很好，便认为美好生活触手可及。他们不知道，他们父母的高薪制造业工作将因进入被追赶阶段而失去，缺乏教育将阻止他们在工作阶梯上攀到更高的位置。

回头看，在黄金时代经历的美好生活，看似每个人都从经济增长中受益，实际上为许多人创造了一种虚假的安全感，并让他们相信这种安全感会永远持续下去。因此，当美国进入被追赶阶段时，他们完全措手不及。

如果他们了解到进入被追赶阶段时工人的遭遇，那么他们可能会成为更勤奋的学生。但在美国和西欧，他们没有可以参考的榜样，因为他们是历史上第一批经历这一经济发展阶段的人。从某种意义上说，那些没有投入学习的人成了失落的一代，因为他们中的许多人现在再去上学已经太晚了。这些沮丧的人将他们的困境归咎于移民和进口等可见的目标。他们中的许多人还支持唐纳德·特朗普的"美国优先"政策。然而，支持极右翼议程的倾向，并不能改变他们缺乏当今企业所需技能的事实。虽然他们的沮丧是可以理解的，而且必须为他们提供一些社会保障，但归根结底，时光不能倒流，人们必须认识到，自己需要获得进入企业所需的技能。

亚裔教育成就的高昂代价

许多亚裔美国人是新近移民的后代，或者自己就是第一代移民。几个世纪以来，中国（从598年开始）的科举制度①保证了受教育者向上的流动。日本、韩国对教育的重视使一个世纪前大多数村庄、城镇和城市的最大建筑往往是公立学校，而不是市政厅或富人的豪宅。

由于重视教育，在美国等地方，努力学习的文化烙印仍然影响着他们的后代。由于在教育成就问题上的这种文化束缚，即使是最愚钝的学生最终也会学习并获得一些有用的技能。他们可能不是各自领域中最有创造力或最善于表达的人，在正规教育范围之外的愿望和才能或被压制，不利于他们的自我实现和获得真正的幸福，但至少他们挣到了一份体面的薪水。

2015年OECD对15岁青少年的"生活满意度"调查显示，日本在47个经济体中排名第42位，其次是韩国、中国台湾、中国澳门、中国香港和土耳其。②换句话说，这些经济体的年轻人过得很悲惨。与此同时，同样的东亚经济体在最新的OECD科学素养测试中都排在前10名。这些结果表明，我在50年前经历的关于教育的文化差异今天仍然存在——也就是说，亚洲的教育成就需要付出高昂的代价。但那些学习的人能够过上体面的生活，这推高了该群体的平均收入。

对于没有如此普遍文化束缚的群体而言，孩子的家庭或成长环境是关键。这是因为需要15年甚至更长的时间才能实现教育的回报。

---

① 一般认为，隋炀帝大业元年（605年）"进士科"的设立是科举制度的起始时间。——译者注
② OECD（2017），*PISA 2015 Results*（*Volume III*）：*Students' Well-Being*，Paris：OECD Publishing，p.71.

当人们说美国企业高管只能看到下一个季度的收益报告时，对于一个在 12 年、16 年甚至 20 年后才能获得经济回报的孩子来说，让他们接受教育是一个很高的要求。因此，大多数学生将需要大量的外部支持来继续他们漫长的教育旅程。

那些来自支持教育的家庭和社区的学生，自然会比那些没有得到这种支持的学生走得更远。即使在父母经常缺席或忙于工作的家庭中，如果学生身边有努力上进的同学，那么做一个"书呆子"也不是那么痛苦。但是，对于那些没有得到支持和鼓励的年轻人来说，学习可能非常困难，因为其他像他们一样的人似乎在校外得到了很多乐趣。

正是这些青年需要帮助，因为他们最终没有能力为经济做出贡献，这将是整个社会的损失。还必须让他们意识到，他们现在实际上是在与新兴经济体的青年竞争，这些青年正在努力学习和工作，以达到发达经济体的生活水平。

当然，高学历并不适合每个人，但所有的学生都需要知道自己擅长什么，喜欢做什么，这样他们才能根据个人情况做出适当的选择。强调个人的优势是很重要的，因为处于被追赶阶段的工人需要靠自己，他们在自己不喜欢的领域做得不好的可能性很高。

这意味着辅导员定期为学生提供建议，可能会对学生（和社会）的最终教育结果产生与教师和家长同样大的影响。除了支持那些需要外界鼓励的学生继续接受教育，这些辅导员还可以帮助学生发现他们擅长什么，喜欢做什么，从而将他们引导到有可能成功的领域。如果可能，这些辅导员还应该接受培训，以发现独立思考者并鼓励他们进一步探寻自己的想法。

合理的税收和监管制度的重要性

为了最大限度地发挥人们的创造潜力，处于被追赶阶段的国家必须改革其税收和监管制度。必须强调的是，用史蒂夫·乔布斯的话说，无中生有并将其推向市场往往需要大量的努力，以至于"任何理性的人都会放弃"。同样，托马斯·爱迪生有句名言，"发明是1%的灵感和99%的汗水"。

虽然有些人是如此有动力，以至于他们不需要外部支持，但大多数人发现，生产世界上从未见过的东西是漫长、危险和困难的。旅行在此过程中，外部鼓励很重要。因此，金融、监管和税收制度应尽一切可能鼓励个人和企业继续他们的开拓性努力。

托马斯·皮凯蒂指出，[1] 累进税率的退步是1970年后发达国家不平等现象扩大的原因。但是，带头降低税率的美国重新获得了高科技的领先地位，而没有达到美国降税程度的欧洲和日本则停滞不前。这种比较表明，税收和监管的变化必须足够激烈，人们才会注意到。

美国被认为是发达经济体中最不平等的国家之一，处于最顶端的百分之几的人拥有国家资产的很大一部分。但那些处于最顶端的人多是新公司的创始人（见表5-1），他们改变了世界各地人们的生活和工作方式。除了沃伦·巴菲特是通过投资股票市场赚钱，其他人都是通过承担风险并为世界带来全新的、有用的东西而致富。

"美国最富有的人"榜单上还有一些人是通过零和游戏的金融/房地产投资，或者通过成熟的公司和继承权来赚钱。美国之外的其他国家，富豪榜单并不是由那些创造了变革性技术的人主导的。而"美国最富有的人"榜单前8名中的7名是拥有变革性想法的人，这一事实表明，不平等问题在美国的影响与其他国家不同。在其他国家，排名靠前的都是比较传统和成熟的财富类型。

---

[1] Piketty, Thomas（2014）, op. cit.

表 5-1 "美国最富有的人"榜单

排名	姓名	行业	净资产（亿美元）
1	杰夫·贝佐斯	亚马逊网站创始人	2 010
2	埃隆·马斯克	特斯拉、SpaceX 创始人	1 905
3	马克·扎克伯格	脸书创始人	1 345
4	比尔·盖茨	微软创始人	1 340
5	拉里·佩奇	谷歌联合创始人	1 230
6	谢尔盖·布林	谷歌联合创始人	1 185
7	拉里·埃里森	甲骨文联合创始人	1 173
8	沃伦·巴菲特	伯克希尔-哈撒韦公司董事长和首席执行官	1 020

资料来源：《福布斯》，"The Forbes 400：The Definitive Ranking of the Wealthiest Americans in 2021," edited by Kerry A. Dolan, https：//www.forbes.com/forbes-400/#45b49a177e2f.

表 5-1 意味着，欧洲和日本所青睐的传统社会的渐进式改革方法，在经济进入被追赶的时代，需要急剧推动创新时，可能不大奏效。这一结果也表明，如果一个国家没有合理的税收制度，可能就很难适应被追赶的时代。

正确解释不平等统计数据的重要性

在解释不平等的统计数据时，应该注意，这些数据往往被表述为我们仍然生活在一个农业社会。农业社会的关键资产是土地。当数据表明前 10% 的人口拥有 60% 的财富时，我们以假设剩余 90% 的人要么拿着 40% 的财富挤在贫民窟里，要么被贬为佃农，没有经济发展的希望。

然而今天，美国最富有的人所拥有的财富主要是他们创办的公司股份。例如，杰夫·贝佐斯 91% 的财富由他自己公司的股份组成。马克·扎克伯格的这一比例为 97%，埃隆·马斯克为 85%。这些公司的股份是由市场和公众来估价的，而不是由君主或独裁者决定的。换句话说，这是创造出来的财富，而不是从别人那里夺取或窃取的。

因此，这些人的财富增加并不意味着其他人的财富减少，尽管这正是那些提出此类数据的人经常暗示的。此外，发达经济体的大多数人即使不是特别富有，也能过上有尊严的生活。

在土地所有权主要掌握在少数特权者手中的农业社会，将土地所有权分配给之前佃农的土地改革，往往会使生产力和经济福利得到巨大改善。但在今天的发达经济体中，类似的征用政策可能会阻碍风险的承担和经济活动的扩张，以至于经济最终会崩溃。

还有一些风险，只有富人才能承担。机构投资者和银行必须遵守一系列的规则，以防止公众的钱被暴露在过度的风险中。这些规则使机构很难投资于初创企业，因为初创企业的失败率很高，但新的想法往往需要被孵化。

例如，据说每8个初创企业中只有1个会成功。换句话说，这一领域的投资者在成功前通常会经历7次失败。银行或养老基金的基金经理不可能在公布如此高失败率的同时还能保住他们的工作。而且一个只对自己负责的有钱人，可以将一定数量的财富用于这种投资，并等待7次失败后的一次获胜机会。

美国的风险资本家帮助培育初创企业，使美国在许多领域都能领先于其他国家。虽然这会使富人更加富有，但它实际上创造了财富，而不是从别人那里夺走财富。

因此，现在是时候更加谨慎地对待发达经济体的不平等统计数据了。它们并不等同于农业社会的土地所有权数据。

是更好地分配医疗服务还是研发更多的新药

在美国，另一个经常被提起的不平等问题是医疗服务。这一点很重要，因为大多数美国人都是在自力更生的开拓精神中长大的，只要他们能挣到生活费，过上有尊严的生活，就不愿谈论不平等问题。

然而，他们粗犷的自力更生意识，可能会在一夜之间被灾难性的医疗账单击碎。事实上，在美国申请的个人破产中，有很大一部分是这个原因造成的。即使对于那些幸运地拥有健康和充足的医疗保险的人来说，他们对随时可能失去其中一个或两个的恐惧正在破坏他们对系统的信心。

美国的医疗行业有巨大的改进空间，特别是与日本等一些国家的医疗行业相比。例如，在美国，一个阑尾炎手术就要花费2万美元。而同样的手术在日本只需3 000美元。[1] 虽然日本医生经常抱怨他们的工资不高，但这约1∶7的成本差正在加重美国人的不平等感和不安全感。换句话说，如果一个普通美国人面对的是日本的医疗费用账单，他的不平等感就会少得多。

同时，据说今天世界上几乎所有新药都是在美国开发的。这是因为美国没有像日本等国家那样，对药品价格施加上限。因此，药品公司只有在美国才能收回开发新药的巨大成本。这确实是美国的医疗费用如此之高的原因之一。

如果美国像日本那样设置上限，那么新药的研发很可能会停滞不前，在希拉里·克林顿试图设计国家健康保险时，就险些出现这种情况。在她丈夫担任美国总统时，希拉里·克林顿试图推出一个带有药品价格上限的国家健康保险。有人认为，这会导致医学研究的停滞，违背全体人类的利益。

美国对增长和进步而不是再分配的偏爱在其黄金时代起到了很好

---

[1] Wakakura, Masato (2006), "Kokusai Hikaku: Nihon-no Iryo-hi Wa Yasusugiru" ("International Comparison: Japan's Medical Costs Are Too Inexpensive"), *Voice*, June 2006, Tokyo, PHP Institute, p. 159.

的作用，因为如前所述，美国以制造业为主导的强劲增长改善了所有人的生活并减少了不平等。问题是，在一个被追赶的经济体中，同样的权衡是否合适。因为在这样的经济体中，不平等注定会加剧，并带来非常不理想的社会后果。

企业家在大力扩张时期的重要性

一个国家可能有伟大的工人、工程师、会计师和律师，但将他们聚集在一家企业中生产商品或提供服务的是企业家。在一个国家的所有经济资源中，企业家的才能可能是对经济增长最有价值的，因为如果没有企业家的才能，就很难出现扩张。事实证明，那些不注重企业家精神的国家，经济最终都停滞了几十年。

工人在短期内也许可以经营工厂，因为他们是实际工作的人。但是期望他们设计出新产品来抵御竞争对手，或者确保融资以将这些新产品投入生产是不现实的，更不用说维持和扩大国内外的营销了。毕竟，这些工作需要广泛的技术、金融、管理和营销知识。

企业家还需要在整个决策过程中承担巨大的风险。而许多人，如果可以的话，都想要远离这种压力大的环境。但如果没有能力解决新产品推向市场过程中的所有问题，企业就没有理由扩张。东欧、俄罗斯等国的很多工厂几十年来都在生产同样的产品（和过时的产品），这并不是巧合——毕竟，没有利润动机来证明冒险开发新产品和扩大业务是合理的。由于对创业精神的重视程度极低，并且不奖励冒险行为，这些国家失去了自己获得这些资源的机会，最终停滞了几十年。

而且，大多数资本家是通过证明自己愿意并能够解决上述问题，来建立一个成功的企业而成为资本家的。被追赶的经济体总是需要新的增长动力，因此，它们的政府为那些愿意付出努力来开创新事物的人提供尽可能多的机会是至关重要的。

社会主义的新吸引力和达成公众共识的难度

遗憾的是，对许多国家来说，前文提到的经济和教育改革往往被认为"偏袒富人"，因此被那些具有黄金时代思维的人断然拒绝。当一个经济体处于黄金时代，有大量的投资机会时，拒绝这些政策可能不会导致明显的经济增长放缓。但在一个需要超越追赶者的被追赶的经济体中，如果不能充分利用人们的创新和创业能力，就会产生破坏性的后果。国家的未来增长很可能取决于它在发展有利于增长的基础设施方面能否达成社会共识，比如自由人文教育体系和有利于创新者的金融、监管和税收制度，以最大限度地提高人民的创新能力。

这可能需要一种新的共识，让那些无法跳出框架的人理解并接受这样一个事实：他们的福祉取决于那些能够跳出框架的人。事实上，在被追赶的阶段，整个社会必须明白，这样的思想家对于在国内产生新的投资机会，使经济不陷于长期停滞是至关重要的。

然而，这远非易事。正如皮凯蒂所指出的，西方的不平等现象在20世纪70年代开始加剧，在一些国家已经到了令人震惊的程度。这种日益不平等的收入分配正在将社会分为富人和穷人，并使社会难以达成任何形式的共识。但如果没有社会共识，就不可能进行必要的改革来应对被追赶经济体的挑战。

据报道，在今天的美国年轻人中，社会主义这个词并不像经历过冷战的那几代人理解的那样。例如，2020年1月17日的《华尔街日报》写道："去年有50%的38岁以下的成年人告诉哈里斯民意调查，他们'愿意生活在一个社会主义国家'。这种观点在很多调查中反复出现，甚至远远超过了在20世纪六七十年代激进主义鼎盛时期出现的次数。"[1]这50%的人可能认为，由于沉重的学生贷款负担、高额的住房费用和令人望而却步的医疗费用，目前的制度只对老年人和富人有利，对他们则是桎梏。

伯尼·桑德斯和伊丽莎白·沃伦等左派政治家在年轻人中的受欢迎程度也反映了这种不满。这意味着美国一些优先事项的重新调整迫在眉睫，因为这些年轻选民的分量在未来会增加。然而，如果想使公众受益，这种调整必须是在正确的方向上。

这是因为被追赶的时代给经济带来了新的限制和动力，而这些限制和动力在黄金时代并不存在。特别是，必须提高资本回报率，以便在国内创造更多的投资和就业机会。这意味着对那些做出投资决定的人征收更低而不是更高的税。这与前文提到的两位政治家所追求的传统左派议程恰恰相反。具有讽刺意味的是，那些抱怨不平等和拥护社会主义的年轻人，也是美国富豪榜单上的那些人所开创的设备和服务的最狂热用户。

让老牌政党在被追赶的时代再次发挥作用

在传统政治中，保守派推动平衡预算、降低税率和放松管制等供给侧改革（小政府），而革新派推动增加教育等社会项目的支出（大政府）。在黄金时代，当企业扩张的理由很多，经济快速增长时，缺乏供给侧改革似乎并不会放缓经济。换句话说，这种政治选择是一个偏好问题。

然而，在被追赶的时代，既需要供给侧改革，也需要增加教育开支，以支持经济增长和维护社会团结。换言之，教育预算的减少和供

---

[1] Ukueberuwa, Mene (2020), "Boomer Socialism Led to Bernie Sanders," *Wall Street Journal*, January 17, 2020. https：//www.wsj.com/articles/boomersocialism-led-to-bernie-sanders-11579304307.

给侧改革的缺乏对被追赶阶段经济增长的影响将十分明显。

这一点可以从美国经济的活力中推断出来，因为美国已经实施了供给侧和劳动力市场的改革，而日本和欧洲的增长率则不太令人满意，因为这些经济体的改革是渐进的。同时，美国对教育的忽视导致了比欧洲和日本更严重的社会分化和政治僵局。尽管美国在过去40年中对教育的忽视需要几十年的时间来纠正，但获得高质量的教育是遏制不平等所必须实行的举措。因为在被追赶的时代，工人只能靠自己，必须继续自我教育。

更具体地说，保守派和革新派都必须调整他们的立场，以应对被追赶经济体的挑战。例如，拜登政府在寻求2016年投票给特朗普的蓝领工人的支持时，大谈创造良好工会工作的重要性。在黄金时代，当经济沿着图3-1中向上倾斜的劳动力供给曲线发展时，工会发挥了作用。但在被追赶的时代，当全球劳动力供给曲线在工资水平Q点上基本持平时，工会不仅缺乏提高工资所需的杠杆，而且关注工人的要求也会降低劳动力市场的灵活性和国内的资本回报率。这两个因素将导致更多的企业将生产转移到新兴经济体。

同黄金时代一样的遗产问题也困扰着美国的保守派。在特朗普代表共和党前，该党长期以来一直主张小政府和平衡预算。平衡预算的动力在黄金时代发挥了重要作用，当时存在政府借款挤占私人部门投资的风险。但在被追赶的时代，这是个问题。因为即使是零利率，整个私人部门往往也是一个巨大的净储蓄者，这意味着政府必须充当最后的借款人，以防止经济螺旋式下滑。当被追赶的经济体处于资产负债表衰退中时，这种需求就更大了。

从更积极的角度看，革新派人士强调基础设施支出和改善教育，这对于稳定宏观经济和应对被追赶时代不平等现象的加剧是至关重要的。同样，保守派在微观经济层面上对降低税率和放松管制的关注，在被追赶的时代也很关键，因为这些措施将提高国内的资本回报率，从而确保更多的国内投资。

也就是说，需要对基础设施项目进行彻底审查，以确保它们收支平衡，从而使这种支出能够长期持续下去。在教育方面，学校必须鼓励学生独立思考，同时引导他们在自己擅长的领域努力探索，以便他们在学校待的时间更久，学到更多有用的东西。

简言之，保守派和革新派都必须重新调整他们的传统立场，以便在被追赶的时代保持重要性。对于那些毕生致力平衡预算或扩大工会权力的人来说，这是个很大的挑战。但是，如果中右翼和中左翼政党想要抵御那些兜售不可行解决方案的左翼和右翼的极端分子获得影响力，就必须重塑自己，以应对被追赶经济体的挑战。

发达经济体正在腹背受敌

大多数发达经济体在2008年房地产泡沫破灭时陷入了资产负债表衰退。这加剧了20世纪末产生的借款人短缺问题，当时这些经济体进入了被追赶阶段。在资产负债表衰退后，是2020年毁灭性的新冠肺炎疫情带来的衰退。由于需要财政刺激来对抗这两次衰退，这些经济体现在都背负着巨大的公共债务。

面对如此庞大的公共债务，具有黄金时代思维的经济学家和政策制定者自然倾向于尽可能地增加税收以减少债务，同时无视债券市场以超低债券收益率形式表达的反对：不要这样做。但这种肆意加税的做法可能会使企业不愿意投资于创新，从而延长经济增长不理想的时期。

这意味着目前刚从资产负债表和疫情衰退中走出来的经济体，需要抵制加税的诱惑，从而避免阻挠创新和过度扩张。如果经济体要获得抵御追赶者所需的速度，就需要抵制这种诱惑。这一点在日本尤为重要，因为日本的公共债务水平很高，正统（即黄金时代）的思维方式仍然主导着官僚机构、学术界和媒体。

今天，大多数发达经济体都面临两场"战争"：一场是它们处于资产负债表衰退中，另一场是它们正在被日益成熟的新兴经济体追赶，这些经济体提供了诱人的资本回报率。发达经济体也像其他国家一样，受到了新冠肺炎疫情的冲击。这意味着它们的经济重获前进动力所需的增长速度必须特别快。因此，这些经济体的领导人必须认识到，要达到这个速度，需要付出巨大的努力。

在所有被追赶的经济体中，美国拥有一个最有利于增长的税收制度，这就是为什么它吸引了世界各地的创新者。但是，随着富人越来越富有，而其余80%的人口在过去20年里收入几乎没有增长，毁掉过去成就的诱惑越来越大。社会反弹包括来自左派对富人增税的动力和来自右派阻止移民的动力。80%的人的愤怒也是唐纳德·特朗普和伯尼·桑德斯在2016年和2020年的总统竞选中获得选民支持的原因。

因此，被追赶的经济体面临的政治挑战是，在公共债务如此庞大、不平等如此明显、绝大多数人多年来没有实际收入增长的情况下，如何说服选民维持和改善经济增长所需的有利于创新者的税收制度。

不良税制的案例：日本遗产税

一个人口老龄化或人口负增长的被追赶经济体如果想维持经济增长（今天许多发达经济体都是如此），就必须最大限度地提高其劳动年龄人口的生产力，特别是那些能够创造新产品并将其转化为商品的人。这是因为，当一个经济体被追赶时，新的高薪工作可能只来自新企业。如果这个经济体因循守旧，它将被人口更年轻、工资成本更低的新兴经济体超越。因此，处于被追赶阶段的每个经济体都必须扪心自问，其税收和监管制度是否能够最大限度地提高有能力开发新产品和服务的人的生产力。

在日本有人说，现在许多承担风险并努力建立和扩大企业的成功人士，把大部分时间都花在担心遗产税和赠与税的责任上。这么多有能力、业绩优秀的人将本可以用来拓展业务和追逐梦想的时间浪费在这样一个落后的话题上，这让人感到相当难过。

他们之所以担心，是因为日本遗产税和赠与税的最高税率分别为55%和65%，而且免税上限在2015年被降低到只有30万美元（按1美元兑100日元的汇率计算）。价值低于10万美元资产的税率从10%开始，但在100万美元时迅速攀升至40%。相比之下，美国的遗产税在金额达到1 100万美元时才开始征收，而澳大利亚等国家则根本没有遗产税。

今天日本书店里充斥着关于遗产税和赠与税以及如何将二者降至最低的书籍。众所周知，日本房地产市场繁荣的一个关键原因是，房地产提供了减少遗产税义务的方法。这种繁荣凸显了日本的资源分配是多么扭曲。毕竟，这是一个人口正在负增长的国家，而无人居住的房屋是一个主要的社会问题。

这意味着对人力和物力资源的巨大浪费，而日本在人口负增长的情况下是无法承受的——太多有能力、事业成功的人为这种税担忧。本应扩大业务或开发诱导多能干细胞的人，却把时间和精神花费在管理出租物业上，而这是任何人都可以做的事情，仅是因为遗产税。

正如史蒂夫·乔布斯所说，社会中能够创立一个成功企业的人并不多，因为普通人根本无法承受那种压力。学者和官僚并不能创造就业机会。只有那些有远见且能够承受创立和扩大企业的压力的人，才能创造就业机会。由于日本已经是发达经济体中新企业形成率最低的国家之一，因此迫切需要这样的人。

人口负增长也意味着必须提高生产力以维持现有的经济活动水平。这意味着必须尽可能有效地分配资源。但在日本，情况正好相反，经济因此停滞不前。

中国台湾将遗产税和赠与税的税率降至10%

对于这个问题，中国台湾的经验可提供一些借鉴。其税务部门在2008年实施了大胆的减税措施，将最高遗产税和赠与税率削减到10%。

与日本一样，中国台湾正在被中国大陆和东南亚的新兴经济体追赶，其劳动年龄人口在2015年开始缩减。中国台湾和中国大陆之间没有语言障碍，中国台湾的经济政策制定者所面临的挑战是巨大的，这正是他们实施前述减税政策的原因。

中国台湾最初以为降低税率会大幅减少税收，但实际上税收完全没有下降（见图5-1）。此外，几十年来因担心税收等而逃离中国台湾的资金开始回流，在雷曼兄弟公司倒闭后为中国台湾的经济提供了重要支持。

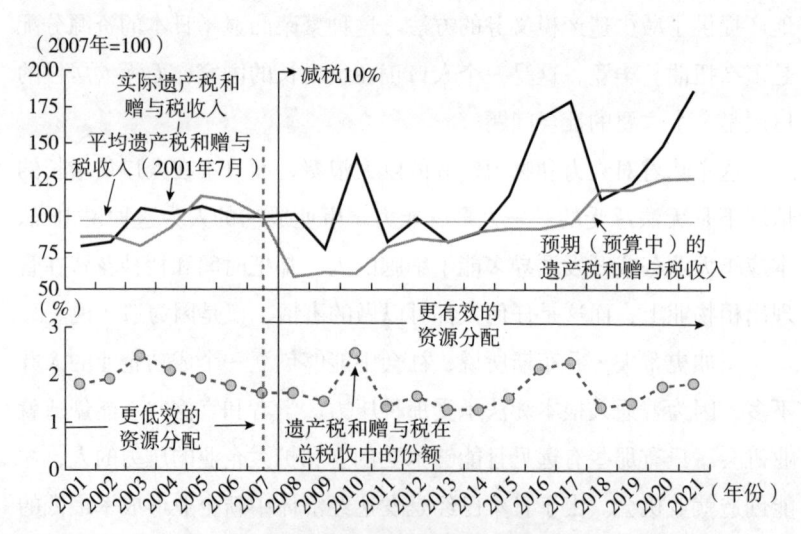

图5-1 中国台湾的遗产税和赠与税减免提高了
资源配置的效率，税收没有下降

资料来源：野村综合研究所基于中国台湾税务部门数据整理。

212　　被追赶的经济体

税收没有下降是因为那些一直在花时间和资源来减轻他们税收负担的人决定，不再为了 10% 的税率而费心。他们决定支付 10% 的税款，这样就可以把时间和资源更有效地用于其他方面。而且，由于税收没有下降，可用于帮助不幸者的资金也没有减少。

从更广泛的经济角度来看，减税消除了资源分配中的扭曲现象，这比税收的任何变化都重要得多。所有用于避税的时间和资源现在都被用于更有成效的发展中。

如果日本将其最高的遗产税和赠与税率降低到 10%，大量外逃或被错误配置的财务和人力资源将回到应属的地方。在一个财富集中在老年公民手中的国家，这样的减税也将鼓励资产的代际转移，因为老年公民的消费倾向通常较低。最重要的是，在 10% 的税率下，人们认为节税根本不值得他们花时间，因此，努力避免遗产税而导致的资源分配扭曲将消失。虽然很难说，在实行 10% 税率的情况下，相对于目前约 2 万亿日元的数字，征收的遗产税和赠与税是增加了还是减少了，但如果这一变化能释放出越来越宝贵的企业家资源用于前瞻性的项目，即使是小幅减少也是值得的。

中国台湾减税的全球影响

中国台湾在 2008 年大幅降低遗产税和赠与税的税率，其结果并未影响收入，这对当地税务部门来说是一个惊喜。但它对其他经济体的影响却很大，因为这个例子证明大幅降低税率有可能改善经济中的资源配置，而不会受税收减少的影响。这意味着，其他经济体的税务部门如果重新调整它们的税率，那么可能也会收到类似的效果。

这也表明，所有经济体的税务专家都有巨大的潜力，在他们的税收制度中寻找类似的未开发的可能性。而这里的关键是，要让人们改变自己的行为，减税的幅度必须大到足以引起人们的注意。

当西方在20世纪70年代处于黄金时代，没有竞争对手时，以及当日本在自己的黄金时代，追赶西方但没有被追赶时，所有人都从经济增长中受益。鉴于黄金时代的特点是投资机会过剩，税收的再分配功能所带来的效率损失并没有大到使企业的扩张欲望消失。黄金时代的经济体尽管有抑制增长的税率和较高的利率，但仍有通货膨胀，这一事实表明国内投资机会非常丰富。

但现在日本和西方国家被追赶，它们如果维持黄金时代的税收和监管制度，就会发现自己陷入了严重的困境。尽管有天文数字规模的货币宽松政策和零利率或负利率，但这些经济体都曾多年遭受接近零的通货膨胀率，它们的经历表明真正的国内投资机会十分有限。

税收和监管制度的扭曲在所有经济体中都可以找到，尽管扭曲的来源会有很大的不同。因此，在被追赶的经济体中，监管和税收改革的最终目标应该是尽量减少人们花在避税上的时间，增加他们花在自己擅长的活动上的时间。

在被追赶阶段，社会如何重构是一个开放性问题

一个社会应该如何为被追赶阶段进行最好的重构，还有待商榷。有许多问题需要解决：当工人对过去20年来停滞不前的工资感到不满时，什么是适当的劳工组织应对方法？当传统的自由人文教育成本如此之高时，什么样的教育体系才是最好的？社会应如何鼓励创新者，而不显得对那些没有类似能力的人不公平？社会应该如何帮助那些没有准备好、现在年龄太大而不能再上学的人？社会应如何培养年轻人应对这种前所未有的新环境？所有这些都是对社会和政治制度的巨大挑战。

对于鼓励创新者和增强劳动力市场灵活性的措施，也有了越来越多的反对声音。甚至在中国台湾，2017年其税务部门将最高遗产税

率从原来的10%回调至20%。这些表明，为适应被追赶时代的新需求而进行社会改革是多么困难。

许多政府和经济学家也在耐心等待黄金时代的回归，坚持2%的通胀目标，尽管从那时起基本的经济现实已经发生了巨大的变化（这个问题将在第六章进一步讨论）。但是，拖延必要的改革只会缩短被追赶者和追赶者之间的距离，消除前者对后者的优势。

对于欧洲和日本的许多传统社会来说，它们需要动荡来为外向型思想家打开新领域。在日本，经济停滞和老牌企业的吸引力下降，促使大学毕业生几十年来第一次考虑创业。在一个传统和权威仍占很大比重的国家，这是一个令人欣喜的改变。例如，日本企业的一些年轻工程师发现很难挑战公司中年长工程师的权威，因为这种行为可能被视为不尊重。这种基于资历的僵化在很大程度上阻碍了日本的创新。

一些欧洲设计师移民去了美国和澳大利亚，以摆脱对他们创造性才能的传统限制。因此，受传统束缚的社会迫切需要对新思想和创新思维开放的新企业。

如果国内环境不能产生足够多的创新者，政府可能就要考虑从国外引进创造性的思想家和创新者。对移民友好的美国随处可见外国的创新者，他们与大学和商业界的本土创新者相互竞争。

对创新型企业的股票期权进行慷慨的税收处理也是有用的。由于这些激励措施在私人部门的风险承担者真正成功之前不会给政府带来任何损失，所以它们是划算的。

如果税收和监管激励措施不够，政府可能不得不作为最后的创新者来开发新技术或开辟新的研究领域。这个想法并不牵强。正如理查德·邓肯在他的《货币革命：如何为下一个美国百年投资》一书中指出的那样，1953—1979年，美国政府是该国研究与开发的最大投资者。在1957年"斯普特尼克时刻"（Sputnik shock）[①]后的10年里，政府在研发方面的投资是商业部门的2倍。今天，政府投资仅是企业投资的1/3。政府在研究方面的针对性支出很可能会鼓励私人部门跟进，孵化新企业。如果不是政府带头，这些企业就可能不会存在。

新兴经济体须未雨绸缪

今天，新兴经济体可以从发达经济体的经验中学到什么？对于尚未进入中等收入陷阱的经济体来说，对增长至关重要的政策包括提供必要的基础设施，消除腐败，改善教育和公共卫生，并采取有效的货币政策，将借贷成本控制在合理范围内。这些政策必须在推行较容易的策略B的同时实施，这样当工资高到足以吸引其他新兴经济体的竞争时，该国将积累足够的物质和人力资本，以转向策略A。

政府还应该在这一假设下运作：黄金时代典型的税收快速增长将在未来放缓。因此，必须用税收资助的项目应该在经济仍处于黄金时代时实施。政府应该注意到，几乎所有的发达经济体都在不停地回调符合养老金条件的退休年龄。这些回调证明，在这些经济体黄金时代引入的最初养老金计划，是建立在对增长和人口统计学的乐观假设的基础上的。

政府还应该修改和完善教育系统，以避免阻碍具有创新思维的人。尽管在一个国家追赶其他经济体时，这样的人似乎价值有限，但当其进入被追赶阶段时，他们将成为增长的关键动力。应该在全国范围内推行自由人文教育体系，鼓励学生独立思考，以便有一天他们能够挑战现状，提出新的想法和产品。

[①] "斯普特尼克时刻"是指1957年10月4日苏联先于美国成功发射"斯普特尼克1号"人造卫星，令西方世界陷入恐惧和焦虑。——译者注

现在正享受后刘易斯拐点黄金时代的新兴经济体，最终将进入被追赶阶段，并面临各种挑战。随着越来越多的新兴经济体加入全球化行列，这些变化可能会提前到来，而不是推迟。一些新加入全球化的国家会降低被追赶经济体的工资水平。这意味着税法和法规等制度安排绝不应该被视为永久性的，随着经济体从一个阶段进入另一个阶段，就必须被修改。

另外，具有文化价值的历史建筑和街区不应该以现代化的名义被拆毁。一个国家发展得越快，这种文化遗产就越重要，因为在快速变化的环境中，人们需要能够在心灵上扎根。他们需要心理上的家园，在那里他们可以重申他们是谁，是从哪里来的。历史街区和纪念碑也会吸引外国游客，这可以帮助国家赚取外汇。

在这个领域，新兴国家应该向欧洲学习，欧洲每年都吸引大量的外国游客，因为它在很大程度上保留了美丽的建筑遗产。即使欧洲的高科技产业在某些方面已经落后于美国和亚洲，但旅游业每年仍然吸引着数百万美国和亚洲的游客。在新冠肺炎疫情前，来自这些国家建筑遗产的收入比来自不稳定的竞争极其激烈的高科技部门的收入更加稳定可靠。

新兴经济体还应该意识到，发达经济体存在着反对自由贸易的社会反弹，这种反弹既源于"迷失的一代"，也源于平衡贸易机制的消失，这一点将在第九章详细讨论。"美国优先"的特朗普政府和"购买美国货"的拜登政府的出现，可能会使新兴经济体更难进入美国等发达经济体的市场，除非它们对来自被追赶国家的商品开放市场。

这意味着它们将不得不接受对其自身经济的更多改变，如提高汇率和降低对来自发达经济体进口商品的关税。而对于采取基于策略 B 的出口导向型增长模式的国家来说，如果它们想继续享受被追赶经济体的市场准入优惠，就必须尽快做出改变。

中国面临的挑战："脱钩"、人口特征和中等收入陷阱

中国是过去 40 年来经济增长最快的国家，它为前文提到的一些观点提供了一个很好的现实例子，例如中等收入陷阱和人口结构恶化都是紧迫的问题。中国的人均 GDP 略高于 10 000 美元，目前处于陷阱的中间位置（见图 5-2），而其劳动年龄人口从 2012 年开始萎缩（见图 5-3）。2020 年的人口普查数据表明，中国总人口可能最早在 2022 年开始萎缩。因此经济学家担心，中国在完全摆脱中等收入陷阱并加入发达经济体行列前，会因为不利的人口结构而失去增长动力。

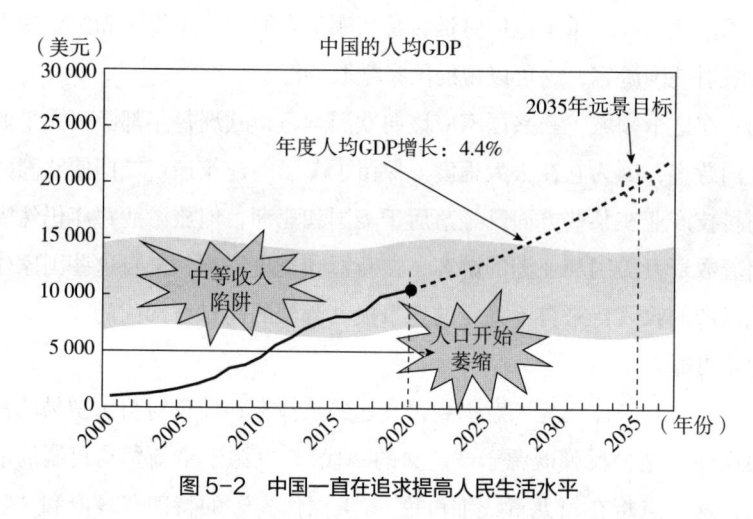

图 5-2 中国一直在追求提高人民生活水平

资料来源：野村综合研究所基于国际货币基金组织数据整理，详见 *World Economic Outlook October 2021*。

如前所述，出口导向型增长模式要取得成功，必须满足两个必要条件：一是制造有竞争力产品的能力，二是进入可以销售这些产品的外国市场。毫无疑问，中国人已经在满足第一个条件方面取得了巨大的进步。今天，中国几乎能以高质量和有竞争力的价格制造所有东西。

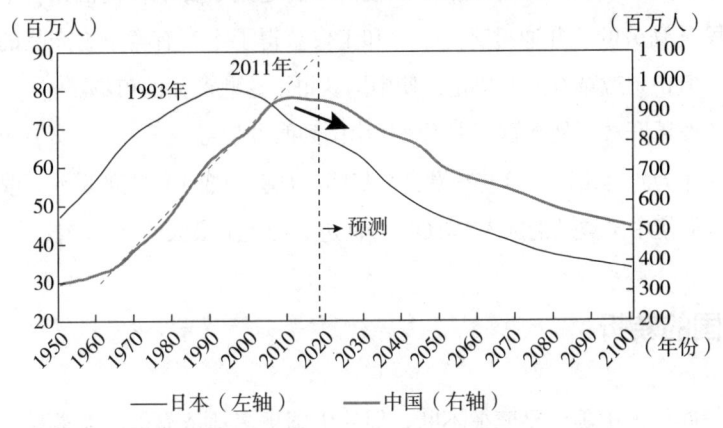

中日劳动年龄人口（15~59岁），实际和预测

图 5-3　中国可能未富先老：劳动年龄人口[1]已开始萎缩

注：1. 中国国家统计局定义劳动年龄人口为 15~59 岁。
资料来源：United Nations, Department of Economic and Social Affairs, Population Division（2019），World Population Prospects 2019，Online Edition。

对于第二个条件，在保护主义盛行的背景下，中国的经济学家需要更多地关注谁将购买中国产品的问题。毕竟，正是这些人将进行中国经济继续增长所需的扩张。

中国的改革开放推动了人类历史上最伟大的经济增长

改革开放之初，中国就认识到为中国制造的产品争取市场的重要性。当中国在 20 世纪 80 年代向世界开放中国经济时，激烈的美日贸易摩擦也在上演。中国担心，如果作为军事盟友并拥有类似价值观的日本和美国陷入争斗，鉴于中美之间价值观的差异，中美贸易的前景不可能光明。

为了避免这种结果，中国向外资直接投资全面开放中国经济，使在中国投资的外资公司于当地经济中占有一席之地，这是日本没有做到的。

历史表明，改革开放使中国经济增速超过了史上任何国家。中国人民是勤劳的，并通过努力学习和工作获得了生产有竞争力产品的能力，但正是改革开放的决定，使中国获得了这些产品的市场。

改革开放还使数百万中国学生出国到西方学习。不久后，又有数百万人作为游客出国。这与东欧完全封闭的社会形成了巨大的反差。改革开放促使中国被邀请加入 WTO，并促进了历史上最大的经济增长。

中国的转折

近年来中美贸易摩擦不断，促使中国更多地依靠国内需求来实现经济增长，这被称为国内大循环或双循环经济周期。这也导致很多人都在谈论"脱钩"的问题。

毫无疑问，中国有 14 亿人口，是一个巨大的国内市场。中国人也以愿意学习、努力工作以及创业的心态闻名。这些优秀的品质使许多人认为，中国经济增长是不可阻挡的，但与此同时，随着出口放缓，中国经济增长面临挑战。

到目前为止，中国经济增长在很大程度上取决于其具有竞争力的出口价格。在 2006 年出口繁荣的高峰期，出口占中国 GDP 的近 35%。今天，这一数字仍为 18% 左右。只要出口的价格具有竞争力，外国消费者就会为中国做扩张（即使他们自己认为是扩张不足），而出口迅速增长。

由于出口产品能够销售，中国制造商通过不断扩大国内投资，为就业和经济增长做出了巨大贡献。换句话说，中国正处于一个黄金时代，中国企业在追求策略 B 的同时，有充分理由进行扩张，因为它们向比自己更富有的地区出口。

2018 年中美贸易摩擦开始时，中国宣称，被美国征收关税的产品中有59%实际上是由外资公司在中国制造的。[①]这并不奇怪，因为当1978年改革开放时，中国已经没有一个资本家，所有资本、技术和管理知识都必须由外资公司提供。这些外资公司还为它们在中国制造的产品提供海外市场。

与西方市场"脱钩"意味着中国企业可能不得不向那些不富有的地区销售。如图5-4所示，西方经济体（包括日本）占全球GDP的56.8%，而俄罗斯、非洲和其他地区仅占25.3%（中国占17.9%）。

非西方经济体占25.3%，人均GDP：11 605美元

西方经济体[1]占56.8%，人均GDP：51 665美元

2020年全球GDP为84.97万亿美元

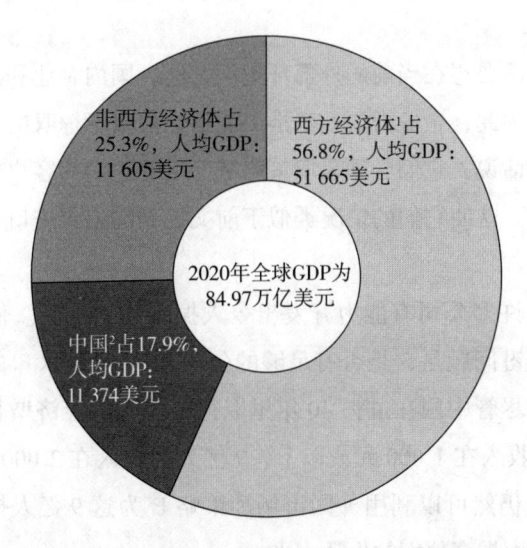

中国[2]占17.9%，人均GDP：11 374美元

图5-4 中国能否承担与西方经济体"脱钩"的后果

注：1. 西方经济体的数据包括欧盟27国、澳大利亚、加拿大、日本、新西兰、挪威、瑞士、英国和美国。
2. 中国的数据包括中国内地、中国香港和中国澳门。人均GDP是每组人均GDP的平均加权。
资料来源：野村综合研究所，基于国际货币基金组织2021年10月《世界经济展望》数据库数据。

---

① Regular Press Conference of the Chinese Ministry of Commerce，July 5, 2018. http：//english. mofcom. gov. cn/article/newsrelease/press/201807/2018 0702766291.shtml.

第五章　经济增长和维持发达经济体地位所面临的挑战

西方经济体的人均 GDP 是其他经济体的 4.5 倍。鉴于中国的人均 GDP 最近才超过 10 000 美元大关，这可能会急剧减少中国企业可以销售其产品的市场规模。中国市场对西方当然很重要，但要认识到在全球 GDP 中，西方经济体（包括日本）占 56.8%，而中国只占 17.9%。

"脱钩"后国内需要的大力扩张

中国经济要想在当前的外部环境下发展，国内企业和消费者必须进行扩张。为此，企业需要不断推出能够让消费者惊叹的和振奋的新产品。换句话说，它们必须采取策略 A，尽管它们的客户较少，而且明显不富裕。这使它们的情况类似于前文提到的追求进口替代型增长模式的国家。

中国有许多公司有能力开发出令人振奋的新产品。但政策制定者面对的关键问题是，是否有足够的公司支持 14 亿人口的经济并推动其发展。尽管中国在过去 40 年里取得了惊人的经济增长，但仍有 6 亿人的月收入在 1 000 元或以下，9 亿人的收入在 2 000 元或以下。因此，中国仍然可以利用外国市场和策略 B 为这 9 亿人提供有报酬的就业，从而提高他们的生活水平。

对于中国公司开发新产品，政府还必须对知识产权进行保护——没有知识产权，公司就不会放心地将资源投入研发。由于策略 A 在本质上比策略 B 更具风险性，金融系统将不得不进行改革，以确保这些公司能够获得更多的风险资本。实际上，中国政府将不得不实施美国政府多年来一直要求的各种政策。

虽然这些政策改革可能真的会发生，但新的环境——消费者越来越少，越来越不富裕——将比中国公司已经习惯的环境更具挑战性。因此，随着"脱钩"的进展，经济增长可能会放缓。战后很少有国家在人均 GDP 还很低的时候转向更难以实现的策略 A，而且没有一个国家成功实现持续的经济增长，这一事实表明，中国面临着巨大的挑战。

此外，当在中国设厂的外资公司开始缩减业务，以应对其他地方的低工资（中等收入陷阱）挑战，或者面临中国制造的产品被征收更高的境外关税难题时，就必须有公司取代它们的位置，以维持产出和就业。尽管出现越来越多有能力的中国公司既能在国内生产，又能在国外销售产品，但问题是一样的：在外资公司离开后，是否有足够的公司为民众提供有报酬的就业岗位？

一个处于中等收入陷阱的国家应该有意识地努力提高国内资本回报率，以便外资公司和本土公司继续投资。只有让企业家保持扩张，经济才不会受拖累。

在短期内，政府可以通过扩张来保持经济不萎缩。但是，除非这些公共工程的社会回报率高到可以自负盈亏，否则不断增长的预算赤字和维持新项目成本的融资负担最终会迫使政府减少财政刺激措施。一旦这些财政支持措施被取消，经济增长就会放缓，除非企业不断成功地推出令人振奋的新产品。

如前文所述，中国的劳动年龄人口在中国跨越刘易斯拐点的 2012 年开始萎缩。从人口学的角度来看，整个劳动力供给曲线在一个经济体达到刘易斯拐点的时候开始向左移动是非常不寻常的。日本和韩国都在达到刘易斯拐点后享受了约 30 年的劳动力增长。

日本例子的指导意义在于，预计最早将于 2022 年开始的总人口下降将拖累由人口增长带来的那部分经济增长。如果中国不能在人口因素带来的经济增长势头消失前走出中等收入陷阱，那么作为社会负担不断加重的老龄化国家，可能难以实现人均 GDP 在 2035 年达到 20 000 美元的目标。

"脱钩"并不意味着中国与西方的所有贸易在一夜之间消失。即使在 20 世纪 60 年代，在美国和苏联冷战的高峰期，美国和英国也从民主德国进口了大量的单镜头反光相机，并在公立学校的摄影课上使用。这是因为民主德国的相机比联邦德国和日本的同类产品要便宜得多。

在财政政策的帮助下，如果没有实际的军事冲突，中国经济可能会在未来几年继续增长。然而，在人口老龄化和国内工资已经达到中等收入陷阱的标志水平时，与西方"脱钩"可能导致增长率大幅下降。

从这个意义上说，如果中国想在2035年达到上述生活水平，没有时间可以浪费，也没有政策错误的空间。中国的政策制定者必须了解迄今为止哪些企业在扩张，以及未来哪些企业将会扩张。

人类进步的经济命运

在五千年的文明史中，人类在尊重个体方面取得了巨大的进步，无论其背景、信仰、肤色、性别或性取向如何。虽然这个过程远未完成，而且有些领域的进展已经逆转，但世界已经远远超过了100年前的水平。这些进展大多发生在各经济体进入后刘易斯拐点的黄金时代之后，表明包容性社会改革必须有一定的经济基础。

那么，人类进步的经济命运是什么？图3-11所示的所有追赶和被追赶的最终结果是什么？

人类进步的经济命运最终可能会是这样一个世界：地球上的每个人都能平等地获取经济进步的机会，无论他们在哪里出生或长大。在这个世界上，出生在索马里或孟加拉国的人将有与出生在美国或德国的人同样的机会。但今天，不幸的是，世界仍然离这个目标很远。

今天，一个出生在索马里的人必须非常努力地学习和工作，才能享受到出生在美国或德国甚至不那么勤奋的人那样的经济福祉。在20世纪五六十年代的美国黄金时代，即使是没有什么技能的人也买得起漂亮的房子、大汽车等，这对其他地方的人来说是不可想象的。

这种地理上的不平等，正在被前文描述的工业化和全球化进程改变。

在过去的30年里，这一全球化进程得到了信息技术行业发展的巨大推动，它极大地降低了通信成本。因此，任何可以在办公室外进行的工作现在都可以在世界任何地方进行，这一点在新冠肺炎疫情防控期间得到了证明。信息技术也降低了发达经济体过去相对于新兴经济体的先发优势。例如，不久之前，判断一所大学的质量是以其图书馆的书籍数量为标准的，但今天，许多研究领域所需的大部分材料，在世界任何地方，只要有互联网连接就可以获得。

这些信息技术的发展降低了新兴经济体和发达经济体创办或扩大企业的成本。对于那些愿意承受创业和扩大业务压力的人来说，全球市场只需要一个互联网连接，今天的商业机会比历史上任何时候都要多。

这也意味着发达经济体中那些不学习或不努力工作的人的轻松日子已经成为过去。如果他们不提升自己的技能以适应和领先于当前的需求，他们的实际工资可能停滞不前或下降。如果被追赶经济体的政府依靠保护主义来保护那些技能有限的人的工作，那么这些经济体本身可能会失去其发达经济体的地位，因为它们的产业失去了与世界其他经济体竞争的能力。

结　论

经济要增长，就必须有人借钱或动用储蓄，使支出超过收入而扩张。对于消费者来说，他们必须得到无法抗拒的"必须拥有"的产品。对于企业来说，它们必须找到有吸引力的投资机会，值得借钱来投资。是否有这样的机会，取决于经济体的发展阶段和难以预测的技术创新，从而产生新产品（策略A）或更有效地制造现有产品的新方法（策略B）。

大多数实现经济增长的新兴经济体都遵循出口导向型策略 B，因为它们处于工资较低的经济发展阶段，采取这一策略能带来良好的资本回报。由于进口国的消费者在做扩张，策略 B——如果国家能够提供较低的工资成本——比策略 A 要容易得多，并将使新兴经济体比其更先进的同行增长得更快。

发达经济体的经验表明，新兴经济体不应该认为出口商品有好销量的时光会永远持续下去，而是应该通过有意识地提升人力和物质资本，为有一天不得不转向策略 A 做准备。正如中等收入陷阱的概念所示，全球化的迅速蔓延也迫使许多新兴经济体面临着与被追赶经济体类似的挑战。

同时，被追赶经济体的政策制定者必须克服至少三个挑战：第一，必须认识到国内投资机会的短缺，有意识地通过供给侧改革来提高国内资本回报率；第二，必须提高劳动力市场的灵活性，以便公司能够采取规避措施，抵御追赶者；第三，必须认识到，教育在后工业化被追赶的时代，远比在制造业主导的黄金时代更重要。

在黄金时代的政治格局中，一方面，保守派在新自由主义传统的基础上推动平衡预算和小政府，以及减税和放松管制等供给侧改革；另一方面，革新派推动工人的权利，包括加入工会的权利，以及增加基础设施和社会项目的支出，比如教育。

在被追赶的时代，即使在零利率的情况下，私人部门往往也是一个净储蓄者，因为企业很难找到有吸引力的国内投资机会。这意味着政府必须准备好在宏观经济层面上作为最后的借款人运作，以保持经济的发展。平衡预算和小政府是不合适的，直到私人部门的借款人回来。

然而，在微观经济层面上，如果企业不在国内进行更多的投资，经济增长和良好的就业机会就不会出现。这意味着政府必须实施放松管制和减税等供给侧改革，以提高资本回报率，这是小政府的特点。

政府还必须通过确保每个人都能平等地获得优质教育，来解决被追赶时代不平等的固有趋势。

各政党必须调整自己的立场，以便在这个新环境中保持重要性。保守派将不得不放弃对平衡预算的坚持，因为私人部门是一个净储蓄者，而革新派如果希望吸引投资，就必须放弃对有组织的劳工的关注和对供给侧改革的反对。让劳动力市场更加灵活也意味着必须为工人提供更好的社会保障。

税收制度也必须进行改革，以便在不忽视收入流的情况下最大限度地发挥人口的创造潜力。这将需要一个精心校准的税收结构，也就是说，关于税率的决定应该更多的是一个技术校准问题，而不是一个政治问题。

供给和教育改革都需要很长的时间才能见效。在此期间，如果私人部门仍然是净储蓄者，政府可能不得不充当"最后的扩张者"，建造收支平衡的公共工程项目。幸运的是，当私人部门成为净储蓄者时，找到这样的项目更容易，因为政府债券收益率将下降到非常低的水平。这种财政支持必须保持下去，直到另一个私人部门的投资热潮到来。

所有这些都表明，被追赶时代的经济管理比黄金时代的要求高得多。尽管有些人渴望黄金时代的回归，但在认识到全球背景下被追赶经济体的现实面前，他们都无法实现经济增长。

第六章

新冠肺炎疫情和量化宽松陷阱期间的货币政策

2020年初，新冠肺炎疫情导致的衰退，将全球经济从情形3推至情形2，迫使各国政府和央行为了应对这场经济下行而做出重大的政策转变。受到供给中断和可持续发展目标①的共同影响，能源价格不断上涨，随后的经济复苏更是进一步推高价格，加重了人们对通胀的担忧。2022年的俄乌冲突进一步加剧了这种担忧。

当疫情暴发时，人们被迫留在家中避免感染，这使无数住户和企业的收入大幅下降。出于防控的原因，大部分经济体的GDP急剧收缩。2020年第二季度，美国、欧元区和日本的GDP分别下降了8.94%、11.63%和7.95%，这是20世纪30年代大萧条以来最糟糕的数据。以美国为例，失业率在短短两个月内就从50年以来的最低水平飙升至90年以来的最高水平。中国台湾是最早向世界卫生组织（WHO）报告出现新冠病毒感染病例的地区之一，并且在疫情初期就设法遏制疫情传播，因此该地区在2020年的大部分时间里都能够维持经济活动。但是，中国台湾在2021年春天受到绰号为"狮子王"的超级传播者

---

① 原文为Sustainable-Driven Goals（SDGs），意为可持续驱动目标，含义与常见表述Sustainable Development Goals（SDG）一致。——译者注

影响，并在 2022 年经受了奥密克戎变异毒株的打击。

企业和住户平常需要支付租金和其他费用，因为收入突然受到损失，企业和住户只好提取储蓄或者通过借款维持生计。这些行为使金融市场骤然收紧，因为作为资金供给方的储蓄者开始提走储蓄，同时，作为资金的需求方，2008 年后较为缺乏的借款人重新涌入，通过借款来获得运营资金。上述这些行为上的转变将经济从情形 3 推至情形 2。

因此，2020 年 3 月初，大部分市场借款成本的飙升，使本就受到疫情重创的企业所面临的困境进一步恶化。这可从美国和欧洲突然跃升的公司债券收益率中看出（见图 6-1）。根据日本央行短观调查报告（见图 6-2），日本企业金融状况扩散指数在疫情衰退后暴跌（右侧椭圆），下跌速度让人想起 2008 年的全球金融危机（中间椭圆）和 1998 年的银行业危机（左侧椭圆）。

图 6-1 公司债券收益率已回到了疫情前的水平，
但西方由于对通胀担忧，收益率再次上升

注：截至 2022 年 3 月 11 日的数据。
资料来源：标准普尔道琼斯指数有限责任公司。

日本企业金融状况扩散指数

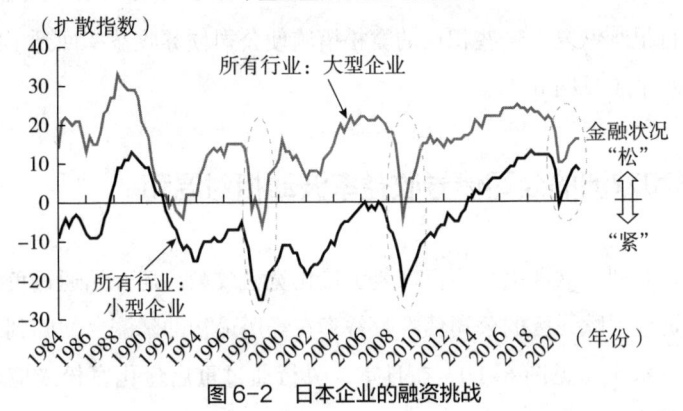

图6-2　日本企业的融资挑战

资料来源：日本央行短观调查报告。

前述两场危机都是由金融危机等贷方因素引起的，而在疫情之初，紧张的金融状况则是借款人收入骤降导致的。

经济疲软通常伴随着较低的利率，但是这次情况正好相反，经济崩溃引起利率大幅上升。为了恢复金融市场的正常运行，央行充当了最后贷款人的角色。这是西方自2008年以来，以及日本自1990年以来，央行的货币宽松首次变得如此必要，因为此时的情况与2020年资产负债表衰退前完全不同。

全世界的央行都接受了这一挑战，并注入大量资金来安抚市场。尽管新冠肺炎疫情的冲击不同于雷曼事件后由贷款人引发的全球金融危机，但是各国央行仍然向市场注入了远高于2008年时的资金。这些资金可以在图2-12至图2-14和图2-17的货币基数中看到。同时，美联储迅速将利率降至零。

美联储还直接向非金融企业提供流动性。央行直接向私人部门贷款一直是忌讳的。然而美联储通过直接购买公司债券，缓解了市场对企业生存的担忧，安抚了投资者情绪，从而降低了债券收益率。美联储担心，如果放任企业因疫情防控期间的收入减少而破产，那么即使最终找到了新冠病毒的针对性治疗方案，银行的不良贷款也会激增，经济将很难恢复。这些积极的宽松措施使公司债券收益率回到了疫情前的水平（见图6-1）。

日本和欧洲的公司债券收益率波动相对温和

在欧洲，欧洲央行不仅恢复了量化宽松政策，还开始通过负利率注入资金。欧元区的公司债券收益率在经历最初的暴涨后回归到了疫情前的水平（见图6-1）。在日本，央行通过重启量化宽松来应对突然增多的借款人。

与央行一样，各国政府也关注企业能否承受疫情衰退的压力，因此采取了各种措施，希望可以在短期内降低企业的成本，例如，美国的"薪资保障计划"（PPP），欧洲和日本提出大规模的贷款担保计划，这些措施都有助于缓解人们对企业能否生存的担忧。欧盟公布了一项7 500亿欧元的救助计划，通过在欧元区内发行债券来筹措资金，这也是欧元诞生以来首次使用这类方法。

这些政策使各国政府成为巨额的借款人，它们向企业和住户提供财政支持，帮助他们提高生存能力。由于在疫情防控期间，人们不能与他人近距离接触，所以政府不能通过公共项目等向企业和个人支付，而必须通过向其直接支付的方式来实施上述财政支持政策。政策支出大大增加了政府的财政赤字。

资本市场已经不再把央行对于财政赤字的融资当回事

这就产生了一个问题，为了实施上述政策而产生的财政赤字要如何进行融资？迄今为止，大部分经济措施实际上都是由央行的量化宽松提供资金，例如美国在2020年支出的3.9万亿美元，这可以从

2020年后货币基数的大幅提升中看出。这是必然的，因为只有央行才能如此迅速地提供政策所需的数万亿美元资金。尽管在1990年后的日本和2008年后的西方，私人部门一直是巨大的净储蓄者，但是发生了如美联储主席杰罗姆·鲍威尔所称的这种自然灾难，导致政府的借款需求猛增，只有央行能够迅速提供所需资金。

由于央行为预算赤字融资的行为会引起恶性通胀，长期以来一直被经济学家视为禁忌，但是资本市场对此却不置一词。现阶段，市场想法之所以变得不同，至少有五方面的原因。

第一，在疫情防控期间无须担忧通胀，这是因为供给远大于需求。实际上，如果央行没有对政府的财政刺激提供支持，经济很可能会陷入破产和失业的恶性通缩循环。

第二，尽管自2008年以来，央行通过量化宽松购买了巨额的政府债务，但仍然未能实现其通胀目标，这表明，量化宽松并不必然引发通胀。尽管这种情况让推动量化宽松政策的央行和经济学家颜面尽失，但也正是他们的失败，让市场得以在疫情防控期间保持冷静。

第三，不同于普通的自然灾害，经济的资本存量并未受损，这意味着在疫情结束后也不需要开展灾后重建。

汇率在各国央行的共同行动下保持稳定

第四，由于各国央行采取了相似的政策，汇率受到的冲击较小。过去所有财政赤字货币化导致的恶性通胀，起因都是本国货币在外汇市场崩盘，进而导致进口成本大幅提升。本质上，人们担心央行通过印钞票为政府赤字融资的行为会使货币贬值，于是他们急于把本国货币兑换成其他货币。

然而这一次，各国央行都在实施相同的政策，这让人们不知道应该把钱换成哪种货币，所以汇率一直保持稳定。尽管黄金和加密货币有所升值，但这对于提高本国通胀率是毫无影响的。

第五，那些受疫情冲击最大的企业和住户往往没有多少储蓄，很多人因此破产。由于意识到未雨绸缪的重要性，那些在衰退中坚持过来的人很可能会优先对疫情防控期间耗尽的储蓄进行补充。特别是在不断出现新冠病毒变异毒株，时刻威胁经济复苏的情况下，为了安全起见，很多人的储蓄可能已经超过疫情前的水平。

对于一些住户和企业来说，疫情最重要的长期影响也许是认识到了有足够储蓄的重要性。这与疫情前人们的心态正相反，此前政治家、学者和金融人士都在抨击企业囤积现金，认为这不是资本的最优选择。然而正是这些预防性的囤积在很大程度上帮助企业经受住了疫情的冲击。

在新的范式中，企业使用借款购回股票等行为将会变得谨慎，因为这会降低企业储蓄，同时弱化企业抵抗疫情和其他外部冲击的能力。重新提高储蓄意味着疫情后经济增长将会转弱，但是经济体本身更具弹性。如果私人部门为了补充疫情防控期间耗尽的储蓄而纷纷变为净储蓄者，就会提高疫情之后经济转变为情形3的可能性。

也就是说，对于正常时期和疫情防控期间这两种情况，央行为财政赤字融资所带来的影响截然不同。这项政策在正常情况下应该被禁止，而在疫情防控期间却可以安全使用。

通胀回归

从2021年春季开始，疫情传播浪潮席卷了全球不同地区，美国和欧洲因为供给受到限制而引发通胀。产品生产只有在零部件全部到位的情况下方能开展，而零部件通常在全球各地制造生产，多轮疫情不仅严重干扰了全球各地的生产，也影响了产品运输。举例来说，集成电路芯片短缺的问题很难解决，因为生产芯片所用的设备本身也需要用到十分短缺的芯片。

然而，为了使通货膨胀持续恢复，首先需要改善两个方面的问题，正是这两个问题将发达国家推入情形 3。一是相对于新兴经济体而言，发达国家资本回报率较低。二是泡沫破裂后对资产负债表的担忧，这两者都会导致借款人的消失。后者已有改善的迹象，但是前者进展甚微。在过去两年还出现了一个新的因素，全球推动的可再生能源可能会促进更多国内投资。但是如果前文提到的两个问题不能取得显著进展，经济在中期仍可能被推向非通胀的情形 3 中。与此同时，各国央行将全力应对由供给短缺引发的通胀，因为供给短缺对货币紧缩政策反应欠佳。

50 年后，财政刺激重现

新冠肺炎疫情引发的衰退和 2008 年后的资产负债表衰退，两者之间的一个关键区别在于政府财政应对措施的规模。2008 年，当大西洋两岸的房地产泡沫破裂时，价值数十万亿美元的资产蒸发。正如第二章中提到的，这使私人部门迫切需要修复数百万资不抵债的资产负债表，迫使私人部门每年的储蓄规模约为 GDP 的 10%。

面对巨额的财富损失和私人部门的大规模去杠杆化，当时新当选的奥巴马政府能从共和党反对派中获得的最好方案仅是为期两年、共计 7 870 亿美元的一揽子计划，这个金额约占每年 GDP 的 2%。这 2% 根本不能扭转经济的颓势。

此外，出于共和党的原因，联邦政府没有后续的财政方案。2010 年中期选举后，共和党执掌议会的下议院，他们希望平衡政府预算，并未考虑到私人部门为了修复资产负债表已经积累了大量的超额储蓄。因此最终导致了一场持续近 10 年且十分痛苦的资产负债表衰退。

这一次，美国政府仅在 2020 年就实施了价值 3.9 万亿美元的财政刺激措施，几乎占美国 GDP 的 20%。拜登政府随后通过了一项 1.9 万亿美元的经济支持计划，并在 2021 年通过了 1.2 万亿美元的基础设施支持计划。这些财政刺激的金额巨大，就连劳伦斯·萨默斯也警告，这可能引发通货膨胀。复苏中的经济本就存在供给不匹配的问题，毫无疑问，如此大规模的财政措施会对价格形成上行压力。这是自半个世纪前的越南战争以来，人们对财政政策的担忧首次由"太少"转为"太多"。

能源部门无法回到 2020 年前的情况

经济体中有一个部门不会回到疫情前情形 3 的状态，那就是能源部门。由于最近人们对气候变化的关注度不断提高，化石燃料生产商的商业环境发生了巨大的变化。包括中央银行在内的金融机构，正面临减少资金流向化石燃料相关行业的压力。

拜登总统支持人们关注可持续发展目标，他对气候变化带给人类的生存威胁深感担忧。拜登的前任否认了气候变化这一威胁的存在，且整整 4 年没有采取任何行动，而拜登试图对此进行补救。日本也宣布了一项雄心勃勃的计划，时任日本首相菅义伟在 2020 年底宣布，日本将在 2050 年实现碳中和，有效地消除所有二氧化碳和其他温室气体的排放。欧洲则比这更早，中国也试图在 2060 年实现碳中和。

但是，不管向可再生能源转型多么必要，目前根本就没有足够的可再生能源来确保经济持续运行。近期限制化石燃料投资的举措已经导致欧洲等地的能源短缺，引发能源价格大幅上涨，经济增长停滞。

过去，对化石能源投资是因为预期未来对化石能源的需求将越来越大。但现在，世界上许多政府做出类似的规定——从某日起只可以销售电动汽车。这些新的限制很可能继续扩展至由化石燃料驱动的其他机器和运输设备上。

这意味着如果企业考虑投资化石燃料，就必须在非常短的时间内收回成本。社会越来越倾向于认为，开采化石燃料即便算不上恶行，在道德层面上也是令人质疑的，这让很多公司不再投资此类项目。基于市场上这些根本性的变化，供给逐渐落后于需求，导致价格迅速上涨。

然而，对于化石燃料而言，高昂的价格是十分必要的。这一方面可以增加对可再生能源的投资，另一方面证明了对化石燃料的投资仍有必要，可以避免能源短缺，当然投资必须快速收回成本。事实上，如果化石能源不提高价格，世界寻求的能源转型将是不现实的。

人们必须现实地对待能源转型的时间问题。如果用可再生能源完全取代化石燃料，将需要几十年的时间，缩短实现零碳目标所需时间的唯一办法是发展核能。但就如丰田汽车社长丰田章男所说，[1]如果日本汽车都使用电力驱动，则日本还需要10座核电站。如果世界上所有使用天然气、石油和煤炭的机器都依靠电力运行，那么需要的核电站数量绝对是惊人的。

这些残酷的现实导致在漫长的过渡时期不时地出现"可持续发展目标疲劳"，尤其是当经济反复遭受能源短缺问题时，情况更明显。这种疲劳和由此产生的政治阻力很容易延长过渡期，进而对地球造成危害。想要避免这种挫折，就必须避免能源短缺。

在不久的将来，化石能源的使用将受到严格的限制，因此扩大化石燃料的供给将会非常困难。煤炭、天然气和石油的供应充足，在短期内确保经济正常运行，加快部署可再生能源，唯一的方法就是在现阶段提高化石燃料的价格。这意味着能源价格在高位波动的情况将持续下去。

---

[1] Toyotimes, "JAMA Chairman Akio Toyoda Talks Earnestly about Carbon Neutrality in Japan," Toyota Motor Corporation's website, January 8, 2021. https://toyotatimes.jp/en/toyota_news/111.html.

央行负责价格稳定，因此必须认识到，经济体的其他部门可能试图回到 2020 年新冠肺炎疫情前的正常通胀水平，但是能源部门却正相反。在过去两年出现的对可持续发展目标的关注意味着，与能源相关的通胀压力不仅不是暂时性的，反而是向可再生能源过渡的必要条件。俄乌冲突所带来的能源价格上涨可能在和平恢复时发生逆转，但仍可能高于疫情前的价格。

这意味着被追赶的经济体在未来几年将面临能源价格居高不下，且购买力逐渐减少的情况。如果 20 世纪 70 年代的滞胀是由高油价引发的，那么类似的情况很可能再次出现，因为可再生能源的转型同样也将伴随着更高的能源价格和缓慢的经济增长。

对可持续发展目标的关注可能使经济重回情形 1

从中期来看，对可持续发展目标的关注可能会给全球经济带来深远变化，甚至将发达经济体从现在的情形 3 转变为情形 1。这是因为，如果用电动设备取代目前使用天然气、石油或者煤炭的所有设备，将需要大量的资金投入。企业和住户都可以通过借款的方式为设备更新换代进行融资。

过多关注气候变化也可能会减缓全球化的步伐。欧洲等地的一些国家已经号召对那些应对气候变化力度较弱的国家实行进口壁垒。实际上，这可能会削弱美国在战后推行的自由贸易体制所带来的全球化，因为企业会将生产搬回国内。如果对可持续发展目标的关注减缓了全球化的进程，那么被追赶的经济体这一概念也将失去意义。此外，最近疫情导致的供应链中断也可能迫使企业进行近岸生产。这些事态发展会阻碍全球化，并增加国内通胀压力。

后疫情时代货币政策的正常化将面临挑战

疫情导致供应链中断引发了价格上涨，人们对气候变化问题的关注导致了能源价格上涨，这些都不是央行能够解决的问题。但是这种物价上涨，叠加人们盼望已久的财政激进主义的回归，共同标志着货币政策的环境发生了变化。

2008年以来，由于解决资产负债表衰退所需的财政政策尚未出台，包括量化宽松、前瞻性指引和负利率（在欧洲和日本）在内的所有非常规货币政策都已落地实施。至少在美国等地，财政政策的回归叠加能源价格的上涨，意味着央行应逐步退出非常规政策，以恢复其对抗通胀的职能。

对抗通胀的职能是必要的，因为对通胀的担忧正在严重影响消费者信心和整体经济。例如，由于消费者担忧通胀，2021年11月的密歇根大学消费者信心指数降至10多年以来的最低水平，甚至低于疫情防控期间最糟糕的水平。此外，美联储认为，只要供应链问题得到解决，油价终将恢复稳定。无论美联储对这一观点多么有信心，未来2~3年也没人能够确定。

与此同时，如果市场参与者认为美联储对抗通胀的行动已经错失先机，他们可能会通过出售债券来确保自己不受通胀影响，这将导致长期利率飙升，并将经济推入衰退。如果美联储对抗通胀的立场不再可信，那么将大幅增加债券市场抛售的可能性。美联储需要花费大量的时间和精力来重获市场信心并降低长期利率。

认识到这一风险后，美联储扭转了对通胀的立场，并在2021年底逐步开启货币政策正常化。如图4-6所示，这个过程是一个巨大的挑战，因为美联储需要在提高利率的同时，重新吸收在2008年后资产负债表衰退和2020年后新冠肺炎疫情衰退这两个时期注入的大量流动性。为此，美联储必须出售政府债券以及2008年以来购入的其他债券。考虑到所涉及的资金规模巨大,即便实体经济已经进入复苏的轨道,市场也将经历一个艰难和动荡的时期。如果这一过程没有得到正确的处理,由此产生的市场波动甚至可能损害实体经济。但是,如果私人部门重新开始借贷,吸收流动性失败将会迫使美联储实施更加严苛的货币紧缩(这一点将在后文中进一步讨论)。

美联储之前曾尝试开启货币政策正常化进程,但随后终止了。2013年5月,当美联储宣布将开始减少或逐步削减其在量化宽松政策下对政府债券的购买时,市场的反应十分糟糕,长期债券收益率被大幅推高,这一情况后来被称作"削减恐慌"(taper tantrum)。在那次冲击后,市场用了几个月才恢复稳定。

在那之后就是从2015年12月开始的连续9次加息,然后是从2017年10月开始的量化紧缩,其中的一些措施导致了市场动荡。然而,在2019年下半年经济出现疲软迹象时,货币政策正常化进程被中止,并在2020年2月疫情暴发时完全取消。

在量化宽松后的货币政策正常化期间,市场的波动可能会加大,这是因为在经济复苏刚开始时,金融市场中已经存在大量的流动性,这种情况在历史上尚属首次。2008年以来,美联储在量化宽松政策下向市场提供了约5.5万亿美元资金,欧洲央行、英国央行和日本央行的资金注入规模分别为5.28万亿欧元、9 920亿英镑和581.8万亿日元(见图2-12至图2-14和图2-17)。

因此,美国的货币基数占GDP的比重由2008年9月的6.3%上升到2021年12月的27.5%。欧元区的这一比重从9.4%上升到47.8%,英国这一比重由5.4%提高至49.3%,日本则由17.1%提高至122.6%。美国的这一数据比雷曼兄弟倒闭时期的水平增加了4.4倍,欧元区增加了5.1倍,英国增加了9.1倍,日本增加了7.2倍。在雷曼兄弟危机前,银行体系中准备金的倍数甚至更大(见图6-3)。

基础货币的增加意味着,假如企业和住户恢复借贷(即经济回到情形1），同时图2-12至图2-14中所示的各类货币流通额指标之间的关系也恢复到2008年前，美国的信贷和货币供给可能增加4倍，将通胀率推至极高水平。这些国家之所以没有经历如此失控的通胀，唯一的原因是它们一直处于情形3，私人部门的借贷非常疲软，尽管利率接近零，但是企业和住户一直在储蓄或者偿还债务（见图1-1）。

这意味着各国央行将不得不在借款人返回前出售其持有的政府债券，将过剩的流动性削减至当前水平的零头。但这对经济和债券市场来说将是一场噩梦，因为央行从未在市场上如此大规模低价抛售过债券。随后债券价格的下跌意味着所有人的借贷成本都会上升。

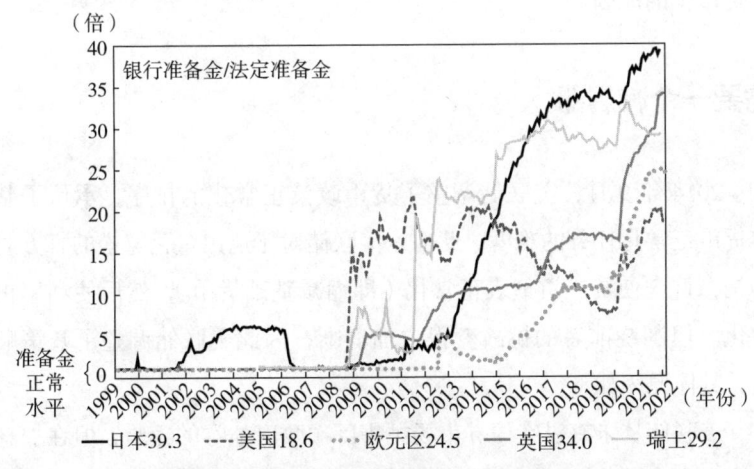

图6-3 实施量化宽松的央行必须在借款人返回前大幅减少准备金，以避免信贷激增

注：英国央行和美联储分别于2009年3月和2020年3月暂停了存款准备金要求。暂停后的数据基于最初准备金要求仍然适用的假设。
资料来源：野村综合研究所，基于日本央行、美联储、欧洲央行、英国央行和瑞士国家银行的数据。

图4-6已经指出美国货币政策正常化的必要性。该图表明，利率

和基础货币都必须正常化，这在 2015 年前从未尝试过。艾伦·格林斯潘在 2001 年互联网泡沫破灭后将利率降至 1%，然后从 2004 年开始 17 次提高政策利率，通过这种方式将利率提高至 5.25%，成功地完成了利率正常化。但他同时让基础货币缓慢增加，换言之，他通过提高利率来收紧货币政策，同时他也允许通过基础货币增加来放松货币政策。格林斯潘之所以能够这样做，是因为他和他的前任都没有实施量化宽松：对他而言，需要正常化的只有利率。

这次各国央行如果想使货币政策正常化，需要在提高利率的同时缩减货币基数。后一项任务的困难正是量化宽松政策（或央行为财政赤字的融资行为）的成本之一，这也是央行行长一直试图避免财政赤字货币化的原因。

需要一个减震器

2014 年 9 月，美联储调整了货币政策正常化的排序，承认了基础货币正常化任务的难度。此前，美联储对于退出量化宽松的官方立场是，首先使资产负债表正常化（即缩减基础货币），然后使利率正常化。但围绕前者的挑战变得愈加清晰，因此美联储调整了政策顺序，具体原因如下。

美联储从未有过在债券市场抛售巨额政府债券的经验，但在加息方面的经验丰富。美联储首先提高利率，在利率恢复到足够高水平后，启动资产负债表正常化，这样美联储就拥有了一个减震器，可以防止资产负债表正常化进程（或其他因素）引发债券市场崩溃。换言之，不管债券价格出于任何原因下跌，美联储都可以通过降低利率来缓冲。

2015 年私人部门借款人缺失，尽管这表明不必急于开展正常化的操作，但实施量化宽松的央行必须比没有实施量化宽松的央行更早地行动起来。这是因为，在私人部门借款人正在逐步恢复之际，如果央行试图减少流动性供给，很可能会使债券收益率飙升。如果市场开始认为，央行在注入如此大规模的流动性后其对抗通胀的行动为时已晚，那么债券收益率可能会继续上升。大幅上升的债券收益率反过来将给经济和市场带来非常严重的后果。

如果想要顺利实施政策正常化，那些已经实施量化宽松的央行就必须在私人部门恢复资金需求前启动这一进程。这是因为如果没有私人部门的借款人，即便美联储开始抛售债券，债券收益率提高的程度也有限。

相对股市，美联储更关注房地产

美联储加快推进货币政策正常化的另一个原因是，某些部门出现了资产价格泡沫，尤其是在美国的房地产市场。正如第二章和第四章所述，即使在资产负债表衰退时期，也可能出现微小泡沫，因为传统借款人的消失迫使基金经理寻找所有可以升值的现存资产。但是央行并不欢迎这些泡沫：毕竟，2008年的房地产泡沫破裂引发了西方自二战以来最严重的衰退。

如第四章所述，当前美国的商业地产价格比2007年泡沫顶峰时还高出68%（见图4-7）。房价也比2006年泡沫峰值高出51%。旧金山由于毗邻繁荣的硅谷，其房价已经超过泡沫顶峰的58%。

尽管很多发行人的盈利情况和信用远不如新冠肺炎疫情之前，但是疫情防控期间央行对经济的支持措施仍将企业股票和债券价格推至高位。例如，2020年电动汽车生产商特斯拉的市值达到了丰田的2倍，但产量仅为丰田的1/29。换句话说，资产价格泡沫是由央行流动性引发的，而投资者也乐于忽视潜在风险。尽管泡沫已经形成，但考虑到民生受到了威胁，政府和央行做了它们必须做的事情，至少在疫情的第一年是如此的。

鉴于市场中已经存在资产价格泡沫，那么货币当局感到压力并采取行动避免泡沫及其不良后果，也就不足为奇了。美联储在寻求政策正常化进程中，能否应对小泡沫的破裂，这取决于私人部门在金融系统中加杠杆的情况。如果部分私人部门杠杆率很高，泡沫破裂可能会引发较大的混乱；而如果杠杆率适中，那么任何政策调整都是可控的。

从私人部门杠杆率的视角观察美国经济，可以发现房地产部门作为上次危机的诱因，其杠杆率自上次危机以来已经平稳下降（见图 2-5）。据说像旧金山这样房价有泡沫的地方，大部分大额交易都是用现金的。

遗憾的是，商业地产的情况并非如此，因为大部分交易是用借款完成的，企业很少用现金购买商业地产。所以美联储十分关注这一市场，自2016年已经实施了强有力的宏观审慎管理措施来抑制房地产贷款。

房地产泡沫不仅是美国的问题。由于欧洲央行实行量化宽松和负利率政策，欧洲房地产价格自2015年以来大幅上升（见图 2-4）。例如，荷兰房价已经超过在2007年达到的峰值。日本在负利率、巨额量化宽松和遗产税改革等情况下，热门地区房地产价格也在大幅上涨。2017年，位于东京中心银座地区的房价创下历史新高，这是自27年前泡沫破灭以来的首次突破。

如果这些泡沫持续扩大并最终破裂，经济将回到起点，并将面临长期且痛苦的资产负债表衰退。这标志着"泡沫—资产负债表衰退"的循环将再次上演，也意味着2008年以来所有复苏经济的努力都是徒劳的。

货币政策正常化的首次尝试

2015年12月16日,美联储首次着手实行利率正常化,当时联邦公开市场委员会(FOMC)一致同意9年以来首次上调联邦基金利率。同时,由于企业和住户仍在修复资产负债表,美国的私人部门保持了巨额的财政盈余。当私人部门不再借款时,提高利率是一件棘手的事情。事实上,如图4-3所示,尽管2015—2019年9次上调利率,但是NFCI显示,借款条件正在变得宽松。但这并未改变美联储加息的做法,因为这么做的主要原因是获得缓冲。

在首次加息的新闻发布会上,美联储主席耶伦表示:"如果我们不开始小幅缩减宽松政策,就业和通胀将很有可能双双超过预定目标。"[1] 她还表示,如果美联储的正常化进程推迟太长时间,"很可能不得不在某个时刻突然收紧政策",从而加剧衰退风险。

在2016年1月6日接受CNBC采访时,时任美联储副主席的斯坦利·费雪宣布,市场对于紧缩步伐的预期"太低"。[2] 他表示鉴于股票市场和商业地产领域已经出现微小泡沫,为了"防止资产价格过高",美联储需要推进货币政策正常化。费雪警告,较高的资产价格会"给市场造成巨大混乱",可能需要最终快速提高利率,而这将引发股票、债券和其他资产价值暴跌。

美联储官员的这些言论表明,他们已经充分认识到如果2%的通胀目标不能实现,而私人部门又已经恢复借贷,那将面临怎样的风

---

[1] Board of Governors of Federal Reserve System(2015),"Transcript of Chair Yellen's Press Conference, December 16, 2015," p. 10. https://www.federalreserve.gov/mediacenter/files/FOMCpresconf20151216.pdf.

[2] CNBC(2016),"Fed's Fischer: Markets Missing Mark on Future Rates," January 6, 2016. http://www.cnbc.com/2016/01/06/feds-fischer-uncertainty-has-risenin-markets-unsure-of-n-korea-news-impact.html.

险。这些表态还表明，美联储在踏上艰难旅程之际，也在积极努力地管理预期。

当私人部门的资产负债表修复后，对借贷的需求预计会增加，进而增加通胀压力。然而，由于发达国家正处于被追赶阶段，借款人不太可能恢复到黄金时代的水平。不过，除非央行将量化宽松政策下注入经济的过剩流动性挤出，否则即使货币供给和信贷增长仅为基础货币乘数的1/10（比如是40%而不是400%），通胀率也仍可能上升到极高的水平。

量化宽松陷阱：货币当局和市场之间的拉锯战

尽管已经有了前文提到的预防措施，但9年以来的首次加息仍在2016年初引发了剧烈的市场波动，道琼斯指数较峰值下跌了12%。市场波动增加，不仅是因为很多市场参与者已经习惯了宽松的货币政策，还因为在通胀率仍低于通胀目标时，美联储就采取了紧缩政策。

但是，美联储对资产价格和一般价格水平采取措施的决心并未动摇，时任旧金山联储总裁的约翰·威廉在2016年表示，在1987年10月黑色星期一，股价下跌30%并未对实体经济产生任何影响。他还引用了经济学家保罗·萨缪尔森的俏皮话，股市预测了"过去5次衰退中的9次"，旨在强调股市和实体经济不是一回事。[1] 副主席费雪同样指出，美国经济没有受到2011年股市大幅波动的影响。市场一恢复平静，这些言论就会立刻出现，这凸显了美联储对于货币政

---

[1] Williams, John C.（2016），"The Right Profile: Economic Drivers and the Outlook," a presentation to Town Hall Los Angeles, February 18, 2016. http://www.frbsf.org/our-district/files/Williams-Speech-The-Right-Profile_Economic-Drivers-and-the-Outlook.pdf.

策正常化的紧迫感，并表明美联储正在努力对进一步加息进行预期管理。

量化宽松陷阱的首次重现

2016年1月的市场波动是我在上一本书[①]中提出的量化宽松陷阱的第一次重现[②]，即投资者与货币当局的拉锯战。在量化宽松陷阱中，央行先实施了量化宽松，现在要开始加息，如果加息引发市场动荡，央行的政策就必须退让一步。而一旦市场恢复平衡，央行就要继续推动货币政策正常化。这反过来又将引发新一轮波动。这种市场与货币当局之间的你进我退的拉锯战一直在发生。

图6-4描述了两种情况下长期利率的可能表现：一种是央行实施了量化宽松；另一种是未实施量化宽松。在泡沫破裂后，假如央行将利率降至零，而不是诉诸量化宽松政策，那么长期政府债券收益率仍将大幅下降，这是因为经济疲软，对于以本国货币发行固定收益产品，政府是唯一的借款人。政府债券收益率的下降是第二章所述资产负债表衰退时经济体的自我校正机制。

几年后，一旦经济开始出现复苏迹象，央行就会根据经济复苏和通胀情况，以适当的节奏提高短期利率。债券收益率将会随着短期利率和私人部门贷款需求的回升而逐步提高。届时，人们会松一口气，因为经济复苏终于到来了。这是经济复苏时期货币政策正常化和债券收益率的常规情况。

---

① Koo, Richard C.（2015），*The Escape from Balance Sheet Recession and the QE Trap*，Singapore：John Wiley & Sons，2015，Chapter 6.
② 2013年的"缩减恐慌"是类似的市场反应，但当时美联储仅降低了宽松程度，尚未收紧货币政策。

两种情况下长期利率的可能表现

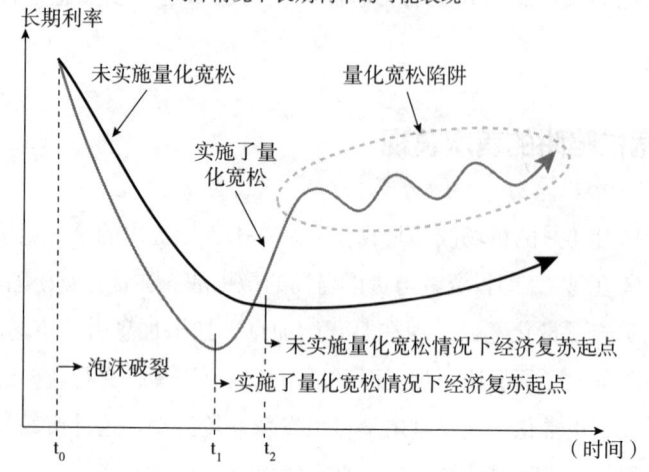

图6-4 量化宽松陷阱（1）：当量化宽松解除时，长期利率或汇率可能会大幅上升

与此同时，实施了量化宽松的央行面临完全不同的情况。相比未实施量化宽松的情况，实施量化宽松会使长期利率更快地下降，因为央行将购买大量的政府债券。如此低的利率可能通过投资组合的再平衡效应对资产价格形成支撑，与未实施量化宽松的情况（t_2）相比，会更快实现复苏（t_1）。

然而，一旦经济开始复苏，市场就要迎来麻烦，这是因为央行加息和收回过剩流动性的可能性变得越来越大。如前文所述，央行必须出售3.66万亿美元以上的长期债券，才能够挤出超额准备金，因此市场必须做好准备。

如果美联储不得不出售这些债券，债券价格必然下跌，而收益率将会升高。如果美联储持有债券到期，财政部就需要代表美联储出售相同规模的债券，以便吸收过剩的流动性（这将在后文中解释）。如果美联储想推迟资产负债表正常化，就必须更加快速有力地提高利率，确保自己占得先机。由此导致的利率上升可能引发股市崩盘。

在某种程度上，市场参与者已经对量化宽松成瘾，量化宽松在市场上被称为"央行放水",央行货币政策正常化带来的逆向资产再平衡效应(即负的财富效应),相当于戒毒过程中的戒断反应。然而,从货币当局的角度看,戒断反应带来的痛苦并不足以成为停止治病救人的原因。如果戒断反应太大,治疗可能会暂时停止,但一旦市场稳定,就需要恢复治疗,以免央行失去先机。斯坦利·费雪和约翰·威廉在 2016 年 3 月发表的言论中体现了这一观点。

全球量化宽松陷阱

量化宽松陷阱也出现在全球层面。自 2014 年美联储宣布有意实现利率正常化后,美元的走强被视为全球量化宽松陷阱的体现。

在美联储宣布前述政策后不久,日本央行再次放松了货币政策,欧洲央行表示随后将推出自己版本的量化宽松。美国利率升高而日本和欧洲利率下降的预期,促使这两个地区的资本大量涌入美国债券市场,以寻求更高的收益率。这些资金流入推动美元大幅走强,但也阻碍了美国长期利率的上升,从而对美国商业地产泡沫形成了支撑。

从 2014 年夏天到 2016 年初,美元兑墨西哥比索上涨了 48%,兑加拿大元上涨了 36.7%(见图 6-5 和图 6-6)。这两个国家不仅都是美国的主要贸易伙伴,而且许多美国公司在其中一个或两个国家都设有工厂。由于要与这两个国家的工厂竞争,所以美国工人开始对美元的大幅升值感到担忧。

唐纳德·特朗普和伯尼·桑德斯充分利用了这种情况。事实证明,他们反对自由贸易的立场在那些遭受美元上涨影响的蓝领工人中得到了广泛的拥护。特朗普甚至提议对从墨西哥进口的商品征收 35%的关税,以便帮助美国工人和企业与从墨西哥进口的商品竞争。

2016 年,贸易保护主义的呼声越来越大,以至于就连希拉里·克林顿也被迫宣布反对跨太平洋伙伴关系协定(TPP)目前的形式,虽然这是她亲自参与谈判的协定。她罕见的立场转变的主要原因是美元大幅升值使自由贸易的观点很难被美国人接受。事实上，当她在2016年接受民主党总统候选人提名时，整个会场都充斥着一个声音，即"反对TPP"。

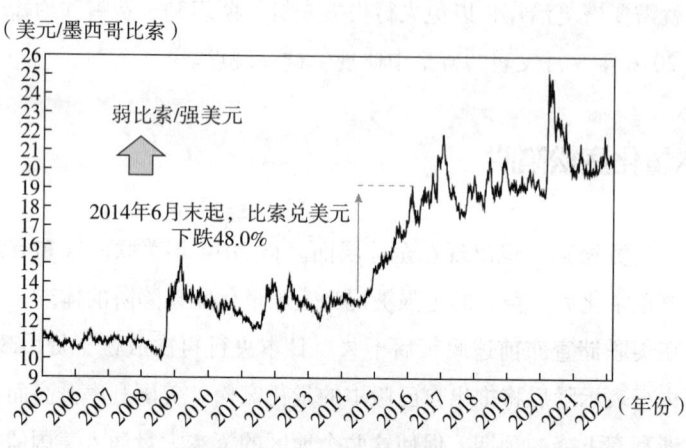

（美元/墨西哥比索）

弱比索/强美元

2014年6月末起，比索兑美元下跌48.0%

图 6-5 墨西哥比索兑美元汇率

资料来源：美联储。

（美元/加拿大元）

弱加元/强美元

2014年6月末起，加拿大元兑美元下跌36.7%

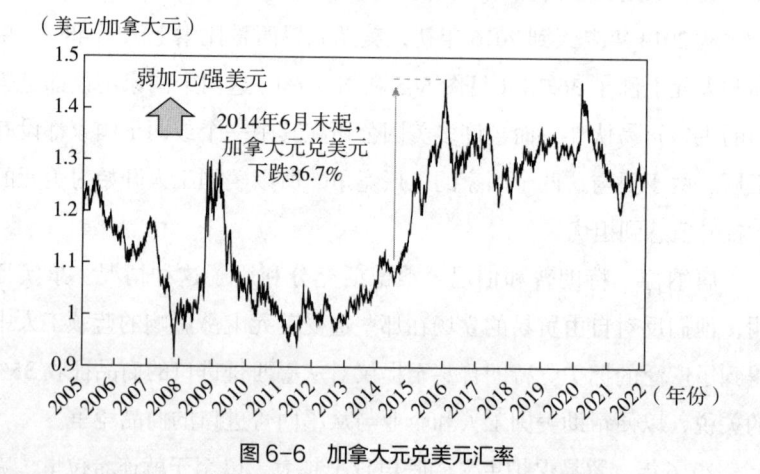

图 6-6 加拿大元兑美元汇率

资料来源：美联储。

由于贸易保护主义会迅速破坏世界贸易，美联储不得不控制加息直到总统选举结束。在这一轮的量化宽松陷阱中，美联储被迫缓和各种政策反应，主要是由于美元汇率飙升，而不是因为股价下跌或债券收益率上升。

2016年11月，特朗普选举胜出，股票市场产生了意外的剧烈反应，叠加美元在特朗普时期极为稳定，这些都给了美联储一个机会窗口，在未来两年内8次加息，从而弥补了在选举期间损失的时间。在特朗普时期，即使美联储实施了8次加息，美元也依然能够保持稳定，其原因将在第九章中进行阐释。加息给美联储的资产负债表正常化提供了必要的减震器。

央行资产负债表正常化的难点

如果说在量化宽松背景下进行利率正常化具有难度，那么央行资产负债表正常化也并不容易。一些人认为这个过程应该相对简单，因为银行可以用量化宽松提供的超额准备金来购买央行出售的债券，但是其中涉及一个不对称的问题。

当央行在量化宽松环境下购买债券时，私人部门并没有借贷的需求。这意味着利率低，而债券价格高。但当央行出售债券时，整个经济和私人部门对借贷的需求都已经回升。因此，利率将走高，债券价格将降低。当私人部门想借贷时，央行出售债券，此时利率可能远高于央行作为买家时的利率。如果央行的行动晚于通胀进程，情况可能会进一步恶化。这也是为什么美联储希望在2017年退出量化宽松，在私人部门借款人回归前，不对称问题最小。

然而，在本·伯南克向市场保证美联储将持有这些债券到期后，市场上的许多人松懈下来。他表示，美联储不会通过出售债券来吸收过剩的流动性，而是通过不再将所持到期债券的收益进行再投资，以吸收流动性。听到这个消息，市场上的许多人认为，只要美联储不出售债券，即使开展资产负债表正常化，债券市场也不会发生什么可怕的情况。但这种情绪缓解并非没有问题。

当政府债券到期时，政府通常会滚动发行再融资债券，从私人部门获得资金，并支付给到期债券的持有人。由于过去发行了大量的政府债券，日本和美国为了满足政府支出的需要，再融资债券发行规模是新发行债券的3~4倍。

通常来说，发行再融资债券不会对利率产生显著的上行压力，因为私人部门的债券持有人在收到债券偿付资金后，将会再次把钱投资于政府债券。换句话说，这些钱将留在债券市场。因此，当债券市场参与者听到美国财政部发行的是再融资债券而不是新钱债券（new-money bonds）时，他们松了一口气，因为他们知道这对市场的影响基本上是中性的。

相比之下，当发行新钱债券时，投资者会变得紧张，因为必须找到新的私人部门储蓄来投资这些债券，毕竟，这些钱将用于修建道路和桥梁，而不会回到债券市场。换句话说，新钱债券会增加利率的上行压力。

可如果央行持有到期的政府债务，同时不会对债券到期偿付的资金进行再投资，那么财政部通过发行再融资债券从私人部门筹集的资金，就不会回流到债券市场。这些资金流向了央行，消失在央行。央行就是通过这种方式吸收市场中过剩的流动性，实施资产负债表正常化。这意味着这些再融资债券与新钱债券一样会对利率产生影响。换言之，就如同央行直接在市场上出售其所持债券一样，它们对利率同样施加了上行压力。

美联储直面量化宽松的退出问题

2017年6月14日，美联储宣布将拿出一个计划来解决如何退出量化宽松政策这一难题，也就是量化紧缩。根据这一计划，最初美联储每个月将停止 60 亿美元国债和 40 亿美元的抵押支持证券（MBS）的再投资，每 3 个月将上述停止的再投资分别增加 60 亿美元和 40 亿美元，直到分别达到 300 亿美元和 200 亿美元。从那时起，美联储将不会继续每月进行 500 亿美元的再投资，直到银行系统的超额储备金降到一个理想的水平。

图 6-7 显示的是，按照美联储 2017 年 6 月的计划，预计市场保有准备金的规模。在做出这一计划时，设想的情况是，所需准备金将继续沿着 2015 年 1 月至 2017 年 5 月期间形成的趋势线增长。尽管美联储尚未宣布准备金的最终水平，但 2017 年 6 月的计划显示，美国银行系统的超额准备金（根据当时的定义）将在 2021 年 7 月，即量化紧缩开始 46 个月后完全消除。

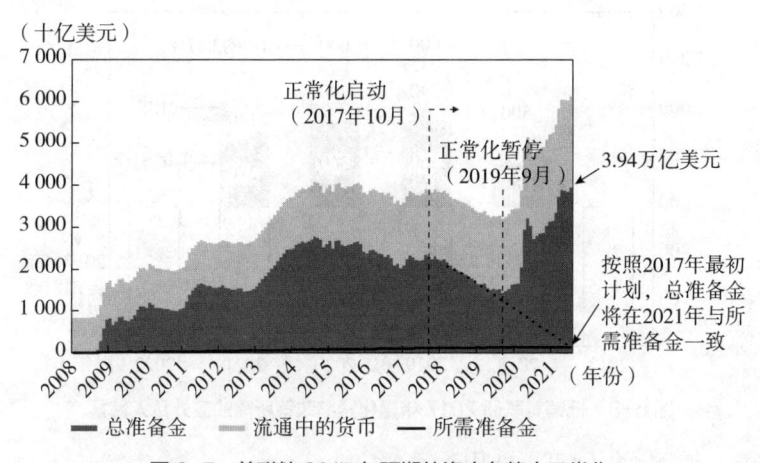

图 6-7 美联储 2017 年预期的资产负债表正常化

注：准备金要求自 2020 年 3 月起暂停，但为了便于计算，这里假设 2020 年 2 月该要求依然有效。

资料来源：野村综合研究所基于美联储的数据估算所得。

2017 年 6 月 14 日，量化紧缩由耶伦启动，她在新闻发布会上说：

"我的希望和预期是……政策的实施可以悄无声息地进行，通过数年时间逐步缩小资产负债表的规模。"[1]她重复了"悄无声息地进行"这句话，并将这个过程比作"看着油漆变干"，希望通过这些表述将市场的注意力从量化紧缩上转移出去。虽然美联储乐见其成，但其中仍存在许多问题。

美联储于2017年10月开始实施量化紧缩，这正是美国政府2018财年的开始。美联储停止再投资计划需要私人部门增加储蓄资金进行补充，图6-8显示了需要私人部门增加的储蓄金额。2018财年所需资金规模约为3 000亿美元，2019财年和2020财年均为6 000亿美元。6 000亿美元相当于2017财年联邦预算赤字。换句话说，在这两年内退出量化宽松对利率的影响相当于2016年联邦赤字翻倍。

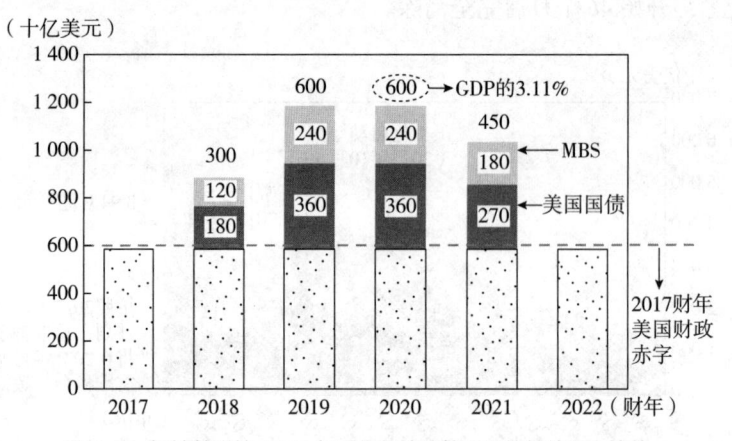

图6-8 抵销美联储2017年量化紧缩政策所需的额外私人储蓄

注释：美国财政会计年度从10月持续至次年9月。

资料来源：野村综合研究所。

---

[1] Board of Governors of Federal Reserve System (2017), "Transcript of Chair Yellen's Press Conference, June 14, 2017," pp. 16–17. https：//www.federalreserve.gov/mediacenter/files/FOMCpresconf20170614.pdf.

很难将财政赤字翻倍会对债券市场供需造成的冲击描述为"悄无声息地进行"。尽管已经准备好减震器，然而这一过程注定对利率形成上行压力，甚至可能导致债券价格的大幅下跌。但如果量化紧缩确实在悄悄进行，这也将意味着最初的量化宽松对市场或经济没有实质性影响。

尽管存在这些担忧，但2017年10月开始的量化紧缩运行相对平稳，证明了最初的量化宽松并没有那么有效。政策无效是因为美国的私人部门在这段时期一直是巨大的净储蓄者。换句话说，很少有个人和企业真正借入资金来增加消费和投资。许多债券市场参与者显然也没有注意到，财政部出售的一些再融资债券只是名义上的再融资债券，境外资本流入对消费和投资也有帮助。

2019年9月17日，纽约联邦储备银行公开市场部门的一个预测错误导致短期利率飙升，量化紧缩突然中止。[1]尽管这次事故与量化紧缩本身可能没有什么联系，[2]但安全起见，美联储仍暂停了量化紧缩。美联储还扭转了利率正常化政策，在2019年下半年出现经济疲软迹象时，两次下调了利率。

几个月后，新冠肺炎疫情衰退迫使美联储改变政策路线，将利率降至零，并重新启动大规模量化宽松计划。美联储在疫情防控期间实施的量化宽松，使货币政策正常化更具挑战性。

---

[1] 更多细节请参考：Gara Afonso, Marco Cipriani, Adam Copeland, Anna Kovner, Gabriele La Spada, and Antoine Martin, "The Market Events of Mid-September 2019," *Federal Reserve Bank of New York Staff Reports No. 918*, March 2020. https ://www.newyorkfed.org/medialibrary/media/research/staff_reports/sr918.pdf.

[2] 量化紧缩可能在某种程度上受到间接影响，它迫使美联储支付从2008年起开始的超额准备金利息（IOER），以维持其利率政策的有效性，因为银行将没有动力在低于IOER水平下开展贷款业务。在IOER推出前，银行通过向银行间市场提供超额准备金的方式获利（参见第八章），这增加了市场的流动性。但IOER降低了银行这样做的动机，可能降低银行间市场的流动性，并推高短期利率。

对于量化宽松的逐步退出，尚未达成理论共识

央行实施货币政策正常化所面临的另一个挑战是，鼓励央行使用量化宽松的经济学家并未提供退出这些政策的任何理论框架。因此，在退出量化宽松前，应该满足什么前提条件，以及应当以什么节奏开展政策退出，学者、市场参与者和货币当局都没有达成共识。

完全缺乏理论框架就意味着，任何退出政策的决定几乎都注定遭受学者、市场参与者和货币当局的批评，要么认为政策过早，要么认为太晚。美联储在2020年8月引入"新方法"时，其内部就出现了这种政策抵制。

由于缺乏理论来指导退出政策的时机，因此央行官员所面临的问题实际上就变为，在10年后回顾此政策时，退出时机是过早还是过晚。直至2020年8月，所有迹象都表明，美联储无论做什么决定都将招致批评，既然如此，还不如选择尽早实施。当时的情况是，过早退出将使后续的复苏更加缓慢，但退出太晚可能导致经济过热并形成资产泡沫，这种利弊对比迫使美联储选择突然紧缩，而这可能使美国经济陷入2008年的资产负债表衰退。

这种过早行动的倾向反映在2013年美联储决定开始缩减量化宽松的决定中，当时通胀（以核心个人消费支出平减指数衡量）仅为1.1%，美联储就着手缩减量化宽松，并在通胀率为1.3%的2015年实施首次加息。随后的8次加息也是在通货膨胀率低于2%时实施的。这些行动表明，2%是通胀上限，这凸显出美联储非常担心失去治理通胀的先机，至少在2020年8月前是这种态度。

对称性通胀目标既无效又危险

但在2020年8月的新冠肺炎疫情衰退期间，美联储引入了一个

基于"新方法"的对称性通胀目标，即使通胀率达到 2%，也不会马上收紧货币政策。这种新的前瞻性指引，意味着美联储现在愿意选择过晚干预通胀，这是美国对新冠肺炎疫情引发的可怕经济困境所做出的应对。正统经济学家对美联储未能实现 2% 的通胀目标感到不满，他们对美联储的批评也对美联储的政策转变发挥了作用。

但美联储未能实现通胀，不是因为采取了错误的政策，而是因为经济体从根本上属于情形 3，其特征是缺乏借款人。借款人短缺又源于资产负债表问题或者资本回报率较低。这些几乎都是央行无法控制的问题。换句话说，宣布对称性通胀目标不太可能增加借贷，因为这并不是问题的关键。

当 2021 年通胀率大幅上升时，美联储取消了对称性通胀目标，转向货币政策正常化。银行贷款在 2021 年第四季度大幅增长，这加剧了美联储对通胀的关注。从 2021 年第四季度开始，美国的银行贷款以两位数的年化速度增长（见图 6-9）。贷款增长持续回升，仅在 2021 年第四季度因为奥密克戎毒株的传播而短暂放缓，表明美国的借款人正在回归。

如前文所述，美联储不得不改变立场，因为如果债券市场参与者认为美联储的行动落后于通胀情况，他们将出售债券，以确保自己免受通胀的影响。

由此产生的债券价格暴跌和收益率飙升不仅会使经济增速放缓，还可能使资产市场崩溃。这就是费雪在 2016 年试图避免的"大混乱"情形。由于意识到这种风险，鲍威尔主席放弃了"新方法"，并在 2021 年 11 月开始货币政策正常化。

（万亿美元，经季度调整）

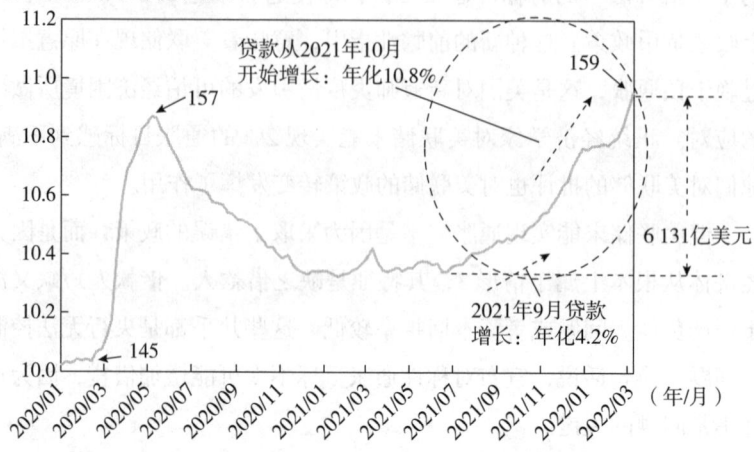

图中标注：
- 贷款从2021年10月开始增长：年化10.8%
- 157
- 159
- 145
- 2021年9月贷款增长：年化4.2%
- 6 131亿美元

图6-9 从2021年第四季度开始，美国商业银行的贷款和租赁等信贷创造开始增加

注：图中的数字对应图2-12所示的数字。
资料来源：野村综合研究所，美联储，《在美商业银行资产和负债表》。

2022年后的量化紧缩被明确界定为抗击通胀的工具

值得注意的是，在新一轮的正常化中，量化紧缩的框架完全不同。在2022年3月16日的新闻发布会上，鲍威尔主席被问及美联储的行动是否已经错失先机，每次FOMC会议加息25个基点是否足以抑制消费价格指数（CPI）高达7.9%的通货膨胀。一位记者甚至补充说，上次CPI通胀率达到7.9%是在1981年7月，当时美联储的政策利率为19.2%。

鲍威尔主席对这些关切做出回应，他指出这次美联储不仅会加息，还将尽早开展量化紧缩。这些言论表明，美联储在利率方面已经错失良机，正试图通过快速推进量化紧缩进行弥补。换句话说，量化紧缩现在是货币政策正常化进程的前沿和中心。

他接着补充说，虽然这次量化紧缩的速度将比2017年10月更快，但所使用的方法将是相似的（"熟悉的"）。事实上，他曾连续3次使用"熟悉的"一词。这表明，美联储希望通过采取与上次相同的方式将长期利率的上升最小化，这也是债券市场已经习惯的做法。

但上一次关于量化紧缩的尝试是先发制人，即在私人部门借贷需求较弱且通胀被抑制的时候抢先进行的，这意味着长期利率几乎不会上升。美联储还劝阻市场不要关注量化紧缩。

相比之下，这次通胀已经高企，私人部门的借贷需求也开始急剧增加，这或许是对实际利率降至负值区间的反应，实际利率的深度下降源于通货膨胀率的大幅上升。美联储还希望市场更多地关注量化紧缩，其实施速度将比此前快得多。换句话说，在前一次量化紧缩过程中使长期利率保持在较低水平的很多因素，在2022年后的量化紧缩过程中已不再适用。

没有推行量化宽松的央行可以在一段时间内考虑对称性通胀目标，因为银行体系中只有少量的超额准备金，所以信贷创造暴增的可能性很低。图2-12至图2-14和图2-17中的三条线在雷曼兄弟破产前一直同时移动，因为银行系统中的超额准备金很少，而央行提供的流动性（即基础货币）限制了货币供应和信贷的增长。事实上，1979年10月，由保罗·沃尔克领导的美国最著名的抗通胀斗争之所以成功，正是因为美联储收紧了流动性供应，迫使短期利率升至22%。

但实施量化宽松的央行没有太多的时间可以等待。由于银行体系中有如此大规模的超额准备金，当借款人返回时，信贷创造将不再有任何限制。这意味着他们只能通过实施更高的利率来抑制通胀，因为目前没有抑制准备金的手段。耶伦所说的"突然紧缩"将急剧推高债券收益率，为了避免这种情况，实施了量化宽松的央行必须抢在信贷创造真正开始前推进货币政策正常化。

"我们现在都是日本人"

美联储的"新方法"到底是什么？从鲍威尔主席早些时候讲话的语气来看，美联储的许多人似乎认为在2015年12月开始货币政策正常化是一个错误，这种做法导致了不必要的经济疲软，且未能实现2%的通胀目标。例如，美联储前副主席莱尔·布雷纳德在2021年6月1日表示，"在此前的货币政策框架中，基于对未来预测而先行实施的紧缩政策，目的是防止未来的高通胀，但这可能会减少很多美国人的关键就业机会，并形成持续低于目标的通胀"。[①]

对"新方法"引入对称性通胀目标的支持者主要认为，如果剧烈的货币紧缩可以消除公众在1979年前的通缩理念，那么通过让经济在较长时间内经历足够高的通胀，就可以消除人们今天的通缩理念，以及通缩带来的经济疲软。换句话说，他们没有首先关注资产负债表衰退问题和经济体被追赶所引发的通缩问题，而是认为只要公众的情绪得以平复，经济就会复苏。

有趣的是，欧洲央行在经过18个月的评估后，于2021年7月修订了货币政策，也得出了同样的结论。核心的变化包括承诺当通胀或利率接近零时，将有力地放松货币政策，将现行的通胀目标由"低于但接近2%"替换为对称性，即对通胀率低于和高于2%目标的情况给予同等关注，并承诺避免先行的抑制通胀政策。

美联储和欧洲央行采取的这些新的货币政策方法类似于日本央行前行长黑田东彦在2013年公布的"火箭筒"政策，他多次宣布，在通胀率持续超过2%前，日本央行不会考虑货币政策正常化。从这个意义上说，美联储和欧洲央行过晚地加入了日本央行的行列，创造了

[①] Brainard, Lael（2021），"Remaining Steady as the Economy Reopens," at The Economic Club of New York, New York, NY（via webcast），June 1, 2021. https : // www.federalreserve.gov/newsevents/speech/brainard20210601a.htm.

一个"我们现在都是日本人"的世界。

随着通胀（尽管是供给推动型通胀）的回归，2021年底消费者信心已降至10年以来的最低点，而长期利率也开始上升，这表明前述观点存在严重问题。第一个问题是，这一观点的支持者认为，央行可以影响人们的预期和行为，所以政策制定者既不需要采取行动解决资产负债表问题，也无须应对资本回报率不佳导致的私人部门储蓄过剩的问题。尽管许多经济学家都持有这一观点，但这只不过是一厢情愿的想法。

随着2021年通货膨胀问题开始出现，第二个问题越来越突出，那就是"新方法"剥夺了央行对抗通胀的职能。实际上，央行实施负利率、大规模量化宽松和对称性通胀目标等政策，都是在努力让自己成为"通缩对抗者"（deflation fighter）。包括诺贝尔经济学奖得主保罗·克鲁格曼在内的许多著名的经济学家，也认为"央行需要承诺（对通胀的）不负责"，[①]这样更多的人就会预期通货膨胀，从而降低预期的实际利率。前副主席布雷纳德此前的评论也强调了一种观点，即美联储过早地抑制了通胀，这种做法是错误的。

当通胀真正到来时，央行才发现，因为在过去的12年里一直在抗击通缩，因此央行抗击通胀的可信度为零。但是，高通胀叠加缺乏抗击通胀可信度的央行，将引发债券市场的抛售和长期利率的飙升，这将对经济造成灾难性的影响。2021年底，鲍威尔主席突然强硬地转变对待通胀问题的态度，可能是认为美联储需要将自己重塑为一个通胀对抗者，以便强调其抗击通胀的决心，从而避免前述情况的发生。

美联储立场的巨大转变也凸显了对称性通胀目标毫无用处。那种

[①] Krugman, Paul（2011），"Credibility and Monetary Policy in a Liquidity Trap（Wonkish），" *New York Times*, March 18, 2011.

认为只要经历足够长时间的高位通胀就会让人们摆脱通缩心态的想法，忽视了这种政策可能导致债券市场崩盘的风险。如果债券市场崩溃，经济可能也会随之下滑。鲍威尔主席意识到这种风险，并在风险发生前改变了路线，但风险仍然取决于通货膨胀发生的情况。

"新方法"的第三个问题是，如果美联储没有在2015年开始将政策正常化，美国经济将会有多强劲。① NFCI对2015年开始的9次加息和2017年开始的量化紧缩（见图4-3右下方的圈出部分）基本没有反应。事实上，该指数表明，金融状况仍然乐观，货币政策正常化并没有对经济造成压力。美国的失业率也在稳步下降，从2015年12月的5.0%降至2020年2月的3.5%，这是50年以来的最低点，股价在此期间继续创下历史新高。

金融状况并未收紧，因为美国经济已经处于情形3中，企业和住户因为仍在修复资产负债表，所以都是巨大的净储蓄者。这也意味着，当企业和住户修复其资产负债表时，他们对利率上升或下降的变动都不会做出反应。这反过来又意味着，即使美联储在2015年及以后保持政策宽松，美国经济也不可能更加强劲。实体经济中借款人的缺乏迫使金融机构的基金经理继续将过剩的私人储蓄投资于现有资产，导致资产价格上涨。

这一结论也可以从日本央行和欧洲央行的实践中推断出来。它们不但没有提到货币政策正常化的可能性，实际上它们甚至把政策利率变成了负值。此外，2013年以来，日本央行一直在实施美联储的对称性通胀目标。

然而，在这段时间，这两个地区的私人部门借贷几乎没有出现任何增长（见图2-13和图2-17），说明两地的私人部门也都没有对利率做出反应。这两个地区经济停滞说明，情况与布雷纳德之前的评论

---

① 2008年以来，欧洲央行和日本央行都没有试图实施货币政策正常化。

相反，假如美联储未选择从 2015 年开始政策正常化，美国经济也不太可能比现在更加强劲。

"新方法"的第四个问题是推迟政策正常化在美国可能造成的成本。随着零利率政策的持续以及市场流动性的不断增加，资产价格泡沫将会变得更大。从 2017 年 10 月至 2019 年 9 月，美联储的量化紧缩政策从市场上吸收了 6 600 亿美元的流动性。如果这些流动性还留在市场上，鉴于实体经济中借款人的短缺，很可能会被用于购买现存资产。

尽管美联储从 2015 年开始实施货币政策正常化，但股价继续创下历史新高，商业地产价格比 2007 年的峰值高出 68%。如果没有 2015 年后的政策正常化，这两个数据在今天可能会更高。随着房价上涨已经成为美国社会分裂和不平等的主要驱动力，很少有人会认为房地产泡沫继续膨胀是理想的政策结果。

房价也正成为欧元区的主要社会问题之一。欧洲央行在为期 18 个月的货币政策评估中与各行各业的人士进行了交谈，[①] 其央行行长克里斯蒂娜·拉加德表示，人们对房价的担忧非常严重，以至于央行不得不承诺，在做出货币政策决定时，会更加关注住房成本。

泡沫破裂引发金融和宏观经济的双重问题

出人意料的是，美联储高级官员在 2021 年中发表的评论表明，他们并不担心泡沫破裂。他们认为，再发生一起类似雷曼兄弟危机的风险很低，因为 2021 年美国金融机构的资本状况比 2008 年时要好

---

① Lagarde, Christine (2021), "Interview with Financial Times," *Interview with Christine Lagarde, President of the ECB, conducted by Martin Arnold on 11 July 2021*, July 13, 2021. https://www.ecb.europa.eu/press/inter/date/2021/html/ecb.in210713~ff13aa537f.en.html.

得多。

毫无疑问，美国银行2021年的资本状况确实比2008年要好。但是，泡沫破裂会引发两个问题，如图6-10所示。一是金融危机，当经济繁荣中的金融机构遭受资本减值并开始相互不信任时，将会引发金融危机。二是资产负债表衰退，当资产价格暴跌而待偿还债务规模保持不变时，过度借贷的私人部门将被迫开始偿还债务。前者属于与贷款人相关的财务问题，后者则是与借款人相关的宏观经济问题。中央银行需要对这两者负责。

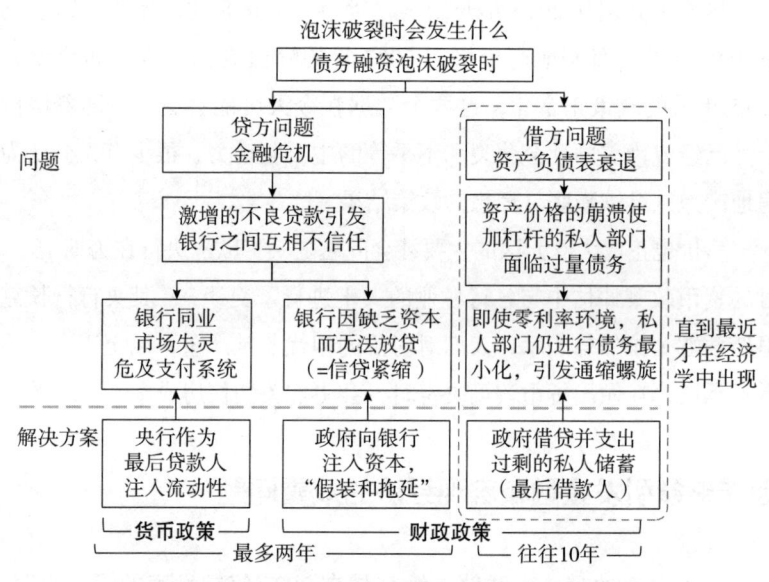

```
                泡沫破裂时会发生什么
                债务融资泡沫破裂时
                    ↓         ↓
               贷方问题     借方问题
               金融危机    资产负债表衰退
                  ↓            ↓
            激增的不良贷款引发  资产价格的崩溃使
问题        银行之间互相不信任  加杠杆的私人部门
                               面临过量债务
              ↓        ↓           ↓
          银行同业   银行因缺乏资本  即使零利率环境，私  直到最近
          市场失灵   而无法放贷    人部门仍进行债务最  才在经济
          危及支付系统 （=信贷紧缩）  小化，引发通缩螺旋  学中出现
              ↓        ↓            ↓
          央行作为    政府向银行    政府借贷并支出
解决方案   最后贷款人  注入资本，    过剩的私人储蓄
          注入流动性  "假装和拖延"   （最后借款人）
          └─货币政策─┘└─────财政政策─────┘
              最多两年        往往10年
```

图6-10 资本充足的银行也不能防止资产负债表衰退

如果处理得当，金融危机两年左右可以得到控制

2008年的全球金融危机引发了金融动荡：雷曼兄弟破产，美林被美国银行救助，摩根士丹利需要三菱东京日联银行的帮助，经济在信贷紧缩中苦苦挣扎。雷曼兄弟破产引发金融市场停滞，这可以从

NFCI的大幅上升中观察到，这种情况在两年后的2010年基本消失（见图4-3）。银行资产和负债的增长也在两年后开始正常化（见图8-11），银行间市场的状况大约同时恢复正常（见图8-12）。

这是因为当局做出了恰当的应对，运用了第一章情形2中所描述的措施。例如，美国政府在2008年10月通过问题资产救助计划（TARP）注入资金，并在2009年10月通过《关于审慎商业房地产贷款解决的政策声明》使银行对受损的商业地产贷款进行展期。

在日本，1997年北海道高湖银行倒闭引发全国银行危机时，政府向银行注入资本，并向借款人提供了大量的贷款担保。约两年后的1999年，引发经济巨大困难的信贷紧缩情形得以逐步缓解（见图6-2和图8-7）。因此，如果实施适当的政策，即使是一场严重的贷方金融危机，大约两年内也可以得到控制。

资产负债表衰退后的复苏需要花费远不止两年的时间

资产负债表衰退则并非如此，这涉及借款人方面的问题。在雷曼兄弟破产后，欧洲和美国都遭受了持续近10年的资产负债表衰退。尽管美联储和欧洲央行将利率降至零，并实施了大规模的量化宽松政策，但经济增长和通胀依然低迷。

正如第一章和第二章所阐释的，核心原因是所有住户和企业都在努力恢复财务健康，而无暇顾及其他事情。但是，所有人都同时去杠杆化就会造成借款人消失的后果（即合成谬误问题），并引发通缩螺旋。

伯南克和耶伦都意识到这种危险，并多次警告国会来拯救经济，如果美国推行财政整顿，将会跌入"财政悬崖"。相比之下，欧元区的政策制定者并未察觉这一风险，并将经济推入"财政悬崖"。在随后的经济崩溃中，西班牙的失业率飙升至26%，希腊的GDP下降了27%。

这些经验表明，除非大部分人完成资产负债表修复，否则资产负债表衰退将一直持续，这个过程往往花费近10年的时间，因为合成谬误的问题使资产负债表修复更加困难。资本充足的银行很容易在两年内温和解决贷方问题，但是没有任何方法可以缓解需要经历10年的借方问题，这将会十分痛苦。

将2008年后的经济下行称为全球金融危机是错误的

2008年雷曼兄弟破产引发全球金融危机时，经济学界完全没有意识到资产负债表衰退。即使是在今天，也很少有人能理解这种经济衰退的内生风险。

回想起来，把2008年后的经济下行称为全球金融危机是一个重大错误。尽管长期而痛苦的经济衰退在头两年已经具备金融危机的一些要素，但更大的问题应该是数百万住户和企业的资产负债表缩水，而且需要花费近10年的时间才能修复。但由于此次危机被称为全球金融危机，大多数评论人士只关注金融行业正在发生的情况，而忽视了住户和企业的资产负债表正在发生的情况。正如第二章所述，那些资产负债表资不抵债的企业和个人也有理由隐瞒这一事实，直到他们的财务健康状况恢复。2008年，学术界和市场的大多数评论人士完全没有意识到资产负债表衰退的问题，因而也就没有关注私人部门受损的资产负债表。

正如第一章中提到的，米哈伊尔·戈尔巴乔夫说过："只有对问题进行准确命名，才有可能解决问题。"2008年后的经济危机应该被称为资产负债表大衰退（GBSR），而不是全球金融危机。但正是因为它被称为全球金融危机，大多数人从来没有注意到经济衰退最重要的驱动因素。这使世界重复这一错误，也就是低估泡沫破裂后私人部门修复资产负债表的毁灭性影响。

鲍威尔主席说，我们不必太担心不断上涨的资产价格，因为银行现在的资本状况比 2008 年要好，这显示出了一种自满情绪。房价和商业地产价格（见图 4-7）的上涨已经远超过之前的泡沫峰值。如果这些泡沫破裂，美国经济将回到起点，再次面临多年来痛苦的资产负债表衰退。

欧洲央行的政策评估还远不够充分

在欧洲很多地区，房价同样远高于泡沫时期的峰值（见图 2-4）。尽管这种泡沫的风险正在逐渐加大，但欧洲央行 2021 年 7 月公布的政策评估却并未提及私人部门资产负债表问题是 2008 年以来欧元区经济一直低迷的关键原因（这一点将在第七章做进一步解释）。报告反而认为，经济衰退源于"生产率增速下降、人口因素和全球金融危机后对安全流动资产的需求持续上升等因素"[1]引起的实际均衡利率过低。在这里，实际均衡利率指的是让政策制定者持续实现通胀目标的利率。

报告罗列的这些因素中，生产率增速下降的原因是私人部门在应对资产负债表问题时被迫改变路线，从前瞻性的资本投资转向回顾性的资产负债表修复。日本在 1990 年泡沫破裂后的几年里，就出现了生产率增速放缓的情况。

人口因素根本不能解释 2008 年前后私人部门行为的巨大变化，如图 2-6 和图 2-7 所示。

---

[1] European Central Bank（2021），"An Overview of the ECB's Monetary Policy Strategy," *Strategy Review*，July 2021.https：//www.ecb.europa.eu/home/search/review/html/ecb.strategyreview_monpol_strategy_overview.en.html.

第三个因素，即对安全流动资产的明显偏好，仅反映了私人部门在个人和企业财务健康受损后无法承担风险。换句话说，欧洲央行只关注经济增长放缓的表面现象，并试图将其归咎于均衡利率较低和对安全资产的偏好等金融因素，却没有说明这些表面现象出现的原因。这将增加欧元区重复前述错误的可能性，即它低估了失控的资产价格和随后私人部门去杠杆化行为所带来的危险。

要用大规模且昂贵的加息来抑制通货膨胀

"新方法"的第五个问题涉及鲍威尔主席的论断，即美联储拥有应对通胀所需的所有工具。他指的是美联储前主席保罗·沃尔克于20世纪70年代末在消除通胀方面取得的成功。沃尔克通过限制流动性供给来控制货币供应，使联邦基金利率找到平衡点，从而抑制了通胀。

当时，美联储提供的流动性确实抑制了私人部门金融机构的信贷创造。当美联储减少流动性供给时，紧缩的影响立即以利率飙升的形式表现出来（见图4-3）。由此产生的22%的联邦基金利率使经济陷入衰退，并成功遏制了通货膨胀。

但如今，美联储已经释放了3.66万亿美元的超额准备金，而且流动性也不再对信贷创造形成抑制。如果美联储想要实现与1979年10月相同的紧缩效果，首先需要收回银行体系中的3.66万亿美元，或者消除其影响。假如美联储从2017年10月开始使用上一次的量化紧缩计划，将需要6年零8个月的时间来消除超额准备金。换句话说，像1979年那样，利率对美联储收紧流动性迅速产生回应的情况应该很难再上演。事实上，美联储从2015年12月开始的9次加息，并未使NFCI做出反应，大量过剩的流动性可能就是原因之一。

如果美联储想要实现像20世纪70年代末那样的紧缩效果，就只能充分加息，并对商业银行存在美联储的所有超额准备金支付高昂的利息，超额准备金的规模为 3.66 万亿美元。一旦借款人返回，这样做可以确保商业银行没有动力将这些钱借给私人部门。换句话说，美联储会作为第一借款人，以消除银行业 3.66 万亿美元的影响。

中央银行对商业银行所存的超额准备金支付的利息成为 IOER。假如为了抑制通货膨胀，联邦基金利率为 3%，那么美联储为这 3.66 万亿美元支付的利息成本为每年 1 100 亿美元。由于每年底美联储都会将收入返还给财政部，IOER 增加 1 100 亿美元将导致政府收入减少 1 100 亿美元，等同于联邦预算赤字每年增加 1 100 亿美元。

央行通过量化宽松政策购得债券每年可以收到高额的债券付息，因此央行认为像 IOER 这种利息支出是合理的。这也许是真的，但是如果通胀再次出现，央行被迫加息，央行持有的低收益率债券将出现资本损失。当央行支付的 IOER 超过了持有债券的利息收入时，央行将承担负的息差。

没有央行行长愿意向纳税人解释，央行年终账单的支出中之所以增加了 1 100 亿美元，是因为央行需要用这笔钱来抑制商业银行向私人部门贷款。IOER 还将以相同的金额增加银行体系中的超额准备金。然而，央行担心政治影响对提高利率犹豫的时间越长，通胀率就会越高。

这种由纳税人承担加息成本的机制，过去从来都不是问题，因为在 2008 年前，量化宽松从未达到如此程度。从表 6-1 中可以看出，美国银行体系的超额准备金约为 3.66 万亿美元，[①] 比 2008 年 8 月雷曼兄弟破产前的 18.76 亿美元高出近 1 950 倍。这意味着量化宽松前的 IOER 可以忽略不计。如今，假如实施量化宽松的央行没能支付 IOER，当借款人返回时，央行将失去对信贷创造和通货膨胀的控制。

---

① 根据 2020 年 8 月使用的超额准备金的定义。

关键是，虽然美联储在40年前成功消除了通货膨胀，但如今它创造了3.66万亿美元的超额准备金，谁也无法保证运用相同的工具可以实现相同的效果。

表6-1 未退出量化宽松的情况下提高利率的成本=IOER

IOER = 超额准备金利息（由中央银行支付的商业银行的超额准备金利息）			
自2008年8月以来超额准备金的增长	2021年占GDP的百分比	名义利率	每年IOER规模（增加财政赤字）
美国 3.66万亿美元	15.9%	3%	1 098亿美元
日本 465.6万亿日元	85.9%	2%	93 127亿日元
欧元区 3.66万亿欧元	29.8%	3%	731.2亿欧元
英国 0.95万亿英镑	40.9%	3%	284亿英镑

注：英国央行和美联储分别在2009年3月和2020年3月暂停了准备金要求。上述数据基于2008年8月英国和2020年2月美国的原始存款准备金要求仍然适用的假设。
资料来源：野村综合研究所，基于日本央行、美联储、欧洲央行和英国央行的数据。

3.66万亿美元的超额准备金降低了收紧货币的有效性，美联储只能通过实施加息或者加快量化紧缩来诱发斯坦利·费雪所说的"大混乱"情形，这样资产价格下跌引发的负财富效应会拖累经济和通货膨胀。如果量化宽松可以通过提高资产价格来刺激通胀，那么量化紧缩就应该会通过降低资产价格来抑制通胀。

据说，那些成功避免了危机的人永远不会成为英雄。要想成就英雄，就必须先有一场危机，然后有人准确预测并拯救了追随他的人，在无数人丧生后，他将成为英雄。但在危机来临前，未来的英雄为危机所做的准备会被指责是浪费时间和资源。这是所有好莱坞动作片的情节主线。美联储2015年对政策正常化做出努力的全部意义在于，在借款人（以及通货膨胀）回归前，消除银行体系中过剩的流动性，从而避免突然到来或迟迟未出现的加息需求。

借款人没有回归，美联储2015年后的政策正常化受到了严厉的批评，这正与布雷纳德的话一致。但如果美联储成功地消除了过剩的流动性，它将恢复与沃尔克抗击通胀时期一样的力量和机动性，让人们相信美联储对抗通胀的立场，以便更好地对抗美国当前的价格上涨。

新冠肺炎疫情后，被压抑的需求激增，叠加供给不匹配和能源短缺，导致价格大幅上涨。市场参与者直到几年后才会知道这种涨价是不是暂时的。与此同时，债券市场可能会出现抛售，使一切都变得艰难。在这种时候，没有比一家拥有强大抗通胀实力的央行更能安抚市场了。为了重新获得这种信誉，即便会在短期内扰乱市场（即量化宽松陷阱），央行也必须提高利率并实施量化紧缩，来践行控制通胀的承诺。

量化宽松的总成本超过收益

退出量化宽松会提高债券收益率和汇率，进而抑制经济活动，这意味着在货币政策正常化全部完成前，无法确定量化宽松的总成本。如果从整个政策周期的视角分析政策的成本和收益，相比政策退出所需的成本，最初的政策收益就变得很小。

当借款人回归时，为了消除过剩的流动性，实施了量化宽松的央行会被迫动用所有工具。这些工具包括更严格的资本、流动性和存款准备金要求，以及阻止银行向私人部门放贷的劝告。换句话说，当借款人返回时，金融抑制是必要的。央行还可以使用逆回购、对准备金支付利息、提升存款利率等方式抑制商业银行向企业和住户贷款。

问题在于这些补救措施既不简单也不便宜。例如，提高存款准备金率是套牢银行系统中超额准备金最直接的途径之一。但要使这项政策顺利实施，超额准备金必须相对均匀地分散在各银行。然而令人遗憾的是，实际情况并非如此，因此使用这一工具来收紧货币政策有一定困难。

与没有实施量化宽松的经济体相比，那些实施了量化宽松的经济体复苏更慢，因为利率和汇率会迅速上升。在整个政策周期中（包括退出量化宽松），没有使用量化宽松经济体积累的 GDP 超过那些使用了量化宽松的经济体。从这个角度看，人们对量化宽松仍然莫衷一是。正如米尔顿·弗里德曼所说：天下没有免费的午餐。因此，如何在不将债券收益率或汇率推至极高水平的前提下，退出数万亿美元的量化宽松，是当前西方和日本货币当局面临的最重要的挑战。

量化宽松以及任何央行为预算赤字提供资金的行为，都应该只在新冠肺炎疫情防控时期等紧急情况下使用，即政府需要快速获得大量资金来救助人们的生命和生计。当出现金融危机等贷方问题时，央行也必须扮演最后贷款人的角色。但退出量化宽松的成本高昂，因此在包括资产负债表衰退在内等大多数情况下，不应使用量化宽松政策。

直升机撒钱谬论

令人遗憾的是，旧的信仰很难改变。美联储的新做法和欧洲央行最近采用的对称性通胀目标都表明，正统经济学家仍具有影响力。尽管在解决由借款人缺失（情形 3 和情形 4）而引发的问题时，财政政策是最正确的补救措施，但是从未考虑过私人部门正在追求债务最小化的正统经济学家，同那些关注公共债务规模的经济学家一样，他们主张继续依赖货币政策，而货币政策只能解决贷款人缺乏的问题（情形 1 和情形 2）。尽管零利率和负利率、通胀目标、前瞻性指导和大规模量化宽松等货币政策都未能达到增加借款和提高通胀率的效果（图 2-11 至图 2-14 和图 2-17），这些货币政策坚定的支持者仍在努力推动实施货币宽松政策，例如对称性通胀目标。

他们的货币政策万能论源自直升机撒钱谬论。人们认为，如果钱是从天上掉下来的，经济将会得到改善，这一心理是这些经济学家相信货币政策有效性的基础。日本央行现任副行长、货币宽松政策的支持者之一和田部正美宣称，"如何增加名义 GDP 的问题永远只有一个答案：直升机撒钱"。①这些经济学家认为，直升机撒钱政策能够使经济复苏，那么像量化宽松和通胀目标等不那么极端的政策当然也会刺激经济。

直升机撒钱的四种类型之一：从空中撒钱

综观所有对于直升机撒钱的讨论，实际政策可以分为四种类型。第一种就是如字面意思所指，把钱从直升机上撒下来。这能起作用吗？

至少在日本，这将会彻底失败。典型的日本人在发现地上有一张 1 万日元的钞票时，他会把钱交到最近的警察局，而不是花掉。只有当一个国家的人没有正确的是非观念时，直升机撒钱政策才会起作用。

直升机撒钱谬论的一个更加根本的缺陷是，它只关注买方的逻辑，而完全忽视了卖方的逻辑。许多人可能确实会拿着从天而降的钱去购物，但卖方却没有理由接受这些钱。任何一个头脑正常的卖方都不会用产品和服务换取从天上掉下来的钱。

卖方愿意用商品和服务换钱，是因为他们相信货币供给受到央行的严格控制。如果当局真的开始从直升机上撒钱，商店要么会大幅提高价格，要么关门，或者要求使用外币或黄金付款。然后，经济就会崩溃。历史事实表明，第一个出现问题的领域是外汇市场，货币将会大幅贬值，导致进口价格飙升。没有比人们不再相信本国货币更糟糕

---

① Wakatabe, Masazumi（2016），"Herikoputa Mane to waNanika（3）"（"What Is Helicopter Money？"），*Nikkei*, June 20, 2016.

的了。

令人惊讶的是，主张支持直升机撒钱的经济学家从未考虑过卖方的看法。一旦卖方意识到发生了什么，他们就不会接受从天而降的钱。由于认为直升机撒钱这种货币政策调节方式有效，进而主张货币政策是有效的，这完全是谬论，因为这完全忽视了经济的另一半，即卖方。如果货币政策到了这样极端的程度，只会导致经济崩溃，而不是复苏。在有记载的经济历史中，本国缺乏可信货币的经济体从未比拥有可信货币的经济体表现得更好。

直升机撒钱的四种类型之二：政府提供直接融资

赞成直升机撒钱政策的一些人会说，直升机撒钱政策实际上并不是真的在天上撒钱，而是呼吁央行为政府财政支出提供直接融资。这里的论点是，既然财政支出能够提振经济，那么央行直接为政府融资应该有助于经济。

这个观点有两个问题。首先，如第二章所述，当经济处于情形 3 或情形 4 时，政府不需要央行的帮助来为财政刺激措施注资，除非面对新冠肺炎疫情等紧急情况。刺激计划所需的资金正以私人部门过剩储蓄的形式存在于金融市场中。金融机构的基金经理非常乐意将钱借给政府，因为政府是仅剩的[①]能发行高质量固定收益资产的借款人。这相应地将政府债券收益率降至非常低的水平。

其次，直升机撒钱政策不起作用与量化宽松失败的原因并无二致，这在第二章中已经提及。当经济处于情形 3 或情形 4 时，财政刺激本身可以大幅提振经济，因此财政刺激绝对是必要的。但是，央行为财政刺激提供直接融资的方法，不会比量化宽松这种间接的方法更

[①] 正如第七章所解释的，欧元区的情况并不一定如此。

能刺激经济或者提高通胀。

虽然央行的直接融资将增加银行系统的准备金，但这些准备金会困在银行体系中，与量化宽松所提供的准备金被套牢的路径完全相同，如图 2-12 至图 2-14 和图 2-17 所示，这是因为私人部门是净储蓄者。换句话说，央行如何获得政府债券无关紧要。日本（1990 年以来）和西方国家（2008 年以来）的经济增长和通胀双双长期停滞不前，私人部门对巨额的货币宽松政策毫无反应，这是因为在资产泡沫破裂后，私人部门面对大量债务停止了借款。

然而，在新冠肺炎疫情暴发等紧急情况下，政府可能需要迅速借钱来帮助受影响的住户和企业。只有央行才能满足政府的借款要求，而世界各地的央行都承担了这一使命。这属于情形 2 需要最后贷款人的情况。但是，央行最终仍然需要消除危机期间提供的过剩流动性来实现货币政策正常化。

直升机撒钱的四种类型之三：给消费者直接发钱

直升机撒钱的第三种类型是不通过金融机构划转，央行直接向消费者发钱。这种类型至少认识到了当经济处于情形 3 或情形 4 时第二种类型要面对的困难，即如果没有私人部门借款人的帮助，央行注入的流动性无法离开金融部门进入实体经济。

这一类型的情况如下：消费者可能会在某一天早晨打开邮箱，看到一个由中央银行寄来的信封，里面装有数千美元的现金。虽然这一发现可能会带来短暂的快乐，但当他意识到周围的每个人都收到了一个类似的信封时，他很可能会感到一阵寒意。除非涉及的金额很小或通货膨胀绝无可能回升（例如，国家处于疫情防控中），整个国家会很快陷入恐慌，人们对央行失去信心，没人了解本国货币的价值究竟是多少。

无论收到这些现金的人做什么，商品和服务的卖方都会被迫进行自我保护，商店也会张贴要求用外币或黄金支付的提示。这和从直升机上撒钱的噩梦场景没有什么不同。

2020年开始的新冠肺炎疫情使很多国家开始向本国公民发钱。但这些钱由政府而不是央行支出。在议员就如何有效防止破产和失业的通缩螺旋进行了多次公开辩论后，政府才得以支付此类款项。此外，由于所有国家同时都面临着同样的问题，正如本章开头所指出的那样，汇率并没有崩溃。换言之，因为疫情驱动的衰退是以需求低迷为特征的，不会出现恶性通胀，因此政府可以发钱。

直升机撒钱的四种类型之四：政府凭证和永续零息债券

第四种类型的直升机撒钱涉及政府（而不是中央银行）印钱，或者用永续零息债券取代中央银行持有的政府债券。提出这一政策的人希望用政府凭证或永续零息债券为政府的刺激计划提供融资，因为政府凭证或永续零息债券不被视为政府债务，人们无须担心赤字规模以及未来税收提高的问题，因此可以引导正在储蓄的人们进行消费。

在面对财政刺激时，经济学中所说的人们不愿意消费，是因为人们担心未来税收增多，这就是李嘉图等价定理。这里的等价定理指的是赤字支出或减税对经济的刺激影响将十分有限，因为公众会增加储蓄，为未来税收提高做准备。

假如这个定理站得住脚，就意味着每次政府增加税收，消费都会增加，因为更高的税收意味着未来会有更低的赤字。实际上，这种现象从未出现过，说明这个理论只不过是凭空猜想。我从未见过有人克制消费，担心政府增加的财政刺激导致未来提高税收。即使是那些一直讨论李嘉图等价定理的经济学家，他们自己也不这样做。

相反，历史上有很多案例是政府的大力扩张引导经济复苏和增长，原因是正向合成谬误和反馈回路。处于情形3或情形4的经济体财政乘数非常高，对它们而言财政刺激更能带动增长，20世纪30年代的新政政策和二战期间的军费开支就证明了这一点。如果人们对财政刺激的普遍看法是基于上述历史情况，那么人们一旦发现政府将通过财政刺激来救助经济，他们预测收入很快会增加，就会提高消费。在这种情况下，经济学家期望人们按照李嘉图等价定理中描述的情况行动是不可能的。这表明，政府使用凭证或永续零息债券（代替传统债券）为其支出融资的方法，几乎无法吸引任何人去消费。

退出永续零息债券和政府凭证的巨大问题

对于直升机撒钱的第四种类型，消除准备金让货币政策正常化将更加具有挑战性。永续零息债券毫无价值，这里指的是央行无法通过将其卖给私人部门来吸收过剩的流动性。在没有工具可出售的情况下，央行如果想消除因购买永续零息债券所产生的超额准备金，唯一办法是要求政府发行等量的传统有息债券，或者自己发行此类债券。

在吸收政府凭证产生的准备金时，情况也是如此。这些凭证一旦流通，它将成为基础货币的一部分，如果想消除它们使货币政策正常化，则要么需要央行出售其持有的债券，要么要求政府发行新债券。

如果政府通过发行债券来吸收永续零息债券或政府凭证创造的准备金，就必须明白不能将债券的募集资金花掉。如果将资金花掉，那么吸收的流动性会流回经济，无法实现吸收准备金并控制通胀的目标。同时，政府还需要为这些债券支付利息。

当用来吸收流动性而发行的债券到期时，政府需要用之前没有使用的债券募集资金偿还债券，同时发行等量的新债券，迅速重新吸收刚刚债券到期偿还而释放的流动性。由于这个烦琐的过程将一直持续下去，政府决定发行永续（但不是零息）债券从而一劳永逸地吸收流动性。

建议发行政府凭证或永续零息债券的经济学家表示，这种方法的关键优势是不会导致政府债务扩张。然而，这仅在一开始时成立，因为当经济最终复苏时，通过这些工具释放到市场的流动性终将需要通过发行政府债券加以吸收，这时这些工具将等同于政府负债。

现代货币理论在2020年美国大选前成为焦点

在2020年美国总统选举中，当一些民主党候选人对现代货币理论（MMT）表示感兴趣后，该理论开始受到关注。该理论认为，政府不能对本国货币计价的债务违约。这意味着，只要没有通货膨胀，政府就可以实施任何需要的政策，而不用担心预算赤字，只需要央行继续购买为这些政策融资而发行的债券。与那些希望通过直升机撒钱等政策推动货币宽松的人不同，现代货币理论的倡导者不仅认可财政政策的重要性，还希望通过调动货币政策让政府实施更多的财政刺激。

这一理论在当时引起诸多关注有多个原因。首先，现实情况是，尽管央行在量化宽松政策背景下购买了十多年的政府债券，但在2021年春季前，没有一个发达国家出现通胀加速。其次，财富不平等和收入停滞已成为许多国家的主要社会问题。甚至有人担心，除非政府在必要的社会项目上投入更多资金，否则政府（民主党本身）将会失去作用。对于关心这些问题的政客来说，现代货币理论似乎很有吸引力，因为这个理论可以让他们使用更多支出来解决问题。

现代货币理论的预期与现实

然而，这一理论的问题几乎与直升机撒钱政策的第二种类型相同。首先，这个理论起作用的首要条件是没有通货膨胀。换言之，这一理论在20世纪80年代没有发挥任何作用，因为当时发达经济体正处于黄金时代，通货膨胀对决策者来说更加紧迫。在情形1或情形2中，因为经济繁荣，所以不需要使用现代货币理论实施财政刺激。2021年春季以来，该理论也没有发挥任何作用，因为当时供给受限大幅推高了通胀率。

当一个国家处于情形3或情形4时，要么是因为它处于被追赶阶段，要么是因为处于资产负债表衰退，此时只有政府开始借贷，使用私人部门的过剩储蓄，才能避免经济陷入通缩螺旋。现代货币理论的支持者会辩称，央行直接为政府借款提供融资的行为可以使政府拥有更大的预算赤字，从而更好地刺激经济，治理社会问题。

现代货币理论的支持者认为，在通货紧缩的环境下，政府应该实施更大的财政刺激，这样在救助经济的同时还能解决紧迫的社会问题。这个想法没有问题。毕竟，1990年后的日本和2008年后的西方经济体面临通货紧缩，不是因为央行实施了错误的政策，而是因为政府未通过足够的借款来填补私人部门储蓄盈余带来的通缩缺口。各国政府甚至会实施反向的财政政策，例如，欧元区各国政府从2010年开始实行紧缩政策，日本政府在1997年4月、2014年4月和2019年10月提高了消费税率。

当私人借贷需求疲软时，不需要现代货币理论来扩大财政赤字

是否需要使用现代货币理论，实际上就是央行是否为政府预算赤字提供融资的问题。这个答案是否定的，因为财政刺激所需的资金已经以私人部门超额储蓄的形式进入了金融部门。引导经济复苏所需的财政刺激金额，等于造成通缩缺口的私人储蓄盈余的规模。同时，这些储蓄都将流入政府这个唯一剩余借款人所发行的债券，推动债券收

益率降至黄金时代所无法想象的水平，黄金时代的经济主要处于情形1或情形2。

在这种情况下，最合适的应对措施是让政府借入私人部门的储蓄盈余，然后用这些资金来资助收益融资自求平衡的公共工程项目，以便在经济复苏时避免成本高昂的量化紧缩和量化宽松陷阱。政府没有必要使用现代货币理论或量化宽松等非常规工具，除非是在新冠肺炎疫情暴发等紧急情况下。

能否改变私人部门的借贷是判断货币政策是否有效的关键指标

现代货币理论和量化宽松的支持者对上述内容回应道，央行购买政府债券可以遏制通常伴随财政刺激出现的利率上升。的确，当央行成为政府债券的新购买者时，债券价格就会上涨，收益率相应下降。但利率的高低本身对经济的净影响是中性的；借贷的过程只是将收入从贷款人手中转移给借款人，反之亦然。由于借贷双方中一方的收益等于另一方的损失，因此利率变化本身对经济的净影响是中性的。

更低（更高）的利率有助于刺激（冷却）经济，这是因为，人们会相应地增加（减少）借贷来为投资和消费提供资金。正是这些借贷的变化影响了经济活动的水平。无论利率的变动幅度有多大，如果考虑所引起的私人部门借款的变化，其对经济的净影响就可以忽略不计。因此，判断货币政策有效性的关键指标应该是对私人部门借款的影响，而不是对利率的影响。

2008年9月雷曼兄弟破产后，美联储立即将利率降至零。但经济在此后的很长一段时间内都没有做出回应，因为私人部门在2021年（见图2-12）前一直在减少借款来修复受损的资产负债表。当经济处于被追赶阶段时，借款也不太可能迅速增长。事实上，这两个方面就是私人部门储蓄过剩的首要原因。

在量化宽松政策背景下购买政府债券的那些经济体，利率都确实有所下降。日本央行和欧洲央行在2016年和2021年的货币政策评估中都庆祝自己取得了这一成绩，并将其视为非常规货币宽松政策奏效的证据。然而，这些经济体私人部门的借贷并没有回升（图2-13和图2-17），这就是它们很难实现通胀目标的原因。

现代货币理论的支持者还认为，降低利率可以减少政府的利息支出。但是政府利息支出下降多少，私人部门利息收入也同样下降多少，这意味着对经济的净影响是中性的。

此外，央行购买政府债券将私人部门基金经理的购买挤出，这将减少金融机构的收入和依赖利息收入的养老金领取者的收入。这种挤出还迫使基金经理购买现存资产，导致经济进入非生产性循环的泡沫和资产负债表衰退，正如第四章所指出的那样。因此，除了在新冠肺炎疫情暴发等紧急情况下，财政刺激的资金应来自造成通缩缺口的私人储蓄盈余，而不是央行。

量化宽松陷阱的规模与形式取决于其他央行的行动

新冠肺炎疫情防控引起的供给限制和能源价格上涨共同导致通胀率急剧上升，迫使央行不得不取消量化宽松，开始货币政策正常化。然而，在政策正常化过程中所面临的量化宽松陷阱的规模与形式却取决于其他央行的行动。

如果一家央行率先退出量化宽松，则会吸引大量追求更高收益的外资流入，使本国货币走强，并避免债券收益率上升过高。这正是美联储在2014年9月首次宣布货币政策正常化时所面临的量化宽松陷阱。

如果一家央行是最后一个开始政策正常化的，则在其他央行退出量化宽松时，本国会受益于货币贬值。这正是日本央行希望实现的目标，央行前行长黑田东彦一再坚称，在通胀率达到2%的目标前，日本央行不会考虑政策正常化。但当特朗普主张减少美国的贸易逆差时，黑田东彦对日元走弱的希望未能实现。第九章将介绍，在美国利率较高的情况下，特朗普关于贸易逆差的言论是如何在美国利率上升的情况下阻止美元升值的。

最后退出的央行也会面临更高的债券收益率，因为届时国内外投资者都不会急于购买本国债券，毕竟其他国家已经提供了更高的收益率。因此，如果日本是最后一个退出量化宽松的国家，它将无法通过外国资本流入来确保债券收益率维持在较低水平。

由于日本公共部门的债务规模世界第一，一些投资者可能会质疑日本的财政是否有能力承受更高的日本国债收益率。当日本央行开始利率正常化时，为超额准备金（见表6-1）支付的利息会使本就很高的财政赤字进一步显著升高。某些投资基金可能会试图通过卖空日本政府债券来获利，因为日本央行不得不出售大量债券来实现货币政策正常化。如果处理不当，这种抛售就可能会发展成一场财政危机。这些风险表明，日本央行退出量化宽松的最佳时机是现在，也就是通胀率较低的时候。正如美联储在2017年量化紧缩的成功所证明的那样，只要外部条件保持不变，在引入阶段不产生影响（即通胀没有回升）的政策，在政策退出阶段也不会产生不利影响。

政策正常化对日本来说更具挑战性，因为日本央行通过交易型开放式基金（ETFs）购买了超过30万亿日元的国内股票。减持这些资产注定会对日本股市产生不利影响。因此，退出量化宽松对利率和汇率的最终影响，在一定程度上取决于其他央行何时退出量化宽松。

受疫情引起的供给短缺，以及对气候变化关注引起的能源价格上涨等因素影响，所有央行正面临同样的全球通胀威胁，最佳方案是三大央行同时退出量化宽松，尽量减少这些市场之间不稳定的资本流动。

在疫情防控期间借贷是否有助于缓解债务创伤

在日本，新冠肺炎疫情迫使许多公司1990年以来首次恢复借贷，以便获得营运资金。1990年泡沫破裂后，企业一直通过偿还债务来修复受损的资产负债表，恢复借贷对它们而言是一个重大转变。痛苦经历使企业在完成资产负债表修复后依然对债务留有精神创伤。

因此，企业继续避免借贷，转而采用现金流管理的办法，即所有投资都必须由持续的现金流提供资金。然而，这种管理理念对经济增长不利，因为这样做并未对增加借贷形成拉动。因此这种情况一直阻碍着日本的经济增长。

如果疫情能帮助这些受到创伤的企业高管改变他们对债务的厌恶，那将是向前迈出的重要一步，并且心理创伤只需要治愈一次。

货币刺激和财政刺激都不廉价

一些人可能认为，通过量化宽松或直升机撒钱政策来调节货币，会带来流动性过剩的问题，这些流动性最后都必须被消除。同时，对财政刺激的持续依赖也将产生必须偿还公共债务的问题。尽管这两种结果很相似，但实际上它们对经济的影响截然不同。

首先，当经济处于情形3或情形4时，财政支出从第一天起就要避免GDP和货币供应萎缩。避免GDP下降，这为私人部门提供了修复受损资产负债表所需的收入和就业岗位。面对私人部门的去杠杆化，政府借款也可以防止货币乘数转为负值。这就避免了像大萧条时期那样的货币供给收缩。事实上，当政府成为仅有的借款人时，货币政策的有效性将取决于政府的借贷规模。

当 GDP 不再下降时，银行系统中的不良贷款问题就会得到控制，因为那些有收入的人仍然可以偿还债务。政府借贷也为盈余储蓄提供了一个投资归宿，也为储户、养老金领取者和金融机构提供了利息收入。政府借贷还会吸收私人部门产生的超额储蓄，如果没有此类借贷，这些储蓄最终可能引发资产泡沫。这反过来又防止了私人部门将其储蓄浪费在泡沫上。

当政府是仅有的借款人时，政府债券收益率也会降至非常低的水平，如果可以妥善选择和执行，很多基础设施项目就基本能够收益融资自求平衡。如果项目本身能够收益融资自求平衡，那么即使公共债务规模增加，偿还债务也不是太大的问题。同样重要的是，当经济处于情形 3 且利率极低时，开展必要的基础设施投资可以为未来的纳税人节约大量的成本。

当私人部门重新恢复财务健康，并且经济恢复到情形 1 时，金融市场将通过利率升高这一信号告诉政府改变路线。一旦资金流动数据和金融市场参与者的讨论表明私人部门的借贷已经恢复，政府就应该通过增税和削减支出，来配合私人部门借贷的增长。

如果出现类似于 2013 年削减恐慌和其他量化宽松陷阱期间发生的情况，也就是利率上升并未伴随着私人部门借贷的增加，那么财政当局应该按兵不动。在这种情况下，较高的利率仅反映了那些与借贷需求无关且并未被市场消化的因素。

相比之下，在经济处于情形 3 时，量化宽松、直升机撒钱或负利率等货币政策对实体经济几乎没有任何影响。除非遇到如第二章中所提到的情况，外汇和股票市场参与者被误导，认为经济仍处于情形 1 或情形 2，他们会推高股票价格并压低汇率，并对经济产生影响。

然而，当其他贸易伙伴面临同样的资产负债表或疫情问题时，通过货币宽松政策拉低汇率，实际上是一种以邻为壑的政策。当美国成为第一个实施量化宽松的国家时，它将从较低的汇率中获益。但随着其他国家推出各自版本的量化宽松政策，美元走强（见图 2-20），保护主义也会随之出现。

欧洲央行前行长德拉吉和日本央行前行长黑田东彦都认为，实施负利率政策后，债券收益率一直在下降，说明政策是有效的。然而，在前述两种情况下，私人部门的借贷几乎都没有增加。由于借贷没有增加，经济增长也就没有提速。

借贷的持续低迷是预料之中的，毕竟，如果经济中还有任何的借款人，他们早在利率下降到如此低水平之前就已经开始重新借贷。除非有人相信利率再降 20 个或 30 个基点会突然引发借贷的大幅增加，否则很难证明负利率会带来经济复苏。

就连在第二章中提到的在全球金融危机早期对货币宽松政策反应积极的市场参与者，最近也变得更加谨慎。这可能是因为他们预期量化宽松会导致货币供给量和通胀率上升，而实际上这个预期并未实现。换言之，各国央行只能糊弄人们这么长时间。

事实上，央行将私人部门挤出，并向仅剩的借款人（即政府）贷款，从而剥夺了养老金领取者、储户和金融机构的利息收入。银行也受到了长期衰退的影响，因为越来越多的借款人变得无力偿付债务。负利率进一步破坏了金融机构的健康和养老金领取者的生计。此外，当政策辩论用于基本无效的货币政策时，就浪费了宝贵的时间和政治资源。

最终，对货币政策的过度依赖可能只会导致储户的恐慌、养老金领取者的愤怒以及金融机构的担忧，而不会带来提振经济所需的任何借贷投资方面的增长。在零利率和负利率环境下，一些金融机构可能会因为追求更高收益而承担超出能力范围的风险。

2021 年 9 月，12 家地区联邦储备银行就美国地区经济状况调查发布了褐皮书[①]，其中一条评论称，"贷款价格仍具有竞争力，多名受访者（即银行）提到流动性过多且银行利润率下滑"。另一条评论称，"贷款增长是一项挑战"，"总体上商业贷款的标准略有放松"。同年12月的报告称，"流动性仍在上升，银行持续报告难以找到投资机会来使用过剩资金"。如果货币宽松政策提高私人部门借贷的唯一途径是降低银行利润率和贷款标准，那么该政策已经达到了极限。

因此，宽松货币在情形3中的益处仅限于几种资产类别中的一些微小泡沫（所谓的投资组合再平衡效应），及其对实体经济的次级影响。如果这些泡沫增长到足够大并最终破裂，经济就会回到一个起点，再次面临持续多年且痛苦的资产负债表衰退。与黄金时代的经济相比，被追赶阶段中的经济体更容易受泡沫和资产负债表衰退循环的影响。

当经济增长或通胀恢复，无论出于上述什么原因，实施了量化宽松或直升机撒钱政策的央行将面临挑战，也就是需要出售债券来消耗过剩的准备金（或让政府代表其出售再融资债券），或者通过支付更高的IOER来套牢准备金。所有这些措施都将增加纳税人的负担。如果央行被迫匆忙地进行资产负债表正常化（即量化紧缩），收益率就会上升，债券市场将出现更大波动，这可能对金融市场和经济产生不利影响。

此外，实施量化宽松或直升机撒钱政策的这些央行，无法承受在应对通胀方面失去先机。这意味着，如果央行想避免量化宽松陷阱中的不利情况，就必须远离这些非常规的宽松措施，并且比未实施量化宽松政策的央行更早地开启收紧政策。在最坏的情况下，量化宽松不仅对增加借款人毫无帮助，作为量化宽松陷阱的一部分，它还可能推

---

① Board of Governors of the Federal Reserve System.（2021a）"The Beige Book：August 2021," released September 8, 2021. https://www.federalreserve.gov/monetarypolicy/files/BeigeBook_20210908.pdf.

高利率，并阻碍借款人的回归。

这里的重点是，财政刺激和货币刺激都不廉价，但成本效益分析表明，当经济体处于情形3或情形4时，财政刺激更加理想，而且绝对是必要的。当经济体处于被追赶阶段或资产负债表衰退时，政策制定者必须动员全国最优秀和最聪明的人来确定和实施可行的公共项目。这不仅有利于当代，而且有利于以最低的成本为后代提供必要的基础设施。

当经济体处于情形1或情形2时，情况当然就反过来了，货币政策应该在促进经济潜力最大化方面发挥核心作用。在这种情况下，除非面对紧急情况，否则不应鼓励使用财政政策来提振经济。

哈佛大学教授肯尼斯·罗格夫认为，如果完全禁用现金或者大面额钞票，负利率政策就会更加有效。[1]但这将给社会带来很大不便，因此相比之下，还是经济学家的那些考虑不周的货币政策补救措施的效果更好一些。因为禁用现金会损失效率从而损害经济，相比强迫公众承受这样的不便，经济学家更应该意识到，货币政策在过去效果很好是因为发达经济体都处于黄金时代，时代特点是私人部门对借贷有强劲需求；而货币政策现在无效，是因为这些经济体正在经历资产负债表衰退并处于被追赶阶段，国内投资机会较为有限。

阿尔伯特·爱因斯坦说过：“你重复做同样的实验，但又希望得到不同的结果，这是愚蠢的。”当经济体处于情形3或情形4时，包括零利率、负利率、量化宽松、前瞻性指导和通胀目标在内的货币宽松政策，都未能在规划的时间内达到效果。与持续加倍投入货币政策相比，政策制定者更应该质疑这些政策失败背后的基本假设，并寻找真正有效的政策。

---

[1] Rogoff, Kenneth S.（2016），*The Curse of Cash*，Princeton，NJ：Princeton University Press.

第七章

欧洲正在重复20世纪30年代的错误

20世纪30年代经济学的失败与民族社会主义的兴起

2020年初，当新冠肺炎疫情引发的经济衰退席卷欧元区时，该地区的领导人和选民都惊恐地发现，他们没有财政政策或货币政策可以对抗这个自人们有记忆以来最快速也最致命的经济崩溃。这种无助感会破坏人们对于欧洲计划本就不稳定的选举支持。欧洲计划首次出现在2010年的欧债危机。

成员国在采用欧元时，自愿将货币政策和汇率政策的主权让渡给欧洲央行。但它们同样也失去了财政政策的主权，这不仅是因为成员国受到《稳定与增长公约》和随后"财政契约"的约束，还因为资金可以在欧元区19个使用相同货币的政府债券市场之间轻松流动。

以本国货币计价的政府债券原本具有最高等级固定收益资产的特殊地位，但在欧元区里，这种特殊地位不复存在，因为还有其他18个国家的政府债券使用相同的货币计价。存在18个相近的替代品意味着，假如某个成员国的财政情况与这19个国家中财政情况最好的成员国相比差太多，就会产生资本外逃和利率升高的问题。

丧失财政主权是2008年以来欧元区经济体表现不佳的主要原因，

同时也是许多成员国国内极右翼反欧元政党出现的原因。这是新冠肺炎疫情很久之前的情况。这种令人担忧的情况首次出现在2010年的欧债危机中，那次的危机给许多选民留下了这样一种印象，即只要继续留在货币联盟中，他们选出的官员就没有货币政策或财政政策抓手来干预经济的未来。更令人担忧的是，发生这种政治幻灭所处的经济环境，正类似于20世纪30年代极右翼党派出现时的情况。

极右翼的民族社会主义（National Socialism），又称纳粹主义（Nazism），是对资产负债表衰退的拙劣应对所造成的经济极度困难的结果。换句话说，正是政策制定者没有理解他们的经济体处于情形3或情形4，才导致了这种可悲的结果。

1929年10月纽约股市泡沫破裂时，在泡沫时期加杠杆的人们同时开始偿还债务。这可以从图2-15中1929年后未偿贷款余额的急剧下降中看出。由于无人借贷和支出，美国经济陷入了1 000美元—900美元—810美元—730美元的通缩螺旋，并在短短4年里损失了46%的名义GNP，这就是众所周知的大萧条。1933年，美国的全国失业率超过了25%，许多主要城市的失业率甚至超过了50%。

问题是，直到2008年，经济学界才开始思考这种类型的经济衰退，因为学界从未考虑过私人部门最小化债务的可能性。数十年的经济学理论全部是建立在私人部门总是追求利润最大化这一假设之上的。

由于经济学家从未考虑过私人部门最小化债务所引发的衰退问题，公众对于在1929年发生的以及在2008年再次重演的资产负债表衰退完全没有准备。甚至在大萧条开始7年后，也就是1936年，主张增加政府支出的凯恩斯也未能跳出私人部门总是追求利润最大化这一假设。

因为在1929年无人意识到资产负债表衰退这一问题，所以当时的领导人也就不可能想到政府应该动用财政政策并充当最后借款人。与之相反，绝大多数经济学家和政策制定者从未考虑过经济体处于情形3或情形4的可能性，他们认为私人部门仍是追求利润最大化的，因此强烈主张平衡预算。

当1929年经济开始衰退时，时任美国总统赫伯特·胡佛和德国总理海因里希·布吕宁都坚持认为政府应该尽快平衡预算。作为第一次世界大战的胜利者，盟军司令部也要求德国政府平衡预算并继续支付战争赔款。可以说这是应对此类衰退最糟糕的政策，因为如果政府不担任最后借款人，经济就会陷入通缩螺旋。很快，德国经济就陷入了通缩螺旋，失业率飙升至28%。

尽管美国陷入泡沫只能归咎于自己，但是在纽约股市崩盘时，德国正从一战战败后的恶性通货膨胀中恢复，这在很大程度上依赖美国资本的流入。对美国资本流入的依赖程度可以从20世纪20年代德国的一些说法中推断出来，例如，在火车头等车厢的乘客不说德语，二等车厢的乘客很少说德语，只有普通车厢的乘客说德语。随着德国经济的崩溃，美国资本迅速涌回美国，在同盟国要求平衡预算和支付赔款的情况下，德国的经济除了下滑已经别无可能。

这种错误的政策强加给德国人民极端的艰难和贫困，迫使他们寻找出路。20世纪30年代，德国的社会保障体系很不健全，中右翼和中左翼政党都坚守正统经济学并坚持平衡预算，在经历了4年的痛苦后，德国人民唯一的选择就是支持民族社会主义，因为他们反对紧缩和赔款。

纳粹政党最初几年被大部分德国人认为是一群种族主义流氓，但最终在1933年赢得了43.9%的选票并获得了总理职位。并不是近一半的德国人在某一天早晨醒来后突然开始憎恨移民和犹太人，实际情况是，他们对那些死守正统财政观念的现有政党失去了信心。人们之所以支持纳粹政党，是因为发现老牌政党、联合政府和经济学家完全没有能力将他们从4年可怕的贫困中拯救出来。纳粹政党之所以迅速掌权，是因为那个时期的经济学家未能理解资产负债表衰退的可怕，这给德国人民带来了巨大的痛苦。

不管怎样，阿道夫·希特勒迅速实施了快速、充分和持续的财政刺激，刚好可以克服资产负债表衰退。其中，建设高速公路系统就是纳粹政府实施的众多公共工程项目之一。这开启了财政刺激的正反馈循环，也正是经济体在情形3时所期待的。仅在5年后的1938年，德国的失业率就降到了2%。

德国内外都认为这是巨大的成功，与之相比，美国、法国和英国的政策制定者无法跳出正统经济学坚持的平衡预算理念，所以继续承受着高失业率。例如，1938年美国的失业率仍为19%，这与德国2%的失业率形成鲜明对比，使希特勒看起来更具吸引力，甚至那些曾经因为他来自奥地利、是一个夸夸其谈的一等兵而看不起他的人也开始崇拜他。

德国惊人的经济成果也让希特勒认为，德国这次可以打赢战争，毕竟，此时的德国经济正处于良性循环，并且税收足以支撑军费开支，而美国、英国和法国的经济处于未被察觉的资产负债表衰退，且税收和军费预算都在不断减少。

这就是导致第二次世界大战的原因。没有什么比一个有正确经济政策但是错误计划的独裁者更加糟糕了。由于西方国家直到战争开始仍无法转向正确的经济政策，因此这个问题在20世纪30年代变得更加严重。

战争爆发后，西方国家终于能引入希特勒6年前实施的政策。也就是说，同盟国政府开始通过采购大量的坦克和战斗机来充当最后的借款人和支出者，于是美国和英国的经济恢复了生机，就像6年前的德国。

收到政府战斗机和舰船订单的公司通过向银行贷款来扩大产能。即使这些公司的资产负债表仍不够健康，也有这样做的底气，因为它们可以将产品卖给全世界最可信的买家，也就是政府。这促进了企业扩张的良性循环，带动了经济增长。同盟国的综合产能很快就超过了第三帝国，但此时已有数百万人丧生。

每个国家都有仇外者，他们把社会问题归咎于移民和外国人。尽管德国有民主的传统和较高的受教育水平，但仇外者仍能获得足够的选票并获胜，这表明，以往投票给鼓吹民主政党的民众，已经在绝望中改变了信仰。人们一次次地发现，当生存受到威胁时，对个人自由和人权的尊重就会被抛之脑后。这时就可能出现大问题。

纳粹最初的成功和随后发生的悲剧，在很大程度上源自该时期的经济学家和政策制定者对资产负债表衰退缺乏了解。如果同盟国政府和布吕宁政府了解资产负债表衰退的机制和危险，并实施足够的财政刺激措施来对抗德国的通缩压力，大多数德国人就不可能投票给像希特勒这样的极端主义分子。

如果同盟国政府能在1929年甚至1933年后实施同样的财政刺激措施，避免国家陷入通缩螺旋，那么相比之下希特勒的成功就不会如此显眼。假如同盟国的经济强劲到足以支撑一定的军事威慑，那么希特勒在发动战争时可能就会三思而后行。因此，经济学家未能理解20世纪30年代的资产负债表衰退，这是纳粹最初成功以及随后全人类遭受苦难的重要因素。

2008年全球金融危机以来历史重现

在第二次世界大战中有5 000万人丧生，读者可能会认为这种悲剧性的错误永远不会再发生。但事实并非如此，尤其是在欧洲。

2008年，当大西洋两岸的房地产泡沫破裂时，西方经济体陷入了严重的资产负债表衰退，尽管利率已经降为零或者负值，私人部门仍在增加储蓄或偿还债务。

图7-1显示了经历过房地产泡沫的欧元区国家住户部门的财务状况。在泡沫期间，这些国家的住户要么有大量借款（财政赤字），要么减少储蓄来投资房地产，然而在泡沫破裂后，即使是在零利率的情

况下，绝大部分住户部门也都开始储蓄（财政盈余）。这就使经济体完全置于情形3和情形4。

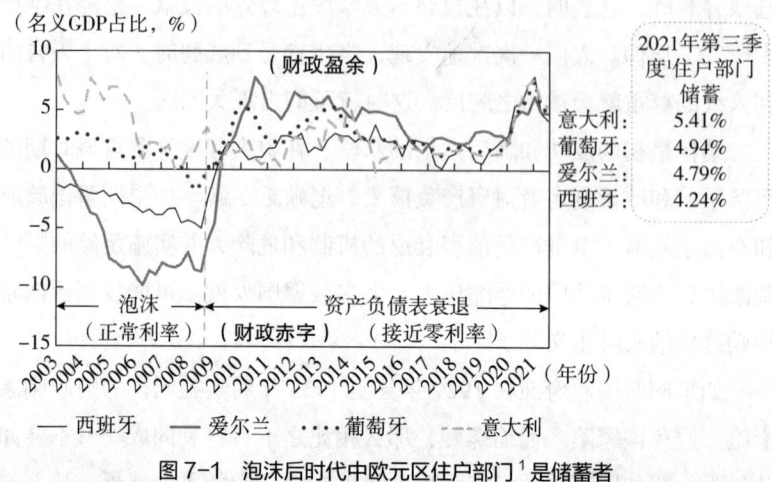

图 7-1　泡沫后时代中欧元区住户部门¹是储蓄者

注：1.所有条目均为四个季度的移动平均值。最新数据是截至2021年第三季度的四个季度平均值。
资料来源：根据西班牙银行的资金流动数据，西班牙国家统计研究所，爱尔兰中央银行，爱尔兰中央统计局，葡萄牙银行，意大利银行，意大利国家统计研究所和国际货币基金组织。

第二章阐述了西班牙和爱尔兰住户部门的困境。2008年以来，这些国家的非金融企业部门也经历了非常艰难的时期。尽管利率极低甚至为负值，如图7-2所示的西班牙非金融企业部门却成为显著的净储蓄者。尤其值得注意的是，从2008年开始，图7-2中非金融企业部门的白色柱形经常低于零。

白色柱形低于零代表负面信号，这意味着信贷收紧或收入急剧下滑，迫使该部门提取过去的储蓄实现收支相抵。西班牙同时面临资产负债表问题（阴影柱形高于零）和信贷紧缩（白色柱形低于零）。换句话说，2008—2016年，西班牙的经济体或处于情形3或情形4。

从 2016 年到出现疫情衰退（2020 年）前，西班牙的经济有所改善，但复苏并非受到国内需求的拉动，因为住户和企业部门仍然是净储蓄者。相反，这种复苏是受进口的萎缩快于出口，从而外部赤字急剧减少推动的。这可能是因为国内需求减少，且在多年痛苦的通缩后西班牙的行业竞争力有所提高。后文提到的这种可能性将在图 7-9 的单位劳动力成本路径中加以讨论。

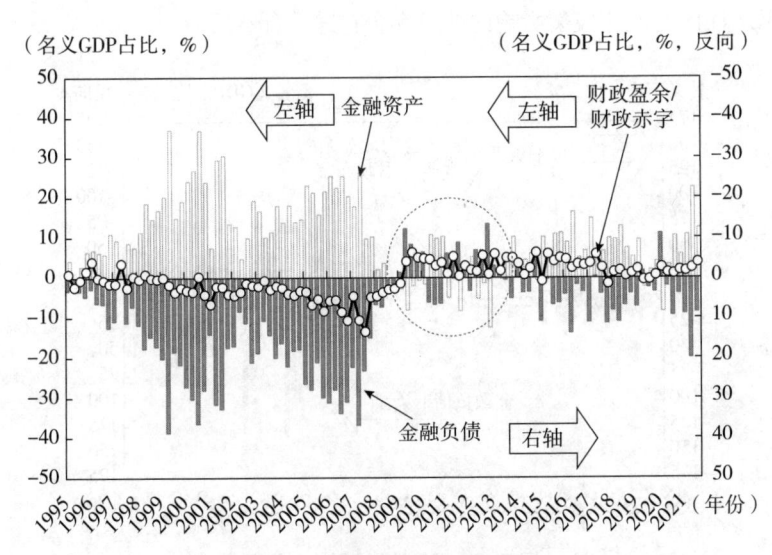

图 7-2　西班牙非金融企业部门

注：野村综合研究所，经季度调整数据。最新的数据是 2021 年第三季度。
资料来源：野村综合研究所，基于西班牙银行和西班牙国家统计研究所的资金流动数据所得。

2008 年后，尽管利率为零或负值，但西班牙企业部门仍保持了财政盈余（净储蓄者）。这种对借贷的厌恶可能是欧债危机期间西班牙遭受信贷紧缩导致的结果。经历过信贷紧缩的财务主管通常会非常反对借贷，而且这种创伤可能会持续数年。

2008—2018 年，爱尔兰非金融企业部门主要是净储蓄者（见图

7-3）。而爱尔兰住户部门是巨额净储蓄者（见图2-7），这表明，爱尔兰2016—2019年经济增长的主要动力是国内通缩导致的工资下降（见图7-9）和该国避税天堂的地位。

尽管希腊的房价也在飙升（见图2-4），但希腊住户（见图7-4）的杠杆率并不像西班牙或爱尔兰住户那样高。然而，2010年以来，该国住户部门也一直在偿还债务，正如图中在零上方的阴影柱形所示。任何受泡沫破裂影响的部门都会有这种自然反应。

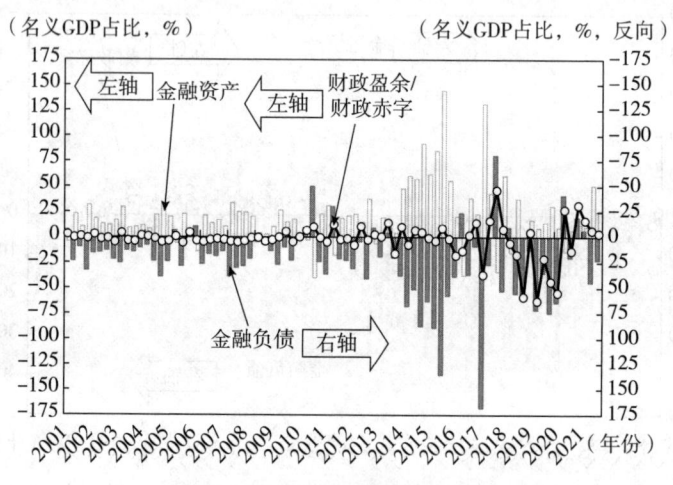

图7-3 爱尔兰非金融企业部门

注：野村综合研究所，经季度调整数据。最新的数据是2021年第三季度。
资料来源：野村综合研究所，基于爱尔兰中央银行和爱尔兰中央统计局的资金流动数据。

真正令人不安的是，2009年底以来，希腊的住户和非金融企业部门一直在减少金融资产，如图中零以下的白色柱形所示（见图7-4和图7-5中圈出的区域）。如前所述，白色柱形低于零是十分糟糕的信号，因为这表明人们正在提取过去的储蓄来维持收支平衡。这种提款通常是收入大幅下降或者金融机构受困导致信贷紧缩引发的。随着希腊的名义GDP较2008年下降近30%（见图7-6），许多希腊住户和非金融企业部门被迫提取储蓄用以支付日常必需品的开支。这意味着图1-1中希腊的低储蓄数据并非因为强劲的投资，而是源于收入的疲软。

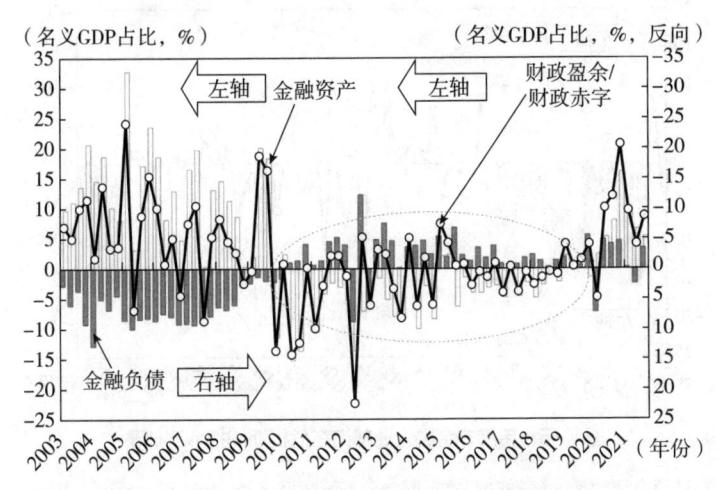

图 7-4　希腊住户去杠杆，同时也为了生存提取储蓄

注：野村综合研究所，经季度调整数据。最新的数据是 2021 年第三季度。
资料来源：野村综合研究所，基于希腊银行和希腊统计局的资金流动数据所得。

希腊的名义 GDP 急剧下降的原因之一是 IMF。在 2010 年的赤字操纵丑闻后，IMF 应请求对希腊进行救助，可当时 IMF 并不了解资产负债表衰退。IMF 要求希腊开展严格的财政整顿，希望这样能重获债权人的信任。对于陷入普通财政危机的国家来说，这是正确的做法，但希腊正处于资产负债表衰退中，紧缩措施引发了 1 000 美元—900 美元—810 美元—730 美元的通缩螺旋，导致名义 GDP 收缩了近 30%（见图 7-6）。

希腊政府在 2009 年前一直对预算赤字数据造假，并掩盖巨额的真实财政赤字，由于该丑闻被揭露，希腊政府失去了市场信誉。然而，IMF 和欧盟在希腊人眼中也失去了信誉，因为它们实施的经济方案不仅未能实现预期增长，还使希腊的名义 GDP 下降了近 30%。既然双方都犯了重大的错误，那么双方是时候扯平并继续迈步向前了。

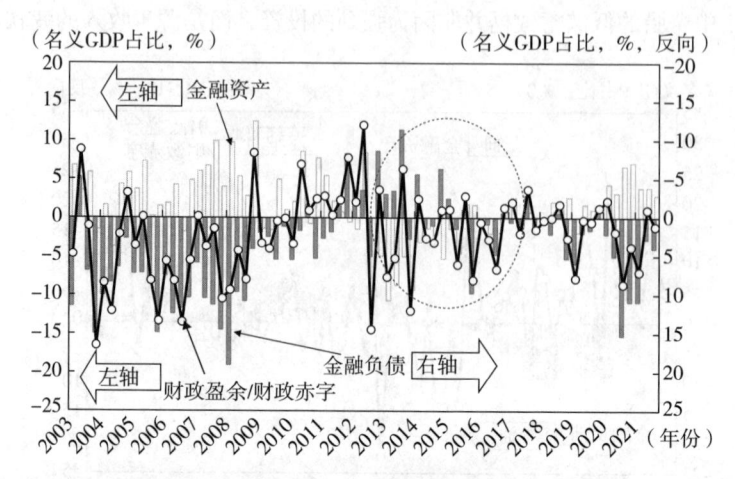

图 7-5　希腊非金融企业部门在危机期间提取了储蓄

注：野村综合研究所，经季度调整数据。最新的数据是 2021 年第三季度。

资料来源：野村综合研究所，基于希腊银行和希腊统计局的资金流动数据所得。

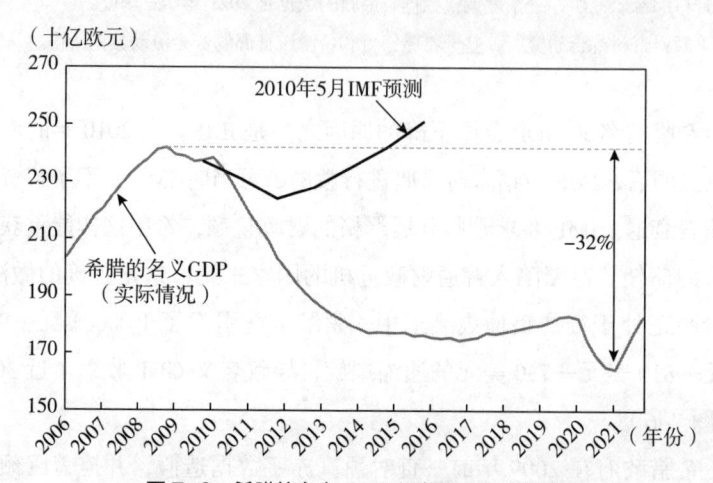

图 7-6　希腊的名义 GDP 远低于 IMF 的预测

资料来源：野村综合研究所，基于希腊统计局、国际货币基金组织，"国际货币基金组织执行委员会批准为希腊提供 300 亿欧元的备用安排"，2010 年 5 月 9 日。

德国的资产负债表衰退比其他国家早了 8 年

与之前提到的外围国家相比，欧元区最大的国家德国没有经历过房地产泡沫（见图 2-4）。不仅如此，同样处于低利率的环境下，德国的房价实际上下跌了 8%，而欧元区其他地区的房价则大幅上涨。

这是因为在 2000 年互联网泡沫破裂时，德国就已经进入了资产负债表衰退期。从图 7-7 可以看出，德国住户不仅在 2000 年后停止了借贷，而且开始偿还债务。即便是在欧洲央行将利率降至战后最低水平时，情况依然如此。

住户行为的这种变化，是因为原本非常保守的德国住户和企业在法兰克福新市场的互联网泡沫中失去了理智，新市场相当于德国的纳斯达克，1998—2000 年该市场上涨了近 9 倍（见图 7-8）[1]。当泡沫破裂时，该市场的市值损失了 97%，德国私人部门的财务健康状况受到了严重摧毁。泡沫破裂后，企业和住户开始储蓄，其规模达到 GDP 的 10%，进而把经济推入严重的资产负债表衰退。

欧洲央行并没有意识到德国陷入资产负债表衰退，为了救助欧元区这个最大的经济体，欧洲央行迅速将利率降至 2% 的战后最低点，但是仍然没有任何作用。这种创纪录的低利率环境仍然无法让德国重振经济，这让德国成为"欧洲病夫"。

德国没有意识到问题的根源在于资产负债表，所以开始推动名为"2010 年议程"的结构性改革计划。由于经济学并未讲授资产负债表衰退，德国的经济学家和政策制定者只是认为，传统的货币宽松政策是由于结构性问题而不起作用。日本 10 年前所犯的相同错误，也出于完全相同的原因。

---

[1] 2003 年 3 月 24 日，新市场（Neuer Markt）更名为德国科技股（TecDAX）。

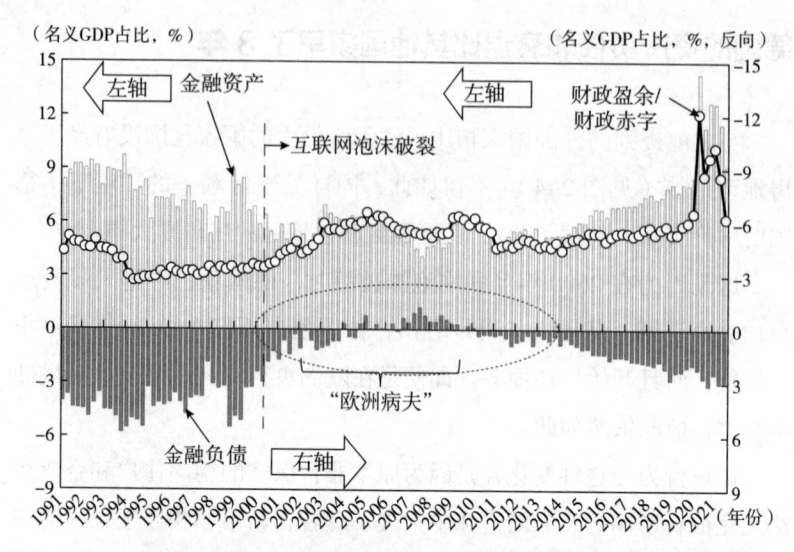

图 7-7　在互联网泡沫破裂后，德国住户完全停止了借贷

注：野村综合研究所，经季度调整数据。最新的数据是 2021 年第三季度。
资料来源：野村综合研究所，基于德国央行和欧盟统计局的资金流动数据。

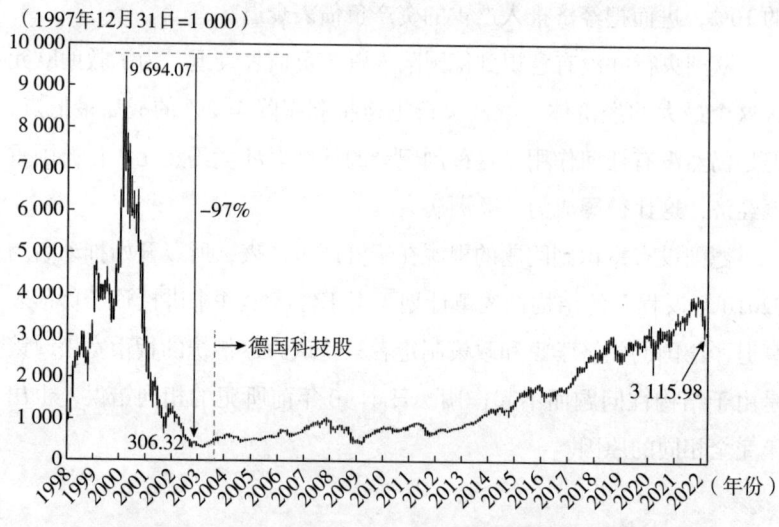

图 7-8　2021 年德国科技股崩盘使经济陷入资产负债表衰退

资料来源：彭博社和市场观察，数据截至 2022 年 3 月 14 日。

然而，在2000年前就已经存在了几十年的结构性问题，并不能解释2000年后德国私人部门储蓄行为的突然转变（见图7-7）。当时德国要求欧元区其他经济体实施相同的结构性改革，然而这些经济体实际上承受的都是资产负债表问题，而不是结构性问题，这种根本性的误判在2000年后大大扭曲了欧元区的经济，在2008年后也是如此。

当德国正在通过艰难且无效的结构性改革来应对资产负债表衰退时，那些避免了互联网泡沫的欧元区国家的资产负债表却非常健康，且对欧洲央行的货币宽松政策反应强烈。换句话说，2%这一战后最低的利率旨在帮助德国经济，但实际上没有效果，因为德国经济处于情形3，也就是缺乏私人部门借款人。但是同样的利率水平对处于情形1中有充足私人部门借款人的其他地区来说实在太低。于是这些国家很快就陷入了巨大的房地产泡沫中。

当德国处于资产负债表衰退时，其他国家却处在房地产泡沫中，这一情况在两者之间形成了巨大的竞争差距。德国在资产负债表衰退的影响下货币供应增长缓慢，致使工资和价格停滞，而泡沫缠身的欧元区其他地区货币供应快速增长，导致工资和价格大幅上涨。这让德国相对于欧洲其他国家具有较强的竞争力。[1]

欧洲其他地区的房地产繁荣和德国本国竞争力的提高，使德国在该地区的出口迅速增加。随着欧洲其他国家对德国的拉动，德国逐渐走出资产负债表衰退。

当2008年全球房地产泡沫破裂，欧洲其他地区陷入资产负债表衰退时，德国已经从资产负债表衰退中复苏。由于与德国这个欧元区最大的经济体并不同步，叠加政策制定者缺乏对资产负债表衰退的认

---

[1] 有兴趣了解2008年后欧元区竞争力演变的读者，请参考作者的上一本书《复盘：一个经济学家对宏观经济的另类解读》的第五章。

识，欧元区其他国家进入了持续十多年的艰难时期。

如果私人部门整体都在储蓄，那么私人部门以外的人必须借贷并将借入的储蓄花掉，这样才能避免经济陷入通缩螺旋。遗憾的是，尽管 2008 年后私人部门的储蓄大幅增加，可是资产负债表衰退的概念仍没有出现在经济学教科书中，大西洋两岸的大人物开始像 20 世纪 30 年代那样推动财政整顿。

在美国，这一举措是由共和党中茶党一派带头的，而在欧元区，由前总理默克尔和财政部前部长沃尔夫冈·朔伊布勒领导的德国开始推动缩减开支。在英国，前首相戈登·布朗意识到了资产负债表衰退，并实施了必要的财政刺激，但他很快在选举中出局，民众转而支持大卫·卡梅伦，后者选择了严酷的紧缩措施。

美国在全球金融危机后，从本·伯南克到拉里·萨默斯的政策制定者不久便意识到他们正面临资产负债表衰退，这正是 1990 年以来困扰日本的经济顽疾。他们使用"财政悬崖"一词来说服国会不要过早地进行财政整顿。尽管美国曾是全球金融危机的中心，且有几次几乎就要跌落"财政悬崖"，但美国最终走出了这种困境，并比其他国家恢复得更快。

有缺陷的《稳定与增长公约》让极右翼政党发展壮大

在欧元区，政策制定者仍未意识到资产负债表衰退这一问题，也不知道在这种情况下政府充当最后借款人的必要性，一个接一个国家跌落"财政悬崖"，并带来了毁灭性的后果。创造欧元的《稳定与增长公约》并未对这类衰退做任何规定，实际上该公约反而无视私人部门的储蓄规模，禁止政府借款规模超过 GDP 的 3%。换句话说，欧元区各国政府无法作为最后借款人借入超过 GDP 3% 的资金。

在 2008 年第三季度后的 13 年里（见图 1-1），西班牙私人部门的年均储蓄达到 GDP 的 7.64%。但由于政府借款规模的上限是 GDP 的 3%，相当于超过 GDP 4% 的储蓄不会进入国家的收入循环，导致西班牙经济陷入了可怕的衰退。

此外，疲软经济体的税收收入也在下降，预算赤字上升到 GDP 的 3% 以上。由于经济疲软，预算赤字的增加（即经济学所说的自动稳定器，因为这迫使政府提高借贷和支出）有助于稳定经济。

但是，欧元区各国政府并未使用这个稳定器功能，即通过扩大政府借款来应对私人部门储蓄的增长，反而因为受到《稳定与增长公约》的限制被迫将借款削减至 GDP 的 3%。政府的行动非但没有使经济衰退缓和，反而使情况变得更糟。西班牙的失业率飙升至 26%，其他许多国家也遭遇了类似的情况。与 20 世纪 30 年代初的德国类似，这些国家由于中左翼和中右翼政党都坚持《稳定与增长公约》和"财政契约"所规定的财政整顿，普通民众变得越来越贫困和绝望。

令人惊讶的是，《稳定与增长公约》对政府应该如何解决这种通缩缺口没有提供任何建议，因为该公约所基于的假设不会发生情形 3 和情形 4 这种情况。这并不奇怪，因为《稳定与增长公约》生效于 1998 年，当时，除日本以外的国家和地区对资产负债表衰退一无所知。但当 2008 年房地产泡沫破裂并引发欧洲资产负债表衰退时，政策制定者没有工具可以避免通缩螺旋，经济严重衰退给人们带来了巨大的痛苦，这与德国在 1929—1933 年经历的一样。从 2008 年开始，正是《稳定与增长公约》的根本缺陷几乎摧毁了欧元区经济。

对欧元区危机的预测被忽视了

考虑到《稳定与增长公约》的局限性，这种灾难性的后果是完全可以预见的。我在 2003 年出版的《资产负债表衰退：日本与未知经济的斗争及其全球性影响》一书中曾提醒欧洲，财政刺激虽然不是应对资产负债表衰退的唯一办法，但一定是最有效的办法，一旦欧洲出现资产负债表衰退的迹象，强烈建议欧盟委员会采取行动，让欧元区的经济体摆脱《马斯特里赫特条约》的限制。[①] 如果不这样做，则会使欧洲陷入通缩缺口逐步扩大的恶性循环。事实上，如果日本、美国和欧洲同时面对资产负债表衰退，由于受到《马斯特里赫特条约》的限制，欧洲将是其中最脆弱的。[②] 尽管当时德意志银行的首席执行官约瑟夫·阿克曼注意到了这本书的重要性，并在银行提交给客户的报告中做了提示，但是这些警告仍被忽视，于是就像预测的那样，在2008年后，欧元区的经济体一个接一个地陷入长期资产负债表衰退。

我接着在2008年出版的《大衰退：宏观经济学的圣杯》一书中警示了这个问题的政治后果，认为"……出于错误的骄傲或固执，让一个处于资产负债表衰退中的国家或地区平衡预算，对任何人都没有好处。事实上，迫使一个已经遭受经济衰退的国家实施不恰当的政策，会加剧经济衰退，并将其民主结构置于危险之地"。[③] 这一警示也同样被忽视了，极端主义政党在所有这些国家都已成势。

到2014年5月，人们已经变得非常绝望，民族主义的反欧盟政党对现有政治格局造成了冲击，它们在英国、法国和希腊的欧洲议会选举中成功崛起。2016年，英国完成了"脱欧"公投，有人认为，"比欧洲增长率低的地方仅有一个，那就是南极洲"。这些选举结果表明，有非常多的人因为《稳定与增长公约》这一关键缺陷而对欧洲的政治和经济体制感到不满和不信任。

---

① 这是欧元和《稳定与增长公约》诞生的条约。
② Koo, Richard C. (2003), *Balance Sheet Recession: Japan's Struggle with Uncharted Economics and its Global Implications*, Singapore: John Wiley & Sons (Asia), p. 234.
③ Koo, Richard C. (2008), *The Holy Grail of Macroeconomics: Lessons from Japan's Great Recession*, Singapore: John Wiley & Sons (Asia), p. 250.

欧盟怀疑论者成功地引起了政界和媒体对财政整顿和结构性改革失去动力的担心，而他们认为这些改革对该地区的经济复苏至关重要。当局给欧盟怀疑论者贴上了民粹主义者的标签，并拼命把他们描绘成不负责任的极端分子。

　　所有在选举中表现良好的反欧盟政党都带有本土主义的元素，因为他们将许多国家问题都归咎于移民。这是不负责任的，因为对于已经遭受资产负债表衰退的人来说，对移民进行更严格的控制并不会改善国内的民生。

决策者需要追问：为什么欧盟怀疑论者会获得支持

　　现有政权认为它们奉行的是负责任的政策，经得起严格的检验和再检验。在房地产泡沫破裂后，欧洲大多数国家都陷入了严重的资产负债表衰退，但没有任何一个政府认识到这一点并做出适当的应对。更糟的是，实施的政策主要集中于财政整顿，这是政府在资产负债表衰退期间绝不能采取的政策。这项错误对欧洲人民造成了毁灭性的后果。

　　此外，政府当局将资产负债表问题误认为是结构性问题，导致情况更加恶化。作为被追赶的经济体，尽管每一个欧元区国家都需要解决各种结构性问题来确保领先地位，但是2008年的衰退有80%源于资产负债表问题，而结构性问题只占20%左右。毕竟，经济在2008年突然崩溃并在接下来进入停滞，这些都很难归咎于已经存在了几十年的结构性因素。尤其是这些经济体在2008年（德国在2000年）前对传统的宏观经济政策都能做出正常反应，这表明当时并没有出现结构性问题。

　　正如第五章所指出的，所有发达国家都面临着两个挑战：一个是经济被追赶，另一个是处于资产负债表衰退以及近期的疫情衰退。应对前者，结构性改革十分必要，但后者则需要财政刺激来应对。这两种情况相比，后者要紧迫得多，因为20世纪30年代的美国大萧条证明，资产负债表衰退可以迅速摧毁经济。从某种意义上说，目前的情况比20世纪30年代更加严峻，因为当时的政策制定者只需要应对资产负债表衰退。

结构性改革通常需要10年或更长时间才能产生宏观经济效果，所以当经济处于资产负债表衰退时，结构性改革无法替代财政刺激。因此，政治领袖必须让选民明白，如果要让经济处于领先地位，结构性政策是必要的，但是如果经济处于资产负债表衰退中，财政刺激更加迫切，因为这可以抵消私人部门去杠杆所带来的通缩压力。图2-6和图2-7可以解释这一点。

情况也因国家而异。在经历了超大泡沫的西班牙和爱尔兰，资产负债表衰退问题是经济持续疲软的主因；而在没有经历重大泡沫的意大利，经济问题可能更多归咎于结构性原因。

不考虑国家差异，欧元区经济整体处于情形3，尽管利率已经为负，但是私人部门的年均储蓄仍达到GDP的5.11%（见图1-1）。由于缺乏借款人的问题正严重影响着经济，政府必须采取与私人部门相反的做法，即通过借贷和支出为经济注入活力，其规模应至少相当于私人部门的过剩储蓄，也就是GDP的5.11%。

官方未能识别这一经济问题

遗憾的是，欧盟委员会和欧洲央行似乎都没有意识到私人部门惊人的过剩储蓄所带来的危险。因此，它们继续要求成员国进行财政整顿和结构性改革，而忽视了将过剩的私人部门储蓄重新注入经济收入循环这一最为迫切的需求。例如，欧洲央行前行长德拉吉在每一次新闻发布会开始时，都要求所有欧元区成员国遵守《稳定与增长公约》

和"财政契约"规定的财政整顿目标。这意味着，他认为欧元区经济属于情形2，限制经济增长的是贷款人，而不是借款人。

他认为经济处于情形2中，这种假设导致欧洲央行引入了长期再融资操作（LTROs）、定向长期再融资操作（TLTROs）、量化宽松和负利率政策，这些政策都是基于借款人供应充足的假设，政策目的是增加贷款供给。尽管欧洲央行的一些政策确实有助于欧元区经济从情形4转为情形3（但并不彻底，正如第八章所解释的），但在过去13年里，欧元区居民的实际信贷仅增长了微不足道的16%，如图2-13所示。

由于创造欧元时未料想过情形3和情形4，所以财政政策在欧元区实际上是被禁止的，货币政策是应对经济衰退的唯一工具。德拉吉将其称为"单根独苗"。因此，当2000年德国首次陷入资产负债表衰退时，欧洲央行不得不将利率降至战后最低点的2%来宽松货币，通过在其他地区制造泡沫来帮助德国。2008年泡沫破裂后，其他国家也陷入资产负债表衰退，为了帮助这些国家，欧洲央行不得不进一步放松货币政策，将利率降至零以下。但是，通过在一部分国家制造泡沫来应对另一部分国家的资产负债表衰退，绝不是运作单一货币联盟的方法。

《稳定与增长公约》本该督促处于情形3的国家使用财政刺激

换句话说，如果德国在应对2000年资产负债表衰退时使用财政刺激，那么房地产泡沫和随后欧元区遭受的资产负债表衰退将不会像现在那么糟糕。这是因为欧洲央行无须将利率降至战后的最低水平来帮助德国经济，更高的利率可以让其他国家房地产泡沫更小。

这表明，为了使单一货币正常运作，《稳定与增长公约》应该要求成员国在本国范围内实施财政政策来应对资产负债表衰退。这可以让欧洲央行的货币政策和成员国都免受个别成员国泡沫或资产负债表衰退的影响。

当经济处于情形1和情形2时，限制财政政策是没问题的。但是，当国家处于情形3时，《稳定与增长公约》应该要求成员国在欧盟的支持下动用财政政策，这样该国资产负债表问题不会扭曲其他没有泡沫国家的经济政策。

欧盟怀疑论者之所以获得支持，并非因为他们是民粹主义者，而是因为中左翼和中右翼政党的错误政策拖累了经济，摧毁了许多人的生活。经过多年徒劳的等待，选民意识到，只要现有政党继续掌权，情况就不会改善。对于那些被政府在通缩缺口上的不作为（或乱作为）毁掉生计的人来说，解决方案的第一步是让国家摆脱《稳定与增长公约》强加的财政束缚，所以反欧盟政党的支持率激增。而这正是阿道夫·希特勒和民族社会主义者于1933年在德国掌权时的情况。

1929年后饱受痛苦的德国却让其他国家在2008年后承受相同的痛苦

真正具有讽刺意味的是，尽管在1929年德国是此类政策的第一批受害者之一，那时同盟军政府强迫布吕宁政府实施财政紧缩政策，但也正是德国将这种财政束缚强加给了欧元区国家。如前所述，这些财政紧缩政策摧毁了德国经济，并将德国失业率推高至28%。总而言之，当经济处于情形3时，德国人应该警惕财政紧缩的风险。德国人似乎也忘记了在1933年后，德国经济复苏的速度有多快。

也许今天的德国人对纳粹政权的暴行感到恐惧，以至于人们抵制希特勒所做的一切事情。这种全面否定一个人或一个时代的做法是十分危险的，因为如果人们不了解他为了赢得民心所做的事，那么当下一个希特勒出现时，人们将会缺乏判断力且毫无准备。

随着众多的极右翼政党在遭受资产负债表衰退的国家中赢得选票，欧洲人民必须尽快认识到这种经济顽疾。如果对这种经济病症缺乏适当的了解，成员国会发现它们的经济危机将伴随着民主危机。

如今的社会保障体系比20世纪30年代覆盖面要更加广泛，这让现代民主国家对这种经济衰退和政策错误有更强的抵抗力。事实上，社会保障体系本身就是一种在20世纪30年代并不存在的财政刺激形式。然而，如果自满的政客、经济学家和官僚继续实施被误导的政策，人们的不信任和痛苦最终就会爆发。

内在通缩带来的欧洲复苏

如果有充足的时间，经济确实能自我调节。尽管存在前述误入歧途的政策，但从2016年前后到新冠肺炎疫情冲击前，一些欧洲经济体的情况出现了好转。然而，这是因为痛苦的内在通缩让这些国家相对于其他国家更具竞争力。如图7-9所示，西班牙、爱尔兰、葡萄牙和希腊等高失业率国家的单位劳动力成本都已从峰值显著下滑。根据OECD的数据，希腊的单位劳动力成本比过去峰值时期下降了14.5%，西班牙、葡萄牙分别下降了8.6%和8.0%。爱尔兰从峰值下跌了42.9%，由于爱尔兰的GDP数据不连贯，因此下降的对比数据有所放大。

相比之下，随着德国从2000年资产负债表衰退后复苏，单位劳动力成本从2006年第四季度的低点上升了42.8%。这种单位劳动力成本的差异使外围国家相对于德国和世界其他地区具有相当明显的竞争力。事实上，2016年后西班牙的经济增长源自进口，而其下降速度快于出口，表明这确实发生了内在通货紧缩。尽管欧洲央行经常谈到实现2%通胀目标的重要性，但实际上正是这种痛苦的内在通货紧缩，让欧元区中受冲击最大的国家能够在没有财政政策刺激的情况下得以复苏。

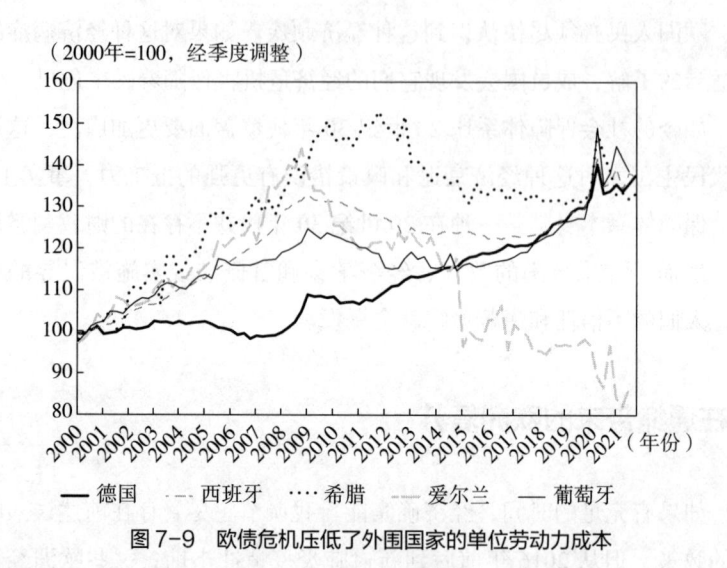

（2000年=100，经季度调整）

图7-9 欧债危机压低了外围国家的单位劳动力成本

资料来源：野村综合研究所，基于OECD的数据所得。

新冠肺炎疫情再次暴露欧元区结构性缺陷

在这种背景下，2020年新冠肺炎疫情席卷了欧洲。当经济受到疫情防控的影响时，欧元区选民再次意识到，他们没有货币政策或财政政策抓手来对抗毁灭性的经济衰退和公共卫生危机。这与非欧元区政府形成了鲜明对比，非欧元区政府可以用借款的方式应对疫情及其引发的衰退，尤其是这些国家可以从只能持有本币计价的高质量固收资产的投资者手中借款。在英国，英格兰银行甚至提出在紧急情况下直接向政府提供贷款。这些国家还可以选择让汇率贬值。

随着越来越多的选民意识到他们的无助感源于他们加入了欧元

区，人们对欧洲计划的支持开始崩溃。欧债危机期间意大利对欧元的支持度尚较为稳定，但在疫情暴发时大幅下滑。

所幸欧盟似乎已经从欧元区危机期间的错误中吸取了教训，并在疫情防控期间暂停了"财政契约"对财政赤字的限制，这正是我强烈建议的。此外，安格拉·默克尔和伊曼纽埃尔·马克龙认识到，对疫情缺乏财政应对是对欧洲计划的潜在威胁，因此两位领导人随后开展了一项总额为7 500亿欧元的欧元区财政方案谈判。两位领导人认识到，如果欧元区选民觉得，只要留在欧元区，他们选出的代表就无力应对疫情，那么对欧元和民主本身的支持可能会坍塌。

经过4天的艰难谈判，两位领导人压倒了荷兰和其他几个国家，达成了一揽子方案，欧盟将以自己的名义借款7 500亿欧元，帮助受疫情重创的成员国。这个一次性的一揽子方案至少能够减轻很多人对只要留在欧元区就注定会失败的担忧。

对于整个欧元区财政方案最终是否会形成财政联盟尚无定论。如果形成了财政联盟，该地区的政府债券市场将统一为单一市场，那么政府债券市场之间的资本逃逸问题就会消失。这将使欧元区像其他国家和地区一样作为整体行使财政政策。然而，艰难的谈判用了4天时间，却只促成了3 900亿美元的拨款，这是一揽子计划中实际的"救助"部分，这表明关于财政联盟问题尚未达成真正的共识。

即使讨论财政联盟仍为时过早，但是欧元区领导人可以得到一个明确的结论，那就是如果保留欧元计划，就不能再让选民感到无助。为了确保选民有权决定自己的未来，欧元的制度框架需要进行修改。这种讨论已经开始。

欧元的制度性缺陷

正如本章开头所指出的，20多年前投票赞成加入共同货币的欧洲人认为，他们只放弃了货币政策的主权。但随后的情况表明，他们实际上也失去了财政政策的主权。各国政府无法回应选民的要求，这将经济和民主制度置于险境。这种意想不到的后果源自制度驱动和市场驱动双重因素，欧元必须解决这些问题。

制度原因方面，《稳定与增长公约》将成员国的财政赤字限制在 GDP 的 3% 以内，而从未考虑过经济处于情形 3 或情形 4 的可能性。也就是说，该公约从未设想过在零利率的情况下，私人部门储蓄会超过 GDP 的 3%。《稳定与增长公约》的支持者和大多数经济学专业人士都认为，在如此低的利率下，私人部门一定会借款而不是储蓄。

但是，当 2008 年大西洋两岸的房地产泡沫破裂时，欧元区内外所有受影响国家的私人部门纷纷去杠杆，并在央行将利率降至零甚至负值之后，储蓄规模远远超过 GDP 的 3%。例如，2008 年以来，西班牙私人部门的平均储蓄一直在 GDP 的 7% 以上。如果有人储蓄了 GDP 的 7%，就必须有其他人借贷并花掉这 7%，这样才能防止国民经济收缩。然而，《稳定与增长公约》只允许西班牙政府借贷超过 GDP 的 3%，造成了相当于 GDP 的 4% 的通缩差距，西班牙陷入了可怕的衰退和内在通缩。

纠正这种制度缺陷的一个显而易见的方法是，当私人部门在零利率下储蓄超过 GDP 的 3% 时，允许成员国政府借款超过 GDP 的 3% 资金。这个方法是纠正欧元区所特有问题的一个必要条件，但不是充分条件。

资本逃逸是欧元区问题的核心

即使用这种方法修改了《稳定与增长公约》，成员国政府仍将面临无情的市场驱动约束，这也严重削弱了成员国的财政政策主权。正如本章开头写到的，这种约束的主要原因是所有成员国政府发行的政府债券都以同一种货币计价。

假设非欧元区国家的私人部门是巨大的净储蓄者，也就是该部门有大量的财政盈余，养老金或者其他机构投资者受委托管理这些储蓄，尽管利率降至零，但他们既不能承担巨大的外汇风险，也不能投资于股票市场，就只能抢购政府债券。毕竟政府是仅剩的发行本国货币计价的高等级固定收益产品的借款人。

抢购政府债的热潮使政府债券收益率下降，降至经济在情形1和情形2时期难以想象的低水平。这时如果政府仔细挑选项目回报率高于政府债券收益率的基础设施项目，就能盈亏平衡。这样政府既可以利用国家储蓄来对抗经济衰退，又不会加重未来纳税人的负担。这就是在第二章中首次提到的情形3和情形4中的经济自我纠正机制。

相比之下，欧元区的投资者可以从19个不同的政府债券市场中进行选择，因为这些市场都以同一种货币计价。这意味着不能保证西班牙的储蓄投资于西班牙政府债券，也不能保证葡萄牙的储蓄都购买葡萄牙政府债券。

2010年欧债危机期间，大量来自外围国家的私人部门储蓄涌向德国政府债券，在将德国债券收益率降至极低水平的同时，提高了外围国家的政府债券收益率（见图7-10）。这是因为德国经济正走出衰退，赤字不断缩减，而其他成员国正步入衰退，赤字不断扩大。在资产负债表衰退期间，非欧元区国家的汇率风险为政府债券市场筑起围墙，将过剩的国内储蓄引导至本国政府债券市场中，但在欧元区国家汇率却无法实现这样的效果。换句话说，情形3和情形4中的经济自我纠正机制在欧元区行不通。

10年期政府债券收益率

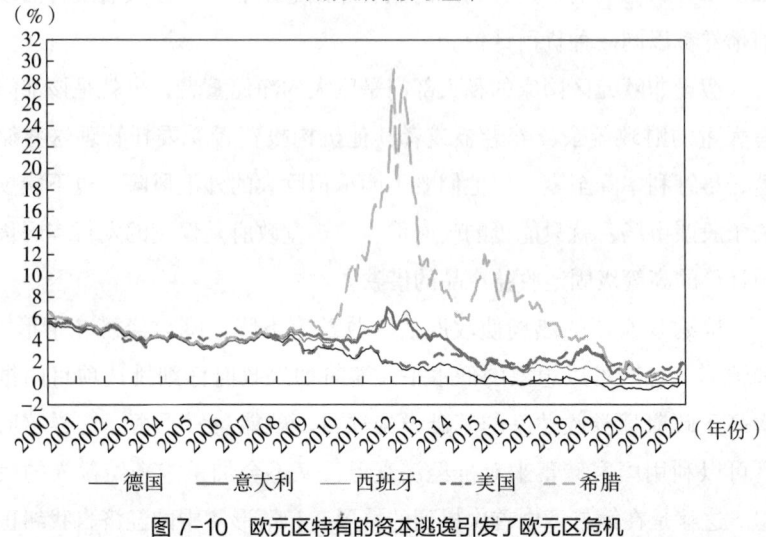

图7-10 欧元区特有的资本逃逸引发了欧元区危机

资料来源：野村综合研究所，基于欧洲央行和美联储数据所得。

这也意味着19个政府债券市场最终会相互竞争，因为投资者可以抛售任何赤字巨大的成员国债务，而青睐其他财政表现较好的政府所发行的债券。这常常导致一种结果，就是健康且不需要资金的经济体被过量的资金淹没，而处于资产负债表衰退中并迫切需要资金进行财政刺激的国家无法借到钱，即使是在本国私人部门产生大额储蓄的情况下也不例外。

基于市场的财政约束引发欧元反应强烈

在这个框架下，欧元区仅有两种选择。一是让欧元区的财政模范德国扩大预算赤字，以便其他18个国家也能拥有较大的预算赤字；二是让财政情况较差的国家削减赤字追上德国。德国拒绝了第一种选择，迫使其他存在过剩储蓄问题的国家采取选择第二种，这带来了毁灭性的后果。

这一点在2010年的欧债危机中得到了充分的证明，尽管除希腊以外的每个外围国家在国内都有足够的私人部门储蓄来弥补其预算赤字，但当时投资者仍抛售了这些外围国家的政府债券。换句话说，如果这些国家不在欧元区，它们就可以像美国或日本那样经受住经济衰退的影响。然而，政府债券市场的抛售使欧元区各国政府无法利用本国储蓄为必要的财政刺激提供资金。

在危机期间，美国和英国一些不择手段的投资基金做空外围国家的政府债券，并向媒体鼓吹所谓的货币单位重定风险，即货币联盟即将解体，这让情况变得更糟。时任欧洲央行行长德拉吉宣布他将"不惜一切代价"捍卫欧洲货币联盟时，对欧元的攻击才得到控制。2018年，意大利新当选的政府只是因为希望将其财政支出增加GDP的0.4%，该国政府债券就遭到了抛售。关键在于，这种资本逃逸的威胁意味着，因为德国的财政状况最好，所以没有任何成员国能比德国更好地动用财政政策。

《稳定与增长公约》和"财政契约"的限制在2020年春季后已取消，缺乏财政自由都是由市场压力造成的。随着新冠病毒在欧洲迅速蔓延，欧盟宣布成员国直到2021年6月都可以无视"财政契约"的限制。然而，由于担心政府债券会被抛售，各成员国仍不愿采取较大的财政行动。

这种欧元区特有的由市场因素形成的财政束缚剥夺了成员国的财政主权。如果成员国不能利用本国私人部门产生的储蓄来对抗经济衰退，选民将会觉得自己无法控制本国的经济命运，并对民主机制和欧元失去信心。

货币联盟发挥作用需要财政分化

解决这个问题的一个方法是，让政府债券只允许本国公民持有，取代目前的财政赤字限制，例如葡萄牙政府债券只能由葡萄牙公民持有。虽然这种规定听起来不切实际，但它不仅能消除资本逃逸问题，全面恢复成员国政府的财政主权，还有助于欧洲央行的货币政策正常化。

只允许本国公民持有本国政府债券，解决了欧元区特有的政府债券市场之间的资本逃逸问题。那些对最高等级固定收益资产有购买需求的机构投资者只能购买本国政府债券，这让政府能够利用本国私人部门的储蓄来应对资产负债表衰退。

根据财政分化，欧元区居民将失去购买其他成员国政府债券的权利，成员国政府也不允许向外国人出售债券。但这是为了恢复财政主权而付出的较小代价。

这种新制度还让财政赤字的融资完全成为各个国家的内部问题：如果一个成员国政府破产，只有本国的公民才会受到影响。这将消除布鲁塞尔或任何其他外部人士干涉该国财政政策的理由，进而对成员国政府的民主机制形成支持，因为政府能够重新用本国的财政政策来解决选民那些应对经济衰退和公共卫生危机的要求。

这种财政政策的内部化也将对各个政府施加纪律约束，因为政府不能再把自己的麻烦归咎于国际投资者（如无良投资基金）或欧盟和国际货币基金组织等超主权机构。如果国家无法说服本国民众持有本国债券，也就更没有理由让外国人购买这些债券。对于德国和那些不情愿救助挥霍无度的国家的政府来说，这应该是一个好消息。

欧元区的私人部门仍能够保留资本自由流动带来的所有效率收益，因为建议中的资本管制仅适用于私人部门以外的资产类别：政府债券。外国持有的本国政府债券从来都不是资本的最佳使用方式。

由于抗击通胀的欧洲央行控制了资本逃逸和短期利率，债券收益率也会稳定下来。由于资本逃逸极少，旧框架中受到资本外逃的国家的债券收益率会下降，而旧框架中经历资本流入的国家的债券收益率可能会上升。

过渡和执行新框架都需要成本，同时还必须单独做出其他安排，让欧洲央行持有成员国政府债券来执行货币政策。但这些都不是不可克服的困难。即使一些投资者设法找到了绕过新规则的方法，只要大多数机构投资者遵守，那么长期困扰欧元区的不稳定的资本逃逸也会最小化。

财政分化可以让货币政策正常化

这个提议可以让欧洲央行松一口气，由于《稳定与增长公约》的缺陷以及资本逃逸阻碍了成员国政府采用财政政策支持经济，欧洲央行被迫实施了太多的非常规货币政策。

尽管欧洲央行已经尽其所能，但当资产负债表问题导致借款人消失，使经济处于情形 3 和情形 4 时，没有理由放松货币政策。虽然用了量化宽松（见图 2-13）和负利率等政策，但欧洲央行自 2008 年起连续 12 年未能实现其通胀目标，充分证明了货币政策没有效果。

当缺乏私人部门借款人造成经济衰退时，政府必须作为最后借款人来维持经济运转，财政分化可以让欧元区成员国政府首次扮演这一角色。这能让欧洲央行摆脱其永远无法承受的负担，让欧洲央行可以退出那些被迫实施的高成本且无效的非常规货币宽松政策。这对德国和其他对央行"过度"宽松政策不满的人来说，应该是个好消息。换句话说，这个方案不仅有助于欧元区成员国的财政政策正常化，也有助于欧洲央行的货币政策正常化。

财政分化的方式之一是实行差异化风险权重

防止储蓄资金逃逸的另一种不那么激烈的方法是，对机构投资者持本国政府债券设定更低的风险权重。换句话说，虽然这些债券以同一货币计价，但是机构持有外国政府债券比持有本国政府债券需要更多的资本金。这样做的合理依据是，投资者更熟悉本国债券市场的风险特征。

这种方式将鼓励西班牙的超额储蓄流入西班牙政府债券，而葡萄牙的超额储蓄流入葡萄牙政府债券。此方法会使本国储蓄流入本国政府债券市场，并降低债券收益率，同时为这些国家提供进行必要财政刺激所需的财政空间。事实上，前述的财政分化建议应该用不同的风险权重加强，这样效果更好。

关键是，任何一个私人部门过剩储蓄导致经济衰退的国家，都应将过剩储蓄引导至本国的政府债券市场，为必要的财政刺激提供资金。政府债券收益率降低也会使许多公共工程项目收支平衡。如果财政分化或差异化风险权重使欧元区各国政府能够在情形3和情形4中利用这种经济自我纠正机制，那么成员国政府在遭受借款人短缺时，欧元区政府的应对不会比非欧元区差。

引导外围国家的储蓄回流

在理论上还有一种选择，就是使已经流出本国的储蓄以某种形式重新回流。然而，为了这种回流顺利进行，像德国这样正在经历资本流入的国家必须借入这些资金，然后以某种自动安排机制将资金重新借给像西班牙这样的国家。机制必须是自动的，这样债券市场参与者就不必担心与资金回流相关的不确定性会推高债券收益率。

这意味着德国等净流入国家必须迅速决定借入和回流至西班牙和葡萄牙等国的资金规模。但这种机制下产生的政治问题注定很难解决，比如借多少钱和由谁来承担风险等。

在2020年7月达成的7500亿美元一揽子计划可以被视为一种回流计划。欧洲有超过10万例新冠病毒感染者死亡，该项目却花了

4天多时间进行艰难谈判，这说明这种回流的方法并不容易实现。

如果回流方案在政治上过于烦琐和困难，也许应该保留这种方案用于真正的地区挑战，例如新冠肺炎疫情和俄乌冲突所引发的能源危机。对于日常的财政运作，应使用不同的风险权重来加强财政分化，防止引发经济衰退的过剩储蓄流出本国。

对负反馈循环不应有的恐惧

由于2010年欧债危机期间出现的主权债务危机和银行危机之间的负反馈循环，许多欧元区官员并不关注国内金融机构持有更多本国政府债券。实际上，他们更倾向于让国内银行减持本国债券。这样会导致成员国无法利用过剩的私人部门储蓄来应对资产负债表衰退。

此外，这种对负反馈循环的恐惧是不应该有的，因为这个反馈循环的根源是欧元区各国政府无法利用财政政策来应对资产负债表衰退。由于失去财政政策能力，当债务融资泡沫破裂时，资产负债表衰退中的欧元区经济体经济崩溃，而这反过来恶化了银行业的问题。银行业问题的出现不仅是因为银行向泡沫参与者放贷，还因为经济崩溃使所有借款人难以偿还债务。无法使用财政政策也阻碍了政府对银行的帮助，使情况变得更糟。

当投资者意识到政府无力阻止经济崩溃或银行系统不良贷款爆雷时，他们就会害怕并将资金转移到更安全的地方，从而导致资本外逃及政府债券收益率提高。上涨的债券收益率迫使政府更加紧缩，这进一步加剧了经济和银行业的问题，经济陷入恶性循环。

解决这种负反馈循环的正确方法是，从一开始就让各国政府通过财政刺激来应对资产负债表衰退，从而避免恶性循环。一旦经济稳定下来，当局就可以用第八章阐述的经久不衰的措施来修复银行体系。在国内经济或银行体系不会崩溃的情况下，国内的超额储蓄将流向本国的政府债券，而不是流向价格更高、收益率较低的外国政府债券。

让货币联盟在没有财政联盟的情况下运作

让货币联盟在没有财政联盟的情况下运作从来都不是一件简单的事情。而在一个货币联盟中重新获得完整财政主权的代价是财政分化。成员国重新获得财政自由的代价是否太高，应该由选民来决定。

按照本书推荐的方式修改《稳定与增长公约》并不容易。英国《金融时报》的首席经济评论员马丁·沃尔夫在评论我的财政分化提议时写道，虽然提案本身很有趣，但法律和官僚主义会使方案在实施和执行时存在问题。[1] 然而，为了应对欧洲货币联盟的挑战，欧盟已经做出了许多不可能进行的程序改革，包括成立银行联盟，以及在塞浦路斯危机期间引入资本管制。最近的 7 500 亿欧盟财政计划也本应是不可能的。

对于德国和其他担心欧洲央行"疯狂"货币宽松政策残局的国家来说，财政分化提议应该是个好消息。提议中的措施还将使德国摆脱更多财政刺激的压力，也免于对拯救挥霍无度成员国的恐惧。换句话说，德国和北欧其他节俭国家应该支持目前的提议，因为它给了这些国家想要的一切。

有人认为欧元是一个不该尝试的灾难性实验，但我认为欧元是人类最伟大的成就之一，通过整个地区聪明和敬业的人多年来的努力，欧元得以诞生。在 2008 年前，欧元运行得很好，当时大多数经济体都处于情形 1 和情形 2 中。

---

[1] Wolf, Martin（2015），"A Handy Tool—But Not the Only One in the Box," *Financial Times*, January 4, 2015. https：//www.ft.com/content/0d3f41dc-86bf-11e4-8a51-00144feabdc0.

正如我在2003年的书中所预测的那样，当财政政策变得绝对必要时，也就是经济体陷入情形3和情形4时，欧元会遇到很大的问题。危机的根本原因是欧元区无法处理情形3和情形4中的经济，而不是缺乏财政联盟、结构性改革缺乏进展，或者德国的财政刺激不足。

欧元区所需要的只是确保私人部门过剩储蓄导致经济衰退的成员国，即使是在零利率的情况下也能够将这些储蓄转移到自己的政府债券市场，这样成员国政府就能够利用这些储蓄来应对经济衰退。如果政府精心挑选支出项目，债券的低收益率就可以让项目收支平衡，也就不会增加未来纳税人的负担。

希望欧盟、欧洲央行和成员国政府能重视由私人部门巨大财政盈余引发的通缩风险，并在为时已晚之前实施财政措施。如果它们这样做了，欧洲选民将不再感到无助，并可能朝着更有利于民主正常运作的方向投票。当欧元区开始表现出强劲的增长时，英国也可能会重新考虑其与欧元区的关系。

德国模式并不适用于所有国家

与之相反，德国一直痴迷于政府必须平衡预算的理念。但这种痴迷忽视了宏观经济学的铁律，即如果有人在存钱，其他人就必须借钱并支出这些储蓄，防止经济收缩。德国将财政平衡的偏好称为 schwarz nul，也就是黑零，只有在德国私人部门不是净储蓄者，或者外国人愿意通过与德国的贸易赤字来借贷和支出德国的储蓄时，德国对平衡预算的偏好才有意义。在过去20年里，德国私人部门一直是巨大的净储蓄者（即一直存在财政盈余），年均储蓄能占到GDP的6.72%，这意味着是外国人支撑了经济。换句话说，德国通过与世界其他国家的巨额贸易顺差来维持经济的发展。

在一般情况下，如此庞大且持续的贸易顺差推高了该国的汇率，并降低了其出口竞争力和收入增长。但德国作为欧元区成员国实际上已经消除了这种货币升值的风险，并让该国继续出口。这使德国摆脱了2000年后的资产负债表衰退，这是日本10年前无法做到的，因为日元在日本的巨额贸易顺差下持续升值。尽管唐纳德·特朗普曾抱怨德国的汇率和美国对德国的贸易赤字，但他对此无能为力，因为德国属于欧元区。

纵然没有任何东西可能摆脱德国在欧元区的有利地位，德国坚持其他成员国效仿自己的做法是没有意义的。德国的模式并不能成为其他国家或者全球的范式。首先，如果其他欧元区成员国都像德国一样，那么该地区的贸易顺差将非常大，欧元汇率将飙升，这会摧毁德国和其他国家的出口竞争力。其次，根据定义，所有国家不能同时贸易顺差。德国模式是一种部分均衡模型，只适用于欧元区的德国，而不是适用于所有国家的一般均衡模型。

没有什么能让德国脱离现在享有的独特地位，但德国应该注意到它拥有现有地位，正是因为其他国家没有像它那么做。德国应该更加努力地帮助欧元区的其他国家，因为欧元区解体对德国的伤害可能比对其他成员国更大。

米尔顿·弗里德曼自由市场理论的三个问题

当诺贝尔经济学奖得主、自由市场、货币政策和小政府的新自由主义拥护者米尔顿·弗里德曼在20世纪50年代访问日本时，对经济学家大足长洲讲，他对人民的困境有话要说："我是犹太人……我认为我不需要告诉你犹太人曾面对何等可怕的死亡。我主张自由市场背后的真正动力来自在希特勒统治下丧生的犹太人的血泪史，他们让我明白，通往幸福的最佳道路是拥有一个团结人民的机制，使国家、种族和政治制度没有影响力的机制。"①

尽管许多人同情弗里德曼，并认同自由市场是理想的，但他至少存在三方面错误。第一个错误是，他假设私人部门追求利润最大化驱动的市场永远不会走错方向。但事实是，每隔几十年，私人部门就会在泡沫中失去理智，例如2000年互联网泡沫和2008年的房地产泡沫就是证明。

在泡沫期间，私人部门陷入了疯狂的投机活动，最终错误地分配了数万亿美元的资源，没有哪个政府能够与之匹敌。换句话说，如果企业和住户头脑冷静会让市场运行良好，但当泡沫形成时情况就会不同。被追赶的时代比弗里德曼理论中的黄金时代更容易形成泡沫。

当泡沫破裂时，私人部门开始意识到必须通过减少债务来消除债务负担。但当大部分私人部门同时将债务最小化时，经济就会陷入一个毁灭性的合成谬误，即资产负债表衰退。

弗里德曼的第二个错误是，他认为，应该动用货币政策对抗衰退，即央行提供流动性并降低利率。在20世纪五六十年代，即该理论形成时期，这是正确的政策，因为美国正处于黄金时代，其经济属于情形1或情形2。一旦经济体进入资产负债表衰退或被追赶阶段，私人部门停止借贷，经济就处于情形3或情形4，货币政策就不再有效。因为即使是零利率也没有借款人，央行提供的资金无法进入实体经济。

弗里德曼的第三个错误是，他强调小政府并反对使用财政刺激措施，对他来说财政刺激象征着大政府和国家的干预。但在资产负债表衰退中，政府必须充当最后的借款人（和支出者）。没有其他方法可

---

① Uchihashi, Katsuto (2009), "Shinpan Akumu-no Saikuru: Neo-riberarizumu Junkan" ("Cycle of Nightmares: The Recurrence of Neoliberalism"), updated version, in Japanese, *Bunshun Bunko*, Japan, pp. 88–89.

以让经济摆脱通缩螺旋，并给私人部门提供偿还债务和重建资产负债表所需的收入。

　　弗里德曼过分强调市场至高地位、货币政策和小政府的优势，这没有给政府作为最后借款人留有任何空间。但正是布吕宁政府失败导致的德国经济崩溃，为阿道夫·希特勒1933年掌权铺平了道路。法国、英国和美国政府未能作为最后借款人，不仅提高了希特勒的声誉，也妨碍了这些政府展示应对希特勒迅速扩张军队的可信威慑。为了防止下一场浩劫重演，必须告知公众什么是资产负债表衰退，以及如何通过财政刺激来与之斗争。

第八章

宏观经济学另一半中的货币和银行

当泡沫破裂时，经济的典型特征是出现借款人和贷款人缺失的情况（情形4）。借款人的缺失会导致资产负债表衰退，这是一种宏观经济现象。贷款人的缺失会导致信贷紧缩，这是一种金融现象。根据泡沫的性质、规模以及随后的政策反应，两者都可能在没有另一种现象的情况下出现。

贷款人之所以消失，是因为他们将钱借给了泡沫参与者，其中很多人在泡沫破裂后无力偿还债务。泡沫破裂后的资产负债表衰退也会减少未参与泡沫人群的收入，反过来也削弱了这部分人的偿债能力。由此产生的不良贷款增加侵蚀了银行资本，使银行无力借出资金。许多贷款人会发现自己实际上已经破产。

银行系统的两个外部性

当银行因资产负债表受损而无法充分发挥其功能时，社会系统就会受到严重影响。银行具有两项职能。首先，银行是支付系统的核心。由于从日常消费到支付大学学费，每一件事都要通过银行系统完成，银行系统崩溃会对经济产生毁灭性的影响。其次，确保储蓄资金被借入和支出，从而保持经济的运转。这种媒介功能的失效会导致前文所述的 1 000 美元—900 美元—810 美元—730 美元的通缩螺旋。

关于银行的第一项职能，银行每天需要代表储户为各种不同用途完成数十万笔支付。在这些支付过程中，银行只是交易的被动执行者。银行事先并不知道储户何时需要买东西以及交易价格为多少。

银行也会代表储户从其他银行的储户那里收到大量款项。但是，银行一天收到的款项与同一天支付给其他银行的款项并不一定相匹配。为了让银行每日能够应对这种显著的不确定性，银行间市场和央行被创造出来，目的是确保银行能一直拥有足够的资金来满足支付需求。

银行间市场的建立是为了让那些资金净流入的银行将剩余的准备金借给资金净流出的银行。由于银行系统的资金总流入和资金总流出之和应当为零，充分发挥功能的银行间市场应当避免支付系统陷入麻烦。

可是，当泡沫破裂让很多借款人破产的时候，银行之间开始相互不信任，因为它们都背负着庞大且不断增长的不良贷款资产。这时，那些资金净流入的银行拒绝在银行间市场借出多余的资金，因为它们担心借款银行还未偿还债务就要破产。因此，银行同业市场失灵会对支付系统造成威胁，而后者对经济至关重要。

为了应对这种脆弱性，中央银行被创造出来并作为银行的最后贷款人。如果银行同业市场失灵，或者当一家银行的资金流出规模过大，这家银行就可以向中央银行借入完成支付所需的资金。中央银行诞生后，银行之间几乎所有的支付都是通过各家银行在中央银行开设的账户来结算的。在美国，这些就是人所共知的联邦基金。

关于银行的第二项职能，当不良贷款发生损失时，银行资本可能低于要求的最低限度。当这种情况发生时，银行必须克制放贷，因为银行资本不足以吸收相关的风险。当此类资本问题让许多银行停止放贷时，经济将面临一种被称为信贷紧缩的困境。

尽管市场上有很多借款人，但是当储蓄资金无法重新进入收入流时，银行就无法将存在该银行的储蓄借出，整个经济也会受到影响。事实上，这个贷款方问题也可能引发 1 000 美元—900 美元—810 美元—730 美元的通缩螺旋。这些贷款方的困难，叠加借款方债务过剩问题，使经济陷入了情形 4。

失灵的银行系统会损害整个经济，这意味着银行业务存在巨大的外部性。与其他私人企业不同，银行的持续运营对经济至关重要，这就是各国对银行业实施密切监管的原因。

当银行业出现问题时，政府和中央银行将实施情形 2 下所有政策以确保银行维持其职能。例如，如果银行同业市场失灵，央行将作为最后贷款人，帮助遭遇资金净流出的银行。如果不良贷款引发的信贷紧缩严重到足以触发通缩螺旋，政府就必须向银行注入资本，让银行恢复放贷。

1998—1999 年日本对银行进行了资本重组，2008 年美国通过问题资产救助计划也做了同样的事。尽管这种注资很不受欢迎，因为注资似乎更青睐银行，而不是其他私人部门的企业，但注资通常能在几个季度内成功地恢复银行的贷款功能。关键在于，应该对金融危机进行补救，一旦实施补救措施，通常会在一两年内解决贷方的问题。只要银行系统恢复运作，经济就会从情形 4 转变为情形 3。

尽管在让面临资产负债表问题或资本回报率低问题的借款人恢复借款方面，央行的货币政策基本上毫无用处，但在帮助银行摆脱金融危机方面，货币政策是绝对必要的。贷款方和借款方问题的总结见图 6-10。

欧元区银行业的问题是否仍未得到解决

2008年,当雷曼兄弟破产引发全球金融危机时,西方国家和日本都面临着巨大的银行业问题。虽然美国、英国和日本在头两年实施了前文提到的措施解决银行业危机,但是欧元区在全球金融危机之后的几年里仍然在持续与这些问题斗争。

欧元区银行业问题的主要原因是经济本身在持续挣扎。特别是《稳定与增长公约》阻止成员国政府借款规模超过GDP的3%,尽管2008年以来,私人部门为了修复因房地产泡沫破裂而受损的资产负债表,其储蓄达到GDP的5%~10%,但是如果私人部门总体储蓄占GDP的7%,就像今天的西班牙一样,政府只允许借款GDP的3%,那么剩下的4%将从经济收入流中漏出,形成通货紧缩缺口。由于各国政府无法填补这一缺口,经济和银行业的问题持续存在也就不足为奇了。欧元区的19个政府债券市场都以同一种货币计价,这一事实也造成了普通国家不会出现的资本逃逸这一可怕问题。

如果政府能够借入和支出私人部门的过剩储蓄,GDP就可以维持下去。即使企业和住户在技术上已经资不抵债,但他们仍将有偿还债务所需的收入。如果借款人继续偿还债务,银行的不良贷款问题就会可控。如果有足够的时间,许多借款人就可以成功地解决他们的债务负担。

由于过早的财政整顿,日本银行在1997年经历了与2008年后的欧洲银行类似的挫折。在国际货币基金组织的压力下,桥本龙太郎政府选择了财政紧缩政策,修复1990年泡沫破裂时受损的资产负债表,当时私人部门的储蓄规模在GDP的5%以上。1997年4月,日本经济很快陷入了1 000美元—900美元—810美元—730美元的通缩螺旋,并连续5个季度收缩。事实证明,这对借款人和贷款人来说是"压倒骆驼的最后一根稻草",在泡沫破裂后,他们尽其所能地偿还债务，于是1997年10月日本爆发了全国性的银行业危机和信贷紧缩。

这迫使日本政府调动了包括银行资本重组在内的所有政策工具来应对危机。即便如此，在近两年后的1999年，银行部门才恢复正常（这一点将在图8-6中进一步讨论）。关键是，在处理银行业危机时，宏观经济背景非常重要，欧元区银行业危机也不例外。

欧元区对日本和美国银行问题的两个误解

在后泡沫时期，银行业危机时常发生，但欧元区当局在处理危机时犯了大量的错误，阻碍了银行业和实体经济的复苏。它们不仅未能区分普通银行业危机和系统性银行危机，而且错误地理解了日本和美国的经验教训。最糟糕的是，它们基于这些错误理解并实施了相应的政策。

欧元区当局认为，日本长期的经济衰退是因为银行和政府不愿解决不良贷款问题，至少直到2001年小泉政府上台之前都是如此，也就是1990年泡沫破裂后的10多年一直是这样。它们还认为美国经济在2008年后恢复得如此迅速，是因为货币当局要求银行按照市场原则迅速处置其不良贷款。这两种观点导致欧洲当局得出结论，银行需要迅速处置不良贷款来加速经济复苏。

遗憾的是，这两种观点从根本上就是错误的，这导致欧洲经济和银行体系复苏乏力。

日本的银行早期就开始坏账核销

在过去的20年里，许多西方专家都将日本经济停滞归因于银行拖延了不良贷款核销。但正如我所指出的那样，这种观点是完全错误的。这个错误观点是如何被某些无耻的华尔街人创造出来的，将在后文讨论。

1990年泡沫破裂后，日本第一个提出不良贷款问题的政治领导人是前首相宫泽喜一，他在1992年提出使用公共资金迅速处置这一问题将降低纳税人未来的成本。遗憾的是，无知的日本媒体专家、商业领袖和政客拒绝了宫泽的计划，不仅因为救助银行在政治上不受欢迎，更因为他们不知道如何处理银行业危机，因为日本战后没有经历过此类危机。

所幸这次拒绝只将清理过程推迟了约两年。1995年，日本的银行开始针对不良贷款设置巨额拨备（见图8-1）。因此，在2001年小泉纯一郎成为首相前，约80%的不良贷款损失就已经备抵。有人认为日本的银行在小泉政府前不愿解决不良贷款问题，显然事实并非如此。

拨备提高了，但为何不良贷款仍未下降

不考虑上述事实，大多数海外分析师仍然认为，日本在解决不良贷款问题方面行动迟缓，因为有关不良贷款的官方数据显示，直到2001年日本银行部门的不良贷款一直在增加（见图8-2）。但事实上，只是表面看起来如此：日本税务当局出于增加收入的原因拒绝将不良贷款认定为坏账，在被银行和财政部银行局提出不良贷款处置后的几年里一直如此。

因此，银行被迫将这些贷款留在账面上，使用税后收益进行拨备。这种荒谬的情况一直持续到税务当局最终根据自己的定义将每笔不良贷款认定为损失，这一过程持续了数年。关键是日本的不良贷款统计数据并没有反映出银行已经做出的贷款损失拨备。

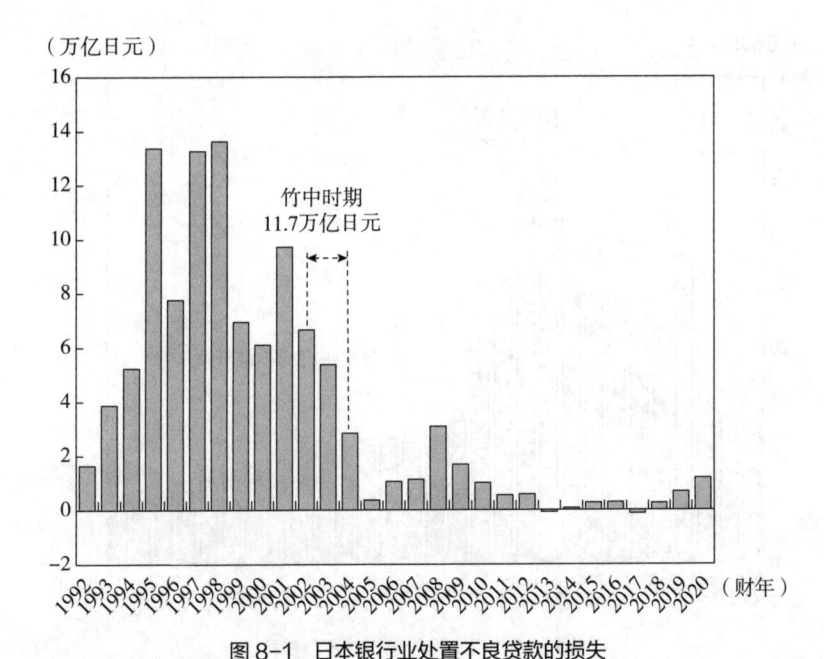

图 8-1 日本银行业处置不良贷款的损失

注：仅包括商业银行，不包括投资银行、保险公司和其他金融机构。
资料来源：日本金融服务局，金融服务局基于《金融重构法案》发布的截至 2016 年 3 月底全部银行的贷款状况。

面对如此不利的税收体制，日本财政部银行局在 1998 年做出了"大妥协"，旨在快速处置不良贷款，向银行提供激励。这个妥协让日本贷款人将已缴税收记为资本（递延所得税资产）并最终得到返还，如果税务当局将贷款归类为不良贷款则不存在这个问题。

该机制发挥了作用，日本的银行有效地通过提高拨备来核销不良贷款，同时垒高了递延所得税资产作为资本。这导致 1998 年之后（见图 8-3）递延所得税资产异常激增，在日本的银行资本中占据相当大的比例（见图 8-4）。

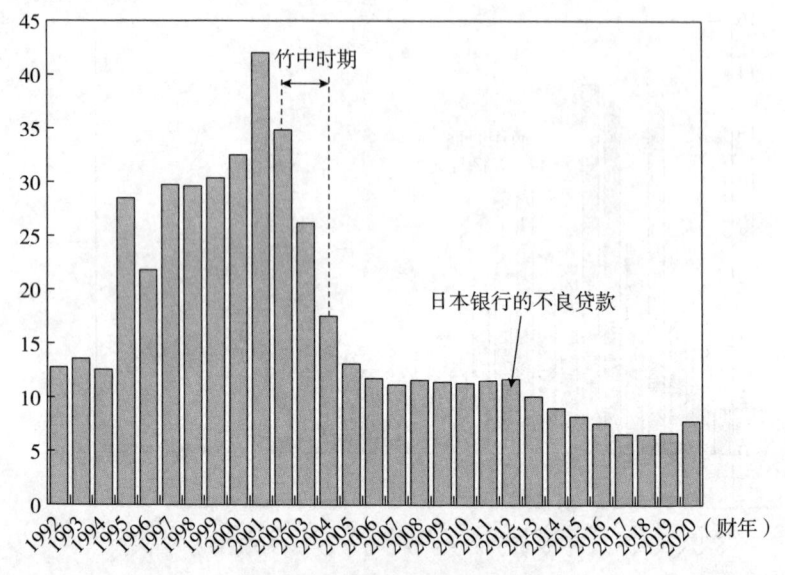

图 8-2 日本银行部门的不良贷款

注：仅包括商业银行，不包括投资银行、保险公司和其他金融机构。
资料来源：日本金融服务局，金融服务局基于《金融重构法案》发布的截至 2016 年 3 月底全部银行的贷款状况。

2002 年小泉政府的金融服务部长竹中平藏并未理解这个"大妥协"背后的税收问题，而是要求银行减少递延所得税资产，以达到与美国一致的水平，这造成了巨大的市场动荡，也就是后来所谓的"竹中冲击"。他显然完全不知道日本和美国对不良贷款的税务处理方式不同，美国税务当局接受银行和银行当局对不良贷款的认定。竹中的行动引发了不必要的混乱，以及一场全国性的信贷紧缩。关键在于，日本的银行并没有像一些官方数据或海外评论人士认为的那样推迟不良贷款的处置。

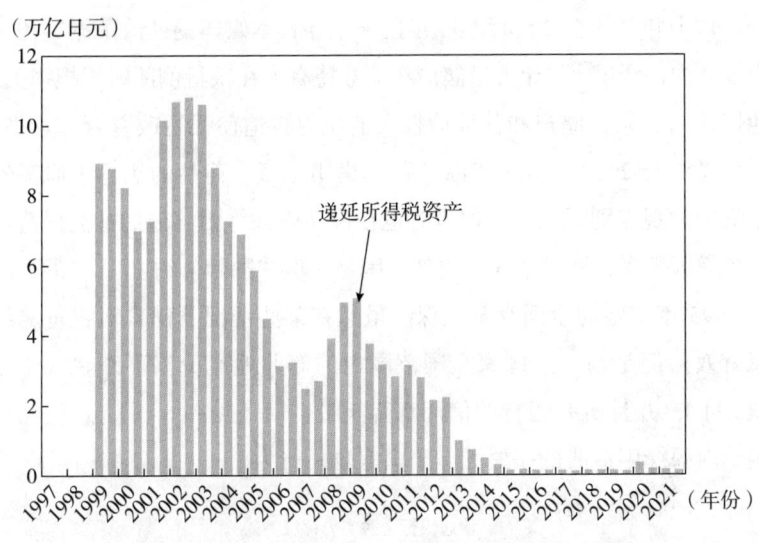

图 8-3 1998 年"大妥协"后日本银行业的递延所得税资产

资料来源：野村综合研究所，基于日本银行家协会的数据。

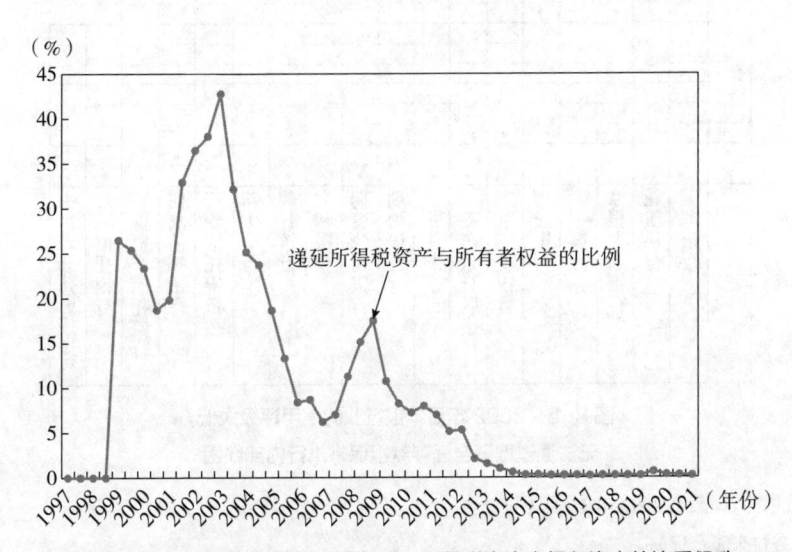

图 8-4 1998 年后日本银行业的递延所得税资产占银行资本的比重飙升

资料来源：野村综合研究所，基于日本银行家协会的数据。

第八章　宏观经济学另一半中的货币和银行　　339

竹中和其他在20世纪90年代末主导日本媒体的"改革派"还大力推动内部纾困[①]，让大量储户和债券持有人在银行倒闭时承担损失。他们认为，来自储户和其他债权人的压力将迫使银行改善管理水平。这种做法与2013—2018年欧洲财长集团主席、荷兰的杰伦·迪塞尔布洛姆的观点别无二致，他当时也在推动内部纾困。他们甚至捏造出一个虚假理念，即日本采取内部纾困是一项"国际公约"[②]，目的是取消1995年实施的全面存款担保。虽然在某些情况下储户对银行的约束有效，但是当一个国家全国范围内的商业地产价格下跌87%（见图2-1），并且所有银行的信用都降至最低时（见图8-5），迫使储户接受内部纾困造成的损失无异于国家自杀行为。

穆迪银行金融实力评级

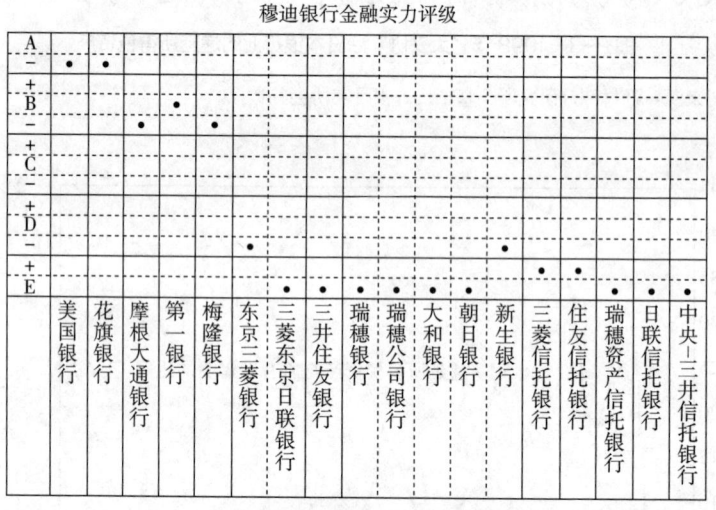

评级	美国银行	花旗银行	摩根大通银行	第一银行	梅隆银行	东京三菱银行	三菱东京日联银行	三井住友银行	瑞穗银行	瑞穗公司信托银行	大和银行	朝日银行	新生银行	三菱信托银行	住友信托银行	瑞穗资产信托银行	日联信托银行	中央三井信托银行
A+																		
A	•	•																
A-																		
B+																		
B			•		•													
B-				•		•												
C+																		
C																		
C-																		
D+																		
D																		
D-										•								
E+									•						•	•		
E																		

图8-5 2002年日本银行业的信用评级太低，
无法通过取消全面存款担保来执行内部纾困

注：数据截至2002年11月1日。
资料来源：穆迪。

---

① 内部纾困，是指由问题机构的债务人和债权人自己承担损失的机制。——译者注
② 日语为kokusai-koyaku。

到那时，将没有一家日本银行能够获得 D- 以上的信用等级，大多数银行在穆迪银行金融实力评级①中都是最低等级 E，而银行通常被评级为 B 级或更高。由于日本所有银行的评级都如此之低，内部纾困的任何一家银行倒闭，都可能在所有银行的储户中引发巨大恐慌。大量储户无处可去，恐慌就会发生，因为所有其他银行的信用评级都与倒闭的银行一样低。

经营少量储户的银行可以很容易地处理这一问题，让中央银行向在银行办公室外等候的储户展示成堆的钞票即可。但是银行的大量储户是企业，存于银行的资金是用来支付员工工资的，这些储户如果同时被迫提现进行自我保护，那将是一场灾难。

1999 年 12 月，我曾说服时任自民党政策计划委员会主席的龟井静香推迟内部纾困，这才勉强避免了这种疯狂的局面。没有一个国家反对日本延长其全面存款担保，这与竹中等人的预测完全矛盾，它们认为日本会因未实现其（不存在的）"国际公约"而受惩罚。有趣的是，竹中在 2002—2005 年担任金融服务部长时，并没有实施任何内部纾困。

导致日本经济大幅下滑的真正原因在于借款人而非贷款人

关于日本银行业危机对实体经济的影响，日本央行几十年来一直向一万家大小企业调查它们"对金融机构的贷款态度"（见图 8-6 上半部分），并发布在其季度日本央行短观调查报告中。根据这项对企业借款人的调查，日本的银行在过去 30 年里，除了三次信贷紧缩，大多数时间都愿意放贷。每一次信贷紧缩都是由银行业以外的因素触发的。

---

① 穆迪在 2015 年停止了发布该评级。

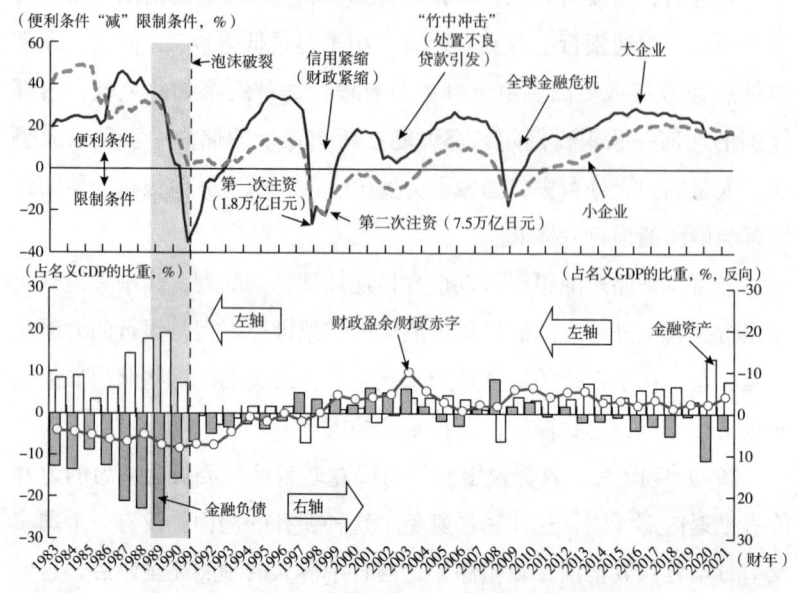

图 8-6　除了三次信贷紧缩，日本的银行都愿意放贷

注：阴影区域表示日本央行货币收紧。图中下半部分数据使用的是四个季度的平均值，截至 2021 年第三季度。

资料来源：日本央行，日本央行短观调查报告，资金流量账户，日本内阁办公室，国民账户。

1997 年的第一次信贷紧缩是由于桥本政府在国际货币基金组织的压力下实施了财政紧缩计划，这直接引发了经济崩溃，如第二章所述。第二次信贷紧缩是由于财政大臣竹中要求撤销 1998 年达成的"大妥协"。第三次信贷紧缩是雷曼兄弟倒闭，自美国开始蔓延全球的全球金融危机所引发的。在其他时间里日本的银行都愿意放贷，至少日本央行调查的一万家企业借款人这么认为。2019 年，即新冠肺炎疫情暴发前，银行家的放贷意愿尤其是对中小企业的放贷意愿，已经回到了泡沫时期的最高水平。

然而，图 8-6[①]中的柱状图显示，企业不仅在此期间不借款，而且尽管在零利率的条件下，企业实际上在 1995—2012 年仍在偿还债务（零以上的阴影柱形）。尽管一些企业 2013 年以来已恢复借款，表明其资产负债表修复已完成，但 2013—2020 年整个企业部门的平均净储蓄量仍占 GDP 的 2.9%。这意味着，尽管银行愿意放贷，且企业已经完成了资产负债表的修复，但日本的非金融企业部门一直拒绝借款。

这表明，日本经济疲软的主要原因是借款人比贷款人消失得更快：企业在国内找不到有吸引力的投资机会，或者资产负债表已经在泡沫破裂时遭到破坏，这时尽管利率为零，企业还是只储蓄或偿还债务。即使在 2013 年，企业完成了资产负债表的修复，经历过去杠杆化严重创伤的人也仍然排斥借款。事实上，在过去的 30 年里，日本企业部门的平均净储蓄量仍占 GDP 的 1.86%（见图 4-2）。自 1991 年以来，除了在三次简短的信贷紧缩时期日本经济处于情形 4，其他时期的日本经济都处于情形 3。

日本的银行当然存在问题。但这并不是该国经济停滞的主要原因，因为借款人比贷款人消失得更快。在这种情况下，修复银行问题并不会提振经济，因为限制经济增长的是借款人，而不是贷款人机构。因此，政策制定者应该首先关注修复经济问题，除非出现信贷紧缩。有趣的是，根据 1932 年世界大型企业联合会对 3 438 家制造商进行的调查，[②] 美国在大萧条期间也发生了借款人消失得比贷款人更快的现象。

2009 年，当我在华盛顿总部举办的会议上用之前的图表解释后，国际货币基金组织惊讶地认识到日本银行业问题的实质，并让我作为发言嘉宾在 2009 年 10 月 6 日伊斯坦布尔举办的国际货币基金组织和

---

① 这里与图 4-2 相同。
② Koo, Richard C.（2008），*The Holy Grail of Macroeconomics：Lessons from Japan's Great Recession*，Singapore：John Wiley & Sons. pp. 99–100.

世界银行年会上，发表题为"日本如何从银行业危机中复苏：今天的教训"的讲话。这样做是为了让人们了解日本究竟在发生什么，此时的西方正因 2008 年 9 月雷曼兄弟的倒闭而遭受类似的银行业危机。

遗憾的是，如果重复得足够频繁，人们会相信任何事情。尽管国际货币基金组织在伊斯坦布尔做出了努力，但大多数欧洲人依然认为，日本不愿处理不良贷款，并为世界提供了警示。正是这种错误的理念阻碍了欧洲银行体系的复苏。日本解决银行业危机的时间比西方国家普遍认为的要早得多，但这对经济复苏并无帮助，因为经济衰退的主要原因是缺乏借款人。

美国拯救商业地产违背市场原则，但带来了复苏

许多欧洲银行官员认为，美国经济之所以在 2008 年后复苏得如此之快，是因为美国当局迫使银行快速处置不良贷款。然而，事实恰恰相反。欧洲官员似乎完全不知道由美联储、联邦存款保险公司（FDIC）和美国货币监理署（OCC）于 2009 年 10 月 30 日联合实施的《关于审慎商业房地产贷款解决的政策声明》[1]试图拯救银行和商业地产市场。美国监管当局还在雷曼兄弟危机开始的时候就宣布了全面存款担保制度，这样人们就不必担心银行倒闭时的内部纾困问题。

2009 年 10 月，美国商业地产价格已经从峰值暴跌 40%[2]（见图 4-7），商业地产贷款再融资危机如此严峻，以至于许多人认为商业地产将是住宅地产之后下一根倾倒的支柱。在这个关键时点，商业地产市场的崩溃将彻底摧毁美国的经济和银行业，并使经济复苏的难度和代价增

---

[1] https://www.federalreserve.gov/boarddocs/srletters/2009/SR0907.htm.
[2] 这是政策制定者和市场参与者在 2009 年 10 月所关注的价格下跌幅度。该数据系列随后于 2017 年 9 月进行了修订，图 4-7 所示的下降量反映了修订后的数据，而不是政策制定者在 2009 年 10 月做出决定时所依据的数据。

加数倍。

面对这场大规模的危机，三家美国银行监管当局采取了不同寻常的措施，要求银行展期现有商业房地产贷款，即使那时贷款的未偿余额远超过抵押品的价值。这种被银行称为"假装和拖延"的政策成功地避免了商业地产市场的危机。图4-7清楚地展现了这一点，这表明该政策不仅阻止了价格下跌，而且为市场带来了复苏。

"假装和拖延"政策没有花费美国纳税人一分钱，该政策叠加奥巴马为实体经济提出的7 870亿美元的财政刺激计划，为后来的银行业复苏奠定了基础。如今，美国商业地产的价格比2007年的峰值高出了68%。关键在于，美国银行监管当局并没有像欧洲银行当局所认为的那样，迫使银行快速定损，而是要求银行假装一切都好，以便继续向商业地产借款人提供贷款。

沃尔克的"假装和拖延"在拉美债务危机期间拯救了世界

2009年10月不是美国银行监管当局唯一一次诉诸"假装和拖延"政策，1982年拉美债务危机期间也采取了类似的政策。这场危机始于墨西哥，但很快就蔓延到了所有的拉丁美洲借款人，当时是美国战后最严重的金融危机，8家美国最大的银行中有7家资不抵债，其他数百家银行的情况也同样糟糕。

我曾亲自参与了这场危机的处理，当时作为纽约联邦储备银行的经济学家，我负责管理欧洲美元辛迪加贷款，这是美国银行用来向拉丁美洲借款人提供贷款的工具。我可以证明，美国之所以能从危机中挣脱，正是因为美联储前主席沃尔克在危机爆发当天宣布了"假装和拖延"政策，并在此后维护该政策整整7年。

1982年8月墨西哥破产时，沃尔克立即要求所有对该国风险敞口超过100万美元的美国银行对到期贷款进行展期，尽管此时墨西哥实际上已经破产。这是十分必要的，因为只要有一家银行能带着墨西哥的美元离开，其他银行就都会试图这样做，这会导致银行和墨西哥的经济彻底崩溃。

沃尔克还迅速向银行保证，当局不会将这些贷款视为不良贷款（即便它们就是）。这一保证使银行免于按监管要求核销不良贷款，而核销不良贷款将导致另一个巨大的合成谬误，使危机变得更糟。如果所有银行都试图在市场上抛售受损的墨西哥资产，就不会有买家，资产价格就会暴跌［就像 2008 年包含次级抵押贷款的担保债务凭证（CDOs）那样］。由此产生的资产价格暴跌将迫使银行减记仍在其账面上的资产，这将进一步加剧危机的恶性循环。而由美联储、联邦存款保险公司和美国货币监理署共同制定的宽容政策维持了 7 年，这给了美国银行恢复资本并重建资产负债表的时间。

从 1987 年花旗银行的一件事可以看出银行和美联储在这 7 年里是多么艰难。花旗银行在 20 世纪 70 年代末率先掀起了对拉丁美洲的贷款热潮，该行在 1987 年设法进行资本重组，来核销对拉丁美洲的不良贷款。当花旗银行宣布这一计划时，保罗·沃尔克公开抨击此举是自私且不受欢迎的。他必须这样做来确保其他仍在苦苦挣扎的银行不会跟随花旗银行的脚步。如果它们都跟随花旗银行，则整个救援计划可能会瓦解。最终花旗银行坚持行动，核销了对拉美债务，然而受到这一事件影响的并不是美联储。

1991 年，花旗银行因为一家保险公司贷款客户破产而经历了严重的资本短缺。该银行试图与美联储协商，希望修改对该事件的会计处理方式，使资本短缺不那么严重。美联储还记得 1987 年花旗银行的自私行为，因此断然拒绝了这一请求，这迫使花旗银行在短时间内匆忙寻找资金。幸运的是，沙特阿拉伯的阿尔瓦利德王子愿意出资维持该银行的运转。

但这一事件表明，这 7 年对美联储和银行来说是多么艰难。当整个银行体系处于崩溃边缘时，在一般情况下正确的事情，比如核销不良贷款，可能会因为造成合成谬误而变为最糟糕的事情。银行当局必须立即认识到这些陷阱，并迅速采取行动，就像保罗·沃尔克在1982年以及在1987年面对花旗银行时所采取的举措。

1989年，在银行终于恢复财务健康，吸收在拉丁美洲的损失后，监管当局引入了布雷迪债券（Brady bonds），从而结束了战后美国银行业最悲惨的篇章。虽然很多人都听说过这种债券，但很少有人知道美国当局在前7年里实施的关键措施，包括"假装和拖延"和宽容政策。

1982年和2009年的这两个例子表明，当银行业问题的规模有限时，美国银行监管当局会寻求市场化的解决方案，但当许多银行同时面临相同的问题时，在系统性危机中这些方法都会被抛弃。美国的政策制定者会将实用主义置于首位。

欧元区未能区分普通与系统性银行危机

欧洲官员似乎没有意识到普通的银行危机和系统性银行危机之间的关键区别。在一场只有少数银行陷入困境的普通危机中，欧洲当局首选的这种市场化的快速处理不良贷款方案是合适的。这是因为银行体系的其他部分和经济都可以吸收冲击。但在许多银行同时受到影响的系统性银行危机中，这样的解决方案很容易导致大量弄巧成拙的合成谬误问题。

在系统性危机中，拯救所有银行至关重要，这样合成谬误的问题就不会显现。这种决定既不容易做出也不受欢迎，因为正直的专家可能会谴责拯救管理不善的银行涉及道德风险问题。但是，只有那些预测出危机并提前警告公众的人才有资格谈论道德风险。其他没有预见危机到来的人都是问题的一部分，而不是解决方案的一部分。在欧洲，很少有人预见全球金融危机的到来并事先警告公众。

遗憾的是，在2008年后的欧洲，没有人愿意做出这个不受欢迎的决定。未能拯救所有银行这一失败结果导致了长期的银行问题和近10年的经济低迷。

未能区分欧洲普通危机和系统性银行危机这一根本性的失败，叠加忽视美国在1982年和2009年使用的"假装和拖延"政策使事情变得更糟。对美国事件的误读，以及错误地认为日本的长期衰退是由于不愿核销不良贷款造成的，促使欧洲银行监管当局在大规模系统性危机中加快了不良贷款的处置、内部纾困，并提高资本资产比率。这类政策只能加速银行部门的瘫痪，因为不良贷款的快速处置减少了银行资本，而强制内部纾困吓跑了潜在的资本提供者。

即使没有强制内部纾困，在系统性金融危机中，资本提供者也要更少，因为众多金融机构都面临着类似的问题。即使可以获得资本，成本也会大幅提高。但昂贵的资本会增加银行削减贷款的压力。如果银行通过减少贷款来节约资本并实现必要的资本资产比率，那么已经在扼杀经济的信贷紧缩只会变得更糟。由此导致的经济疲软加剧了银行的不良贷款问题，形成了一个恶性循环。

回顾欧元区信贷紧缩

欧洲银行业危机的系统性本质和银行节约资本（导致信贷紧缩）的程度可以通过资金流动数据观察到。图8-7提供了西班牙金融业资金流动数据。该图表明，虽然2008年雷曼兄弟破产所引发的冲击并不严重，但到2012年欧债危机时情况变得更糟，（圈出区域）阴影柱形高于零而白色柱形低于零的情况持续了近4年。实际上，银行正在减少资产（即贷款）和负债，来节约资本并提高资本比率。但这些行为加剧了信贷紧缩，并摧毁了西班牙经济。

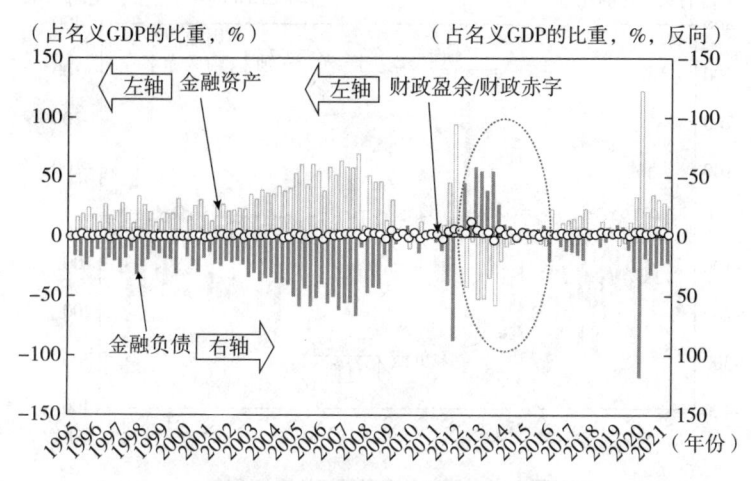

图 8-7 西班牙金融部门的信贷紧缩

注：数据由野村综合研究所经季度调整。数据截至 2021 年第三季度。
资料来源：野村综合研究所，基于西班牙银行和西班牙国家统计研究所的资金流动数据。

当爱尔兰房地产泡沫破裂时，爱尔兰银行受到的打击尤为严重。这可以从图 8-8 中看到，该图显示从 2010 年年中到 2013 年底，（圈出区域）白色柱形位于零以下而阴影柱形位于零以上。

葡萄牙由于没有经历大规模房地产泡沫，在 2012 年欧债危机爆发前银行部门相对平静（见图 8-9）。直到 2015 年末（圈出区域），白色柱形进入负值区域，阴影柱形在零以上，表明在此期间葡萄牙银行业活动大幅收缩。

即使是在没有房地产泡沫的德国，银行在 2008 年后也缩减了资产负债表（见图 8-10），因为许多银行持有包含有毒次级抵押贷款的美国担保债务凭证。德国银行购买担保债务凭证，是为了应对 2000 年互联网泡沫破裂后国内私人部门借款人消失的问题。事实上，2008 年后德国银行的反应远比 2000 年面对互联网泡沫崩溃和"新市场"

第八章　宏观经济学另一半中的货币和银行　　349

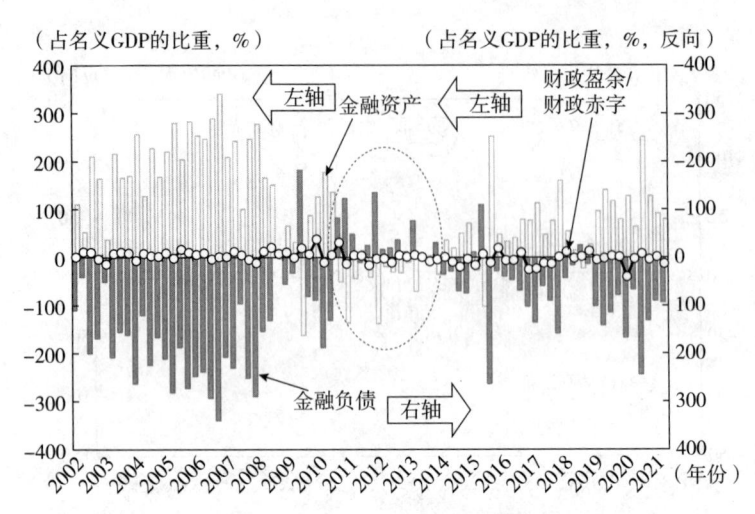

图 8-8 爱尔兰金融部门的信贷紧缩

注：数据由野村综合研究所经季度调整。数据截至 2021 年第三季度。
资料来源：野村综合研究所，基于爱尔兰中央银行和爱尔兰中央统计局的资金流动数据。

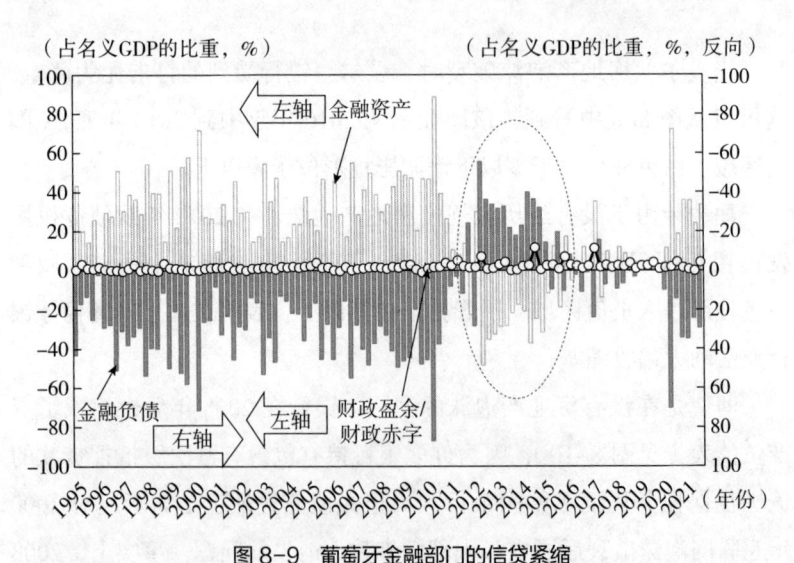

图 8-9 葡萄牙金融部门的信贷紧缩

注：数据由野村综合研究所经季度调整。数据截至 2021 年第三季度。
资料来源：野村综合研究所，基于葡萄牙银行的资金流动数据。

崩溃时要激烈得多。2008—2013年的多个季度里，白色柱形低于零，阴影柱形高于零（圈出区域），这时德国银行处于一种很焦虑的状态，这在过去是很少见的。

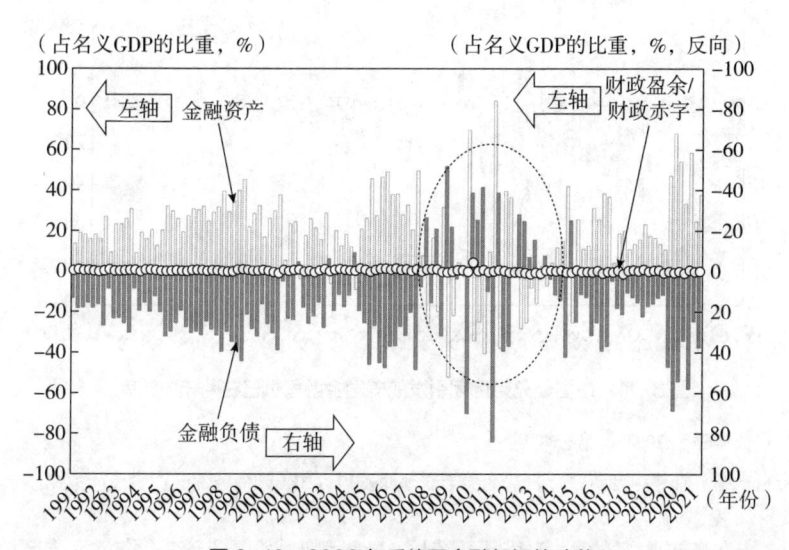

图 8-10 2008年后德国金融部门的动荡

注：数据由野村综合研究所经季度调整。数据截至2021年第三季度。
资料来源：野村综合研究所，基于德国央行和欧盟统计局的资金流动数据。

相比之下，美国金融业的动荡要温和得多，也更加短暂，如图 8-11 所示，尽管因为美国金融业是全球金融危机的中心而受到了更多的媒体关注。事实上，在雷曼兄弟倒闭后（圈出区域）立刻出现了一次较为温和的混乱，但到第八个季度结束时情况基本恢复了正常。这表明，即使是全球性金融危机，也可以通过适当的政策应对，使动荡在约两年内得到控制。

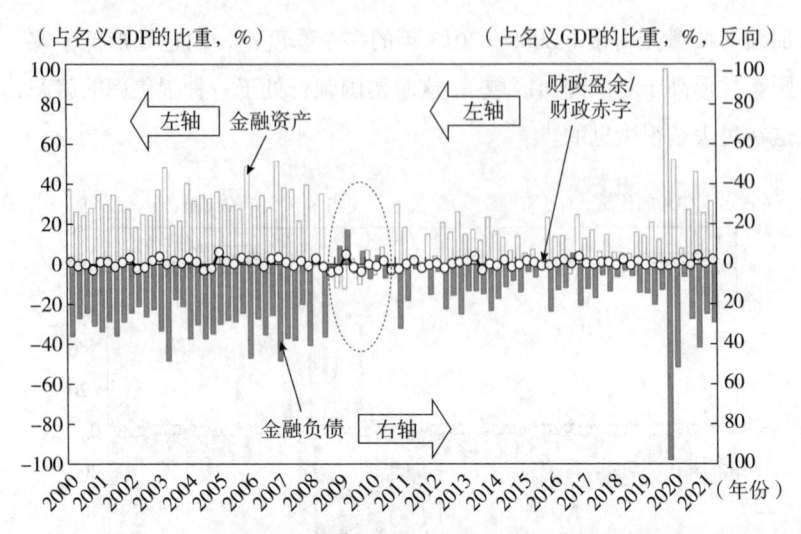

图 8-11　由雷曼兄弟倒闭引发的美国金融危机已在两年内结束

注：数据截至 2021 年第三季度。
资料来源：野村综合研究所，基于美国联邦储备银行和美国商务部的资金流动数据。

随着如此多的国家银行系统同时通过削减金融资产（贷款）节约资本，很明显，欧元区正在遭受大规模的系统性银行危机，而不是普通的银行危机。解决这种信贷紧缩的正确方法是政府放松资本要求，或者直接向银行注入资本，就像日本和美国当局分别在 1998—1999 年和 2008 年所做的那样。在这种情况下，实行内部纾困制度会适得其反。

日本和美国的决定还表明，如果政策要在结束信贷紧缩和修复银行之间做选择，那么当局必须首先选择结束信贷紧缩。让信贷紧缩持续下去意味着储蓄资金无法借出和使用，从而使经济越来越疲软。经济疲软反过来又使借款人难以偿还债务，从而增加了银行的不良贷款，破坏了修复银行的努力。

遗憾的是，欧洲银行业当局继续奉行它们的正统市场激进主义，同时要求更高的资本充足率、内部纾困和快速处置不良贷款。

其结果是持续的信贷紧缩、贷款增长极其缓慢（见图 2-13）和经济疲软。

注资的正确路径

若要在系统性银行危机中注入资本，就必须给众多银行同时注资以避免坏名声的问题。① 政府还必须确保注入的资本用于支持放贷，而不是核销不良贷款。这一点非常重要，因为清理不良贷款和结束信贷紧缩是两个对立的目标：银行处理不良贷款越快，资本缩水越严重，这就妨碍了放贷活动。尽管两者都是最终要实现的目标，但是考虑到前文分析的原因，监管当局应该首先选择努力结束信贷紧缩。

其次，作为一个中期目标，政府应该让银行利用其收入核销不良贷款。1997 年底，我多次通过电视节目和议会发言指导日本银行的资本重组，以确保新的资本用于支持贷款，而不是用于处理不良贷款。

同时，除非是强制国有化的情况，否则注资不应附加条件或附加极低的条件。这一点很重要，因为如果附加的条件过于繁重，则银行宁愿削减贷款来满足资本要求，也不愿接受政府资金来维持贷款，这样就会让信贷紧缩变得更严重。换句话说，注资将无法解决它应该解决的问题。

这正是 1998 年 3 月在日本发生的情况。在起草最初的注资法规时，我明确其中只包含了最低限度的注资条件，这样银行能够接受这些资金。美国财政部不了解这些问题的复杂性，并要求日本政府对注资附加严格的条件。美国财政部对 1933 年复兴建设银行公司向美国银行业注入资金时的教训一无所知。日本政府不顾我的反对，在向银

---

① 那些获得资本的银行可能会被公众视为管理不善和危险的银行，但这种看法实际上可能会使银行业危机进一步恶化。

行注资时增设了大量的附加条件。

正如我所担心的那样，没有一家日本银行愿意接受注资。银行得出的结论是，最好是通过减少贷款来节约资本，而不是接受政府的苛刻条件来换取资本。这只会使信贷紧缩更加严重。

在意识到这个错误后，政府迅速放弃了大部分条件，银行最终接受了阻止信贷紧缩恶化的资金（1.8万亿日元）。然而，这次注资效果还不够，于是1999年3月政府又进行了更大规模的注资（7.5万亿日元），并最终结束了信贷紧缩。图8-6的上半部分展示了第一次注资阻止信贷紧缩恶化的过程，以及第二次注资结束信贷紧缩的过程。

我还建议日本的不良贷款处置要慢，避免出现所有人同时出售不良资产的合成谬误问题。这一建议是基于我在1982年拉美债务危机中参与美国银行业救助的经验。我的这种公开立场非常不受美国投资公司及其资产剥离者朋友的欢迎，因为它们希望低价购买日本资产。它们认为，如果日本的银行全部被迫贱卖不良资产，价格将会崩溃，它们就能以很大的折扣购买这些资产。

另外，我得到了沃尔克的支持，他在日本主流经济杂志《东洋经济》上发表了一篇文章[1]，主张政府建立不良贷款核销的速度限制，防止前文提过的合成谬误问题。当然，他的建议（和我的建议）与欧元区官员今天对银行的要求完全相反。

正如前文的例子所表明的，银行业当局在处理系统性银行危机时面临着布满矛盾的雷区和合成谬误的问题。但如今，欧元区似乎很少有人能够区分只涉及少数银行的普通银行危机和涉及大量贷款机构的系统性银行危机。在成功区分危机并解决矛盾前，欧元区很可能会持

---

[1] Volcker, Paul A.（2001），"Jinsokun a Furyo-saiken Shori ga Hitsuyo daga Shori no Seigensokudo wa Daiji"（"Prompt Disposal of NPLs Is Needed, but So Is Setting a Speed Limit"），*Shukan Toyo Keizai*，June 23, 2001, p. 58.

续经历信贷紧缩和经济疲软。

美国资产剥离者幽灵般地扼杀欧洲银行

具有讽刺意味的是，20世纪90年代美国资产剥离者和他们的华尔街朋友散播了这一观点：因为日本的银行没有快速核销不良贷款，所以日本经济停滞不前。他们散布这些错误信息，是因为他们已经来到日本准备购买便宜的不良资产，但价格尚未低至有足够的吸引力。因为感到失望，他们开始告诉西方媒体和政策制定者，日本经济不会复苏，因为银行没有足够快地核销不良贷款。

在日本报道的西方记者并不知道美国是如何控制1982年拉美债务危机的。同时，大部分人的日语都很差。因为不知道日本金融机构接听电话的人是否会说英语，他们不得不从西方金融机构那里听故事。结果，西方记者不仅没有得到日本方面的故事，还被西方资产剥离者和投资银行家的故事轰炸，而这些人坚称，除非日本清理干净不良贷款，否则日本经济注定失败。这些故事最终传到了华盛顿，那里同样不知情的官员开始重复讲述那些自私的美国资产剥离者炮制的故事。

看到这么多美国高级官员和学者持有关于日本同样的观点是非常令人震惊的，他们并未意识到美国在面临1982年拉美债务危机时也不得不使用相同的"假装和拖延"政策。事实上，美国高级官员、学者和投资银行家（不包括商业银行）对1982年和2009年的"假装和拖延"政策是极其无知的。他们唯一熟悉的银行业危机是1989年的储蓄和贷款危机，与拉美债务危机相比，这场危机显得微不足道。这些官员和经济学家继续谈论日本人和1997年亚洲货币危机后的其他亚洲国家在银行业危机中该做些什么，尽管他们连自己国家的危机都不了解。

日本的银行现在被认为是世界上最健康的一类银行，例如三菱东京日联银行能够在雷曼兄弟危机期间拯救摩根士丹利。但是日本经济增长仍然缓慢，因为私人部门借款人的供给仍然短缺（见图2-3）。这一事实表明，那些将25年前经济停滞归咎于银行的人基本上都错误地理解了经济形势。日本经济一直低迷，不是因为缺乏贷款机构，而是因为缺乏借款人。

20年前谈论日本银行的美国资产剥离者自私地声称，他们已经说服了毫不怀疑的欧洲人，必须迅速处置不良贷款，这让欧洲进一步削弱了对系统性银行危机的处置力度。事实上，资产剥离者和投资银行家让欧洲官员加快不良贷款处置，这样他们就可以用低价购买陷入困境的欧洲资产。由于这是资产剥离者工作的一部分，所以不能指望他们会推荐渐进式的方法来处理不良贷款。但就像沃尔克在2001年警告日本人的那样，监管范围更广的欧洲官员应该有勇气在系统性银行危机期间选择渐进主义。

"大而不能倒"与全球金融危机无关

在2008年后，美国监管当局并非所有的政策应对都做到了点子上。特别是，监管当局强调"大而不能倒"并有序处置这些机构，都避开了系统性银行危机的关键教训。缺乏法律规定有序处置像雷曼兄弟和美国国际集团（AIG）这样的非银机构，并不需要对严重的危机负责。即使对雷曼兄弟实施教科书般完美的解决方案，全球金融危机也难以避免。

2008年9月的危机变得如此严重，不是因为雷曼兄弟"大而不能倒"，而是因为所有金融机构都遇到了与雷曼兄弟同样的问题。特别是，没有人知道他们所持有的巨量担保债务凭证的价值，因为这些证券市场已经崩溃。换句话说，没有人知道他们的损失有多大，甚至不知道他们是否仍然有偿付能力。当所有的金融机构同时面临同样的问题时，每个人都不信任他人，因为他们知道其他人也在同一条船上。正是这种巨大的不确定性和相互的不信任，使全球金融危机具有如此大的毁灭性。

美国银行之间如此相互不信任，以至于银行间市场基本上丧失了功能，迫使许多银行从美联储借入准备金维持支付。如图8-12所示，全球金融危机期间，银行借入的准备金已经从危机前的2亿美元飙升至近7 000亿美元。这近3 500倍的增长表明，在雷曼兄弟危机期间银行同业市场失灵问题多么严重，银行之间都无法互相信任。

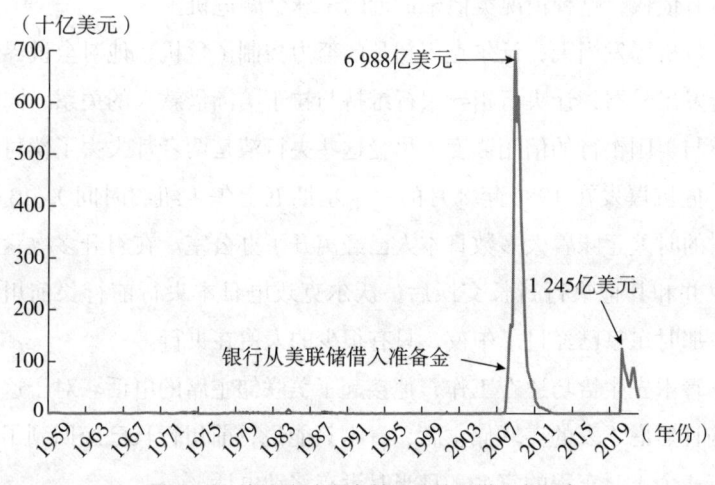

图8-12　银行仅在紧急情况下使用借入准备金

资料来源：联邦储备系统委员会。

如此严重的问题并不经常发生，但当问题发生时，监管当局必须有能力实施"假装和拖延"政策，就像沃尔克在1982年拉美债务危机期间所做的那样。在全球金融危机后，美国当局之所以实施了全面存款担保和《关于审慎商业房地产贷款解决的政策声明》，也正是因为明白它们正面临系统性银行危机。

另外，自2020年以来，借入准备金突然增加是因为新冠肺炎疫情引发的经济衰退迫使企业迅速稳定营运资金。如图 6-1 所示，那些需要稳定营运资金的借款人突然回归，令金融市场陷入紧张状态，并将经济推入了情形 2。

铭记沃尔克在 1982 年的行动

1982 年的金融危机席卷了世界各地大量的金融机构，因为它们都参与了辛迪加贷款。全球有数百家银行对正在崩溃的拉丁美洲借款人持有债权，这种情况类似于最近的全球金融危机。

危机爆发当天，沃尔克用超凡的努力控制了危机，他对全世界的央行发出号召，让央行指导银行维持与拉丁美洲借款人的关系，同时保持与美国银行的信用额度，尽管这些央行清楚两者都失去了偿付能力。危机爆发在 1982 年 8 月的一个星期五上午（纽约时间），13 个小时的时差意味着大多数日本人已经离开了办公室。在召开多次紧急会议并和其他央行行长交谈后，沃尔克致电日本央行前行长前川春雄，那时东京已经过了午夜，只有很少的人留在央行。

青木先生恰巧还在工作，他接起了美联储主席的电话。对于这位苦恼且焦虑不安的美联储主席，青木只能说，前川行长已经回到了距东京 4 个小时车程的家乡，且当时没有移动电话。

沃尔克对这位日本央行官员大喊道："如果你不能在几个小时内联系上前川行长，星期一美国所有的银行将不复存在！"震惊之余，青木拼命想办法联系前川，让他打电话给美联储主席。最终沃尔克成功地与前川通话，他告诉前川，墨西哥和美国银行需要日本银行提供帮助。

当沃尔克在华盛顿特区疯狂地致电外国央行行长，并请求他们指示各自的银行继续向墨西哥和美国机构提供贷款时，其他数百名美联储工作人员也打电话给美国的银行，敦促它们继续向破产的墨西哥放贷。华盛顿当时发出的指示是："不要让任何一家对墨西哥敞口超过100万美元的美国银行离开墨西哥。"虽然这些努力成功地避免了像全球金融危机那样造成数千万人失业，但美国当局采取行动的合法性值得怀疑。毕竟，银行的监管者无权要求商业银行继续向破产的借款人放贷。

沃尔克有勇气先拯救世界，再担心自己行为的合法性。一些央行行长可能会因为担心越权而停止采取必要的行动，直到为时已晚。这一问题在欧元区似乎更加明显，各国银行当局在采取行动前必须咨询多家不同机构的意见，2017年春天意大利的情况就是证明。在首次出现系统性银行危机迹象时，应明确授予国家银行监管当局这种权力，让它们能够立即采取行动。

对"大而不能倒"的过度关注可能会限制未来的政策举措

遗憾的是，这并不是雷曼危机后美国立法者追求的方向。相反，他们痴迷于限制"大而不能倒"的金融机构，同时限制美联储在危机时可能采取的行动范围。谈论"大而不能倒"在政治上很受欢迎，因为没有人喜欢大银行或大块头的银行家。但如果雷曼兄弟是一个孤立的例子，它就永远不会演变成一场全球危机，并在大西洋两岸夺走800万个工作岗位。

这可以从1984年5月伊利诺斯大陆银行的倒闭中看出，该银行是美国第七大银行，也是战后美国历史上倒闭的最大银行。但这一事件的影响与雷曼兄弟破产所造成的动荡完全不同。这是因为大陆银行倒闭的原因局限于该银行本身，即没有其他银行遭遇过类似的问题。换句话说，这并不是一场系统性银行危机。

应对系统性危机所需要做的是明确授予银行监管当局紧急权力，以便当局能够迅速采取行动，拯救所有银行。少部分人可能反对这样的政策，理由是道德风险和纳税人的成本。沃尔克采取的非凡行动避免了信贷紧缩和经济崩溃，尽管美国大多数的大银行有近7年在技术上资不抵债。他的行动也没有让美国纳税人付出任何代价。事实上，除了拉丁美洲，世界上其他任何地方都不知道一场为期7年的大规模全球银行业危机正在悄然展开。

沃尔克在1982年的行动还证明，杰伦·迪塞尔布洛姆等人支持的内部纾困绝不是为纳税人省钱的唯一途径。相反，在银行业存在巨大问题的情况下，1982年和2009年的"假装和拖延"政策不仅仍能够维持经济运转，还提高了GDP，与实施内部纾困的欧洲相比增加了数十亿美元的税收收入。在这两种情况下，由于实施恰当政策而相对强劲的经济体可以为银行提供修复资产负债表所需的收入。

遗憾的是，2008年后颁布的《多德－弗兰克法案》使美联储更难以像沃尔克在1982年那样采取行动。新规则的支持者显然认为，通过对系统重要性金融机构进行限制，可以将另一场类似雷曼兄弟危机的风险降至最低。但这基于如下假设：除了那些"大而不能倒"机构的鲁莽行为，其他一切都没有问题。这显然是无稽之谈。

在次贷危机期间，不仅是系统重要性金融机构，还有国际评级机构、银行监管者和美联储、联邦存款保险公司和财政部的货币监管机构，它们都错了。时任美联储主席艾伦·格林斯潘在将全球金融危机描述为"百年一次的事件"时，证明了他和他的员工都没有意识到，让这么多金融机构持有复杂的包含有毒次级抵押贷款的担保债务凭证是多么危险。当这么多的人同时被证明出错时，①就需要一项能帮助所有人的政策来防止系统彻底崩溃。这基本上就是沃尔克在1982年所采取的行动。将全球金融危机归咎于系统重要性金融机构是民粹主义，而不是

---

① 纽约联邦储备银行是20世纪70年代唯一有能力评估国家风险的联邦政府机构，它从1979年开始警告美国银行不要增加对拉丁美洲的风险敞口，但这一警告在很大程度上被忽视了。

负责任的政策。同样，欧元区最需要的是实用主义。它们也应该雇用像沃尔克这样的人，为了拯救经济、就业和纳税人愿意采取非凡行动。

存款准备金要求和货币乘数过时了吗

暂且不谈不良贷款的问题，本章的剩余部分集中在古怪的话题上，即银行系统如何创造货币，因为这个话题不仅影响政策制定者应该如何应对危机，而且影响从黄金时代转向被追赶的时代时，货币总量和经济活动之间的关系变化。对经济学家之间的辩论不感兴趣的读者请跳至第九章。

在前几章中经常提到货币乘数这个概念，这将在后文中详细解释。但一些经济学家反对使用货币乘数和存款准备金的概念，认为这些概念在理解货币政策方面不再有用。有些人甚至认为，它们从来都不具有可用性，金钱从来不是按照教科书上所说的方式被创造出来的。特别是，那些相信银行家凭空创造货币的经济学家倾向于认为，存款准备金和货币乘数是无关紧要的概念。

这一观点由英国央行的迈凯利、拉蒂和托马斯，[1] 加卡、库穆豪夫，[2] 以及维纳等人[3]提出。在巴克莱银行工作的库穆豪夫和在雷菲森

---

[1] McLeay, Michael, Radia, Amar and Thomas, Ryland（2014），"Money Creation in the Modern Economy," *Bank of England Quarterly Bulletin 2014* Q1, pp. 14–27. https://www.bankofengland.co.uk/-/media/boe/files/quarterlybulletin/2014/money-creation-in-the-modern-economy.pdf.

[2] Jakab, Zoltan and Kumhof, Michael（2015），"Banks Are Not Intermediaries of Loanable Funds—And Why This Matters," *Bank of England Working Paper*, No. 529. https://www.bankofengland.co.uk/-/media/boe/files/working-paper/2015/banks-are-not-intermediaries-of-loanablefunds-and-why-this-matters.pdf.

[3] Werner, Richard A.（2016），"A Lost Century in Economics: Three Theoriesof Banking and the Conclusive Evidence," *International Review of Financial Analysis*, 46: pp. 361–379.

银行工作的维纳检验了贷款交易中的银行账户，并得出结论，当银行家发放贷款时，他们只是将贷款金额贷记在借款人的银行账户，而没有相应的借记。由此，二人得出结论，银行家凭空（或大笔一挥）创造资金，而这种行为与银行系统中准备金的可用性没有什么关系。

但这些经济学家没有问，当借款人在实际使用贷款资金时会发生什么。例如，当贷款被用于购买汽车时，汽车经销商必须得到报酬。如果卖方坚持用现金支付，则借款人必须从给予他贷款的银行（A银行）取出所需的钞票和硬币。这意味着A银行手头必须有现金，或者可以从最近的分支机构获得。

在第一种情况下，A银行必须借记其持有的现金。在第二种情况下，它在收到现金时，必须借记自己在中央银行的账户。这一时点可能是在贷款发放后的几天或几周后，此时与贷款对应的借方才出现在银行的账簿上。

如果使用A银行开出的支票购买汽车，卖方将支票存入自己的银行（B银行）账户。然后B银行将支票交给A银行付款，A银行将在其中央银行的账户上借记购买金额，并将相同金额贷记在B银行在中央银行的账户。如果汽车是用支票购买的，在这个时点上与发放贷款相对应的借方才会出现在银行的账簿上。

只有在B银行确认其中央银行的账户收到A银行的资金后，该交易才完成。这种时间滞后解释了为什么存入支票的资金需要几天时间才能供储户使用。

这意味着，即使与发放贷款相对应的借记在贷款发放后的几天或几周才会出现，银行也必须有足够的现金或储备金才能放贷。否则，银行就不能支付款项或发放贷款。

对于我所指出的这些，有些人可能会回应说，准备金并不代表对银行贷款的限制，因为银行可以从央行"按需"获得准备金。尽管银行能够通过抵押高质量担保品的方式从央行获得准备金，但这种担保品的可获得性和借入准备金所带来的坏名声（见后文）都阻碍了银行将央行作为准备金的来源，除非是紧急情况。

在美国，商业银行从美联储借来的准备金被称为借入准备金，这是在图 2-15 和图 8-12 的下半部分使用过的数据系列。如果前述学者的观点正确，借入准备金的增加应该与银行贷款的增加一致。图 8-12 追踪了 1959 年以来借入准备金的变动轨迹，该图表明借入准备金并未增长，而且在 2008 年引入量化宽松前，仅占银行总准备金的 0.86%。这意味着银行持有准备金中的 99.14% 来自私人部门，这些部门愿意将自己的钱委托给银行，例如储户、债券持有人和股东。但并不能保证它们会永远信任银行，正如银行运营历史所充分证明的那样。当人们怀疑银行没有足够的准备金来支付时，银行就会发生挤兑。

在这个框架内，通常能够轻松进入银行间市场的大型银行，向中央银行寻求借入准备金的频率远低于小型地区性银行，后者进入银行间市场的机会很有限。

在纽约联邦储备银行任职期间，我参与了一个项目，旨在使外国银行的美国办公室了解如何进入美联储贴现窗口。贴现窗口是银行向美联储借入资金的地方。当时，包括外国银行国内办事处在内的货币中心银行，每月最多可以进入 3 次贴现窗口，而规模较小的地区性银行每月最多可以进入 6 次。

如果一家银行超过了这一上限，美联储将派遣一组银行监管者对其进行审计，并确定其准备金管理问题的原因。由于美联储的审计就像税务审计一样，不是一件令人愉快的事情，银行会尽量使自己有足够的准备金。从美联储借款也会有坏名声，因为频繁的借款暗示着该机构管理不善。当银行遇到系统性危机时，进入贴现窗口的次数则可以放宽至无数次，就像雷曼兄弟危机时看到的那样（见图 8-12）。

为了从美联储借款，银行还必须出具高质量的担保品，以确保纳税人资金的安全性。虽然许多经济学家没有银行监管经验,包括那些拿央行工资的人,似乎认为从央行可以毫无限制地按照现行利率获得准备金,实际上任何银行从中央银行借钱都需要极大的成本,还要面对令人不快的审计。这就解释了为什么在2008年量化宽松启动前,借入准备金仅占美国银行总准备金的0.86%。

目前,前文提到的次数要求已经对"信誉良好"的银行放宽。美联储还引入了常备回购便利(SRF),让合格的机构更容易从央行获得短期资金,并试图消除信誉良好的银行因使用贴现窗口而带来的一些坏名声。但认定为信誉良好意味着该银行在大部分时间里都能满足其央行的准备金和其他要求。

因此,认为央行随时准备"按需"向银行提供准备金,而银行可以凭空创造资金的观点是无稽之谈。在发放贷款的时候,银行没有相应的借记方,是因为钱没有移动。一旦贷款用于支付,借记方就会出现,要么是减少中央银行的准备金,要么是发放贷款银行的现金持有量减少。因为银行总是尽其所能避免向央行借款,只有拥有大量非借入准备金的银行才会发放贷款。

然而,对于个人贷款的信贷员来说,准备金的可用性并不是其关注的问题,除非银行极度困难,或者贷款金额巨大。这是因为持有准备金是对整个银行的要求,而不是对个人贷款业务的要求。因此,只有在司库总部的工作人员才会密切关注银行的准备金状况,而其他人可能并不知道。然而,如果贷款金额过大,即使是通常不与总部核实的信贷员也可能会打电话给司库部,确保银行有足够的资金提供贷款。

如果政府监管机构要求银行在央行设立两个准备金账户,一个用于一般支付,另一个用于提取贷款,或许可以免除一些经济学家认为的银行凭空创造资金的愚蠢想法。一旦银行批贷(但未支付),银行将贷款的金额从一般准备金账户K移动至贷款储备金账户L,当贷款支付出去时，这些资金再从准备金账户 L 中支出。通过这个方法，放贷就会有一个明显的借记让经济学家看明白。在现实生活中，银行的准备金账户与其他账户没有任何区别，因为贷款取款的借记与银行每天必须代表储户处理的其他数百笔取款没有什么不同。

这些支付中的绝大多数都是通过银行与中央银行开立的账户进行的。当资金流出超过资金流入时，银行在央行的准备金就会耗尽，如果情况相反，央行的准备金则会增加。因此，银行是否有足够的准备金是管理银行的一个非常重要的问题。

因为银行每天处理大量的付款业务并不赚钱，所以银行可以通过将该行的存款放贷出去来赚取利息。这一规定激励了银行尽可能多地放贷以实现利息收入的最大化。但它们如果贷款太多，就可能会遇到严重的支付问题。因此，政府监管机构提出了存款准备金要求，确保银行不会过度放贷，危及其作为支付处理者的角色。通常这个要求的水平较低，因为随着时间的推移，资金流入和资金流出往往会趋于平衡，特别是在较大的银行。

在日本，央行的管理人员将监督某一银行在满足存款准备金率方面的进展。当银行不满足要求时，管理人员会在准备金保持期结束前几天打电话，确保银行做出必要的调整。

如前文所述，只有拥有足够准备金的银行才会发放贷款。尽管大多数管理良好的银行大部分时间都能扩大贷款，但当它们感到准备金将要耗尽或有不确定性时，银行会完全停止放贷。这时，银行将其利润最大化目标放到一边，停止放贷确保剩余的准备金用于更加紧急目的的支付。当银行感到其资本不足以吸收与放贷相关的风险时，银行也会避免放贷。这种远离放贷的转变导致了痛苦的信贷紧缩。

20 世纪 90 年代在储蓄和贷款崩溃后美国出现了信贷紧缩，1997—1999 年银行业危机期间日本出现了信贷紧缩，2008 年全球金融危机后西方经济体出现了信贷紧缩。2008 年后的信贷紧缩至今仍在欧元区的部分地区继续。在这种情况下，当许多银行无法放贷时，货币当局必须迅速采取行动对银行进行资本重组，或者如果有大量借款人，则银行可以使用"丰厚利差"来进行资本重组，正如第一章中情形2所指出的那样。货币当局还应作为最后贷款人提供充足的准备金，确保支付系统不会遇到困难。只有在信贷紧缩平息后，当局才应该敦促银行处理不良贷款。

2008年后，央行通过量化宽松注入了大量的准备金，大多数银行在满足准备金的要求上没有问题。事实上，当英国央行在2009年开始实施大规模量化宽松计划时，暂停了存款准备金要求。美联储在2020年推出了自己的量化宽松计划，并暂停了存款准备金率要求。

但当私人部门完成对其资产负债表的修复并恢复借款时，存款准备金将再次变得重要起来。一些美国人认为，如果第六章中描述的退出量化宽松太晚，不足以控制通胀压力，那么可能需要更高的存款准备金要求，以及更高的利率、资本要求和更紧的流动性。

单独而言银行是金融中介，但总体来看银行是货币创造者

那么，在这个系统中，货币是如何被创造出来的呢？货币供给是指所有银行账户余额与流通中纸币和硬币的集合。当中央银行决定通过购买政府债券或从其他私人部门购买金融资产来向银行系统注入准备金时，货币创造就开始了。举例来说，如果央行从一家保险公司购买政府债券，（1）央行将保险公司的银行（E银行）在央行的账户按购买金额贷记入账，（2）E银行将保险公司在该行的账户贷记入账相应的金额。由于货币供给包括所有私人部门银行账户的金额，那么交易（2）提高了货币供给。

许多记者甚至经济学家用"印钞"这个词来指代货币创造的过程。然而，在现实中，当中央银行将E银行在央行的账户贷记相应金

额时，货币创造就开始了。换句话说，在现代货币创造体系中，在交易（1）中当使用键盘输入E银行的账户时，这个过程就开始了。在现代货币创造过程中没有印制钞票形式。

流通中的硬币和钞票的数量完全取决于社会对现金的需求。例如，在前文提及的A银行和汽车经销商的交易中，如果经销商将汽车卖给A银行的借款人，借款人想用现金支付，借款人就必须从A银行提取现金。如果A银行没有足够的现金，就必须从最近的央行分行获得这些纸币和硬币，来换取在央行的准备金。换句话说，A银行在央行的准备金将减少现金提取量。当从A银行提取现金以支付购车费用时，该交易将减少借款人与A银行的银行账户余额，同时增加流通中的纸币和硬币，使总货币供给量保持不变。

商业银行在中央银行所拥有的资金数量，以及流通中的纸币和硬币，被称为货币基础，如图2-12至图2-14和图2-17的顶部线条所示。交易（1）增加了E银行在中央银行的余额，也增加了货币基础。

因为交易（1）增加了E银行在央行的准备金，如果有愿意且合格的借款人，E银行就可以发放贷款来赚取利息收入。如果这样的借款人出现，银行将通过（3）按贷款金额记入借款人的银行账户来发放贷款。由于货币供给量包括了所有的银行账户，交易（3）也将扩大货币供给。贷款金额的上限是交易（1）增加的准备金减去以下两者中金额较大的一项：最低存款准备金要求，或者银行家认为在银行内应保持适当金额的总和。

当借款人使用借来的钱从手机零售商处购买智能手机，零售商的银行（F银行）在（4）信贷零售商的账户贷记入账购买的金额，增加了货币供给，而借款人的E银行将（5）借记借款人账户相同的数量，减少了货币供给。E银行还将按照购买智能手机的金额借记其在央行的账户，贷记F银行在央行的账户。E银行在央行的准备金减少，而 F 银行在央行的准备金增加。

因此，交易（3）和（5）对货币供给的影响相互抵消。这就只剩下交易（2）和（4）导致的货币供给增加了。

F 银行现在在央行有更多的存款准备金，如果有一个愿意且合格的借款人，该行将尝试放贷（减去存款准备金要求之后的金额）来赚取利息收入。如果这样的借款人出现并借钱购买家具，借款人银行账户的最初增加和随后的减少将相互抵消，但交易（6）家具店的银行账户金额增加并将继续存在，从而增加货币供给。这也意味着，如果有任何愿意且合格的借款人，家具店的银行（G 银行）会将流入的准备金放贷出去。

这一过程不会永远持续下去，因为银行不能借出所有流入的准备金——毕竟，保险公司、汽车经销商或家具店可能为了自己的目的而取款。存款准备金规定了银行必须为可能的取款留出最低金额。当交易（1）提供的全部储备金按 E、F、G 等银行要求的储备金计提时，货币创造过程已达到顶点。

货币乘数的变化及其政策意义

创造的银行总储蓄［即交易（2）、（4）、（6）……的总额］，除以准备金初始注入量（1）的比率，被称为货币乘数，这个术语在本书第二章中首次出现。如果贷款需求强劲，所有准备金全部到位以满足准备金要求，这一比率将达到最大值。

如果银行没有足够的资本来贷款（情形 2 和情形 4），或者合格借款人的贷款需求不足或不存在（情形 3 和情形 4），那么这种货币创造过程将会很快停止。处于情形 3 和情形 4 的经济体，私人部门作为一个整体不是在偿还债务就是在储蓄，货币创造过程无法进行甚至可能反向缩水，引发像大萧条前 4 年的货币供给收缩（见图 2-15）。

正如第二章所述，只有当政府作为1933年新政计划的最后借款人时，这种收缩才会逆转（见图2-16）。

在黄金时代，由于对提高生产率和扩大产能的投资借款需求强劲，货币乘数大多停留在最大值。这让货币当局很容易预测经济活动对货币政策变化的反应，因为央行提供流动性的任何变化都将通过信贷增长对经济活动产生直接和可预测的影响。因此，美联储将货币供给视为经济的先行指标，这并非巧合。

但在被追赶阶段或资产负债表衰退期间，当贷款需求变得非常疲弱时，货币乘数很可能是其潜在最大值的一小部分。如果私人部门作为一个整体正在像大萧条时期那样偿还债务，那么货币乘数可能变为负值。事实上，货币乘数没有像在黄金时代那样停留在最大值，就意味着会波动。这使人们很难预测货币政策的变化对经济的影响。

例如，2008年后央行实施的天文数字的量化宽松，基本上就是央行通过大量参与交易（1）来扩大基础货币，但这些都未能产生通胀，因为私人部门开始债务最小化，交易（3）和后续的交易几乎没有出现。因此，借款人缺失等同于货币乘数接近零。这就是货币政策最无效的时候。

但如果借款人因为某些原因返回，随着货币乘数被推高，即使同样数量的准备金原本不带来通胀也可能会突然引发高通胀。正是这一可能性促使美联储在2021年第四季度开始货币政策正常化，当时银行贷款开始迅速增加，如图6-9所示。

只要货币乘数没有达到最大值，贷款人就应该能够放贷，而不用担心是否有足够的准备金。如果货币乘数达到最大值，但贷款需求仍未得到满足，那么当银行相互争夺存款时，很可能会提高贷款利率。这些现象在许多国家的黄金时代都曾出现，特别是在利率完全解除管制前。

货币供给是如何失去它作为经济活动先行指标作用的

2021年2月23日,时任美联储主席杰罗姆·鲍威尔在国会的证词中说:"……当你和我在一百万年前学习经济学时,M2和货币总量似乎与经济增长有关系。现在……M2的增长……对经济前景并没有真正重要的影响。M2在几年前被从领先指标的标准名单中删除……并且……货币总量和经济增长之间的经典关系……不再成立。"这段话似乎与经济被追赶这一情况有很大关系:货币乘数很低且可变,因为贷款需求疲软;大部分借款被用于融资购买现有资产而不是能增加GDP的融资活动。

正如在第五章中所提到的,要想让经济增长,必须有人扩张,即花的钱超出他们的收入。如果每个人的支出和收入一样多,经济会稳定,但不会增长。借款让人们的支出可以超过收入。这意味着在借款和经济增长之间应该有一种联系。如果为实际经济融资的借款没有增长,那么很难指望经济实现快速增长。

在黄金时代,企业的大部分借款确实被用于提高生产率和扩大产能的投资。换句话说,贷款的增长与能增加GDP的扩张活动密切相关。由于贷款[前文案例交易(3)和(5)]是银行资产,其增长与货币供给这一银行负债①[交易(2)、(4)、(6)]的增长密切相关,因此货币供给量的增长与经济活动密切相关。

对于当今被追赶的经济体,实体经济缺乏有吸引力的投资机会,这不仅意味着对借款的需求疲软,而且已经发生的借款往往被用来购买不会增加GDP的现有资产。例如,根据国际金融研究所在2017年的估算,企业从银行和债券市场获得的资金中,实际被用于直接促进经济增长和通货膨胀的资金比例在日本是25%,但在美国和欧元

---

① 请回顾第二章中的图2–13。

区[1]只有3%。其余的资金则被用于购回股票、为现有债务进行再融资或提供营运资本，所有这些对经济增长或通货膨胀都只发挥了极小的作用。

这意味着为实体经济融资的借款增长甚至小于图2-12至图2-14和图2-17所示的信贷增长。如果越来越多的借款不用于增加GDP，那么贷款（和货币供给）增长与经济活动增长之间的相关性就会越来越弱。这或许可以解释为什么货币供给不再是当今发达国家衡量经济活动的良好指标。

需要数据来区分经营性贷款和融资性贷款

如果这个分析是正确的，政府就应该收集为实际消费和投资而融资的贷款，以及为购买现有资产而融资的贷款数据。我们从租赁行业借用一些词汇，称前者为"经营性贷款"，后者为"融资性贷款"，前者提供未来经济活动走势的领先指标，因为它提供企业扩张情况，这对经济增长至关重要。另外，融资性贷款可能是衡量未来资产价格的一个有用指标。

从这个角度来看，随着经济体从黄金时代转向被追赶的时代，融资性贷款的比重相对于经营性贷款的比重逐步增加。这是因为，被追赶的经济体对经营性贷款的需求减少了。由于融资性贷款使用的资金往往留在了金融部门，资产的卖方会将资金投资于其他资产，所以此类贷款比例的增加对利率的上行压力，会比经营性贷款比例的增加对利率的上行压力更小。这就是被追赶的时代比黄金时代利率更低且"金融资本主义"问题更大的原因。

---

[1] Institute of International Finance（2017），*Capital Market Monitor*，March 2017，Chart 6.

政府应该从银行和资本市场收集这些数据，这样每个人都能更好地了解经济和市场中真正在发生的事情。

货币创造并不意味着财富创造

前面的讨论清楚地表明，虽然单个银行是金融中介机构，因为它们将储户委托的存款（扣除存款准备金）借贷出去，但作为一个整体，银行业创造了大量的银行存款，因为银行在部分准备金制度下有能力出借资金。这也意味着部分准备金制度是必要的（但不是充分的），能确保储蓄资金被借贷和使用，从而保持经济的运行。

最后，应该指出的是，这种货币创造过程并没有让社会更富有。货币供给的增加与那些借钱购买汽车、智能手机或家具的人的债务增加相匹配。因此，从货币创造过程中所产生的财富净增长为零。如果借来的钱被企业和住户用来扩张融资，那么可以促进经济增长。但这是借贷资金的结果，而不是货币创造本身的结果。

第九章

逆全球化以及自由贸易和自由资本流动之间的冲突

发达经济体反对全球化进程

　　《稳定与增长公约》相关机制的失灵以及欧元本身的设计缺陷使欧元区国家无法正确地应对资产负债表衰退，这导致在欧元区生活的许多人感到悲观和绝望。此外，生活在发达国家的人们也普遍感受到收入不平等和工资停滞所带来的挫败和无助。事实上，那些对大衰退负有责任的权威人士和所谓的专家正在失去信誉。即使是在经济发展状况好于其他国家的美国，唐纳德·特朗普作为一个彻底的政治素人，也因反对自由贸易和其他建制派政策在2016年当选总统。在一些国家，社会对建制派的抵制已经大到不仅威胁社会凝聚力，也威胁这些国家的民主制度的地步。

　　一些发达经济体正经历着有史以来首次被赶超的阶段，这也是令它们感到挫败和抵制全球化的原因之一。正如第五章所述，很多发达经济体以为20世纪70年代的黄金时代会永远持续下去，但全球化让它们猝不及防。对于那些渴望"美好旧时光"的人来说，他们的生活水平多年来都没有得到改善，但是他们始终记着那个每个人都充满希望、生活水平得到稳步改善的黄金时代。

在 2016 年 6 月的英国"脱欧"公投中，老年人投票支持退出欧盟，而年轻人则投票支持留在欧盟。这表明老一辈仍希望回到在全球地位首屈一指的"伟大的英国"时代。同样在美国，特朗普的"让美国再次伟大"运动主要依赖蓝领男性白人的支持，他们渴望重回自己在黄金时代所享受的生活，当时的美国制造业是无可争议的世界领导者。

这场抵制活动的参与者视全球化为万恶之源，并且试图抑制商品和人员的自由流动。特朗普等人公开敌视移民，主张保护主义，并且废除了如 TPP 等寻求更高程度自由贸易的协定。

为了应对这股逆全球化浪潮，建制派重申全球化和自由贸易的好处，声称像特朗普这样的逆全球化支持者和相关政策将破坏全球经济。然而，建制派并没有提出支持全球化的新观点，也无法解释为什么会有如此多的反对意见和政治的两极分化，更无法打消人们的愤怒和不满。

经济学教科书中关于贸易的错误观点引发逆全球化

本章认为，尽管自由贸易和全球化已经改善了地球上数十亿人的生活，但经济学中关于贸易的一些不正确的观点阻碍了政策制定者采取必要的行动，在最大限度地降低全球化成本的同时，保护全球化的收益。

这些错误的观点包括：对从自由贸易中受益所需条件的理解不全面；投资/储蓄贸易平衡理论与现实之间的不一致；对资本流动和贸易流动之间的冲突认识不足；"三元悖论"背后不现实的假设。以上提及的每一个问题都将在后文进行详细讨论。只有充分理解导致这四个错误观点的原因，才能提出遏制贸易失衡和逆全球化的补救措施。

片面教授自由贸易理论

关于第一点涉及自由贸易的观点，经济学家传统上认为，虽然自由贸易在一个国家内同时创造了赢家和输家，但由于赢家的收益大于输家的损失，因此自由贸易给社会带来了整体收益的显著提升。也可以认为是自由贸易产生的赢家多于输家（严格地说，是赢家总收益多于输家总损失，而不是赢家的总人数多于输家总人数，但是一般认为后者与前者非常接近）。他们还认为，在赢家多于输家的情况下，来自输家的反对也是在可控范围内的。根据这一观点，政策制定者应该为输家提供补贴，从而使自由贸易继续给所有人带来福利。

然而，这一结论依赖一个关键性假设，即当自由贸易持续扩张深化时，进出口将维持平衡。若这一假设成立，或者当一国存在贸易顺差时，那么就如理论所说，赢家数量将大于输家数量。若假设不成立，或者一国存在贸易逆差，那么自由贸易产生的输家可能远多于理论值。

美国上一次实现贸易平衡是在1980年。此后，美国每年都会出现巨额的贸易赤字（见图9-1），这导致国内认为自由贸易输家的人数逐年增加。

2016年11月的美国总统大选，自由贸易导致足够多的输家连同其他团体，成功让公开奉行保护主义的特朗普入主白宫。然而，这并不仅是特朗普煽动舆论的结果。希拉里·克林顿是在一个布满"对TPP说不"横幅的舞台上被提名为民主党总统候选人的。讽刺的是，TPP作为历史上最先进的自由贸易协定，希拉里当年还参与推动过该协定的达成。同样，另一位总统竞选人伯尼·桑德斯在竞选开始时也公开批评自由贸易。所以换句话说，当年所有的美国总统竞选人都不支持自由贸易。

（十亿美元，经季度调整）

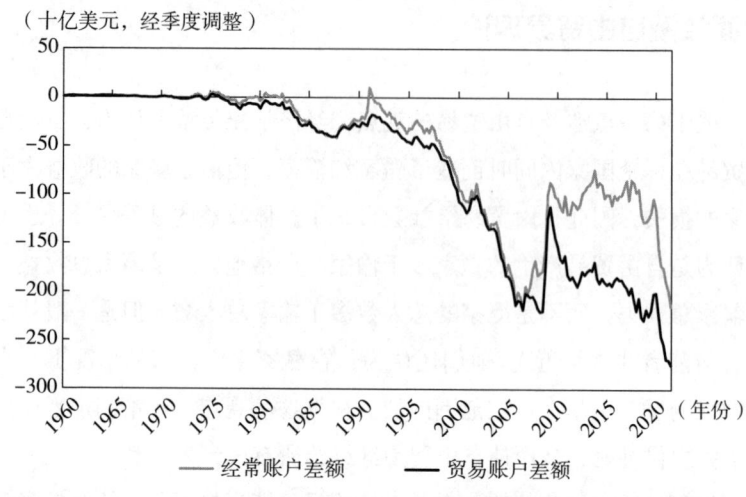

图 9-1　美国贸易和经常账户赤字达到警戒水平

数据来源：野村综合研究所，基于美国联邦调查局经济分析数据所得。

在 2020 年总统大选中击败特朗普的拜登也强烈主张"购买美国国货"的政策，这同样与自由贸易原则背道而驰。在 2020 年总统大选中，仍然没有候选人支持自由贸易，体现出美国社会对自由贸易的反对已经变得非常强烈。

贸易和经常账户余额非常重要，因为它们代表着收入在一国不同群体间的转移，并且影响着一个国家的 GDP。如图 9-1 所示，截至 2020 年，美国每年的贸易逆差接近 9 220 亿美元，①约占 GDP 的 4.4%。包括服务业在内的美国经常账户赤字约占 GDP 的 2.9%，同年英国的贸易逆差总额也超过 GDP 的 6.0%。②这意味着大量的收入和就业机

---

① 美国经济分析局，"美国国际交易，2021 年第三季度"，2021 年 12 月 21 日，参见 https：//www.bea.gov/sites/default/files/2021-12/trans321.pdf。
② 英国国家统计局，《2021 年英国国际收支平衡粉皮书》，2021 年 10 月 29 日，参见 https：//www.ons.gov.uk/economy/nationalaccounts/balanceofpayments/bulletins/unitedkingdombalanceofpaymentsthepinkbook/2021#trade。

会从这些贸易逆差国家转移到顺差国家。

贸易逆差国家购买了贸易顺差国家的商品，从会计意义上讲这并不算损失。但赤字国家却因此失去了收入和就业机会。这些失业的人会在别处寻找其他工作，但是无法将在上一份工作中获得的知识充分应用于新工作，因而会导致收入降低、储蓄减少。随后这些人便加入了那些认为自己是自由贸易输家的行列。

许多经济学家认为焦点应该放在包括服务贸易在内的经常账户上，而不是贸易账户本身。实际上，美国的经常账户赤字略小于其贸易赤字（见图9-1）。但就社会影响而言，贸易赤字相当于制造业赤字，但是正如在第五章中提到的，制造业的兴衰对社会是否平等发挥着重要作用。换句话说，不考虑贸易赤字，就不能充分认识美国政治中保护主义的驱动因素。

美国总统大选的结果表明，缺乏降低贸易失衡机制的自由贸易体制已经到了崩溃的极限。当大部人群不再认为自由贸易对他们有利时，就需要一个非民主的体制来维持自由贸易。

这也意味着在战后70年的时间里，由美国拉动世界经济的时代即将结束。在过去的40年里从美国贸易逆差中受益的顺差国家如何应对这一时代的终结，对于自由贸易能否继续为世界带来和平与繁荣是至关重要的。这一点将在本章的后半部分讨论。

贸易和经常账户平衡的重要性

IMF几十年来一直在警告各国，超过GDP 3%的外部赤字是不健康的。但这一警告主要源于各国政府对外部融资能否持续的担忧，而不是基于对居民利益的损害。换句话说，只要赤字所对应的外部融资是可持续的，IMF和各国政府就没有平衡贸易账户的动力。

尽管当前反对自由贸易的呼声很高，许多建制派经济学家和社评员仍继续主张支持自由贸易,原因是他们本身就受益于自由贸易和全球化。媒体、学术界、金融部门,连同硅谷、国防工业和好莱坞等均具有较强的全球竞争力,并试图将业务扩展到海外,因为全球化符合它们的利益。

然而,公开奉行贸易保护主义的特朗普在2016年当选的事实表明,这并不是美国唯一关注的领域。特朗普的政治天赋让他意识到美国仍存在很多自由贸易的输家,而建制派经济学家基于赢家总比输家多的假设忽略了这一点。

另外,正如在第五章关于经济增长的进口替代模型部分中所讨论的那样,彻底的保护主义可能只会在短期内使工人阶级受益。从长期来看,历史一再表明,消费者和企业在这样的环境下失去了进一步扩张的理由,进而可能导致经济停滞。受保护的行业也会面临技术落后、竞争力丧失等问题,使整个经济与其他更有活力的竞争对手相比更加不堪一击。一个依靠保护主义来拯救就业的发达国家甚至被发达经济体除名。

贸易平衡机制的消失

下一个问题是,为何贸易失衡发展到如此严重的地步,各国却没有采取任何补救措施? 1947年,当美国通过关税及贸易总协定启动自由贸易体制时,人们并没有料到会出现如此大规模且持续的贸易失衡。当时的假设是,任何大规模的贸易失衡都可以通过黄金价格的波动和偶尔发生的汇率调整来解决。在布雷顿森林体系下,各国汇率最初与美元保持固定,美元与黄金挂钩。但是为了帮助欧洲和日本从战争中恢复,当时的美元汇率被设定在较高水平。

随着日本和欧洲工业从战争的破坏中逐步恢复,并重新获得竞争力,这些国家对美国开始出现贸易顺差。从20世纪60年代的英镑贬值开始，在"固定直到调整"的汇率制度下，每一次汇率调整都非常烦琐，并且会给市场造成剧烈动荡。此外，当时的美国政府也在担忧黄金外流的问题。

20世纪70年代，世界转向不再与黄金挂钩的浮动汇率制度，导致日元和德国马克大幅升值——由布雷顿森林体系下的360日元/美元调整至1978年的175日元/美元，从1969年的4.0马克/美元调整至1980年的1.72马克/美元。

日元和马克的升值是由贸易驱动的。日本制造商在美国销售其产品，获得美元收入。但该公司必须在外汇市场上将美元兑换为日元，支付给国内工人和上游供应商。同样，美国公司在日本销售产品赚取的日元也必须兑换为美元才能支付国内工资。日本对美国的巨额贸易顺差意味着，日本出口商抛售美元、购买日元远远大于美国出口商购买美元、出售日元。因此，日本对美国的贸易顺差导致日元兑美元大幅上行。

在当时，进出口商是外汇市场的主要参与者，日本的贸易盈余将日元兑美元汇率从1970年初的360日元/美元推高至1978年的175日元/美元。日元和马克的升值降低了日本和联邦德国的商品在美国市场的竞争力，防止了贸易失衡的进一步扩大。换句话说，此时的汇率调整有助于降低自由贸易体制中的贸易失衡。

资本自由流动使汇率失去了纠正贸易失衡的作用

1980年，在没有充分考虑相关影响的情况下，美国、欧洲和日本开始推动资本自由流动。投资者可以购买他国的资产，如债券、股票和房地产等，这使外汇市场的参与者发生了重大转变。

为购买外国资产，投资者必须进入外汇市场获得所需的外汇。资本自由流动使证券投资者大量涌入外汇市场，成为外汇市场的主要力量。如今，只有约5%的外汇交易与贸易流动直接相关，而剩余95%的外汇交易则是源自资本流动的需求。

由于美国利率高于日本和联邦德国的利率（见图9-2），日本和欧洲证券投资者大量涌入美国债券市场。为了购买收益率更高的美国债券，投资者必须先购入美元。由此产生的美元买盘远超美国贸易逆差导致的美元净抛售，推动美元兑换其他货币的汇率走高。因此，尽管美国对日本和德国的贸易赤字持续扩大，美元却相对日元和马克不断升值：1982年美元兑日元汇率飙升至280日元/美元，1985年美元兑马克汇率飙升至3.30马克/美元。这意味着从1980年开始，外汇市场开始失去促进一国贸易账户再平衡的传统作用。与此同时，美国巨大且持续的贸易逆差让越来越多的人认为自己是自由贸易的输家。

（百分点，月度平均）

—— 两年期日本政府债券收益率　　—— 10年期日本政府债券收益率（美日利差）

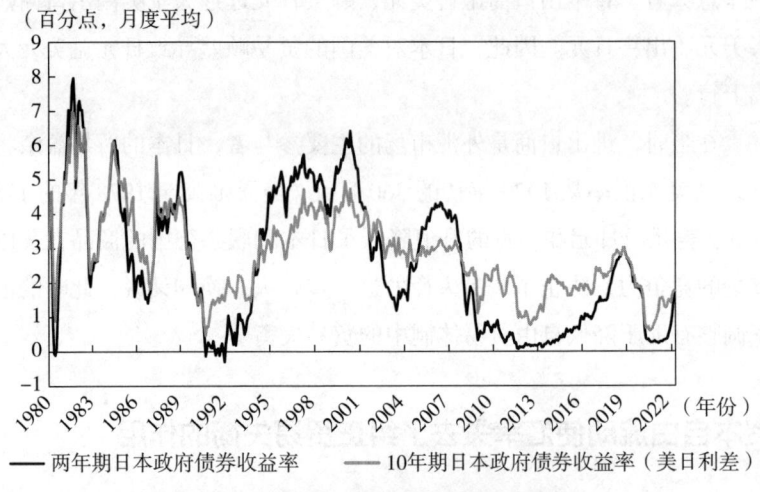

图9-2　美国和日本的利差使美元备受欢迎

注：两年期日本政府债券收益率基于半年度复合收益率计算；10年期日本政府债券收益率基于1982年平均收益率和1983年后发行债券的二级市场收益率计算。
数据来源：财务省、日本相互证券株式会社和美联储数据。

那么当时的美元究竟有多强势？在第五章中首次提及由《经济学

人》编制的"巨无霸指数",根据这一简单易懂的指数,除了瑞士法郎,美元兑全球其他货币的汇率均被严重高估,其中兑欧元被高估15%,兑日元被高估42%,如图9-3所示。"巨无霸指数"基于一家公司的单一产品在不同国家和地区的售价得出,其他相关指数得出的结果可能略有不同,但总体情况应该是一样的。美元在购买力平价的基础上一直处于如此昂贵的水平,这是美国继续将其制造业基地拱手让给世界其他地区的关键原因。这也是越来越多的美国人认为其自身利益受到了自由贸易损害的原因。

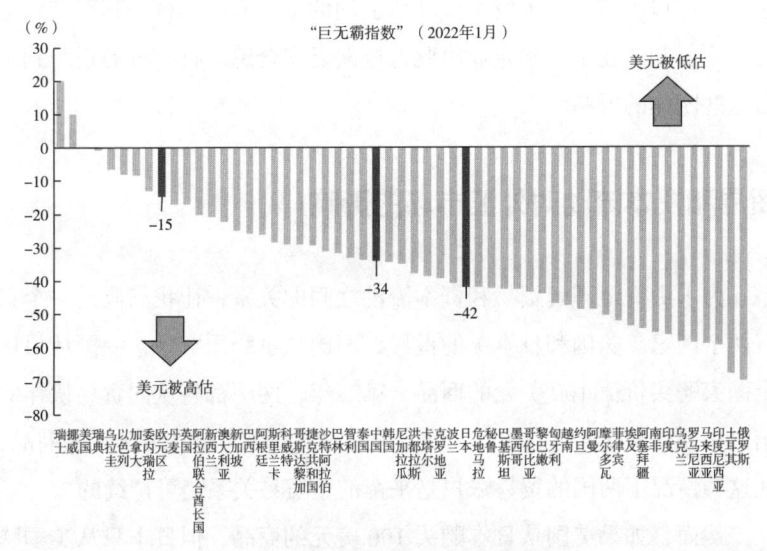

图 9-3 美元兑多数货币的汇率被高估

数据来源:野村综合研究所汇编,《经济学人》"巨无霸指数",参见 https://github.com/TheEconomist/big-mac-data/find/master。

尽管资本自由流动导致美元被高估、贸易持续失衡,经济学界却仍为新自由主义观念下始于20世纪80年代的资本自由流动辩护,即私人部门自由度的提升将为社会带来更多福祉。资本自由流动相关政策在实施前,政客和经济学家没有仔细思考,从而导致了我们今天看到的对于全球化的抵制。这也意味着当今"全球化"这个词实际有两个组成部分：自由贸易和资本自由流动。

1947年由美国提出的自由贸易为全球带来了和平与繁荣。尽管自由贸易产生了赢家和输家，但从1945年开始，发达经济体和欠发达经济体居民的实际生活水平都因此大幅提高。由于技术进步和自由贸易驱动的竞争，普通居民都有能力购买空调、汽车、手机等日用设备，甚至生活得比1900年的英国女王都好。

但对于资本自由流动来说，却并非如此。在许多被追赶的经济体中，由进口激增和自由资本流动所驱动的汇率调整不再起到平衡贸易的作用，制造业工人和企业由此普遍缺乏安全感。自由贸易正受到来自这些团体的抵制。

贸易和资本流动对外汇市场的影响

为了更好地理解贸易和资本流动之间的关系，让我们假设一个只有两个国家（美国和日本）的世界，两国从事跨国贸易，一国从另一个国家购买价值100美元的商品。第二年，两国都将从向贸易伙伴的出口中获得100美元的收入，使其能够从该国再购买100美元的商品，在这种情况下两国的贸易账户是平衡的，贸易关系是可持续的。

然而，如果美国从日本购买100美元的商品，但日本只从美国购买50美元的商品，在这种情况下，日本在第二年有100美元可以使用，而美国却只有50美元可以使用，从而使第二年日本对美国的出口降至50美元。此外，日本从美国只赚了50美元，第二年可能也不得不减少从美国购买商品。这意味着贸易关系是不可持续的，由此产生的负反馈循环可能将贸易推向所谓的收缩性均衡。

如果将汇率纳入模型，日本制造商向美国出口100美元的商品后，必须在外汇市场上出售美元，购买日元，以支付国内供应商和员工薪资。然而，市场上唯一愿意向日本出售日元的是向日本出口50美元商品的美国制造商。如果美元卖出100美元，日元只卖出50美元，那么就会像例子中提到的那样，美元兑日元的汇率会下降一半。日元走强会降低日本对美国出口的竞争力，而美元走弱则会提高美国对日本出口的竞争力。这就是存在于20世纪70年代末通过汇率调整来平衡贸易的作用机制。

继续前文的例子，假设日本的人寿保险公司、养老基金等投资者想要投资收益率较高的美国国债，并购买日本出口商想要出售的剩余50美元，那么日本出口商想要出售的100美元就会有共计100美元的购买需求，使汇率不发生变化。如果这种需求可以持续，那么尽管美国对日本的贸易逆差维持在50美元，但汇率仍将保持不变。

但是如果日本投资者决定每年投资50美元以上的美元资产，那么尽管美国的贸易逆差为50美元，但美元兑日元汇率也会存在升值压力。实际上，正是资本大量流入美国才将美元汇率从1978年的175日元/美元推升至1982年的280日元/美元，同时从1980年的1.72马克/美元推升至1985年的3.30马克/美元。

资本流入美国，实际上是外国投资者向美国放贷。没有人能保证外国投资者为美国贸易逆差提供融资的情形会永远持续下去，这意味着未来这笔钱将最终返还给外国人寿保险投保人和养老金领取者。这正是前文提到的IMF所关心的外部赤字融资问题。

除非美国能够向日本出售商品获取日元，否则当日本投资者最终出售美国债券，并向本国的养老金领取者和人寿保险投保人支付时，将没有美国出口商可以为日本投资者提供所需的日元。因此，除非日本愿意永久地贷款给美国，否则潜在的100∶50的贸易失衡将会显现出来，并且会对汇率造成影响。

届时，日元将升值，导致日本养老金领取者和人寿保险投保人遭受巨额外汇损失。因此，从长远来看，这种情况也是不可持续的。同时，美国也更愿意与日本建立一种健康的关系，即向日本出售商品，并用所得资金从日本购买商品，而不是通过不断借贷来为购买商品提供资金这种不健康的关系。

经济学界允许贸易持续失衡

在现实世界中，有200多个国家开展相互贸易，而不是例子中的两个国家。出口商和进口商的外汇交易，与来自世界各地证券投资者的跨境资本流动相比就相形见绌了。对于国内市场较小的石油出口国而言，局势将进一步复杂化。在当前复杂的多边环境下，要实现每一个双边贸易账户的平衡既不可能也不可取。

但现实世界的复杂性并没有改变一个基本事实，即如果一个出现赤字的国家正在失去收入和就业机会，就必须通过从国外借钱来维持汇率和进口。这意味着，在现实中存在的复杂多边贸易（及投资）与反对自由贸易的保护主义给政治稳定带来的冲击必须取得平衡。

然而，各国政府并没有寻求这一平衡，而是基于外国证券投资者对美元计价资产的强劲需求，允许美元维持强势。更糟糕的是，许多经济学家错误地认为自由贸易的赢家总是比输家多，他们甚至主张政府不应该无视市场的力量试图来干预汇率。

发达国家的货币当局还认为，由市场决定的汇率具有某种"神圣性"，政府不应干预外汇市场的运作。此外，许多经济学家声称，基于后来提出的贸易投资/储蓄平衡理论，汇率并不能有效地减少贸易失衡。

因此，尽管美国贸易持续逆差，自由贸易输家的群体不断扩大，但美元依然保持强劲，其结果就是我们今天所看到的对自由贸易和全球化的强烈反对。

贸易失衡不是由投资/储蓄平衡决定的

谈到经济学家对贸易失衡根源的第二个误解，许多西方经济学家和30年前的日本政府，都认为贸易上的失衡反映了两国在投资/储蓄上的平衡。美国巨额贸易赤字的根本原因是投资超过储蓄，消费超过生产。而日本和中国则是储蓄超过投资，并填补了美国生产的不足，从而达成两国间的平衡。因此美国的抱怨是没有道理的。

根据这一观点，贸易平衡在很大程度上是由每个国家的投资/储蓄平衡决定的。对于顺差国家很难通过汇率调整或改变市场开放政策来解决贸易失衡问题，因为这些措施的短期影响有限。日本倡导这一理论的东京大学教授小宫龙太郎在30年前曾公开建议，日本贸易谈判代表不要听从美国开放日本市场的要求，因为美国的要求与贸易的经济学理论相悖，并且美国许多著名的学院派经济学家反对美国政府的相关立场。

如果美国想减少贸易逆差，就必须增加储蓄，减少开支。但这可能会使美国陷入衰退，因此许多美国领导人不愿寻求减少贸易逆差，导致美国的巨额贸易赤字问题始终未得到解决。自由贸易的输家认为自己被忽视并且认为政府默许贸易逆差的持续扩大，使他们最终在2016年选举特朗普成为美国总统。

投资/储蓄平衡理论无法解释美国的贸易逆差

贸易逆差表明一个国家的消费大于生产，美国的贸易逆差就来源于此。然而消费超过生产的原因有很多，投资/储蓄平衡理论只是其中之一，在经济学中占主导地位的这一理论完全无法解释当前美国经济正在发生的情况。

该理论表明，日本和中国为美国提供了其生产力无法满足的商品。但如果是这样，那么本地商品的短缺对这些生产商来说是发展的好机会，生产这些产品的美国工业应当扩大运营，全力生产以获得更高收益。但现实情况却正好相反。50多年前，当日本对美国的出口激增时，美国工业有能力供应大量的汽车、钢铁、电视机等商品。然而，由于美元过于强势，美国制造商根本无法与价格较低的优质进口商品竞争，导致这些商品被日本的竞品赶出市场。美国企业并没有像投资/储蓄平衡理论所说的那样得到发展机会，反而是成千上万的美国制造商破产，数百万个工作岗位流失。随着中国、韩国、墨西哥等经济体开始增加对美国的出口，这一趋势仍在继续。综上可以看出，美国工业实际发生的情况与投资/储蓄平衡理论所预测的恰恰相反。

所以，美国的消费大于生产，是因为美元被高估了，而不是因为美国制造商没有足够的能力生产这些商品。图9-4总结了造成贸易逆差的两种不同原因。

虽然支持投资/储蓄平衡理论的经济学家不太重视汇率，但对于出口商和进口商来说，汇率极为重要。汇率是决定进口国最终销售价格的重要因素之一，因为汇率决定了是否要签订一项贸易协议。对于出口国而言，商品的出口价格是决定能否出口的重要因素；对于进口国而言，汇率是决定商品最终售价的重要因素之一。换句话说，即使一国的经济非常强劲，但也只有清除了所有最终售价障碍的商品才能真正出口至该国。这意味着强劲的经济既不是进口增长的必要条件，也不是充分条件。在汇率维持不变的情况下，一个国家在内需强劲时会比内需疲软时进口更多的商品；但当内需疲软时，也会进口更多比国内更便宜的商品。这也意味着，虽然进出口高度依赖汇率，但具有竞争力的进口价格既是进口增长的必要条件，也是出口下降的充分条件。也正是这个原因，在第五章中提到的基于B战略的出口导向型增长模式对许多新兴经济体非常有效。

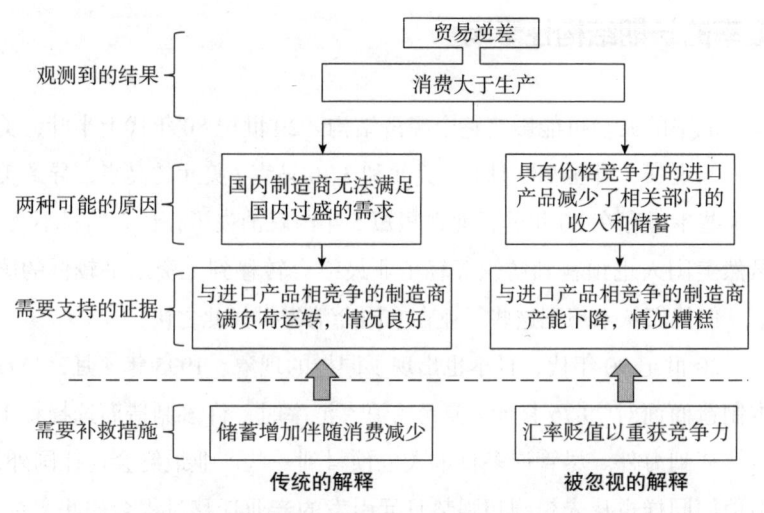

```
观测到的结果 ─┤ 贸易逆差
              消费大于生产

两种可能的原因 ─┤ 国内制造商无法满足    具有价格竞争力的进口
                 国内过盛的需求         产品减少了相关部门的
                                        收入和储蓄

需要支持的证据 ─┤ 与进口产品相竞争的制造商   与进口产品相竞争的制造商
                 满负荷运转，情况良好      产能下降，情况糟糕

需要补救措施 ─┤ 储蓄增加伴随消费减少    汇率贬值以重获竞争力
                 传统的解释              被忽视的解释
```

图 9-4　不适当的汇率是造成贸易逆差的主要原因

整体储蓄下降源于个人的节省

当进口增加时，那些生产同一进口商品的国内企业将失去就业机会和收入。随着收入下降，储蓄也会下降，生产将低于消费。但这并不像投资/储蓄平衡理论所指出的因为人们选择了一种挥霍的生活方式，而是因为进口国的消费者想通过购买更便宜的进口商品来省钱，这与挥霍的生活方式正好相反。但总体来说，消费者通过购买进口商品减少了就业机会，并降低了与进口商品竞争的当地就业人员的收入。

以上这种类型的贸易逆差背后存在一个合成谬误：尽管个人试图通过购买更便宜的进口商品来省钱，但从整体上看，进口商品竞争行业中的就业人员收入和储蓄下降，最终会使整体储蓄减少。之所以会出现这种情况，是因为被高估的美元会让美国的贸易逆差继续存在。投资/储蓄平衡理论的支持者很少提及汇率，但汇率对现实世界中的出口商和进口商而言至关重要。

汇率的长期结构性影响

汇率的波动可能影响整个经济结构。20世纪80年代上半叶，美元大幅走强，升至280日元/美元和3.30马克/美元的高点，导致美国那些本应存在30年的行业在短短5年内就消失了，让人始料不及。虽然美国人也预料到纺织等轻工业最终会转移到工资水平较低的国家，但他们从未想到这些行业在本国会消失得如此之快。

20世纪90年代，日本也出现了同样的现象。1995年4月，当日本制造商面对79.75日元/美元的惊人汇率时，许多制造商选择将工厂转移到海外。尽管许多日本人也预料到一些产业最终会迁往国外，但他们同样也从未想到超强势日元引发的产业迁移过程会如此突然。从那时起，日本的许多前工业区变得像美国的"铁锈地带"一样。

中期产业转移的不可逆性

这种产业转移在中期是不可逆的。尽管《广场协议》成功将美元汇率从240日元/美元降至1987年的120日元/美元，但许多在《广场协议》签订前迁往海外的美国工厂再未迁回本国。同样，尽管日元汇率从1995年4月的79.75日元/美元回落到3年后的147日元/美元，但迁出日本的许多工厂也再未迁回。

这表明，即使汇率恢复到合理的水平，之前毁灭性的高汇率对进出口商和产业的影响仍会继续存在。一旦像1995年4月79.75日元/美元这样难以想象的汇率成为现实，即使实际汇率只在这个水平上停留几秒钟，也会对所有进出口商的决策产生深远影响。

一旦国内供应商因本币走强而迁往海外，随后便和投资/储蓄平衡理论所假设的非常相似，进口将在一定程度上取决于国内需求的强弱。这种汇率的"次优遗留效应"可能持续多年。

然而即使在这种情况下，推动汇率朝促进贸易平衡的方向发展还是有必要的，这将防止自由贸易的输家危及剩余的自由贸易。例如，在1985年签署的《广场协议》致使美元在1987年价值减半后，虽然许多在协议签订前迁出美国的产业再也没有回归，但美国保护主义的压力也完全消失了。这种状态持续到美元在2014年9月开始的全球量化宽松陷阱中开始对其他全球货币走强。

推动出口往往比拉动进口更为重要

尽管投资/储蓄平衡理论强调美国需求强劲拉动进口攀升是美国赤字的主要原因，但实际上，美国的实际贸易往往是由急于进入美国市场的外国出口商推动的。战后的日本制造企业付出了巨大的努力才在美国市场站稳脚跟。它们之所以愿意付出努力，是因为美国市场不仅是世界上最大的市场之一，也是透明程度较高、非关税壁垒相对较少的市场。

相比于美国，日本和许多其他国家的市场目前仍然只达成了书面上的开放。在30年前的美日贸易摩擦中，日本贸易谈判代表认为日本市场是完全开放的，美国对日本的出口有限，是因为美国企业不够努力。但对于那些以资本回报率最大化为目标的公司来说，其很难被说服进入一个众所周知的外国公司难以进入的市场，尤其是在其他市场能提供更高资本回报率的情况下。

我在20世纪90年代被卷入了美日贸易摩擦，可以证明进入日本市场有多困难。我是在日本居住的美国公民，曾在美国联邦储备委员会担任经济学家。在美日贸易摩擦最严重的时候，由于我是许多电视节目的常客，美国驻日本大使馆要求我向日本电视观众解释美国的贸易立场。

在从大使馆工作人员那里得到关于各种问题的简述后，我在与日本经济学家和政策制定者进行的多次全国电视辩论中为美国出口商辩护，涉及所有领域的争端，从汽车零部件到半导体，再到富士与柯达之间的竞争。尽管日本贸易谈判代表公开宣称日本市场是开放的，但现实远非如此。

在贸易摩擦最激烈的时候，我在澳大利亚悉尼发现了一辆右舵驾驶的美国汽车。由于对这款车型很熟悉，我就把车买了下来，进口到日本。一是为了弄清当时的日本究竟存在怎样的非关税贸易壁垒，二是使日本经济产业省官员不再批评美国汽车制造商没有生产出与日本市场相匹配的右舵车型。

然而在进口过程中，我遇到的贸易壁垒范围之广令人难以置信，可以用两组数字来概括。第一，将汽车从澳大利亚的悉尼港口运到5 000千米外的日本横滨港口，需要租用一个集装箱，费用为2 000美元。第二，清除针对进口汽车设立的所有非关税壁垒，并将汽车从横滨港口运到50千米外的东京，需要花费9 000美元。美国前驻日本大使蒙代尔在当时的演讲中提到了我在进口过程中遇到的一些令人恼火的非关税壁垒。

这一经历表明，即使日本高层官员非常聪明，他们也不知道实际存在的贸易壁垒是什么样的。进入日本国内市场的困难还体现在日本存在许多仅做出口贸易的公司。

我曾在追赶国和被追赶国之间的贸易争端前线待过一段时间，因此永远不会忘记20世纪80年代中期至90年代中期美日贸易摩擦中彼此间的强烈敌意。我不仅遭到了死亡威胁，而且贸易摩擦最终演变成了种族对抗。

除了讨论个别贸易案例，我还认为如果日本继续抵制开放市场的压力，同时对美国保持巨额贸易顺差，贸易失衡最终将推动日元飙升，迫使日本最好的产业离开日本。[①]遗憾的是，这一预测在1995年4月实现了，当时日元升值到了79.75日元/美元。

之所以会出现这种情况，是因为20世纪90年代初，美日之间激烈的贸易摩擦使许多日本证券投资者感到恐慌，他们认为美国可能想让美元进一步贬值。这种担忧让他们开始对冲美元多头头寸（通过卖出远期美元）或不购买美元资产，使当时的汇率主要由贸易决定。日元也由此走强，造成日本制造商大规模撤离日本。其中一些工厂也迁移到了美国，美日贸易摩擦持续了十年。

经济学家强烈支持的投资/储蓄平衡理论只有在需求出现巨大冲击——比如2008年雷曼兄弟倒闭和2020年新冠肺炎疫情暴发后，其重要性才会凸显。在这种情况下，近乎崩溃的美国经济确实导致了进口的大幅减少。同时在2008年后，世界各地许多投资项目的停止也大幅减少了以资本货物为主的日本出口。

同样，中国在2008年11月为应对雷曼兄弟危机而实施的4万亿元规模的财政措施也确实大幅增加了进口，这对当时的世界经济是一个巨大的帮助。虽然这些需求的突然变化可以解释进出口的变化，但仅依靠投资/储蓄平衡理论不足以解释整体的贸易失衡。

在20世纪90年代初美日贸易摩擦最严重的时候，日本要求美国削减巨额预算赤字，以改善投资/储蓄的平衡，减少贸易逆差。许多西方经济学家提出了同样的观点，把美国的预算赤字等同于入不敷出。但到了20世纪90年代后半期，美国的政府预算出现了大量盈余，但贸易赤字却几乎翻了一番。这表明美国的贸易逆差是由财政赤字以外的因素造成的。尽管存在如此明显的错误，而且投资/储蓄平衡理论的预测与实际情况相差甚远，但该理论的支持者在经济学专业领域

---

① Koo, Richard（1994）, *Yoi-Endaka, Warrui-Endata*（Good Strong Yen and Bad Strong Yen）, Toyo Keizai Shinpousha, Tokyo.

仍然具有影响力，这使政策制定者难以通过调整汇率来解决贸易失衡问题。

之前的经验表明，如果允许一个国家长期保持贸易逆差，自由贸易造成的输家会多于赢家，这同样说明投资/储蓄平衡理论与实际情况不符。1980年后贸易失衡的驱动因素是跨境资本流动带来的汇率失调。因此，为了应对对于自由贸易和全球化的抵制，政策制定者必须确保资本流动不会推动汇率朝加剧贸易失衡的方向发展。这反过来又需要对跨境资本流动的驱动因素有很好的理解。

但遗憾的是，这是政策制定者未能采取适当行动限制贸易失衡的第三个领域。特别是他们对于资本自由流动和贸易自由流动之间的内在冲突认识不足，导致多年来许多政策存在不一致性。

资本市场开放是一个相对较新的现象

直到40年前，世界主要经济体才实现了跨境资本自由流动。20世纪70年代末美国经济遭受严重的通货膨胀，很难继续维持利率管制。因而1980年，美国颁布《货币控制法案》，放松利率管制，推动资本市场自由化。

在该法案颁布之前，美国存在大量的资本流动管制规定，将美国的金融市场与其他地区市场分隔开。比如控制国内利率的"Q条例"、阻止在岸市场和离岸市场相互套利的欧洲美元准备金要求，以及美联储提出的"美国银行函"，以限制国内金融机构向零售客户出售外币计价的金融产品。

日本对资本市场的放松管制也始于1980年。修改后的《外汇法》首次原则上允许证券投资者投资于外国资产。华盛顿通过日元美元委员会大力推动日本开放资本市场，错误地认为这将吸引更多外国资本进入日本，并使日元升值。因为在20世纪80年代初，日本资本市场开放后，大量资本流出日本以寻求更高的收益率。资本流出显著高于资本流入，导致日元进一步大幅贬值。

许多欧洲国家也从20世纪80年代开始取消对跨境资本流动的限制。20世纪90年代，资本流动自由化不断加速，为建立单一货币做了必要的准备。

也就是说，即使在发达国家，跨境资本流动也只是在过去40年才真正起步。这也意味着，那些宏观经济学的创始人，例如，约翰·梅纳德·凯恩斯、约翰·理查德·希克斯爵士和保罗·萨缪尔森在20世纪30年代至70年代的研究期间，资本流动还没有实现自由化。

资本流动扭曲了贸易流动

一方面，金融市场开放后，跨境资本流动实现自由化，市场力量会推动所有市场的预期回报率趋同。一般而言，国内需求强劲的国家往往比需求疲软国家的利率更高，资金将从后者流向前者，使前者货币升值，后者货币贬值。资金流动降低了资金流入国的利率，使本已强劲的投资更加强劲；同时推高了资金流出国利率，进一步抑制后者本已疲软的投资。

另一方面，本国需求强劲的国家往往为贸易逆差国家，而本国需求疲软的国家往往为贸易顺差国家。资本流动使贸易逆差国家的货币升值，而使贸易顺差国家的货币贬值，进一步加剧了两国之间的贸易失衡。综合来说，资本流动既不利于本国利益，也不利于实现国家之间的贸易平衡。不断扩大的贸易失衡推高了赤字国家实行保护主义的呼声。图9-5总结了这些会造成不稳定的资本流动。

此外，资本自由流动形成趋同的回报率，可能并不是这些国家的最佳利率，甚至不符合任何经济体的利益。例如，市场力量将全球利率趋同在3%水平,那么希望利率高于或低于3%的国家都将受到损害。实际上,市场驱动形成的3%利率,可能不符合任何一个国家的利益。

在20世纪80年代资本流动自由化之前,贸易是自由的,但资本流动受到管制,外汇交易在很大程度上是由贸易驱动的。此时,贸易顺差国家的货币开始升值,贸易逆差国家的货币开始贬值。汇率变动使顺差国家增加进口,逆差国家增加出口。外汇市场是国际贸易的天然稳定器。

如今,资本流动主导外汇市场,在市场化原则的作用下各国投资回报率趋同。受资本流动影响的汇率不但不能平衡各国贸易,还会加剧全球失衡。

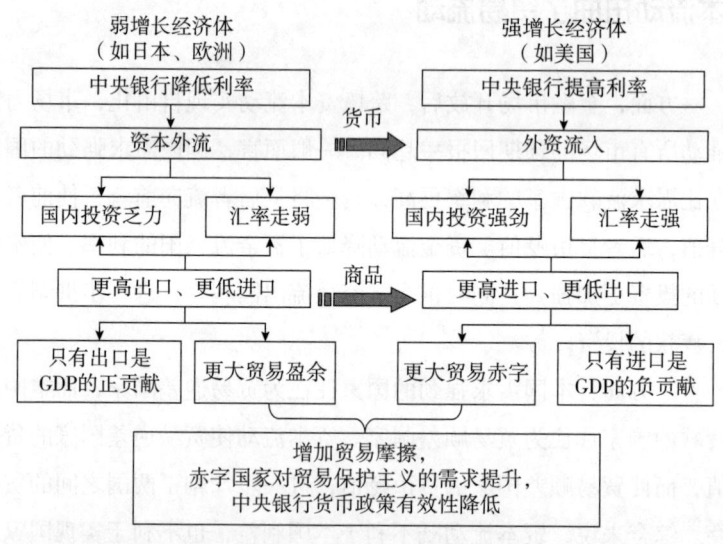

图9-5 资本自由流动会抑制自由贸易

当赤字国家无法忍受贸易失衡和失业时,市场和政府都会采取行动,产生负面影响,市场反应会导致贸易逆差国家货币崩溃(例如美元汇率从1971年的360日元/美元跌至1995年的79.75日元/美元)。

盈余国家投资者因此面临外汇损失，并暂停跨国投资，如图 9-5 所示。

几年后，盈余国家的投资者会发现，美国的贸易逆差随着美元走弱而下降。他们会得出结论："美元已经跌得够多了。"如图 9-5 中的那种资本流动将恢复，而且在下一次货币崩溃之前，资本流动不会停止。事实上，世界可能会在几十年内重复这种资本流动和金融崩溃的循环，而相关国家却得不到任何好处或使效率提高。

如果政府被迫采取管制行动，可能导致保护主义崛起和全球贸易崩溃，比如《斯姆特－霍利关税法》就引发了 20 世纪 20 年代的全球萧条。但如今，由于缺乏贸易平衡机制，美国贸易赤字的持续增长和自由贸易输家的数量上升，不断推动美国保护主义盛行。

如第六章所述，美联储于 2014 年 9 月宣布其货币政策正常化后，投资者在美国寻求潜在的更高利率，贸易加权的美元指数升值超过 20%，对墨西哥比索一度升值超过 60%（见图 6-5）。美元如此突然地大幅升值，使美国制造商及其员工的日子很艰难，并在很大程度上促成了公开主张保护主义的特朗普当选。在 1985 年《广场协议》签署前和特朗普上台后，保护主义都是资本自由流动引发的。在资本自由流动的情况下，虽然美国存在巨额的贸易赤字，但美元价值不断攀升，汇率失去了调节贸易平衡的作用。

资本流动会提升效率吗

有人认为，资本逐利会推动全球经济效率的提升。实际上，逐利的直接投资和一国之内的资本流动确实可能提高效率，但当涉及不同国家和货币时，资本流动的收益并不确定。当美元汇率从 1985 年的 240 日元/美元跌至 1995 年的 80 日元/美元时，日本投资者遭受了巨大的外汇损失。当 2005—2015 年人民币兑美元升值 37% 时，进行美元投资的中国投资者遭受了巨大损失。当 2001—2003 年欧元兑美元快速升值时，投资于美元资产的欧洲投资者也付出了沉重代价。当 2014 年 9 月美元走强时，拥有外汇资产的美国投资者同样遭受了重大损失。这些投资者都希望通过投资外币资产赚取收益，但最后都遭受了巨额外汇损失。

日本从 20 世纪 80 年代开始大规模购买美国国债，中国从 20 世纪 90 年代开始大规模购买美国国债，很难说是这些资金的最佳用途。当美国人的平均生活水平远高于日本人或中国人的平均生活水平时，日本人或中国人借钱给美国人是根本没有意义的。理查德·库珀（1997）[1]也认为，许多跨境资本流动的情况很难从效率的角度来证明其合理性，包括由税法和会计处理的差异所驱动的资本流动。

关键在于，大规模资本流动的实际意义值得怀疑，因为没有证据证明，这种流动会改善所有相关方的福利。鼓动资本流动自由化的经济学家和金融市场参与者，只是基于新自由主义原则假设，即只要提高私人部门的自由化程度，就会优化资源配置。尽管这在封闭经济中基本是正确的，但在不允许劳动力自由流动的多币种国际环境下，并不能保证（最后一点将在后文进一步讨论）。

资本流动削弱了货币政策的有效性

跨境资本流动的迅速扩大也使货币政策的实施更加复杂。如今，日本家庭将储蓄投资于美元，就像克罗地亚家庭以日元进行住房抵押贷款一样容易。这些交易的便利性在 20 年前是不可想象的。

---

[1] Cooper, Richard N. (1997), "Should Capital-Account Convertibility Be a World Objective?" in Peter B. Karen et al. (ad.), "Should the IMF Pursue Capital-Account Convertibility?" *Essays in International Finance 207*, Princeton NJ: Princeton University International Finance Section, May 1998, pp. 11–19.

例如，2008年出现的欧洲房地产泡沫便是由投资者以日元或瑞士法郎进行住房抵押贷款推动的。投资者为了套利，以利率较低的外币借款进行融资。虽然欧洲央行试图通过提高利率遏制西班牙和欧元区其他国家的房地产泡沫，但这并不能阻止以日元借款的购房者继续投资房地产市场，因为他们支付的利率是由日本央行决定的。

然而，欧洲央行紧缩货币政策导致欧元利率上升，欧日间利差逐渐扩大，吸引资本由日本流向欧洲，提振欧元。日元贬值进一步降低了日元借款的负债成本，鼓励更多人使用日元借款满足投资需求，进一步刺激欧洲房地产市场。换句话说，以瑞士法郎和日元计价的抵押贷款的增长削弱了欧洲央行政策的有效性。

2014年美国经济过热，劳动力市场接近充分就业水平，资产出现泡沫化特征，房地产价格恢复到金融危机前的峰值，并不断走高。对此，2014年9月美联储宣布货币政策正常化，防止通货膨胀和资产价格泡沫加剧。但此时，日本和欧洲仍在量化宽松并降低利率。结果，大量资金为了寻求更高的收益，从这两个地区流向美国。2008年全球金融危机后流向新兴市场的资金也逐渐回流美国。

资本流入推动美元大幅走高，同时给美国长期债券收益率带来了下行压力。货币政策收紧并没有提高债券收益率，抑制商业地产泡沫，相反，外国资本的流入削弱了美国紧缩政策的有效性，使美债收益率保持低位，并进一步推动了商业地产泡沫。目前，美国商业地产价格较2007年高峰期高68.3%，较2014年9月高68.9%，如图4-7所示。

此外，资本流入使美元成了全球最强劲的货币，降低了美国出口商的竞争力，导致美国出口商和进口替代企业更加艰难。美国经常账户赤字的进一步扩大，加剧了来自工人和企业的贸易保护主义压力。

美国需要更强劲的出口和更平静的房地产市场，但跨境资本流动抵消了货币政策的作用。反观日本和欧洲，这两个地区的需求疲软,贸易盈余巨大,因此选择宽松的货币政策刺激国内经济。但宽松的货币政策导致资本外流到美国,削弱了本国货币,并扩大了出口规模。

国家政策目标与资本自由流动之间存在不一致

在这种情况下,美联储或日本央行应该怎么做,没有任何经济学教科书能提供指导。这是因为大多数关于所谓"开放经济"的学术文献只涉及商品的跨国贸易,很少涉及资本的跨境流动。换句话说,经济学家从来没有设想过一个金融市场全球化的世界,任何人、任何地方都可以在任何时间、以任何货币借款和投资。但这样的世界今天就在这里。世界经济确实处于未知。

在这个世界上,设定低利率的央行,最终会通过套利交易刺激境外投资,而设定高利率的央行,最终会吸引到不成比例的全球储蓄份额。目前,日本央行和欧洲央行处于前一种境地(实行负利率),而美联储则处于后一种境地(实行强势美元)。这不是某一个国家所特有的问题。在全球化的金融市场中,这是所有央行都面临的问题。

此外,这些资本流动造成的汇率波动,导致了严重的全球失衡,赤字国家那些绝望的工薪家庭被推入贸易保护主义阵营。从效率或公平的角度来看,没有经济学家会喜欢这样一个世界。既然没有人想要这样的结果,那怎么会出现这样的结果呢?

之所以会出现这种情况,是因为这些国家开放了资本市场,将它们的金融部门整合成一个单一的全球市场,而政府和劳动力市场仍然停留在当地。这种冲突,源于市场力量试图将世界经济整合为一个单一市场,但各个国家的人民和政府无意成为一个单一国家。

不同的国家，同一个金融市场

为了看清这一点，假设日本和美国正计划合并成一个国家。那时，它们的关系就会像加州和纽约州一样，无论这两个州之间的贸易不平衡有多严重，都没有人会过虑。

像加州和纽约州之间的贸易平衡不是问题，因为人员、资本和商品在这两个州之间自由流动。如果纽约州经济蓬勃发展，而加州经济衰退，人们就会从加州搬到纽约州以寻找更好的工作机会。同样，如果加州的投资机会比纽约州更多，资本就会从纽约州流向加州，以寻求更高的资本回报率。

即使人们不能如此自由地流动，华盛顿特区的联邦政府也可以利用其权力，将收入从流入地（即贸易顺差）重新分配到流出地（即贸易逆差）。这是可以实现的，毕竟加州和纽约州都是美国的一部分。

由于所有生产要素都可以在纽约州和加州之间自由流动，因此这两个州分别实行货币政策也没有意义。鉴于货币在它们之间流动的便利性，利率的任何差异都会立即导致大规模套利，从而使利率趋同。

如今，资本在国家之间流动，就好像它们是一个单一国家。这就是投资者对美国的巨额经常账户赤字和日本的经常账户盈余（这是投资者自己造成的）如此漠不关心的原因。这也解释了为什么货币政策在国家层面失去效力，就像纽约州和加州不能有独立的货币政策一样。

然而，日本和美国不会合并成单一国家。两国都对移民进行了限制，限制了劳动力在两国之间的自由流动。他们还有不同的价值体系、不同的语言和不同的传统。换句话说，它们现在和将来都是独立的国家。资本自由流动的根本脱节源于这样一个事实：各国都相互保持独立性，而它们的金融市场却表现得好像它们即将合并成一个单一国家。

20世纪70年代末和80年代初，当发达国家的政策制定者和经济学家推动资本自由流动时，他们本应该问问选民，这是不是他们希望看到的结果。当时没有举行这样的投票，因为没有人想得那么深远。但今天，世界正承受着当时决定所带来的后果。

更糟糕的是，许多政策制定者和经济学家仍然不知道世界最初是如何陷入这场混乱的。例如，特朗普等人将全球失衡归咎于自由贸易，但实际上资本自由流动才是罪魁祸首。

如果美元汇率没有像2014年9月后那样大幅升值，美国国内的保护主义呼声和反对自由贸易的言论就会容易管控得多。在资本流动加剧个别国家外部失衡的情况下，贸易摩擦和失衡在未来几年仍将是重要的政治问题。

各类金融机构也别无选择

这些资本流动背后的金融市场参与者也别无选择。市场力量通过将资金引导到预期回报率最高的地方，将各国市场融为一体，而这些市场参与者是这种市场力量的一部分，尽管它们这样做可能会加剧全球失衡，并在未来某个时候增加保护主义压力。它们的行为还可能削弱本国央行的有效性，旨在抑制国内投资的高利率最终会吸引更多海外投资资金，而旨在刺激国内投资的低利率最终会导致国内投资资金转移到海外。

我是日本最大的投资银行旗下研究机构的首席经济学家，主要工作是向投资银行的全球投资者客户介绍情况。基于对1995年前美日贸易摩擦的研究，我经常指出，贸易不平衡是汇率潜在的重要决定因素。但在2016年之前的一段时间里，许多年轻投资者的典型反应是不认同这一观点。他们无法想象，贸易相关的外汇交易仅占外汇交易总额的5%左右，却会产生如此大的影响。从1995年美日贸易摩擦平息，到2016年11月特朗普当选美国总统的近20年间，资产管理机构几乎从没有关注过贸易或经常账户失衡。

相反，它们感兴趣的主要是各国货币政策的走向以及由此产生的利率差异变化。尽管发达经济体的货币政策在很大程度上失去了效力（见图2-12至图2-14和图2-17），所有这些经济体都处于被追赶阶段，并且正遭受资产负债表衰退等一系列问题。

值得注意的是，无论是哪国投资者，他们在做出投资决定时都在关注基本相同的经济、市场和政策指标。我在纽约被投资者问到的问题与在新加坡、法兰克福、东京或伦敦听到的问题没有什么不同。投资者实际上是巨大全球市场的一部分，并且推动了资本回报的趋同。

对外汇市场的影响因素出现新认识了吗

外汇市场参与者忽视了美国的巨额贸易逆差，认为持续大规模的赤字无关紧要，并基于这样的信念对美元形成支撑。然而，自2016年特朗普当选以来，对传统观念的抵制力量逐渐影响外汇市场参与者的行为。

尽管美联储推动货币政策正常化，但在特朗普的4年任期内，美元兑日元和其他一些货币并没有走强，这可能反映了外汇市场参与者的新认识，即贸易失衡对于外汇市场确实很重要。例如，在特朗普当选美国第45任总统前，大多数外汇分析师都预测美元将从当时的110日元左右升值到130日元或135日元。他们的观点是基于这样一种假设：美联储将继续推动利率正常化（提高利率），而日本央行和欧洲央行将保持极其宽松的立场，从而扩大利差、利好美元。

事实证明，这些分析师对美国、日本和欧洲货币政策的预测是正确的：从2016年美国总统大选到2019年上半年，美国加息8次，而日本和欧洲的负利率政策没有变化。尽管利差增加了 200 个基点，但在新冠肺炎疫情暴发前，美元兑日元的平均汇率一直在 110 日元左右，并未出现大幅升值。

美元兑日元的预期汇率为 135 日元，实际汇率为 110 日元，这 25 日元的差额反映出，外汇交易员重新认识到贸易失衡的重要性，在特朗普总统任期内贸易失衡问题变得尤为重要。美国总统为了减少贸易逆差会发表压低美元汇率的言论（或推特），他们不想在美国总统发表这类言论时做多美元。如果总统真的开始唱空美元，美元兑日元或欧元可能会在几分钟内轻易下跌 5%~10%，使做多美元的投资者蒙受巨额外汇损失。

日本证券投资者担忧此类言论，并可能由此减少做多美元的规模。这反过来又促使日本出口商买入日元，形成强势日元，尽管利差扩大本应令美元走强。

需要与最优货币区理论相反的命题

经济学中关于最优货币区理论的文献非常丰富。该理论认为，如果两个地区的资本、劳动力和商品自由流动，它们就应该使用同一种货币。该理论还指出，如果使用一种共同货币，就应该确保资本、劳动力和商品的自由流动。在欧元区等地区，各国政府投入了大量时间和精力来实现资本、劳动力和商品的自由流动，单一货币将为所有相关方带来明显收益。[①] 然而，在全球范围内，欧元区只是个例。

在人口流动问题上，理论和现实相差甚远，因为移民在大多数国家仍然是一个棘手的问题。即使移民完全自由化，语言、种族、宗教和文化的差异仍将继续阻碍人口的自由流动。世界上有近 200 个独立

---

① 一个例外是欧元区 19 个政府债券市场的资本逃逸问题，详见第七章。

的国家，主要是因为有近200个不同的、通常是相互排斥的价值体系和国家认同。这些价值观差异所造成的障碍不可能单靠经济交流来克服。

期待出现一个能够跨国界重新分配收入的世界政府，这是不现实的。只要各国不打算成为单一国家，也不打算将其主权的核心部分让渡给一个世界政府，贸易不平衡——这意味着收入从赤字国家转移到盈余国家——将仍然是一个重要的政治问题。

各国政府和IMF都积极寻求减少贸易不平衡，但它们的努力往往与金融市场走向统一的趋势背道而驰。实际上，IMF有时自相矛盾，一方面推动资本更自由流动，另一方面却在与资本自由流动带来的贸易失衡做斗争。资本自由流动与缺乏政治一体化导致贸易冲突，二者之间出现脱节，这种脱节将伴随几十年。

因此，当今世界经济面临的关键问题，实际上是与最优货币区理论相反的命题。换句话说，如果一种或多种生产要素的自由流动无法实现，是否应该允许其他要素自由流动？更具体地说，如果不允许劳动力自由地跨越国界，那么是否应该允许资本自由流动？

完整地回答这个问题可能需要大量研究。具体而言，政策制定者和学者必须重新审视无限制开放资本市场的成本和收益，而不是盲目地认为任何增加私人部门自由的事情都对经济有好处。尽管经济学家已经证明，开放的货物贸易可以改善相关经济体的福利，但还没有证明，在涉及多种货币和其他生产要素不能自由流动的情况下，资本的开放也会产生同样的结果。

政府干预外汇市场的案例

在面临贸易保护主义威胁的情况下，如今的政策制定者可能没有时间等待这类研究的结果：他们必须现在就采取行动，以保护自由贸易和维护世界和平。鉴于过去40年里跨境资本流动的爆炸式增长导致了更严重的全球失衡和更多的保护主义呼声，他们开始考虑对资本流动设置一些限制。然而，从现实来看，妖怪已经从魔瓶放出，再把全球资本流动收回魔瓶是极其困难的。

退而求其次的解决方案是，如果资本流动本身是私人部门发起的，政策制定者可能希望政府更直接地介入外汇市场。例如，他们可能会考虑实施类似1985年《广场协议》那样的措施，周期性地调整汇率，以防止贸易保护主义，并阻止破坏性的资本流动周期和金融崩溃。

1985年夏季，强势美元使美国政府面临着铺天盖地的保护主义呼声。当1美元兑250日元左右时，只有少数美国企业对日本企业有竞争力；当1美元兑3.30德国马克时，只有少数美国企业对德国企业有竞争力。事实上，据说当时只有波音和可口可乐两家美国公司仍然支持自由贸易，而其他所有人都反对。作为自由贸易的坚定支持者，罗纳德·里根不得不在1985年9月22日召开G5（五国集团）会议，制定了《广场协议》，旨在通过削弱美元来拯救自由贸易。

最初，市场高度怀疑政府是否有能力改变汇率，但到1987年底，G5（后来的G7）成功地将美元的价值减半，1美元兑日元和德国马克分别为120和1.63。到1988年，该协议已经完全消除了美国的保护主义威胁。尽管美元在1990年曾短暂回到1美元兑160日元的水平，但此后从未超过这一水平，这表明强有力的政府行动可以产生持久影响。

政府能否摆脱政策的"三元悖论"困境

当经济学被新自由主义氛围笼罩，类似《广场协议》的政府干预被认为"政治不正确"时，政府采取的任何市场限制或干预都会遭受怀疑。但这些持怀疑态度的经济学家所依据的假设是错误的，即自由贸易的输家永远不会多过赢家。由于自由贸易的输家已经对国家选举产生了巨大的影响，政策制定者不能再袖手旁观、无所作为。

如果要维持资本自由流动，政策制定者就必须确保贸易账户不失衡，防止自由贸易的输家数量超过赢家。讽刺的是，在当前资本流动自由化和汇率政策灵活化之下，贸易保护主义措施是政策制定者通过将贸易失衡保持在政治或社会可接受的范围内，"捍卫"自由贸易的唯一工具。

这就引出了经济学中的一个难题，对政策制定者在外汇市场采取行动以限制贸易失衡形成掣肘。这一难题被莫里斯·奥布斯特费尔德称为"三元悖论"（见图9-6），该理论指出，如果央行想要基于国内经济情况实施独立的货币政策，并且保持资本自由流动（1980年以来一直如此），政府就无法影响汇率。经济学家认为，在资本自由流动、独立的货币政策和稳定且处于理想水平的汇率这三个政策目标中，一国只能实现其中的两个，这也被称为"不可能三角"。

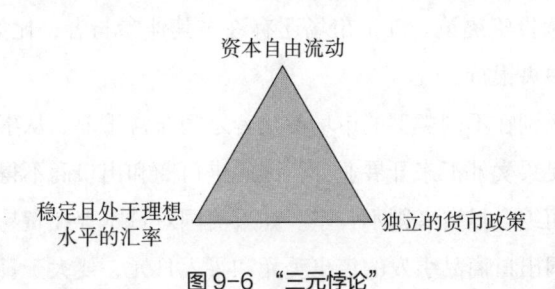

图 9-6 "三元悖论"

例如，如果政府希望在保持资本自由流动的同时降低汇率，央行就必须降低利率，以防止外国资本流入（外资流入可导致本币升值）。换句话说，该国无法自由选择货币政策。

同样，如果它们决定提高利率以遏制通货膨胀，同时继续允许资本自由流动，以高利率吸引国外资本流入时，就无法避免货币升值。

因此，汇率就会失控。

这一论点最初是 20 世纪 60 年代在加拿大面向美国实行资本流动自由化时，由罗伯特·蒙代尔等加拿大经济学家提出的。经济学家随后利用这一理论反对美国政府利用汇率解决贸易失衡问题。

对于研究过这一理论的人来说，在一个资本自由流动、美联储奉行独立货币政策的世界，美国政府试图让美元贬值似乎毫无意义，甚至是很鲁莽的。毕竟，根据"三元悖论"理论，这是不可能发生的。

"三元悖论"所隐含的假设与外汇市场现实情况不一致

尽管世界各地的大学都在讲授"三元悖论"理论，但它所基于的假设并不适用于实际的外汇市场。该理论假设，外汇市场参与者都是证券组合投资者，他们完全根据利率差异做出投资决策。换句话说，根据该理论，汇率几乎完全由国与国之间的利息差决定。

但在现实世界中，证券组合投资者也会基于其他相关的经济和政治指标来做投资决策。外汇市场还有许多其他参与者，比如进口商、出口商和中央银行。

这种区别在不同类型的市场参与者之间非常重要。从事进出口业务的人需要买卖外汇来开展业务，因此进口商和出口商不得不参与外汇市场，而组合投资者则不一定。如果美国对日本存在贸易逆差，这意味着美国出口商品引发的售出美元和买入日元，要大于日本出口商品引发的售出日元和买入美元，从而给日元带来上行压力。换句话说，只要美国对日本存在贸易逆差，两国进出口贸易对日元的升值压力和对美元的贬值压力就会一直存在。

另外，证券组合投资者不需要进入外汇市场或购买美元资产。如果日本投资者认为投资美元资产可以赚钱，就会在外汇市场上购买美元，否则他们就不会购买。他们也可以选择投资于以非美元货币计价的外国资产。这与进口商和出口商的情况形成了鲜明的对比，出口商只能将外汇收入换成本币，进口商则相反。

如果贸易失衡成为一个政治问题，美国政府希望在未来削弱美元（就像1985年《广场协议》后发生的那样），证券组合投资者将减少对美元计价资产的配置，或者对冲现有的美元资产敞口以降低外汇风险（通过卖出远期美元）。当许多证券组合投资者停止在外汇市场上买入美元或开始对冲其长期美元头寸时，进口商和出口商在外汇市场上的相对重要性就会增加。由于进口商和出口商给日元带来升值压力，证券组合投资者影响力的减弱意味着日元兑美元汇率将走高。

如前所述，这就是为什么在特朗普执政期间美元兑日元没有升值——这和大多数外汇分析师在2016年11月特朗普当选前预测的不一样。这意味着，在保持资本自由流动和以国内经济为基础实施独立货币政策的同时，美国政府也成功地阻止了汇率的升值。

当理想汇率有助于纠正贸易失衡时，"三元悖论"不成立

这一事件表明，当政府采用的汇率机制可以纠正贸易失衡时，经济学家发现的"三元悖论"就会消失。换句话说，只有当政府采用的汇率机制会加剧贸易失衡时，"三元悖论"才成立。

G5成功地将美元兑日元汇率从1985年9月《广场协议》签署时的240降至1987年底的120，这是因为政府确定的汇率是有助于减少贸易失衡的。因此，"三元悖论"不存在。在此期间，美国利率远高于日本利率（见图9–2），但面对美日之间持续而严重的贸易摩擦，投资者不愿购买美国资产。持续的贸易摩擦使美元兑日元汇率在1995年4月跌至79.75。

另外，如果像日本这样的贸易顺差国家试图压低其本币币值（就像日本央行正在做的那样），"三元悖论"将表现得非常明显，货币政

策的自主性会丧失。为了防止日元升值，日本央行必须保持低利率。换句话说，当货币当局推动汇率偏离贸易平衡汇率时，"三元悖论"就成立了。

在质疑美国政府减少贸易赤字的举措时，许多经济学家都引用了"三元悖论"和贸易的投资/储蓄平衡理论。然而，问题出在理论本身，而不是出在美国政策上。

确定贸易平衡下的汇率并非易事

当然，确定贸易平衡下的汇率并不容易。毕竟，这在很大程度上是一场零和游戏，没有哪个国家愿意始终维持一个缺乏竞争力的汇率水平。发达国家目前采取的"放任不管"、完全由市场决定的汇率机制，在某种意义上，是政策制定者发现不可能就汇率达成一致后的一种逃避。但考虑到贸易保护主义的抬头，政策制定者绝对不能让国际投资者和投机者随心所欲地决定汇率，这些投资者和投机者完全不关心贸易失衡或普通工人失业的问题。

虽然就汇率（或汇率区间）达成一致是艰难的政治决定，但购买力平价可以评估货币被高估的程度。根据图9-3所示的"巨无霸指数"，除挪威克朗和瑞士法郎外，美元兑全球所有货币都不同程度地被高估，美元兑欧元被高估了15%，美元兑日元被高估了42%。

在购买力平价的基础上，美元如此昂贵，这是自由贸易中有这么多输家以及在美国有贸易保护主义呼声的主要原因。因此，将美元汇率保持在这样一个区间，即确保在自由贸易中遭受损失的美国人数减少而不是增加，这符合美国所有贸易伙伴的利益。自由贸易体制自1947年以来一直为人类带来巨大收益，而这是拯救自由贸易体制的唯一途径。

应该指出的是，即使汇率可以实现贸易平衡，也不能保证该国的所有工业都能生存下去。简单地说，这个均衡汇率就是使进口总值和出口总值相等。在这种汇率下仍无法生存的行业，将不得不搬离。

即使汇率调整到实现贸易平衡的水平，被追赶国家的工人也会有不满。这是因为这些国家的出口可能是资本和技术密集型的，而追赶国家的出口可能是劳动密集型的。因此，即使贸易已经实现平衡，被追赶国家最终还是会进口劳动力，因为它们的进口商品中劳动力投入更高。当然，这仍比当前的情况好得多，由于不存在平衡贸易的机制，逆差国家可能会继续向顺差国家输送收入和就业机会，这种情况可能会持续数十年。

若央行的干预与贸易驱动的资金流动方向一致，干预是有效的

"三元悖论"不仅阻碍了美国政府在外汇市场发挥更积极的作用，而且许多市场参与者认为，即使央行代表政府干预外汇市场，它们的行动也必然是无效的，因为现在私人资本流动的规模远超央行能够动员的规模。这种观点也打消了政策制定者利用汇率调整来解决贸易失衡问题的积极性。

然而，如果各国央行采取的行动与贸易驱动的外汇流动方向一致，这种干预的影响可能远超实际调动的资金规模。与贸易驱动的资本流动方向一致，意味着买入顺差国家的货币，卖出逆差国家的货币。

中央银行是外汇市场上唯一不需要担心盈亏的参与者。当它们始终保持与贸易驱动的资本流动方向一致，开始推动汇率朝着减少贸易失衡的方向发展时，那些担心赔钱的私人部门参与者就会感到担忧。毕竟，它们进入市场是为了赚钱，而不是为了证明自己有多强大。

当央行推动汇率朝减少贸易失衡的方向前进时，它们可能拥有无

限的"弹药"。这是因为,希望削弱本国货币的赤字国家,其央行可以"印制"无数的本国货币,并在外汇市场上出售,以压低本币价值。因此,在看到各国央行朝自己的方向行动后,许多人倾向于避免对抗。

为了避免这种对抗,那些一直押注逆差国家货币升值的投资者会迅速平仓,卖出这些国家的货币,回购顺差国家的货币。他们的抛售增加了央行最初抛售赤字国货币的影响,并将汇率推向预期的方向。

最好的例子是在1985年9月《广场协议》签订后的两年内,G5国家的央行成功地将高估的美元从1美元兑240日元压低到1美元兑120日元。这也证实了,当央行推动汇率朝有利于减少贸易失衡的方向发展时,"三元悖论"并不适用。

相反,与贸易驱动的资本流动背道而驰的央行干预往往是无效的,或者很容易被市场力量压倒。例如,贸易逆差国家的央行如果想让本币升值,就必须卖出所持有的外币、买入本币。由于央行持有的外汇有限,当交易员看到央行的"弹药"耗尽时,市场力量很容易超过央行。这就是乔治·索罗斯在1992年战胜英国央行的原因。可以看出,如果央行让汇率朝有利于纠正贸易失衡的方向发展,央行确实是有能力影响汇率的。

"亚洲广场协议"与维持自由贸易的责任

战后70年的时代即将结束,在这个时代,美国购买世界各地的产品,同时保持巨大的贸易逆差(即大力扩张)。在这个可能充满冲突的新时代,贸易盈余国家的反应将对全球贸易体系的演变起关键作用。它们如果想要避免像20世纪30年代那样的全球贸易崩溃,并维持进入美国市场的权利,就必须有意识地、果断地采取行动,以减少那些自认为是自由贸易输家的美国人数量。

一条路径是,中国大陆、日本、韩国和中国台湾等经济体(总共占美国贸易逆差的 45.0%，如图 9-7 所示）联合起来，将其货币对美元升值（如升值 20%），这可以被称为"亚洲广场协议"。由于通过共同行动，这些亚洲经济体之间的贸易不会受到影响，可以比各个经济体单独行动时将本币币值推高更多。如果东南亚国家联盟（ASEAN，东盟）能够加入，那就更好了。东盟国家总共占美国贸易逆差的 17.5%。这样的多边调整既可以减少美国的贸易逆差，也可以减少自认为是自由贸易输家的美国人数量。

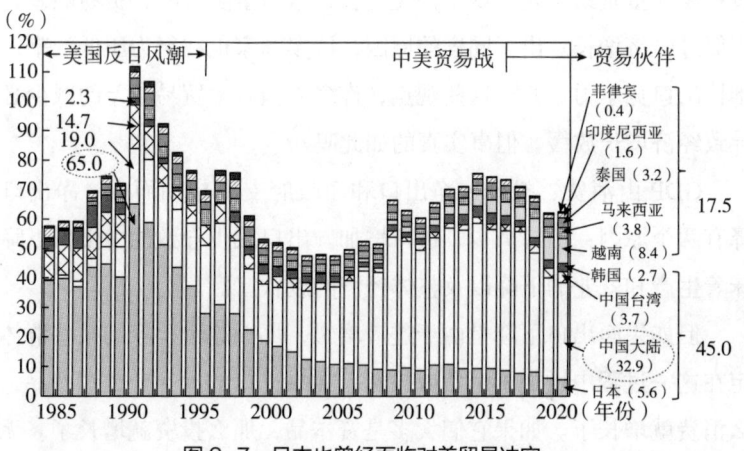

图 9-7　日本也曾经面临对美贸易冲突

这四个经济体之间有各种政治问题。然而，它们都面临一个严重的共同问题：与美国存在巨大的贸易失衡。这个问题很难单独解决，因为单个国家和地区的汇率调整倡议可能为其他国家和地区所利用。在共同努力下，应该能够解决这个问题。

有人指出，在 1985 年 9 月《广场协议》签订前，美国面临强大的贸易保护主义压力，但在 1987 年 2 月《卢浮宫协议》签订时，这种压力在美国已不再是问题。与其让高度武断的、基于关税的贸易保护主义破坏全球贸易体系，盈余国家不如联合起来调整汇率，共同维护 1947 年以来曾让本国和其他国家受益的自由贸易体制。

顺差国家开放国内市场优先于推动货币升值

实际上,在接受货币升值前,许多盈余国家还可以采取另一项行动,那就是开放国内市场、扩大进口。但在讨论这个话题之前,我们有必要了解一下为什么各国都渴望贸易顺差。

由于在计算 GDP 时要加上出口、减去进口,一些政策制定者认为,贸易顺差对持续的经济增长至关重要。亚洲国家在 B 战略下通过积累大量贸易顺差实现了快速增长,这一事实表明,贸易顺差有利于促进经济增长。出于同样的原因,许多国家也在努力压低汇率,以维持出口竞争力。基于这些观点,许多人担心,贸易顺差的减少必然导致经济增长放缓。但事实真的如此吗?

GDP 由消费、投资、净出口和净政府支出相加而成。净出口下降有两个原因:出口减少、进口增加。出口减少导致的净出口下降意味着生产和就业的下降以及整体经济的疲软。

但如果净出口下降是由于进口增长,那么这个国家的某些群体肯定在这一过程中增加了消费或投资。如果进口的大部分是消费品,那么消费就增长了。如果它们大多是资本品,那么投资就增长了。无论在哪种情况下,即使净出口萎缩,GDP 仍将增长。消费和投资的增加也意味着生活水平的提高。因此,对于同样的贸易顺差下降,进口增长比出口下降更好。如果一个国家必须减少贸易顺差,那么与其接受更高的汇率(这会减少出口),还不如开放国内市场、进口更多商品。

在政治上,由于受保护行业存在既得利益,开放国内市场往往更加困难。开放国内市场也会伤害那些无处可去的弱势产业,而货币升值则会影响具有全球竞争力的强大产业,这些产业或许能够通过商品外包来抵御冲击。政客也可以更容易地摆脱汇率升值的影响,因为他们总是可以声称自己无法控制外汇市场。

但是,如果一国通过本币升值实现收缩性均衡,而非采取市场开放措施实现扩张性均衡，那么国家作为一个整体会受损。如果货币升值驱逐了本国优质产业，只留下未来前景黯淡的受保护产业，那么经济的长期增长将会放缓。人们的生活水平也将受到影响，在被迫支付更高价格的同时，收入增长因出口下降而停滞不前。

当美国和日本之间的贸易摩擦在20世纪80年代爆发并持续到90年代时，日本强烈反对美国基于投资/储蓄平衡理论而要求其开放市场。这就导致日元从1985年的240日元兑1美元升值到1995年的80日元兑1美元，迫使日本最好的产业转移到海外。由此造成的制造业空心化，在很大程度上引发了随后的经济停滞。

如果日本答应了美国开放市场的要求，日元兑美元的汇率很有可能会保持在100日元兑1美元以上，许多离开日本的产业也会留下来。如果开放市场的措施刺激了日本的消费，日本的生活水平和GDP也会得到同等程度的提高，哪怕贸易顺差是下降的。

日本确实从20世纪90年代的危机中吸取了教训，当特朗普政府在2017年要求纠正美日贸易失衡时，日本采取了截然不同的做法。安倍晋三政府没有拒绝开放本国市场的要求，而是决定购买近150架极其昂贵的F-35战斗机（每架约2.2亿美元），以平息贸易争端。安倍对一个重大问题给出了一个宏大答案，成功缓解了贸易紧张局势，并阻止了日元汇率升值。

对于日本和其他需要进口石油的国家来说，为了赚取足够的外汇来购买石油，需要对非石油生产国产生一些双边贸易顺差。但这一观点不能被用作维持贸易顺差的正当理由。如果国内市场对进口海外商品完全开放，那么减少顺差的唯一办法就是允许本币汇率升值，但目前大多数顺差国家离这一目标还很远。

当不得不对贸易失衡问题有所作为时，盈余国家应寻求一种扩张性均衡，即开放国内市场，而不是允许汇率升值，毕竟汇率升值留给本国和世界的是一种收缩性均衡。

调整汇率可能会导致资本逃逸

央行认为减少贸易失衡可以影响汇率，但如果此举引发资本逃逸，付出的代价可能是高昂的。为了理解这种风险，想象这样一个世界：美国政府公开推动美元走弱。面对这种公开的政府行动，任何持有美元资产的人，包括美国投资者，都可能会考虑抛售美元资产、换取外币资产，然后在美元资产以外币计算变得更便宜后再买回美元资产。

如果这些投资者抛售其持有的美国债券，则债券价格会被压低，收益率将上升，给美国金融市场和经济形势带来非常大的压力。事实上，这种资本逃逸可能会导致债券收益率大幅上升，并出现在第六章中提到的可怕的"大混乱"局面，这是美联储一直在努力避免的。

1987年3月，即《广场协议》签署大约一年半后，这种灾难性的资本逃逸实际上发生过，市场参与者和学者大多已经忘了那段经历。当时，汇率已从1985年9月的1美元兑240日元跌至略高于150日元的历史低点，从《广场协议》签署时的1美元兑2.84德国马克跌至1.82德国马克。美国政府对此次调整的幅度感到满意。为了表示满意，G7国家在1987年2月达成了《卢浮宫协议》，这表明美元已经跌得够多了。协议签署后，日本政府忙着向因持有美国债券而遭受巨额外汇损失的投资者保证，1美元兑150日元的汇率不会再降了。

3月31日是日本财政年度截止日，但就在这个重要日期的前几天，美元兑日元汇率突然跌破150日元，这令日本投资者感到震惊，他们此前一直认为150日元是最低点，因而没有卖出美元。他们感受到了背叛和恐慌，于是开始抛售美国债券，将美元换成日元，买入日本国债，从美元兑日元跌破150日元的当天开始，两个债券市场之间的利差急剧扩大（见图9-8）。

美国政策制定者和市场参与者很少关注亚洲消息，他们最初不知道发生了什么，并将美国债券收益率突然上升归咎于对国内通胀的担忧。我身处日本，可以看到正在发生的事情，并迅速打电话给纽约联邦储备银行的前同事，告知他们长期以来担心的资本逃逸正在发生，因为我知道，美联储前主席保罗·沃尔克在《广场协议》签署之初就一直担心这种风险。我告诉美国当局，通过观察美元兑日元汇率、美国国债收益率，以及在美元跌破 150 日元后日本国债收益率情况，可以证实可怕的资本逃逸正在发生。

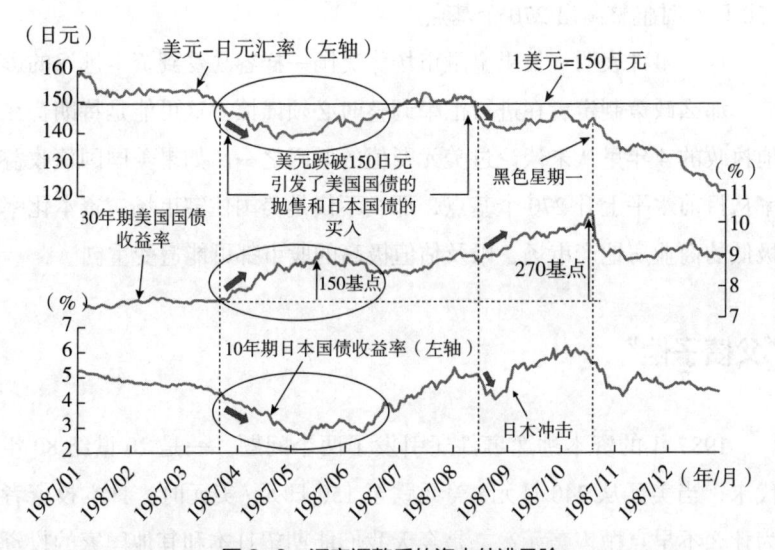

图 9-8 汇率调整后的资本外逃风险

注：日本化学制品公司日木公司在日本政府债券期货交易中遭受重大损失，引发日本国债市场恐慌。

资料来源：纽约联储，美联储，日本债券交易公司。

当美国当局意识到是美元贬值引发了债券价格下跌时，沃尔克宣布美联储已经准备好提高利率、捍卫美元。这一声明发挥了作用，因为这是自《广场协议》以来美国第一次发出捍卫美元的信号，到

1987年7月初，美元兑日元汇率恢复到150日元。从3月开始的美国和日本国债收益率的差值也随之逆转，这标志着资本逃逸的结束。

但在艾伦·格林斯潘8月成为下一任美联储主席后没几天，美元兑日元再度跌破150日元，这令政策制定者的可信度大大受损。显然，守住1美元兑150日元汇率的重要性，要么没有传达给美联储新任主席，要么他选择忽视这一警告。随着美元重拾跌势，美国国债收益率再度走高，最终引发1987年10月的"黑色星期一"股市崩盘。在"黑色星期一"，30年期美国国债收益率比6个月前美元首次跌破150日元时整整高出270个基点。

这一事件表明，如果金融市场像美国一样容易受到资本逃逸的影响，那么政策制定者在进行汇率调整时必须谨慎。这可能是特朗普在他执政的4年里从未谈论过美元贬值的原因之一。如果美国国债收益率从目前水平上升270个基点，那么不仅是美国住宅市场，资本化率极低的商业房地产市场，以及估值极高的股市都可能遭受重创。

"父债子偿"

1987年的资本逃逸事件还引发了两个问题。一是20世纪80年代末，当美元从240日元/美元跌至150日元/美元时，日本投资者为什么不早点抛售美元？二是今天我们能期望日本和其他国家的投资者也能保持同样的耐心吗？

日本投资者直到1987年3月底才抛售美元，原因有两个。首先，他们在国内股票投资组合中有大量未实现的资本利得，可以用来吸收其他资产的损失。这些收益是日本投资者自20世纪50年代以来，交叉持有日本股票积累起来的。由于在截至1987年的30年里，日本经济增长迅速，股价飙升，到《广场协议》实施时，投资者已经积累了巨额未实现的资本利得。

当然，在美国政府公开推动美元走弱之际，拥有巨额未实现的收益并非日本投资者持有美元资产的原因。在20世纪80年代末，一种截然不同的心态在起作用——实际上，许多日本投资者告诉自己，之所以不出售美元资产，是因为他们在偿还父辈欠美国的债务。

"他们父辈的债务"指的是美国帮助日本这个昔日的敌人开展战后重建。在那些年里，我从日本机构投资者那里多次听到这个词。日本投资者通过不出售美元资产并吸收损失，帮助美国在不对经济和市场造成重大破坏的前提下，让美元兑日元汇率贬值了近40%。日本投资者看待他们父辈战争债务的独特方式，使本不该发生的事情变成了可能。

但当美元在1987年3月底跌破150日元/美元时，日本投资者就无法继续履行这种自我强加的道德义务了。不过，这对美国来说已经非常幸运了，毕竟这种转变发生在汇率为150日元/美元时，而不是发生在汇率为180日元/美元或200日元/美元时。

至于第二个问题，即今天持有美国国债的外国投资者是否也能抱有类似的耐心，1990年开始的日本股市崩盘，使日本投资者的未实现收益化为乌有。此外，市值法计价的会计准则已经成为常态，交叉持股也大幅减少——讽刺的是，这两者都是在美国的压力下实施的。虽然20世纪80年代日本投资者在美国债券市场占据重要地位，但如今中国和其他国家的投资者也扮演着重要角色，他们的思维和行为可能与35年前的日本人非常不同。这表明，与1985—1987年相比，推动美元贬值需要更加谨慎。

还要指出的是，20世纪80年代末和90年代观察到的资本逃逸，并非都是由日本投资者造成的。1988年3月，也就是上述资本逃逸事件发生约一年后，有报道称，日本抛售美国国债引发了市场的又一次暴跌，导致美元贬值。这次日本投资者并没有抛售，他们通过日本人寿保险协会发表了一份官方声明。[1]最终人们发现，美国投资者因担心日本同业即将抛售，抢先抛售了他们所持有的美国债券。

如今，考虑到行动迅速的对冲基金、计算机驱动程序化交易等的盛行，投资者先发制人的可能性（无论正确与否）远高于30年前。如果美国政府想要采取弱势美元政策，就需要假设会有一定数量的资本逃逸。换句话说，美国不应该担心"三元悖论"，因为美国是赤字国家、试图推动美元走弱，但必须确保资本逃逸以及随之而来的利率上升不会完全失控。

实现收益趋同的两种资本流动与投资者质量

资本流动对汇率的影响还取决于投资者质量，以及这些资本流动是由直接投资还是证券组合投资推动的。尽管前文关于资本的大部分讨论都假设它们主要由证券组合组成，但来自非金融企业的直接投资也会产生跨境资本流动。随着被追赶国家的企业寻求投资新兴国家以获得更高的资本回报率，这种资本流动正变得越来越重要。

直接投资和证券投资之间的区别很重要，因为尽管两者都能推动跨境资本回报率的"均等化"，但它们对汇率的影响可能完全不同。大多数以直接投资的形式开展海外投资的投资者，很可能是非金融企业，它们在对东道国进行仔细研究后（包括对其贸易账户），在东道国开设工厂。一旦它们在那里开设工厂或开展业务，就不能轻易离开，因此前期需要仔细研究。

这些企业之所以开展投资，是因为那里的资本回报率更高。但回报率之所以更高，是因为当地经济增长率更高，或者生产要素定价具

---

[1] *Asahi Shimbun* (1988), "Endaka 'Seiho-Hannin- Setsu' ni Kyokai ga Irei no Hanron" ("Accusation that Life Insurers Are Responsible for Strong Yen Is Absurd"), in Japanese, March 30, 1988, p. 9.

有竞争力（如工资），而不是因为利率更高。这意味着，在直接投资带来的资本流动下，那些竞争日益激烈的追赶国家，其汇率会被推高，而那些竞争日益趋缓的被追赶国家，其汇率会被压低。除了为避免关税而进行的直接投资，这些资本流动往往会使汇率朝贸易均衡的方向发展。

另外，证券组合投资者会购买赤字国家的金融资产，只是因为它们提供更高的利率。如图9-5所示，这种流动会以扩大现有贸易失衡的方式影响汇率。

证券组合投资者面临的另一个问题是，他们研究所投资国家的时间往往很有限，尤其是在面临MSCI（明晟）等全球股市指数的竞争时，更是如此。例如，如果一个国家股市的突然繁荣，推高了MSCI指数，那么参考该指数，持有该国股票不多的基金经理将面临巨大压力，他们不得不将MSCI成分股纳入自己的投资组合。投资者总在没有充分了解这个国家相关所有问题的情况下，就急不可耐地购买了该国证券。

当一国发生不利变化时，这些信息不灵通的投资者常常会在巨大恐慌中撤出，这既冲击了金融市场，又损害了经济发展。尽管学院派经济学家倾向于假设投资者总是理性的，知道自己在做什么，但其实市场上充斥着无知、贪婪或更糟糕的案例。资产价格泡沫的频繁形成恰恰证明了投资者是多么的不理性。

1982年的拉美债务危机和1997年的亚洲货币危机，都是由所谓成熟的西方金融机构促成的。这些机构向拉丁美洲管理不善的公共部门借款人和亚洲存在巨大金融错配的项目（短期外汇融资用于长期国内项目），提供了数十亿美元的贷款。由于亲身参与了这两起事件，我可以证明这些投资者在危机爆发前一直是多么的不理智。

拉美债务危机爆发时，我当时的雇主纽约联邦储备银行是美国联邦政府中唯一拥有专门评估国家风险小组的机构。自1979年以来，该机构一直发出强烈警告，要求美国银行减少对拉美国家的风险敞口，这些国家通货膨胀率极高，财政预算和经常账户赤字失控，公共部门借款人管理能力差。这一警告是在纽约联邦储备银行与银行的定期会议上传达给各银行家的。然而，尽管美国一再发出严厉警告，但1979—1982年最终陷入混乱局面时，美国银行业对拉美的债务敞口还是翻了一番。

亚洲货币危机时，野村综合研究所驻新加坡的经济学家就在危机爆发前的几个月发布了一份报告，声称估值已经疯狂，投资者应该立即从亚洲的资产泡沫中脱身。因为这份报告，野村综合研究所受到了一些西方顶级投资者的猛烈抨击，因为没有人想听到这个坏消息。一位当时的美国顶级投资者对我说："你们这些人太悲观了，因为野村综合研究所的总部设在日本，那里的一切都处于低迷状态。亚洲很棒！"

正如第八章所述，尽管沃尔克的行动阻止了拉美债务危机，但没有人阻止在亚洲危机中外国投资者的撤离，导致了大规模恐慌和混乱。这两次危机表明，发达国家大量资金充裕但无知的投资者在不完全了解其投资项目的情况下，一窝蜂地涌入新兴经济体，对新兴经济体来说，没有什么比这更糟糕的了。

例如，在1997年亚洲金融危机后，许多西方投资者对亚洲的一系列结构性问题痛心疾首，包括裙带资本主义和泰国破产法的不完善等。但他们的抱怨恰恰证明，他们没有对所投资的国家做足功课。在投资这个国家之前，调查这些法律是他们的责任。换句话说，他们完全不具备在泰国投资的资质。

鉴于现实世界中投资者的资质情况，对于机构投资者持有的以赤字国家货币计价的资产，监管部门可能会考虑赋予其更高的风险权重。这样做的目的是提醒机构投资者，它们对此类资产的投资可能会加剧全球失衡，从而可能在未来造成巨额外汇损失。

监管部门还可以利用风险权重来遏制套利交易，这种交易已经影响了世界许多地区的货币政策。例如，俄罗斯央行通过提高银行持有外币住房抵押贷款的风险权重，成功控制了外币住房抵押贷款市场的扩张。

关键在于，尽管直接投资的资本流动和证券投资的资本流动都有助于推动各国之间资本回报的趋同，但前者以真正的竞争为基础，这些因素往往会推动汇率朝贸易均衡的方向移动，而后者往往以利差为基础，这会使汇率朝相反的方向移动。后一种资本流动才是问题所在。

阻止信息缺乏投资者的智利方案

新兴经济体当局若想要接受发达国家证券投资组合资金流入，可以借鉴智利的解决方案。智利是1982年拉美债务危机的受害者，第八章提到了这一点，当时对拉丁美洲知之甚少的美国银行向那里的公共部门借款人发放了数十亿美元（与石油相关）贷款，因为它们相信那里的政府不会破产。当墨西哥在1982年8月破产时，美墨边境以南的所有其他借款人都受到影响，一下子失去了进入市场的机会，引发持续十多年的严重衰退。

从这一痛苦的经历中，智利人英明地得出结论：对于那些没有做好功课的外国投资者，接受他们的资金是很危险的。他们意识到，对该国缺乏了解的外国投资者在出现问题时很快就会惊慌失措、集体撤离，给市场和经济造成毁灭性的打击。

为了确保那些把钱带到智利的投资者做足了功课，智利对只在该国短暂停留的证券投资资金征收了高税率。税率随着资本停留时间的延长而逐渐下降。这项税收迫使外国投资者提前做足功课，帮助增强了智利经济的稳定性，但这项规定后来在美国当局的压力下被取消。

15年后，在破坏性巨大的亚洲货币危机期间，马来西亚也征收了类似的税，这再次证明了智利的明智。这项税收在短时间内成功稳定了经济和市场，但遭到了美国财政部的严厉谴责。美国财政部一名高级官员宣称，由于马来西亚实施如此糟糕的政策，其经济在未来10年都不会复苏。事实上，马来西亚仅用了18个月就摆脱了货币危机，是第一个复苏的国家，并证明了在马来西亚当时的经济发展阶段，证券投资资本的流入几乎没有带来什么好处。

马来西亚的经验还表明，IMF和美国政府在要求各国允许资本自由流动时应更加谨慎。对华尔街来说，更开放的外国资本市场意味着更多的投资热土。但是，外国证券投资会加剧资产价格、汇率和经济活动的波动，没有证据表明这些资本流入东道国的好处会超过负面影响。

从根本上看，经历大量投机资本流入的新兴经济体，应干预外汇市场，遏制货币升值，并提高银行准备金要求，防止资产泡沫的形成。当投机资本开始离开时，有关部门降低存款准备金率以遏制通缩压力，同时干预外汇市场支撑本币汇率，以扭转资本逃逸的形势。

要使上述计划取得成功，政府必须有勇气阻止热钱流入，推高国内资产价格，并且有勇气在平时将干预市场获得的外汇进行储备，以便在投机资本离开该国时用于支持本币。实际上，两者都不容易。但中国已经证明，有原则地应用这种机制，将确保在国际资本严重冲击下，经济有抵御能力。

在实行贸易保护主义之前，要考虑组建国家/地区队

新冠肺炎疫情的大暴发，引发了一场关于关键公共卫生用品的辩论：应由国内供应商提供，还是依赖更便宜的进口？产业政策和贸易保护主义得到强化，因为这一次新冠肺炎疫情是一场大疫而非普通流

行病。

中国是世界工厂，并成为许多商品的主要供应国，因此当中国严格防控新冠肺炎疫情时，整个世界都面临着许多关键物品的短缺。同时，这是一种大流行病的事实意味着，每个国家在同一时间都面临同样的短缺，推动外国供应商多元化也无济于事。许多国家还严格限制包括医疗用品和疫苗在内的许多物品的出口。

因此，那些在通常情况下支持自由贸易的人，也不得不认真考虑将产业政策与贸易保护主义相结合，以确保关键产品在国内生产。但是，如果售价太高，维持此类产品的生产并不容易。

对于这个问题，拥有2 300万人口的中国台湾采取了一个有效的解决方案。中国台湾的医用口罩也严重依赖中国大陆，疫情暴发后，中国台湾的医用口罩供应短缺。其有关部门立即采取行动，首先在仓库里找到了一台积满灰尘的旧口罩制造机，将这台机器全部拆开，对其1 000多个零部件进行了分类，随后寻求行业协会的帮助，寻找能够尽快制造这些零部件的本地公司。

其目标是每天生产1 000万个口罩，当时的制造专家表示，这需要约6个月才能做到。但是，由141家公司和组织组成的口罩团队仅用25天就实现了这一目标。他们夜以继日地为口罩机制造必要的部件，并建立了生产线。到2020年3月初，每一位中国台湾人每周至少有两个新的外科口罩。截至2022年5月，口罩日产量超过2 000万个。

这个例子表明，即使某种产品在本地区生产的数量不足，仍然可以组织一支由制造商组成的团队，尽快生产该产品来保障人民的健康和安全。政府要扮演这样的角色，就必须知道生产什么产品、哪些公司可以依赖，在危机时期，这样的努力和准备可以使经济更具弹性。

并非每个地区都有中国台湾在疫情暴发时所拥有的那种制造业基础。然而，令人震惊的是，许多拥有这些基础的工业化国家，其政府却未能组织国家/地区队为人民提供所需的物品。随着天灾人祸发生的频率越来越高，各国政府迫切需要制订应急计划，其中包括建立国家队来生产必要的物品。只有对于那些在短时间内国家队无法供应的物品，才应采取产业政策和贸易保护主义。

是时候反思资本市场自由化了

如果世界最终将融为一个单一国家，那么金融的全球化是有意义的。当前的动荡和社会反弹，源于金融全球化加快推进，而全球政治一体化却无人问津。也没有开展任何行动建立一个有权重新分配收入的世界政府。

全球化的自由贸易部分不仅改善了全球数十亿人的生活，而且自1945年以来，全球自由贸易在很大程度上降低了战争的必要性（至少对于那些自由开放国家而言是如此），为人类和平与幸福做出了巨大贡献。20世纪30年代，这个世界尝试过自由贸易的反面——贸易保护主义，并因此经历了毁灭性的全球大萧条和可怕的世界大战，在这种反衬下，自由贸易的重要意义可见一斑。采取措施帮助自由贸易的输家确有必要，但各国从自由贸易中获得的巨大收益不应被轻易放弃。

资本自由流动的情况则不同。全球化的资本自由流动往往会扩大全球失衡，增加赤字国家的贸易保护主义呼声，同时削弱所有国家货币政策的有效性。像马来西亚这样的国家，资本自由流动曾破坏了它们的经济稳定，但当它们放弃资本自由流动时，经济恢复得反而更快。当前，对于资本自由流动（尤其是短期资本自由流动）是否会增加全球经济的价值，还存在很多不确定性。应该弄清楚"何时允许资本自由流动、何时不允许资本自由流动"的问题，以便更好地遏制被追赶国家的贸易保护主义。在得出研究结论之前，政策制定者在面临自由贸易和资本自由流动之间的选择时，应该坚定地选择前者而非后者。

最现实的解决方案

如今，妖怪已经从魔瓶放出。资本在世界各地自由流动，政府阻止制造业岗位流失、遏制自由贸易抵制力量的最现实方法，可能恰恰是学习美国前总统特朗普的做法——继续强调贸易逆差的严重性，让世界各地的证券投资者关注到贸易逆差。为了保持可信度，政府部门应不时干预外汇市场、形成阻止赤字国家货币升值的威胁，以便对政府的表态形成实际支持。

当然，这些行动也应谨慎执行，以免引发1987年3月底发生在美国的那种资本逃逸。如果这种关于汇率的"高调的前瞻指导"，阻止了证券投资者建立加剧贸易失衡的外汇头寸，那么资本自由流动和贸易自由都有可能实现，并惠及包括投资者在内的所有人。

在投资者、经济和政治一体化都不完美的情况下，希望政策制定者在解决资本流动、汇率和贸易失衡问题时，能够务实一些，不受制于新自由主义和其他未经证实的意识形态。至少，政策制定者必须明白，恰恰是资本自由流动正在危及自由贸易及其给人类带来的所有好处。

未被完整讲授的自由贸易理论、对投资/储蓄平衡理论的不恰当坚持，以及"三元悖论"的不切实际的假设，三者共同阻碍了政策制定者采取更有力的行动来纠正贸易失衡。反过来，他们的不作为增加了自认为是自由贸易输家的人数。今天，这个群体的规模和愤怒，足以对自由贸易形成威胁，而恰恰是自由贸易给世界带来了前所未有的和平与繁荣。

考虑到经济和外汇市场的实际情况，仔细审视这些理论会发现，政策制定者仍然可以做很多事情来纠正贸易失衡，从而遏制社会对自由贸易的抵制。一方面，贸易账户平衡并不意味着没有自由贸易的输家，但他们的数量可以减少到不再威胁和平与繁荣的程度（这是自由贸易所带来的）。另一方面，如果不对资本流动或汇率采取行动，任由贸易失衡不受限制地扩大，由此产生的社会对自由贸易和现有体制的抵制，可能迫使一些政府选择贸易保护主义和部落主义，这其实是所有可能的结果中最糟糕的一种。

第十章

经济学再思考

第十章

关于宏观经济学的再思考

宏观经济学是一门非常年轻的学科。它起源于20世纪30年代，当凯恩斯认识到宏观经济中存在合成谬误问题时，提出了总需求的概念。尼古拉·哥白尼于1530年发现了太阳系的运作规律，艾萨克·牛顿于1687年发现了万有引力定律。这些重大发现都发生在1936年凯恩斯提出总需求概念前的250~400年。宏观经济学只有90年的发展历史，与物理学和化学等发展了数百年的学科相比，宏观经济学就像一个蹒跚学步的孩童。作为一门年轻的学科，经济学只能解释有限范围的经济学现象。也正因为年轻，经济学容易让人狂热并给社会带来较大影响。

只有少数经济学家预见到了2008年后即将到来的大衰退，甚至没有经济学家成功预测经济复苏需要多久的时间。绝大多数经济学家也没有预料到，零利率、大规模量化宽松和通胀目标无法在预测的时间内实现合理的通胀目标。以上种种事实表明，经济学发展得尚不成熟。

这些根本性的错误源于这样一个事实：在过去90年里提出的大

多数宏观经济理论和模型都假设私人部门总是追求利润最大化。也就是说，私人部门拥有充足的、有吸引力的投资机会和健康的资产负债表。所以只要央行将实际利率降到足够低，追求利润最大化的企业总是愿意借款。在经济体的典型特征为情形 1 和情形 2 的黄金时代，这两个假设是有效的。但经济学家没有意识到，如今大多数发达经济体不仅处于被追赶阶段，而且正经历着资产负债表衰退。它们正处于情形 3 和情形 4 的状态。

在意识到当前经济可能处于私人部门追求债务最小化的情形 3 和情形 4 之前，经济学家必须对在假定私人部门追求利润最大化的传统经济学框架下无法解释的现象进行解释。这些无法解释的现象包括在创纪录的低利率环境和财政刺激下，仍然存在的长期经济停滞和失业问题。

经济学家所提出的解释包括结构性问题、通货紧缩预期、长期停滞、重写菜单成本（即改变价格的高成本）以及"外部冲击"。这些解释类似于哥白尼意识到是地球绕着太阳转而不是太阳绕着地球转前，天文学家对行星运动的解释。

是结构性问题还是资产负债表问题

当传统的宏观经济政策无法达到预期效果时，结构性问题是经济学家的常用借口。他们往往会回到结构性的解释上，而没有意识到其他因素也会产生类似的困境，例如资产负债表问题或缺乏投资机会等。

20 世纪 80 年代，在罗纳德·里根和玛格丽特·撒切尔使公众意识到结构性或供给侧问题的重要性后，经济学家倾向于使用结构性问题进行解释。直到最近，院校才开始讨论资产负债表或投资机会短缺等问题。

因此，在 1990 年后的日本和 2008 年后的欧洲，大量经济学家和政策制定者都加入了结构性改革的浪潮。他们认为，如果不进行这种改革，经济就不可能复苏。但是，美国的里根时代和英国的撒切尔时代与日本和欧洲所经历的后泡沫时期截然不同。

在里根时代和撒切尔时代，美国和英国都面临着通货膨胀率和利率高企、劳资纠纷持续不断以及大规模贸易赤字的问题。但在新冠肺炎疫情和能源危机前的日本和欧洲，通货膨胀率和利率都处于历史低位，劳资纠纷罕见，贸易账户存在巨额顺差。此外，传统宏观经济政策能够很好地适用于 1990 年前的日本和 2008 年前的欧洲。这很难说明经济停滞是因为存在长期的结构性问题。

但由于主流学者只关注结构性改革，日本和欧洲分别在过去的 30 年和 15 年里在此类政策上浪费了大量时间和资源。但在美国，政策制定者在全球金融危机爆发的前两年就认识到美国所面临的关键问题是资产负债表问题，而不是结构性问题。因此美国没有把时间浪费在关于结构性改革的讨论上。在这方面，美国强于日本和欧洲。尽管许多美国经济学家在几年前还傲慢地向日本讲述结构性改革的必要性，但事实上，美国是唯一一个没有陷入结构性改革陷阱的国家。

结构性改革需要正确表述

支持结构性改革的一个观点是，处于被追赶阶段国家的典型特征是缺乏投资机会。因此通过放松管制、实施其他结构性改革政策可以提高国内资本回报率。但必须明确的是，结构性改革所解决的是经济陷入资产负债表衰退之前就存在的问题。换句话说，即使是美国也需要结构性改革，但它并不能解决 2008 年泡沫破裂后经济体所面临的经济增长失速问题。对于迫在眉睫的资产负债表问题，需要的是财政刺激，而非结构性改革。

当政策无法在预期时间里修复经济、解决 2008 年后经济增长停滞等相关问题时，那些推出结构性改革方案的政策制定者和经济学家就失去了公信力。这使在野党和极右翼政党获得了巨大的政治利益。这一现象在欧洲尤为如此。

日本前首相小泉纯一郎最喜欢的口号是"没有结构性改革就没有经济复苏"。他反对财政刺激，这对于一个正遭受严重资产负债表问题的国家来说是完全不适当的。在他 2001—2006 年的 5 年任期内，尽管在零利率条件下，日本私人部门储蓄占 GDP 的比重仍高达 9.26%。毫无疑问在他进行结构性改革后，日本经济仍停滞不前。

从小泉政权结束到现在已经过去了 17 年，日本的私人部门终于修复了资产负债表。日本目前面临的挑战是如何避免被追赶的经济体赶超，这确实是结构性改革问题。但是，20 年前公众就被告知结构性改革能使经济复苏，而这一承诺却从未实现。过去的失败使民众怀疑所有的结构性改革政策，包括安倍经济学"第三支箭"。许多人对"结构性改革"这一术语已经厌倦。经济学家的预测和解决方案被证明是错误的，虽然他们仍然在大学任教，但已经失去了公信力。事实上，失去公信力的不只是经济学家，还有整个建制派。

因此，日本需要的是关于结构性改革的恰当表述。应当承认之前的问题在于资产负债表，那时强调结构性改革不仅为时过早，并且是错误的。但现在资产负债表问题已经得到解决，需要进行的是结构性改革，以提高国内资本回报率，同时吸引投资，防止被追赶的经济体赶超。此外，日本政府新的表述还必须阐明，由于私人部门仍然是巨大的净储蓄者，财政刺激措施必须持续推进，直到私人部门再度转为借贷者。

欧洲极右翼政党在疲软的经济中获得了极大的政治利益。为复苏经济，欧洲也需要同样的关于结构性改革的恰当表述，即阐明为提高国内资本回报率，防止被追赶的经济体赶超，进行结构性改革是必要的。但结构性改革并不是财政刺激政策的替代性方案。为应对2008年开始的资产负债表衰退，财政刺激仍然是必要的。

萨默斯的长期停滞理论

2013年萨默斯在提到长期停滞时，[1]美国正处于资产负债表衰退中，在零利率的形势下私人部门储蓄占GDP的比重仍接近7%。他随后指出，[2]西方国家的资本回报率在20世纪70年代开始下降。这一现象在2008年全球金融危机爆发前很长一段时间就已经存在了。

西方经济体继房地产泡沫破裂后，又面临着资产负债表衰退问题。因此，2008年以来西方经济体就失去了经济动能。1938年经济学家阿尔文·汉森首次提出"长期停滞"一词。彼时，美国正处于最严重的资产负债表衰退和大萧条阶段，失业率高达19%。

然而，在汉森发声时，德国并没有出现长期停滞的问题。德国为应对资产负债表衰退而实施的快速、持续和大规模的财政刺激，彻底消除了其衰退问题，使失业率从1933年的28%降至1938年的2%。而当美国政府开始为二战大规模采购军事装备时，汉森提出的长期停滞突然结束了。汉森和萨默斯都在资产负债表衰退期间提出了长期停滞的问题，而德国在1938年克服了资产负债表衰退，并没有遭受这种停滞，这表明资产负债表衰退是长期停滞的主要原因。

然而，1970年后随着日本赶超西方，西方经济体进入被追赶阶段，其资本回报率下降。从那时起，越来越多的西方制造商发现海外资本回报率高于国内。他们开始从这些追赶的经济体购买产品或参与投资。

---

[1] 有关长期停滞的更多信息，请参阅萨默斯的网站http://larrysummers.com/category/secular-stagnation/。

[2] 2015年6月4日，他在巴黎举行的一次私人会议上指出了这一点。

正是发达国家日益收缩的资本投资导致了生产率和工资的增长放缓。

这种新兴经济体同发达国家争夺投资机会的模式将持续下去，直到所有经济体跨越刘易斯拐点，资本回报率达到基本平衡。尽管中国已经跨越了刘易斯拐点，但印度和许多其他经济体还有很长的路要走。因此，当前的转型过程还要持续很多年。

这一过程可以用图 3-1 中的框架在全球范围内解释。如果实施正确的经济发展政策，绝大多数国家都可以用相对简单的方式推动普通工人的工资达到图 3-1 中的均衡水平。但如果使工资高于这一水平，其他国家的工资也必须同时达到均衡水平，只有这样企业才无法从别的国家雇用更廉价的劳动力。

这意味着在工资达到均衡水平之前，每个国家都有希望实现收入增长，但这实际上转变成了图 3-1 中全球范围内在达到刘易斯拐点前的工资水平。这些达到均衡工资水平的国家只有在其他国家劳动力红利消失后才能重新使工资上涨。但这可能需要数十年的时间，因此被追赶国家的工人都应努力提升工作技能，而不是等待全球经济体的工资都达到均衡水平。

警惕"外部冲击"伪命题

经济学家也喜欢使用"外部冲击"来解释 2008 年后的经济增速放缓，即由经济体之外的事件引发，因无法预测而出现的"冲击"。我同意新冠肺炎疫情引起的经济衰退、俄乌冲突、"9·11"事件是外部冲击很好的例子，但是把雷曼兄弟破产和随后的全球金融危机称为外部冲击则是荒谬的。

在雷曼兄弟破产前的几年里，由担保债务凭证融资驱动的房地产泡沫已经存在。这些担保债务凭证以次级抵押贷款为底层资产，却拥有腐败的评级机构给出的令人吃惊的高信用评级。泡沫一旦破裂，金融体系中超高的杠杆率意味着经济体将必然陷入资产负债表衰退。因此从这个意义上说，2008年后发生的事件在很大程度上是金融系统内生的，而不是由不可预测的外生因素引起的。

金融危机爆发后，包括美联储前主席格林斯潘在内的经济学家认为，这是一个"百年一遇的事件"。其他人则称之为"完美风暴"或"外部冲击"。这些术语都意味着，经济学家不应因未能预测到危机的发生而受到指责。

听到著名经济学家发表此类言论后，一位在2008年遭受巨大损失的年轻但才华横溢的巴西投资者决定彻底退出投资领域。他认为，如果金融体系存在着连艾伦·格林斯潘（"艺术大师"）和其他著名经济学家都无法预料的风险，那么他宁愿从事其他职业，而不是将自己暴露在不可预测的风险中。

在思考了几个月后，他突然想到，如果地球上有一个人预见了危机的到来，那么2008年的危机就不是"完美风暴"。这表明有名的经济学家都陷入了错误的思考模式。在进行了广泛研究后，他发现只有包括我在内的少数人预见了危机的到来。预见人数之少证明经济学长期以来都在错误的道路上发展。

这里的关键在于，冲击发生之前的经济状态对于理解不同政策的执行效果是至关重要的。冲击本身的性质对于预测接下来的情况同样也很重要。

如果遇到类似于美国的"9·11"或日本的"3·11"事件①这种纯粹的外部冲击，经济可能需要几年时间就能复苏；若遇到新冠肺炎疫情等全球冲击，则可能需要稍长的时间才能实现经济复苏。但是，一个遭受债务融资泡沫破裂的经济体则需要数年甚至数十年才能复苏。因为数百万份遭受损害的私人部门资产负债表必须得到修复，而

---

① "3·11"事件指的是2011年3月11日摧毁日本东北部的海啸。

第十章 经济学再思考

当所有人都同时试图修复资产负债表时，合成谬误问题会使这个过程变得更加困难。尽管经济崩溃本身可能是由一些外部事件引发的，但随之而来的漫长且痛苦的资产负债表衰退并不是由外部冲击造成的。除了"9·11"事件和新冠肺炎疫情等真正不可预测的事件，经济学家不应使用"外部冲击"一词来掩盖他们对冲击之前经济本身所存在问题的无知。

警惕对预期的虚假暗示

经济学中有大量关于预期的理论，尤其是关于通胀预期。实际上，即使央行屡次未能实现通胀目标，支持货币刺激的人们也认为货币刺激政策是必要的，因为其可以"锚定预期"。但是人们的预期根本上取决于他们看到了什么以及他们经历了什么。

当日本房地产泡沫破裂后，全国商业地产价格下跌了87%（见图2-1）。当时日本企业CEO（首席执行官）的典型做法是动用公司现金流偿还债务以修复企业的资产负债表（见图2-2）。他们清楚日本其他的CEO也在做同样的事情，因为此时没有借款人从金融机构借款并将资金注入实体经济。对这些CEO来说，即使央行注入再多的流动性也不会增加经济实体中的资金流通，宽松的货币政策并不能促进经济增长，也不能提高通货膨胀率。

在这种情况下，央行宣布2%的通胀目标不会产生任何效果，因为CEO并不会放弃缩减债务。对企业来说，避免资不抵债是关乎企业存亡的重要问题，CEO别无选择，只能继续去杠杆，直到企业的资产负债表得以修复。但这会使信贷和通胀增长停滞，也没有银行会向资产负债表存在问题的企业放贷。由此导致央行总是不能达到通胀目标，这强化了CEO对无通胀的预期，同时削弱了央行和推动实现通胀目标的经济学家的信誉。

在这种情况下，央行宣布将通胀目标从 2% 提高到 4%，这样做并不会降低人们对实际利率的预期，因为最初 2% 的通胀目标是不可信的。如果问企业的 CEO，为何在央行宣布 2% 的通胀目标时还要去杠杆？他们一定会回答说，这是现实世界，预期对此毫无作用。[①]

这也意味着央行、央行的经济学家朋友和在第二章中提到的一些市场参与者与其他公众"脱钩"。前者依然基于经济体处于情形 1 或情形 2 的假设进行管理，而后者清晰地认识到经济体处于情形 3 或情形 4。事实上，CEO 和普通公众都已经正确认识到目前的经济状态，但央行和经济学家并没有。

当经济处于黄金时代时（情形 1 和情形 2），经济体沿着图 3-1 中向上倾斜的劳动力供给曲线 KP 移动，意味着工资存在持续上行压力。面对不断上涨的工资和不断增长的需求，大多数 CEO 选择借入资金以提高生产率和扩大产能。金融机构也尽可能地借出所有可用资金，使货币乘数达到最大值。换句话说，在 20 世纪六七十年代的黄金时代，通胀预期有真实的宏观经济基础，而不是凭空存在的。

在这种情况下，央行依然可以通过限制准备金供应来遏制通胀，因为准备金的可用性会限制货币和信贷增长。这是图 2-2 至图 2-14 以及图 2-17 中所示的 2008 年前的西方国家和 1990 年前的日本三线联动的原因。央行成功遏制了通胀，兑现了通胀承诺，因而享有很高的信誉。但如今发达国家的央行并非如此。

包括美联储经济学家在内的许多经济学家仍然担心通胀预期的下降将导致日本曾发生的经济停滞再现。他们认为，如果曾经不恰当的通胀预期可以通过类似保罗·沃尔克于 1979 年 10 月实施的严格的货币紧缩政策来消除，那么如今不恰当的通缩预期也可以通过大规模的

---

① 当然，这个问题必须谨慎而间接地提出，因为没有 CEO 会承认自己的公司存在资产负债表问题。

货币宽松政策进行校正。

但是，1990年后的日本和2008年后的西方经济体停滞不前的原因，不是不当的货币政策诱发的通缩预期，而是私人部门的资产负债表问题和较低的资本回报率导致人们不愿借贷，这两个问题与预期无关。如果人们仍然在储蓄，但借款和消费这些储蓄的人减少，那么经济将停滞不前。当经济体沿着图3-1中平坦的全球劳动力供给曲线PQ移动、国内借贷减少时，真实的宏观经济原因使人们降低了对通胀的预期。如果不通过财政政策和结构性政策解决这两个真正的问题，再宽松的货币政策也无法改善经济，或者提高公众的预期。在被追赶的经济体中，缺乏通胀预期并不是凭空出现的。

经济学家不应该将预期视为央行可以控制的某种政策目标，而是应该问问人们为什么会出现这样的行为。日本企业的CEO无视日本央行的货币宽松政策，不是因为他们做出通缩预期，而是因为他们从自己的减债行动中知道，宽松的货币政策没有发挥应有的作用。如果经济学家能理解人们的行为逻辑，就会做出更少的预期暗示。

从哪里开始分析是至关重要的

鉴于如今的低利率环境，一些主流经济学家开始支持实施更积极的财政政策。IMF前首席经济学家奥利维尔·布兰查德认为，当利率低于经济增长率时，政府可以实施更加宽松的财政政策，而不用担心债务/GDP这一比率恶化。这在数学上是正确的，我也乐于看到经济学家找到更多支持财政政策的理由。

但问题是，他们的分析以低利率为前提，而没有解释低利率是如何形成的。例如，布兰查德只用了四个词来阐明当今低利率的原因："储蓄、投资、风险规避和流动性。"这和那些并不解释经济体为何通货紧缩，只是一味推动货币政策宽松以对抗通缩的经济学家没有什么区别。

诺贝尔经济学奖得主保罗·克鲁格曼甚至认为，只要一个国家实施足够宽松的货币政策就可以对抗通缩，至于陷入通缩的原因并不重要。

但是，如果不充分了解所观察到的问题的根本原因，为解决这些问题而实施的政策就会因问题的微小变化而偏离正轨。例如，在财政刺激以低利率为前提的情况下，当利率上升时，必须像 2013 年一样放弃财政刺激。

但是，如果财政刺激的实施是为了对抗私人部门减少债务以修复受损的资产负债表所造成的衰退，那么在私人部门再次借贷前，财政刺激将不会停止。如果政策制定者意识到私人部门的去杠杆化是低利率的根本原因，那么在去杠杆化过程结束前，就不会在意偶尔的利率波动。

虽然实施了大规模量化宽松和零利率甚至负利率政策，但央行仍未达到通胀目标。这是因为通缩是私人部门的资产负债表问题和资本回报率低下造成的。宽松的货币政策并不能解决这两个问题。关键在于，政策制定者应当警惕经济学家在未查明问题原因的情况下提出解决问题的捷径。

传统模型难以解释突发的逆转

经济学家总是自然而然地假设，经济体对价格和其他外部因素的变化具有连续且一致的反应。正如昆士兰大学的布莱登·马克－托勒所指出的，传统经济学理论往往基于普遍可替代性的隐含假设，这意味着相对价格的变化会促使经济做出反应。[1] 例如，如果商品 A 的价格相对于替代品 B 的价格上升，一部分消费者就会停止购买商品

---

[1] Markey-Towler, Brendan（2017a），*Foundations for Economic Analysis：The Architecture of Socioeconomic Complexity*，PhD thesis，School of Economics，University of Queensland.

A，而转向购买商品 B。既然假定价格的变化（包括利率和汇率的变化）会导致相应的经济行为变化，自然就会假设只要实际利率下降得足够低，借款人就会增加借贷。

经济学家和央行官员总是假设性地认为，在一个具有普遍可替代性的世界中，政策总能起到一定作用。因此，经济学家克鲁格曼认为，如果2%的通胀目标不奏效，货币当局应该制定4%的通胀目标。一些央行官员也由此得出结论：如果零利率依然不起作用，那么利率应降为负值。

但当企业和家庭面临资不抵债的威胁时，它们的反应是高度不连续的，因为它们会突然将目标从利润最大化转向债务最小化。技术性破产的企业除非能迅速摆脱资不抵债的困境，否则将面临真正的破产，因此企业迫切想要实现债务最小化。如果该公司的真实财务状况为人所知，除非公司用现金支付，否则任何供应商都不会与其开展业务，因为这一企业随时可能寻求破产保护。为了保护储户，法律也禁止银行给破产借款人放贷或进行债务展期。许多优秀的企业员工也会另谋出路。

这意味着，当个人和企业面临破产时，普遍可替代性原则并不适用。无论央行将利率水平降至多低，企业都会突然停止借款，并开始偿还债务。这种逆转必然发生。

而问题是，在普遍可替代性假设框架下经过培训的经济学家并没有认识到这种脱节和行为的突然逆转，最终，他们的理论和模型无法纳入私人部门行为的突然改变和逆转。因此，当这种逆转发生时，他们的模型将毫无用处。

对数学的痴迷正在扼杀宏观经济学的可信度

尽管非经济学者的读者可能认为前文的讨论难以置信，但当主流经济学家痴迷于数学建模时，对普遍可替代性的依赖就变得至关重要。今天，许多经济学业内人士认为脱离数学的创作（例如这本书）不是严肃的经济学创作。但要使数学方程能够发挥作用（连续的可区分度），模型必须假设经济主体的行为是平滑、连续且朝同一方向变化的。相反，当家庭和企业被迫突然改变或逆转行为时，这些模型将毫无用处。这就是经济学家未能预测到2008年后大衰退的原因。

高蒂·埃格特森和克鲁格曼（2012）[1]等经济学家认为，即使在"费雪－明斯基－辜朝明"环境下，宽松的货币政策、通胀目标和量化宽松也是有效的。事实上，三年后克鲁格曼本人也承认，这些政策在现实世界中难以成为"规则改变者"。[2]这表明，三人的模型和公式并没有考虑到泡沫破裂后民众行为突然逆转的可能性。

大多数数学模型无法处理突然的逆转，这与宏观经济学的精神相背离。毕竟，宏观经济学诞生于突然转向追求债务最小化的大萧条时期。但很少有经济学家能预见大衰退及其漫长且令人不快的后果，这充分说明数学工具并不能帮助人们有效地理解经济运行方式。

在天体物理学中运用高等数学能成功帮助人类登上月球。但在经济学中运用高等数学（和从事这一行的教授）不仅未能预见自大萧条以来最大的宏观经济事件，也未能预见2008年后货币政策和财政政策有效性的重大转变。

天体物理学家可以将人送上月球，因为月球不会突然改变方向。物理学家还可以通过数学公式来准确预测月球的位置、潮汐涨落时间

---

[1] Eggertsson, Gauti B. and Krugman, Paul（2012），"Debt, Deleveraging, and the Liquidity Trap: A Fisher-Minsky-Koo Approach," *The Quarterly Journal of Economics*, Volume 127, Issue 3, pp. 1469–1513.

[2] International Monetary Fund（2015），"IMF Survey: Top Researchers Debate Unconventional Monetary Policies," Maurice Obstfeld and Gustavo Adler, *IMF News* on November 20, 2015. http://www.imf.org/en/news/articles/2015/09/28/04/53/sores111915a.

等影响人们日常生活的自然现象，并因此获得尊重。当然，除数学工具之外，物理学家还需要多年的观察和努力才能找到拟合数学公式的正确数据，并进行合理预测。

但人们总是因事而动，随时改变行为方向，数学模型无法拟合家庭和企业突然改变的行为，因而经济学家无法预测大衰退。当把数学作为主要研究工具时，经济学家常常将人视为像月球或火星那样的行星天体，而不是有思想、有反应的个体。

可能正如乔治·索罗斯所说，经济学家之所以如此关注数学，是因为"嫉妒物理学"。[1] 事实上，数十年来索罗斯一直主张反身性理论，即经济学家需要把企业和家庭视为有思想、有反应的个体。

经济学中通俗易懂的语言的力量

包括经济学和物理学在内的所有学科的最终目标都是寻找真相。在这一点上，与物理学家相比，经济学家有巨大的优势：他们分析的是和自己一样的人类行为。正如阿尔弗雷德·马歇尔所说，经济学是关于日常生活的科学。[2] 经济学家本身就是工人、消费者、储户和投资者。经济学家甚至可以直接询问与家庭和企业有关行为的原因。例如，他们可以询问日本企业的 CEO，为什么在零利率的情况下还要去杠杆。然而遗憾的是，很少有经济学家这样做。

经济学家可以从图 2-2 和图 4-2 关于企业资产和负债的统计中发

---

[1] Soros, George（2009），"Soros：General Theory of Reflexivity，" *Financial Times*，October 27，2009，p.11.https：//www.ft.com/content/0ca06172-bfe9-11de-aed2-00144feab49a.

[2] Markey-Towler, Brendan（2017b），"Poetry and Economics：Maintaining Our Link to Humanity，" from Brendan Markey-Towler's blog, July 24, 2017. https：//medium.com/@brendanmarkeytowler/poetry-and-economicsmaintaining-our-link-to-humanity-532785047f0e.

现企业正在缩减债务规模，但很少有人这样做。这就像一位天体物理学家试图在脱离数据的情况下预测行星的运动轨迹。

因为经济现象是人类相互作用的结果，所以经济学中没有什么是在人类认知之外的。这意味着经济学中的一切，包括家庭和企业的行为，都可以用通俗易懂的语言来解释。这与物理学相反，如果脱离数学工具，物理学家就无法描述彗星或电子的运动轨迹。物理学家也不可能询问彗星或电子为什么要这样运动。

因此，在经济学理论、数学或其他模型中，都可以使用通俗易懂的语言描述个人消费者或企业的假设和预期行为。这一描述有助于判断该模型是将人视为行星天体还是有思想、有反应的个体。问题是，一旦使用通俗易懂的语言描述这些优美的数学模型，人们就会发现，很多模型确实是把人当作行星和彗星进行研究的。

我曾与一位以构建优美的数学模型而闻名的教授辩论日本的贸易摩擦问题。通过这位教授对其模型通俗易懂的描述，我得知该模型假设一位因进口商品而失业的工人会立即找到另一份同样报酬的工作。但如果真是这样，贸易摩擦就不会发生了。

贸易摩擦之所以存在，是因为进口国家的工人失去了工作和收入。在现实生活中，一个因进口而失业的工人将不得不经过多年痛苦的再培训，才能重新获得原有的收入，甚至在许多情况下永远无法获得原有水平的收入。正是这种收入的损失导致了贸易摩擦。然而，根据这位教授的模型，贸易摩擦不应该存在，因为并不存在收入的损失。这一"发现"有效结束了辩论。

经济学从业者应该不断审视模型对于家庭和企业的假设。经济学专业的学生应该要求教授使用简单的语言解释数学模型中对于企业和家庭行为的描述。只有这样，才能自我判断该模型是否有意义。

由于经济学家对数学长达半个世纪的痴迷，以及将数学公式视为唯一"合法"的经济学形式，数学模型假设之外的重要现象被完全忽视了，包括资产负债表衰退和国内投资机会的短缺。因此，大学里讲授的经济学只适用于处于非泡沫、不存在资产负债表问题且投资机会充足的黄金时代的基本封闭的经济体。

但在这种情况下，哪里还需要经济学家呢？只有当一个经济体处于情形 3 和情形 4，也就是存在仅训练有素的经济学家才能看透的反直觉的合成谬误问题时，才需要经济学家。遗憾的是，如今大多数经济学家只接受过研究情形 1 和情形 2 下的经济状况的培训（或者他们的模型只适用于这些情形）。因此，公众总是对经济学家和他们位高权重的朋友感到失望。

经济学家应该学习医学理念而非物理学

如果说经济学家之于经济，就像医生之于人体，那么经济学家有很多方面要向医生学习。目前医学在改善人类健康方面取得了巨大进步，但没有一个头脑正常的医生会通过建立人体数学模型寻找治愈疾病的方法。这不仅因为建立人体数学模型是一个可笑的、迂回的解决方案，还因为通过仔细观察和演绎推理，就可以分析出特定的病毒、细菌、基因或化合物引起疾病的原因。而一旦确定了病因，就可以找到治疗患者的方法。

在经济学中也是如此。数百万的家庭和企业在不断地思考、反应、改变主意，因此通过建立数学模型寻找解决经济问题的方法是非常低效的。此外，就像医学一样，仔细观察和演绎推理就会对经济复苏大有帮助。

20 世纪 90 年代中期，日本遭受经济停滞和银行业危机，许多经济学家尤其是西方经济学家认为，政府必须首先解决银行业危机，因为这是日本经济表现不佳的原因。但如果真是这样，没有受到 1990 年日本泡沫破裂影响的外资银行的市场份额应该有所提升，作为银行贷款替代品的公司债市场应该蓬勃发展。如果市场上存在大量的借款人，但银行由于资本限制无法放贷，那么贷款利率和银行融资利率之间的息差也应该扩大。

但是在日本并没有出现银行业危机中的常见现象。相反，外资银行撤离日本，公司债市场逐渐萎缩，息差逐渐缩小。这表明，尽管日本发生了银行业危机，但这并不是经济停滞的主要原因。

根据前述观察和图 8-6 描述的日本央行对借款人的调查及实际借贷的对比可以推理出，经济衰退的主要原因是泡沫破裂后资产负债表严重受损的借款人比债权人消失得更快。对借款人的调查显示，虽然银行愿意放贷，但借款人并没有意愿借款。因此，经济停滞的根本原因是缺乏借款人，相应的处理措施应当是政府充当最后借款人。虽然银行业危机必须得到解决，但在解决借款人缺失问题之前，解决银行业危机的方案并不能使经济复苏。

同样，在 2008 年泡沫破裂后，西方私人部门在零利率或负利率情况下依然突然转向去杠杆时，经济学家就应该怀疑其资产负债表陷入困境，而不是假设存在"通缩预期"或"结构性问题"。因为这两个问题产生的影响都需要数年时间才能显现，并不能解释经济的突然放缓。

由于人体由数十亿有生命的、相互作用的细胞组成，十分复杂，所以医学并不能像物理学那样精确。但是医学家仍然受到极大尊重，因为他们能够在很多方面改善人类健康。经济学家应该抛弃他们对物理学的嫉妒，转而使用医学科学的方法，这样他们就能像医学家对人类健康做出贡献一样，也为人类福祉做出应有的贡献。

经济学缺乏有意义的增长理论

由于假设持续存在有意愿的借款人，经济学家在无意中回避了影响经济增长的两个最关键的因素：存在值得借贷的国内投资机会以及拥有健康资产负债表的企业。当公众迫切希望经济学家提出政策建议推动经济再次增长时，即将经济从情形3和情形4拉回到情形1和情形2，经济学家在很大程度上已经假定了增长的问题，因为他们的模型想当然地认为经济已经处于情形1或情形2中。

此外，大多数经济学家的假设存在一个基于资本、劳动力和生产率的长期"潜在增长率"。他们认为，政策制定者应努力让经济重回这一增长轨道。但当企业无法（出于对资产负债表的担忧）或不愿（因为缺乏投资机会）借贷并在国内投资时，这种"潜在增长率"毫无意义。实际上，将在黄金时代所观察到的发展趋势应用于被追赶的时代是毫无意义的。这意味着传统经济学缺乏关于经济增长有意义的理论，因为他们已经通过假设回答了公众期望他们回答的所有有关经济增长的问题。

经济学本身的生存问题

现在经济学界最大的担忧是那些支付或补贴大学学费的家长、学生和纳税人最终可能会意识到，大学里的经济学课程已经与现实世界"脱钩"，经济学可能是最脱离现实的一门社会科学。当公众意识到绝大多数经济学教授对在多个国家持续了近10年、使800万个工作岗位流失的大衰退一无所知时，他们想要削减对高校经济系的拨款是可以理解的。

世界经济学会和新经济思维研究所等组织都敏锐地意识到经济学的不足，并试图将经济学拉回现实世界。京都大学的佐和隆光教授[①]

---

① Sawa, Takamitsu (2016), *Keizaigaku no Susume: Jimbun-chi to Hihanseishin no Fukken* (*Introduction to True Economics: Reintegration of Humanities and Critical Thinking*), Tokyo: Iwanami Shinsho, p.52.

也警告，如果经济学家再不纠正他们对数学不切实际的痴迷，日本教育省①可能会削减其对大学经济系的拨款。

遗憾的是，许多经济学教授仍在使用原有的教材，就好像2008年金融危机从未发生过，另一个黄金时代即将到来一样。这意味着，在公众意识到真相之前，整个行业需要进行自我重塑。

经济学：一段潮流更替的历史

年轻的学科就像年轻人一样，很容易受到潮流的影响。当宏观经济学形成于20世纪四五十年代时，大多数西方经济体已经跨越了刘易斯拐点，处于没有追赶者的黄金时代。新产品不断被发明，人们对未来非常乐观。同时资产负债表表现强劲，这要归功于战争期间政府的大规模支出修复了1929年大萧条对资产负债表造成的损害。企业对资金的需求强劲使经济处于情形1或情形2。

同时，凯恩斯主张的财政政策对于推动经济走出第二次世界大战期间的大萧条有出人意料的作用。但凯恩斯并未意识到，只有当私人部门收缩债务规模，也就是经济处于情形3或情形4时，才应使用财政刺激政策。由于凯恩斯和他的支持者的这一重大疏漏，战后经济学家狂热地相信财政政策可以解决大多数问题。

20世纪五六十年代，私人部门的资产负债表已经得到修复，但政府仍然试图使用财政政策调节经济。在情形1或情形2下仍过度依赖财政政策导致了高通胀、高利率和资源错配等不良后果。这些后果与第四章所说的在情形3或情形4下仍过度依赖货币政策导致的泡沫和资产负债表衰退的恶性循环正好相反。

尽管战后经济重回情形1，但在1945年后美国又用了14年的

---

① 全称是教育、文化、体育、科学和技术部。

时间才克服债务创伤（如图 2-22 所示，美国长期利率和短期利率直到 1959 年才恢复到 20 世纪 20 年代的平均水平）。随着发达经济体步入黄金时代，通货膨胀成为日益严重的问题。到了 20 世纪 70 年代初，通货膨胀已经导致凯恩斯主义及其主张的财政政策可信度严重受挫。

20 世纪 70 年代末，当通胀率达到两位数并成为全国关注的问题时，钟摆转向了另一个极端，以米尔顿·弗里德曼为首的新自由主义者认为，货币政策和小政府是大多数问题的答案。他们声称，通过控制货币供给，央行能够控制通货膨胀。1979 年 10 月美联储采取了货币供给控制政策。尽管该政策没有像预期的那样顺利地发挥作用，但学院派经济学家仍对其热情高涨，甚至有人试图改写历史，认为如果美联储能更好地使用货币政策，大萧条就可以避免。①

但悲剧的是，拥护货币政策的弗里德曼从未意识到，只有当私人部门追求利润最大化，也就是经济处于情形 1 或情形 2 时，才应该使用货币刺激政策。由于弗里德曼和他的支持者的这一重大疏漏，经济学家狂热地相信货币政策可以解决包括资产负债表衰退在内的绝大多数问题。

在 1990 年的日本和 2008 年的西方，经济体已进入被追赶阶段，私人部门在泡沫中失去理性，资产负债表遭受巨大破坏，企业借款需求下降。然而，经济学界仍然坚守黄金时代支持小政府和货币政策的新自由主义。2008 年几乎所有的发达经济体都处于情形 3 或情形 4，此时财政政策是解决借款人缺失造成衰退的唯一方法，但许多经济学家主张更加激进的货币宽松政策。

2008 年 11 月，在华盛顿 G20 紧急会议上雷曼兄弟未获得支持，

---

① Koo, Richard C.（2008），*The Holy Grail of Macroeconomics：Lessons from Japan's Great Recession*，John Wiley & Sons（Asia），Singapore，Chapter 3.

之后不久，财政刺激政策被提上日程。尽管财政政策工具成功地阻止了全球经济的即刻崩溃，但黄金时代的正统思想在2010年重新掌权。尽管几乎所有G20国家的私人部门都在大规模去杠杆化以修复受损的资产负债表，但在G20领导人多伦多峰会上，参与国都承诺到2013年将财政赤字减半。[①]那次峰会实际上使全球经济出现了倒退。

随后，包括伯南克和耶伦在内的政策制定者很快意识到了《多伦多协议》的错误。他们严厉警告小心"财政悬崖"，鼓励美国政府继续担任最后借款人，防止美国经济收缩。时任日本财政大臣麻生太郎也认识到这种危险，将财政刺激作为2012年底公布的安倍经济学的"第二支箭"。他们的行动推动了美国和日本的经济复苏。

然而，欧元区的政策制定者并没有意识到这种错误。没有考虑到经济正处于情形3和情形4的《稳定与增长公约》要求成员国政府做出与对抗资产负债表衰退相反的努力。因此，数百万人陷入了失业和贫困。

讽刺的是，德国是第一个发现财政政策可对抗资产负债表衰退的国家，但由于1993年前欧盟成员向德国施加多重财政限制，德国在1993年后也对欧元区其他国家施加了财政限制。与凯恩斯同时代的英国经济学家琼·罗宾逊指出，如果有人能够理解在需要实施财政刺激时放弃实施而引起的经济和政治风险，那应该就是德国人。她说："我不认为凯恩斯革命是一次伟大的胜利。相反，这是一场悲剧，因为它来得太晚了。在凯恩斯解释失业的原因之前，希特勒就已经找到了解决失业的方法。"[②]

凯恩斯在1936年大萧条期间创作《就业、利息和货币通论》时，

---

① 2010 G20 Toronto communique. https://www.treasury.gov/resource-center/international/Documents/The%20G-20%20Toronto%20Summit%20Declaration.pdf.

② Robinson, Joan（1972），"The Second Crisis of Economic Theory," *American Economic Review* 62（1/2），pp. 1–10.

肯定在试图理解情形 3 和情形 4 的经济特征。但他无法摆脱经济学中关于私人部门总是追求利润最大化的既定观念。因此，他和他的支持者不得不对严重的大萧条做出如此复杂的解释。

时隔 60 年，在日本经历了 1990 年的危机后，人们才意识到，当面临严重的资产负债表问题时，私人部门的追求目标从利润最大化转向债务最小化。这种转变反过来又会引发 1 000 美元—900 美元—810 美元—730 美元的通缩螺旋，如果不加以重视，就会导致萧条。

最近，主流经济学似乎再次转向了另一极端。我是 20 世纪 90 年代末第一个提出资产负债表衰退并强调债务和去杠杆化的人，但现在许多专业人士都在以债务体量不断增加为由，发出金融体系中债务过多的警告。他们忽略了第一章中提到的宏观经济学的两个基本规律——必须有人储蓄才能使债务增长；如果有人储蓄，还必须有人借贷并花费这些储蓄来维持经济的运转。如果像这些经济学家所期望的那样，公共和私人部门都减少借贷、增加储蓄，那么经济将会走向萧条，陷入 1 000 美元—900 美元—810 美元—730 美元的通缩螺旋。

不考虑投资端，仅强调债务规模也是毫无意义的。如果大多数私人部门的债务是为进行预期回报率超过偿债成本的投资而产生的（泡沫时期除外，此时企业和家庭都失去了理智），那么无论债务规模多大都没有关系。此外，借贷允许企业和家庭扩张，这对经济增长至关重要。

尽管利率创历史新低，但大多数发达国家的私人部门仍存在盈余。这一事实表明，借贷远低于储蓄。事实上，利率如此之低，正是因为实体经济中的借款人太少。

经济学家可以用"每个人都应该少借多存"这样的说法来逃避现实，这表明他们对宏观经济的互动本质知之甚少。他们甚至忘记了宏观经济学是一门关于反馈循环的科学。这也说明了这门年轻的学科是多么容易为潮流所裹挟。

数据亟待完善

磁共振成像等扫描技术的进步推动了医学的发展。这些技术使医生能够越来越清晰且精准地发现问题。经济学也可以利用更准确的数据来揭示核心问题。

目前，有许多央行从贷款人处收集数据，例如美联储的高级贷款员调查，但很少有央行从借款人处收集数据。经济学应该要求所有国家的央行从借款人处收集类似于日本央行在季度日本央行短观调查报告中展现的数据（见图 8-6 的上半部分）。借款人对于贷款人的态度可以告诉我们制约经济增长的因素是在借款侧还是贷款侧。如果调查表明，贷款人愿意放贷，但借款人不借款，那就说明问题在借款侧。

图 2-5 至图 2-7 以及图 7-1 至图 7-8 中所示的利率和资金流动数据可以对此类调查进行补充，经济学家可以从中了解借款人使用金融资产和负债在做什么。事实上，资金流动数据就是宏观经济学的磁共振成像，因为它不仅可以让公众看到资产负债表衰退，还可以看到银行问题（见图 8-7 至图 8-11）。

如果借款人在低利率环境下仍然没有借款或正在偿还债务，那么其资产负债表可能出现了问题，此时经济正处于情形 3。在这种情况下，政府必须作为最后借款人来克服增长约束。

如果针对借款人的调查表明贷款人不愿意放贷，那就说明问题在于贷款人。根据图 8-7 至图 8-11 所示的金融部门的利差和资金流动数据，经济学家可以确定银行是在扩张贷款还是节约资本。如果贷款利率很高（即使政策利率很低），但贷款增长缓慢甚至收缩，那么问题可能在于贷款人。这种情况下，应实施货币宽松或注资等其他银行救助政策，以消除对增长的限制。

经济学领域还应该要求政府和央行提高资金流动数据的准确性和及时性。在荷兰、奥地利等国家，仅有年度数据可得。在中国台湾等地区，数据因披露得太晚而无法使用。而在美国和德国，这些数据则被大量修改。

正如我在上一本书中所提及的，[1]统计资金流动数据是一项庞大而成本高昂的工作，目前仍有很大的进步空间。虽然政府投入了大量资源统计这些数据，但大多数经济学家似乎仍然无法或不愿使用这些数据。这可能是因为他们从未考虑到借款侧的问题——毕竟传统经济学认为经济总是处于情形1或情形2。现在已经证明问题出在借款侧，经济学家将认识到这些数据在确定究竟是借款人还是贷款人阻碍经济增长方面将发挥重要作用。

最后，必须将贷款数据区分为两类，即用于可增加GDP的实际投资的贷款和用于购买现有资产的贷款。根据第六章的描述，这两种贷款可分类为经营性贷款和融资性贷款。经营性贷款数据是体现未来经济活动的一个优良指标，因为它可以显示对经济增长至关重要的企业扩张程度。而融资性贷款数据可能是体现未来资产价格的一个有用指标。

贷款机构并不关心企业借贷是为了建设新工厂还是为了回购股票，它们只关心借款人是否愿意并有能力偿还债务。但对经济学家来说，这种区别至关重要。政府应该从银行和资本市场两个方面收集这些数据。

随着经济从黄金时代转向被追赶的时代，被追赶的经济体对于经营性贷款的需求逐渐减少，融资性贷款相对于经营性贷款将有所增加。

经济学失灵的政治意义

当发达经济体进入被追赶的时代时，经济学家对货币政策的过度

---

[1] Koo, Richard C.（2015），*The Escape from Balance Sheet Recession and the QE Trap*, Singapore：John Wiley & Sons, pp. 143–148.

依赖不仅造成了泡沫和资产负债表衰退的恶性循环，还推高了资产价格，加剧了贫富差距，而这反过来又加剧了政治分歧。这是因为在情形3下，货币宽松主要通过推升资产价格发挥作用，这一过程被称为投资组合再平衡效应。

具体来说，当实施量化宽松政策时，央行会买入政府债券，推升债券价格。债券价格上涨促使投资者投资股票等相对于债券更便宜的资产。资产价格的整体增长使投资者感受到财富增长，进而提振消费。虽然这种政策可能对提升消费有积极作用，但最直接受益的还是持有资产的富人。

当今，38岁以下的年轻人中有50%表示他们更愿意生活在社会主义制度下，这足以说明当前美国经济不平等的严重程度。鉴于过去30年资产价格上涨主要是由过度依赖货币政策造成的（这通常被称为"央行的看跌期权"），未来央行实施货币宽松政策时应更加谨慎。

经济学家对自由贸易和资本自由流动的不完全理解，以及多年来对贸易失衡的不作为，加剧了社会和政治问题。特别是经济学家没有认识到，如果巨额贸易赤字持续太久，自认为是自由贸易输家的人数最终可能会超过自认为是自由贸易赢家的人数。2016年11月，来自自由贸易的输家和其他对自由贸易心存不满的人的选票使公开支持保护主义的唐纳德·特朗普当选总统。在此过程中，支持自由贸易和全球化的传统中右翼共和党人受到了特朗普派系的排挤。

可以肯定的是，特朗普的许多经济政策，如减税、放松管制等，都是对处于情形3中被追赶经济体的正确应对。在新冠肺炎疫情暴发前，美国的失业率降至50年来的最低水平3.5%。这使美国社会底层的人几十年来第一次获得了满意的工作。遗憾的是，特朗普未能理解美国作为被追赶经济体所面临的社会和教育挑战，叠加他对新冠肺炎疫情的不科学应对，使美国陷入危险的混乱境地。

在情形3下，尽管利率很低，但私人部门储蓄仍占到GDP的7%

（见图1-1）。在这种情况下，拜登总统增加基础设施支出是正确的。考虑到美国基础设施的老化情况，确实存在很多社会回报率超过美国政府债券利率的公共项目。包括德国在内的需要修复老化基础设施的欧洲国家也是如此。希望当欧洲和日本处于情形3时，也能认识到财政政策的重要性。

但拜登总统所推动的创造更多的工作岗位和更高的税收并不适合被追赶的经济体。这些政策可能会降低国内制造业的资本回报率，进而削弱经济增长。相反，他应该加强社会安全保障，改善工人教育并提供培训的机会，从而使劳动力市场本身保持灵活性。

在欧洲，极右翼政党之所以取得成功，是因为推动签署《稳定与增长公约》的经济学家从未考虑过情形3和情形4。他们阻止成员国政府利用财政政策帮助那些受到2008年后资产负债表衰退伤害的民众。该协议实际上将许多欧元区国家置于1930年德国的境地，当时中左翼和中右翼建制派都受到《凡尔赛条约》的约束而无法拯救经济。在这种可怕的政治背景下，2020年欧盟决定发行债券，以帮助在疫情中受到重创的经济体。欧盟的这一决策是正确的。

在任何国家都有民众持有仇外、极右翼、反移民的观点。但当经济持续萧条时，那些失业的人将越来越绝望。如果一些人觉得纳粹式政府是推翻正在摧毁他们生活的正统政策的唯一途径，他们甚至会放弃在民权方面取得的进步。支持这种观点的政客获得了美国、英国和法国这些本是拥护民主和人权国家选民的大力支持，这凸显了选民对正统思想的不满。随着中右翼和中左翼政党的信誉下降，公众必须意识到他们的经济正处于情形3，即被追赶的阶段。此时需要适当的财政政策、结构调整和教育政策。这一现状必须在出现下一个希特勒之前得到改善。

和平时期民主国家维持财政刺激的困难

在院校开始明确向学生讲授情形3的经济状况前，央行和金融市场上的同行必须告知政策制定者，即使利率接近零，可供实际投资的借款人也非常缺乏，而且经济并不像大多数经济学家假设的处于情形1的状态。正如伯南克和耶伦对"财政悬崖"的解释，他们也必须告知公众，尽管利率很低，但私人部门仍然是净储蓄者，政府需要借贷和支出来稳定经济。

民选领导人很难说服公众，因此央行必须说明如今的经济和以往不同，政府必须作为最后的借款人以保持经济运行。但问题是教授给公众的经济学理论是基于黄金时代轻视财政刺激的经济学理论。因此，大多数民选官员都没有尝试去说明现状，因为被贴上"政治分肥"的政治家标签的风险太大。历史还表明，在一个民主国家中，除非国家受到军事威胁，否则实施快速、持续和充分的财政刺激是极其困难的。

在和平时期，即使是那些明白需要快速、大规模和持续财政刺激的领导人，也仅在经济陷入绝境时才会提出这个建议。大多数人会选择阻力最小的政治路径，这意味着在经济崩溃前，他们将与反对赤字的队伍保持一致。但到那时，恢复经济的成本将远高于经济问题开始出现时。

另一个政治陷阱是，不同于货币宽松政策，即使私人部门仍然在去杠杆，政府支出也会增加GDP，经济也会对此类支出做出迅速而积极的反应。然而，最初的积极信号将引起反对财政政策队伍的抵制。他们可能会以经济复苏为借口，提出财政整顿。但如果私人部门仍在去杠杆，退出财政刺激将使资产负债表再次陷入衰退。这可能会引发新一轮财政刺激，但经济复苏出现的积极信号会再次被迫中断。

1990年后，由于这种断断续续的财政刺激措施不足以让日本经济摆脱资产负债表衰退，日本失去了 20 多年的时间。由于经济停滞不前，许多人认为货币政策和财政政策都不起作用。但实际上，一两年的财政刺激远不足以弥补商业房地产价格下跌 87% 所带来的私人部门资产负债表缺口。

幸运的是，日本有足够多"政治分肥"的政客来维持政府支出，防止 GDP 降至泡沫峰值以下。对于一个损失了相当于 3 年 GDP 财富的国家而言，这已经是一个相当大的财政政策成就了。欧洲等地的居民就没那么幸运了。他们的不幸延长了经济衰退，并导致公众对现有政党和经济学家失去了信心。

为了避免这种结果，央行官员和金融市场参与者必须公开表态，说明社会缺乏进行实际投资的借款人。因为大多数经济学家并不知道，即使在零利率下借款人依然短缺。人们还希望大学向学生讲授情形 3 下的经济发展情况，这样民选领导人就可以在需要时立即实施财政刺激措施。

2008 年后西方陷入大衰退时，克鲁格曼就认识到了财政刺激的必要性。他也很早就意识到，除了 2009 年初公布的 7 870 亿美元的一揽子计划，华盛顿没有额外的财政刺激意愿。他继而主张将更多的货币刺激作为次优的解决方案。

1997 年日本同样不愿实施财政刺激。那时，日本超过意大利，成为 G7 中公共债务占 GDP 比重最高的国家，其对于财政整顿的要求近乎狂热。IMF 和 OECD 也向日本施压，要求其削减财政赤字。

当时，我和助手藤田茂成为日本仅有的公开警告财政整顿将破坏经济复苏的两个经济学家。[1] 这是一个极不受欢迎的立场，并且在政治上站不住脚（另一个公开反对日本整顿财政的是美国前财政部长拉

---

[1] Koo, Richard and Fujita, Shigeru (1997), "Zaisei-saiken no Jiki wa Shijo ni Kike: Zaisei-saiken ka Keiki-kaifuku ka" ("Listen to the Bond Market for the Timing of Fiscal Reform"), *Shukan Toyo Keizai*, February 8, 1997, pp. 52–59.

里·萨默斯）。但是，由于我和藤田提供了另一个路线图，当我们的预测成真，日本经济崩溃时，政策制定者能够迅速改变方向。关键的一点是，即使在政治上不受欢迎，经济学家也必须告诉公众接下来需要做什么。如果他们的预测成真，公众将改变想法，这是经济学家最希望看到的结果。

克鲁格曼还对我坚决反对额外的货币刺激政策表示怀疑，因为这种政策对于经济没有明显的伤害。但令我震惊的是，2009年后，明明80%~90%的问题都源自货币宽松政策无法解决的借款人缺乏，但针对这些问题的政策辩论都集中在货币宽松政策上。我担心，关于无效政策的辩论会浪费宝贵的时间，而且当货币宽松政策未能产生预期效果时，政府和央行的信誉也会受到损害。

受过一半教育的人所构成的威胁

中国哲学家、教育家辜鸿铭说过，造成威胁的不是受过教育的人，而是大量"受过一半教育"[①]的人。他所说的"受过一半教育的人"是指那些自以为是的人。当然，并不是所有人都能随时接受所有领域的教育。但是当一个政策制定者在自己的职责领域里只"受过一半教育"时就会出现问题。

2017年我曾参加一场在欧洲举行的会议，当时一位央行行长说："如果辜先生的观点是正确的，那么意大利和法国应该成功实现经济增长，因为它们都有庞大的公共部门。"他知道我建议实施财政刺激，但忽略了中心观点——只有当经济在情形3或情形4时，也就是当私人部门最小化债务时，才应该进行财政刺激。

---

① Ku, Hung-Ming（1915）, *The Spirit of the Chinese People*, Beijing, 1915, reprinted in Taipei, 1956, p. 106.

因此，经济陷入资产负债表衰退前的公共部门或公共债务的规模与对于 2008 年后经济的讨论无关。在 2008 年前，法国和意大利还处于情形 1 和情形 2，高水平的政府支出和债务可能对这两个经济体有害。但 2008 年后法国和意大利的利率趋近于零，私人部门仍然从追求利润最大化转向债务最小化，此时减少赤字以满足《稳定与增长公约》中的相关标准是错误的。在这次会议中，我认识到这位央行行长只接受了一半关于资产负债表衰退理论的教育。

不同经济发展阶段恰当的政策组合总结

经济发展阶段可以分为刘易斯拐点前的城镇化时代、刘易斯拐点后的黄金时代和被追赶的时代。不同经济发展阶段对经济主体的行为、通货膨胀、经济增长和货币政策或财政政策的有效性有着巨大影响。黄金时代的经济处于情形 1 和情形 2，人们的工资沿着图 3-1 中向上倾斜的劳动力供给曲线增长，企业为提高生产率和扩大产能投资并增加借贷，因而经济体基本处于通胀状态。此时，各国央行必须警惕通货膨胀，以确保物价稳定和最大限度的可持续增长。

然而，在被追赶的时代，工资停滞，消费者过分挑剔，廉价的进口商品泛滥，企业削减国内对于生产率和生产力的投资，因而经济体基本上处于无通胀状态。此时家庭是储蓄者，企业却不再为投资实体而借贷，经济很可能处于或接近情形 3。即使在极低的利率环境下，私人部门的资金需求也低于储蓄水平。为了避免经济陷入通缩螺旋，政府必须实施财政刺激，并担当起最后借款人的角色。

在泡沫破裂后，经济体能够迅速从情形 1 转变为情形 3 或情形 4。尽管政府和央行可以通过刺激经济等政策，使之在一两年内从情形 4 回到情形 3（或从情形 2 回到情形 1），但从情形 3 回到情形 1 则可能需要数年，甚至数十年的时间。在情形 3 或情形 4 中，只有财政政策才能刺激经济，而且必须持续实施财政刺激，直到私人部门准备好重新借款。

当经济处于情形3时，私人部门是净储蓄者，政府是唯一的借款人，即使大多数发达国家的公共债务规模巨大，政府债券收益率也会降至极低水平。极低的债券收益率通过市场方式告知政府，如果未来国家需要建设公共工程项目，现在就是建设的好时机。在极低的债券收益率下，许多公共工程项目能够通过自身实现低利率融资。

事实上，对于处于情形3和情形4经济体的政策制定者来说，他们的首要任务是，告知公众即使利率为零，私人部门也存在超额储蓄的问题，以及选派最优秀、最聪明的工作人员成立独立委员会，界定并实施能够保证社会收益率高于极低的政府债券融资成本的社会公共工程项目。由于这些项目能够通过自身实现融资，虽然它们可能增加国家债务，但不会增加未来纳税人的负担。但当经济处于情形1和情形2时，利率处于较高水平，且很难找到可以自负盈亏的公共工程项目，因此这种政策并不可取。

该委员会必须不断发现可以实现自身融资的项目，直到私人部门借款人回归。它不是黄金时代发挥稳定经济作用的独立央行，而是在被追赶时期尚未创建的对稳定经济至关重要的独立财政委员会。

就货币政策而言，当局应该认识到，货币政策在被追赶的阶段不会像处于黄金时代那样有效，而且经济体自身也基本不存在通货膨胀。在这种环境下，各国央行为了达到黄金时代的通胀目标，需要使出浑身解数，比如实施量化宽松和负利率政策。但这不仅未能实现目标，反而加剧了不平等，并使经济体陷入泡沫和资产负债表衰退的非生产性周期。自2008年以来，为实现这些目标而实施的量化宽松政策给当局带来了艰巨的任务，即当通胀随着能源短缺和供应链断裂再次加剧时，必须吸收过剩的流动性。由于在根本没有通货膨胀的环境下试图重燃通货膨胀弊大于利，央行应该远离通胀目标和黄金时代的其他"遗产"。

气候变化对环境造成的日益严重的影响迫使全世界摆脱对化石燃料的依赖，转向可再生能源。但这一过程所需的新投资以及更高的能源价格，可能造成持续多年的强劲通胀压力。因此，各国央行应尽快完成货币政策正常化，为这个新能源驱动的时代做好准备。甚至所需的新投资可能推动经济重回情形1，这时央行将不得不担心需求推动的通货膨胀。

对于因缺乏有价值的本国投资机会而面临借款人缺失问题的发达国家，除了实施（可实现自身融资的）财政刺激以稳定经济，政府还需进行税收和监管制度的供给侧改革，以使国内投资机会最大化。此外还需增强劳动力市场的灵活性，以便使企业在被追赶时能够采取规避措施；还应进行教育体制改革，以满足被追赶时期相较于黄金时代更强劲的人力资源需求。

在通过借贷或提取储蓄进行扩张来推动经济增长时，供给侧政策是必要的。对于企业来说，首先，业务扩张需要有利可图的投资机会。其次，国内投资的资本回报率还需高于国外的（经国家风险调整的）资本回报率。最后，企业必须有支持扩张的健康资产负债表。

前面所提到的大多数条件，在20世纪80年代以前处于黄金时代的西方和90年代以前的日本是可以得到满足的。然而，在随后被追赶的阶段，新兴经济体往往有着更高的资本回报率。而且，在1990年日本和2008年西方市场的泡沫破裂后，私人部门的资产负债表也受到了严重破坏。

在这个新的、具有挑战性的环境中，政策制定者必须认识到，在国内存在充足投资机会的黄金时代，税收和监管制度不会拖累经济。但当投资机会耗尽，国家必须开发新产品和新服务以领先追赶者时，税收和监管制度可能拖累经济增长。这意味着政策制定者应该审慎评估每一项税收和监管政策，衡量它是否有助于最大化本国的生产力和创新潜力，同时尽量减少人们浪费在制定扭曲经济资源配置避税计划上的时间。

政策制定者还应确保教育体系能够鼓励学生进行批判性的独立思考，这样他们才可以提出新想法和新产品以支持寻求 A 战略的企业。在被追赶的时代，大多数好工作都需要工人进行知识储备，因而教育投资非常重要。处于被追赶阶段的工人如果想提高生活水平，也必须接受继续教育。教育是被追赶经济体政策制定者为数不多的可以减缓不平等现象恶化的领域之一。

结 论

在黄金时代，私人部门的投资机会充足，利率处于较高水平，经济学家关注货币政策遏制通胀的能力，同时贬低挥霍无度的财政政策。对于西方国家而言，这个时代结束于 20 世纪 80 年代；对于日本而言，这个时代结束于 20 世纪 90 年代。

一旦一个经济体进入被追赶的阶段，货币政策和财政政策的有效性就会发生逆转。此时，虽然利率处于低位，但私人部门仍会成为净储蓄者。尤其是一旦政府成为最后借款人，政府是唯一有能力且有意愿借贷并将借款注入实体经济的实体，此时货币政策的有效性就取决于政府借款的规模。因此，政策制定者必须将重点从宽松的货币政策转向建立一个独立的委员会，以寻求可以通过自身实现融资的基础设施项目。这样，政府才能扮演好最后借款人的角色。

决策者还应认识到，在经济发展早期阶段估算出的乘数和弹性系数在当前被追赶的阶段可能毫无用处。这些参数在经济处于情形 1 和情形 2 或是情形 3 和情形 4 的不同状态时，可能在同一时期会发生变化，有些时候甚至是巨大的变化。例如，即使经济体基本上处于黄金时代，随着私人部门借款人的消失，资产价格泡沫的破裂可能会将其推入情形3和情形4。正如大萧条期间的美国和1997年货币危机期间的亚洲国家。

在全球层面上，必须认识到，2016年在其他团体的帮助下，美国自认为是自由贸易输家的人数已经增长到足以使保护主义者特朗普入主白宫。这说明战后70年的全球自由贸易体制，以及1980年之后的40年内美国在面临巨大赤字情况下仍在大量进口商品的状态，正逐渐变得不可持续。正是自由贸易使战争成为过去时，给全球带来繁荣，每个人——尤其是受益于自由贸易的国家——现在必须思考该做些什么来维持给人类带来和平与繁荣的自由贸易体制。

谨慎的观察者会发现，自由贸易所受到的威胁，不是因为体制内部的矛盾，而是因为资本自由流动通过市场力量调整了每个国家的汇率和利率，使资本回报率在各国达到如同一个单一国家的均衡水平，进而扭曲了汇率和贸易流动。而问题是，相关国家并没有和其他国家组成单一政治实体的意愿。

换句话说，试图平衡各国资本回报率的自由资本流动与各国在自由贸易框架下试图平衡其贸易和经常账户的努力之间存在着根本冲突。正是自由贸易带来了人类历史上最伟大的和平与繁荣，因此必须抵制加剧贸易失衡、产生保护主义压力、削弱货币政策有效性的自由资本流动。

这意味着政策制定者不能对贸易失衡和汇率水平漠不关心。不应该让资本流动决定的市场汇率水平，与实现贸易平衡的汇率水平相差太远。特朗普政府已经证明，如果当局不断强调减少贸易失衡的必要性，就可以阻止证券投资者押注于会加剧贸易失衡的汇率波动。在这方面，偶尔释放官方干预外汇市场的信号也是有帮助的。

在一个由200多个国家组成的世界里，平衡每一个双边贸易账户既不可能，也不可取。但是，如果允许贸易失衡不受限制地扩大，自认为是自由贸易输家的人数很快会超过自认为是自由贸易赢家的人数，这同样是不可持续的。因此，各国政府必须使贸易失衡在可控范围内。

被追赶国家对自由贸易的强烈社会抵制，对于寻求通过 B 战略实现出口导向型经济增长的新兴市场国家来说，意味着轻松的日子已经结束了。如果这些出口导向型新兴市场国家还想进入被追赶国家市场，就必须及时对被追赶国家开放市场，或者接受更高的汇率水平。

如果必须在接受更高汇率水平和开放国内市场之间做出选择，那么新兴市场国家应该选择后者。因为对盈余国家本身和整个世界而言，通过增加盈余国家的进口而不是减少盈余国家的出口来降低贸易失衡，是更好的选择。新兴市场国家不应该犯日本在 20 世纪 90 年代初所犯的错误。当时日本奋力抵制来自外国要求开放本国市场的压力，最终导致日元走强，许多优秀的制造商离开了日本。

美国在第二次世界大战和冷战期间面临相似的威胁时，正处于黄金时代，美国人相信他们拥有一个可以成就光明未来的优越体质。而苏联将市场机制和利润动机认定为非法，除了中央规划者，没有人能通过扩张维持经济增长，由此引发的不断累积的低效率和无法生存的企业最终导致了苏联的解体。

今天，中国正处于黄金时代。美国正处于被追赶的时代，面临着广泛的挑战。由于政治体两极分化，美国人对自己也缺乏信心，尤其是和经济快速增长的中国相比。华尔街的一些人甚至增加了对中国的投资，作为对处于绝望分裂和功能失调状态的华盛顿特区的"抗议投票"。

但是，一旦确定了问题的根源并实施正确的政策，被追赶时代也不一定伴随着国家的衰落。美国至少实施了被追赶时代三项关键结构性政策中的两项，因此其经济增长好于日本和欧洲等其他被追赶的经济体。也许美国总统拜登的"重建更好"计划应专门针对悬而未决的教育和社会福利问题，以纠正剩余的社会问题。将这些结构性政策与适合被追赶时代的财政、货币和贸易政策相结合，美国和其他被追赶的经济体应该比现在发展得更好。这会给这些国家的人民带来自信，并增强国际竞争力。

起码所有人都应该意识到，除刘易斯拐点后存在大量唾手可得的投资机会的工业化黄金时代外，借款人短缺一直是一个比贷款人短缺更威胁经济增长的问题。如今，发达国家经济表现不佳，是因为各国家庭仍在为一个不确定的未来储蓄，但企业无法找到具有足够吸引力的国内投资机会来吸收这些储蓄。

政策制定者和经济学家需要有力应对国内资本回报率低下的问题，而不是对经济增长趋势做出简单的假设，并假设总存在有意愿的借款人。尤其对于那些处于资产负债表衰退或被追赶状态下的发达经济体而言，绝不应该把有价值的投资机会和有意愿的借款人视为理所当然。

参考文献

Afonso, Gara, Cipriani, Marco, Copeland, Adam, Kovner, Anna, La Spada, Gabriele and Martin, Antoine, "The Market Events of Mid-September 2019," *Federal Reserve Bank of New York Staff Reports* No. 918, March 2020. https://www.newyorkfed.org/medialibrary/media/research/staff_reports/sr918.pdf.

Asahi Shimbun (1988), "Endaka 'Seiho-Hannin-Setsu' ni Kyokai ga Irei no Hanron" ("Accusation That Life Insurers Are Responsible for Strong Yen Is Absurd"), in Japanese, March 30, 1988, p. 9.

Australian Bureau of Statistics. *Australian National Accounts*.

Banco de España. *Financial Accounts of the Spanish Economy*.

Banco de Portugal. *National Financial Accounts*.

—————. *Residential Property Prices: Detailed Series (Nominal)*.

—————. *Residential Property Prices: Selected Series (Nominal and Real)*.

Banca d'Italia. *Financial Accounts*.

Bank of England. *M4 and M4 Lending Excluding Intermediate OFCs*.

—————. *Notes and Coin and Reserves Balances*.

Bank of Greece. *Financial Accounts*.

Bank of Japan. *Assets and Liabilities of Domestically Licensed Banks (Banking Accounts)*.

—————. *Flow of Funds*.

—————. *Monetary Base*.

—————. *Money Stock*.

—————. *Reserves*.

—————. *Tankan*.

Bernanke, Ben S. (1995), "The Macroeconomics of the Great Depression: A Comparative Approach," *Journal of Money, Credit, and Banking*, 27(1).

_____. (2005), "The Global Saving Glut and the U.S. Current Account Deficit," at the Sandridge Lecture, Virginia Association of Economists, Richmond, Virginia, March 10, 2005. https://www.federalreserve.gov/boarddocs/speeches/2005/200503102/.

_____. (2010), "What the Fed Did and Why: Supporting the Recovery and Sustaining Price Stability," *Washington Post*, November 4, 2010. http://www.washingtonpost.com/wp-dyn/content/article/2010/11/03/AR2010110307372.html.

_____. (2017), "Shrinking the Fed's Balance Sheet," from his blog at Brookings Institution, January 26, 2017. https://www.brookings.edu/blog/ben-bernanke/2017/01/26/shrinking-the-feds-balance-sheet/.

Board of Governors of the Federal Reserve System (1976), *Banking & Monetary Statistics, 1914–1970*. 2 vols. Washington D.C.

_____. (2009), "Prudent Commercial Real Estate Loan Workouts," *Supervision and Regulation Letters*, SR 09-7, on October 30, 2009. https://www.federalreserve.gov/boarddocs/srletters/2009/SR0907.htm.

_____. (2012), "Transcript of Chairman Bernanke's Press Conference," Washington, D.C., April 25, 2012. https://www.federalreserve.gov/mediacenter/files/FOMCpresconf20120425.pdf.

_____. (2015), "Transcript of Chair Yellen's Press Conference, December 16, 2015." https://www.federalreserve.gov/mediacenter/files/FOMCpresconf20151216.pdf.

_____. (2016), Monetary Policy Report, submitted on June 21. https://www.federalreserve.gov/monetarypolicy/files/20160621_mprfullreport.pdf.

_____. (2017), "Transcript of Chair Yellen's Press Conference, June 14, 2017," pp. 16–17. https://www.federalreserve.gov/mediacenter/files/FOMCpresconf20170614.pdf.

_____. (2021a) "The Beige Book: August 2021," released September 8, 2021. https://www.federalreserve.gov/monetarypolicy/files/BeigeBook_20210908.pdf.

_____. (2021b) "The Beige Book: November 2021," released December 1, 2021.

_____. *Assets and Liabilities of Commercial Banks in the United States*.

_____. *Financial Accounts of the Unites States*.

_____. *Foreign Exchange Rates.*
_____. *Money Stock Measures.*
_____. *Selected Interest Rates.*
Brainard, Lael (2021), "Remaining Steady as the Economy Reopens," at The Economic Club of New York, New York, NY (via webcast), June 1, 2021. https://www.federalreserve.gov/newsevents/speech/brainard20210601a.htm.
Cabinet Office, Japan. *Annual Report on National Accounts.*
_____. *Quarterly Estimates of GDP.*
Central Bank of Ireland. *Quarterly Financial Accounts.*
Central Statistics Office, Ireland. *Quarterly National Accounts.*
CNBC (2016), "Fed's Fischer: Markets Missing Mark on Future Rates," January 6, 2016. http://www.cnbc.com/2016/01/06/feds-fischer-uncertainty-has-risen-in-markets-unsure-of-n-korea-news-impact.html.
Cooper, Richard N. (1997), "Should Capital-Account Convertibility Be a World Objective?" in Peter B. Karen et al. (ad.), "Should the IMF Pursue Capital-Account Convertibility?" *Essays in International Finance* 207, Princeton NJ: Princeton University International Finance Section, May 1998, pp. 11–19.
Deutsche Bundesbank. *Financial Accounts.*
Directorate General of Budget, Accounting and Statistics (DGBAS), the Executive Yuan, Taiwan. *Consumer Price Indices.*
_____. *Monthly Average Earnings.*
Draghi, Mario (2015), "Introductory Statement to the Press Conference (with Q&A)," ECB press conference in Frankfurt am Main, January 22, 2015. https://www.ecb.europa.eu/press/pressconf/2015/html/is150122.en.html.
Duncan, Richard (2022), *The Money Revolution: How to Finance the Next American Century.* John Wiley & Sons (U.K.) p. 392.
Eggertsson, Gauti B. and Krugman, Paul (2012), "Debt, Deleveraging, and the Liquidity Trap: A Fisher-Minsky-Koo Approach," *The Quarterly Journal of Economics*, Volume 127, Issue 3, pp. 1469–1513.
European Central Bank (2021), "An Overview of the ECB's Monetary Policy Strategy," *Strategy Review*, July 2021. https://www.ecb.europa.eu/home/search/review/html/ecb.strategyreview_monpol_strategy_overview.en.html.
_____. *Balance Sheet Items.*

_____. *Internal Liquidity Management.*

_____. *Long-Term Interest Rate Statistics for EU Member States.*

European Central Bank and Eurostat. *Quarterly Sector Accounts.*

Eurostat. *Harmonised Index of Consumer Prices (HICP).*

_____. *Quarterly National Accounts.*

Federal Reserve Bank of Chicago. *National Financial Conditions Index (NFCI).*

Federal Reserve Bank of St. Louis. *FRED (Federal Reserve Economic Data).*

Federal Statistical Office (Destatis), Germany. Gross Domestic Product.

Financial Services Agency, Japan. *Status of Non-Performing Loans.*

Fischer, Stanley (2016), "Reflections on Macroeconomics Then and Now," remarks at Policy Challenges in an Interconnected World, 32nd Annual National Association for Business Economics Economic Policy Conference, Washington, D.C., March 7, 2016. https://www.federalreserve.gov/newsevents/speech/fischer20160307a.htm.

Flora, Peter, Kraus, Franz and Pfenning, Winfried ed. (1987), *State, Economy and Society in Western Europe 1815–1975. Volume II. The Growth of Industrial Societies and Capitalist Economies.* Campus Verlag: Frankfurt am Main.

Forbes, "The Forbes 400: The Definitive Ranking of the Wealthiest Americans in 2021," edited by Kerry A. Dolan.

French National Institute of Statistics and Economic Studies (INSEE). *Annual Wages.*

Frydl, Edward J. (1992), "Overhangs and Hangovers: Coping with the Imbalances of the 1980s," *Federal Reserve Bank of New York Seventy-Seventh Annual Report for the Year Ended December 31, 1991.*

Greenwood, John (2016), "Successful Central Banks Focus on Greater Purchasing," *Financial Times*, May 31, 2016. https://next.ft.com/content/f7a98fb2-241f-11e6-9d4d-c11776a5124.

G20 Toronto communique (2010). https://www.treasury.gov/resource-center/international/Documents/The%20G-20%20Toronto%20Summit%20Declaration.pdf.

Guha, Krishna (2009), "Bernanke Warns on Deficits," *Financial Times* Asian edition, June 4, 2009.

Harvard Business School "Trade Union Membership: Percentage of Working Force as Member of a Trade Union 1880–2010." https://www.hbs.edu/businesshistory/courses/resources/historical-data-visualization/Pages/details.aspx?data_id=37.

Hellenic Statistical Authority, Greece. *Gross Domestic Product.*

Institute of International Finance (2017), Capital Market Monitor, March 2017, Chart 6.

International Monetary Fund (2010), "Press Release: IMF Executive Board Approves €30 Billion Stand-By Arrangement for Greece," on May 2010. https://www.imf.org/en/News/Articles/2015/09/14/01/49/pr10187.

_____ (2015), "IMF Survey: Top Researchers Debate Unconventional Monetary Policies," by Maurice Obstfeld and Gustavo Adler, *IMF News* on November 20, 2015. http://www.imf.org/en/news/articles/2015/09/28/04/53/sores111915a.

_____ (2021), *World Economic Outlook October 2021.* https://www.imf.org/en/Publications/WEO/Issues/2021/10/12/world-economic-outlook-october-2021.

_____. *International Financial Statistics.*

Italian National Institute of Statistics. *Quarterly National Accounts.*

Iwata, Kikuo (2001), *Defure no Keizaigaku (The Economics of Deflation)*, Tokyo: Toyo Keizai.

Jakab, Zoltan and Kumhof, Michael (2015), "Banks Are Not Intermediaries of Loanable Funds—And Why This Matters," *Bank of England Working Paper*, No. 529. https://www.bankofengland.co.uk/-/media/boe/files/working-paper/2015/banks-are-not-intermediaries-of-loanable-funds-and-why-this-matters.pdf.

Japan Bond Trading Company. *Long-Term (10y) JGB Yield.*

Japan Real Estate Institute. *Urban Land Price Index.*

Japanese Bankers Association. *Financial Statements of All Banks.*

Koo, Richard C. (1994), *Good Strong Yen and Bad Strong Yen (Yoi Endaka, Warui Endaka)*, Tokyo: Toyo Keizai.

_____ (2001), "The Japanese Economy in Balance Sheet Recession." *Business Economics,* National Association of Business Economists, Washington, D.C., April 2001.

_____ (2003), *Balance Sheet Recession: Japan's Struggle with Uncharted Economics and its Global Implications*, Singapore: John Wiley & Sons (Asia).

_____ (2008), *The Holy Grail of Macroeconomics: Lessons from Japan's Great Recession*, Singapore: John Wiley & Sons (Asia).

_____ (2015a), *The Escape from Balance Sheet Recession and the QE Trap*, Singapore: John Wiley & Sons.

_____ (2015b), "China and the US-led International Order" in *How Do Asians See Their Future?* edited by François Godement,

European Council on Foreign Relations. http://www.ecfr.eu/page/-/ECFR130_CHINA_ASIA_REPORT_pdf.pdf.

―――― and Fujita, Shigeru (1997), "Zaisei-saiken no Jiki wa Shijo ni Kike: Zaisei-saiken ka Keiki-kaifuku ka" ("Listen to the Bond Market for the Timing of Fiscal Reform')," *Shukan Toyo Keizai*, February 8, 1997. pp. 52–59.

―――― and Krugman, Paul (1999), "Gekitotsu Taidan: Nihon Keizai Endaka wa Akuka" ("Big Debate on Japan's Economy: Is Strong Yen a Bad Thing?"), *Bungeishunju*, November 1999, edited by Yasuhara Ishizawa, pp. 130–143.

―――― (2018), *The Other Half of Macroeconomics and the Fate of Globalization*, John Wiley & Sons (U.K.).

Krugman, Paul (2011), "Credibility and Monetary Policy in a Liquidity Trap (Wonkish)," *New York Times*, March 18, 2011.

Ku, Hung-Ming (1915), *The Spirit of the Chinese People*, Beijing, reprinted in Taipei in 1956.

Kuroda, Haruhiko (2013), "Quantitative and Qualitative Monetary Easing," speech at a meeting held by Yomiuri International Economic Society in Tokyo, April 12, 2013. http://www.boj.or.jp/en/announcements/press/koen_2013/ko130412a.htm/.

Lagarde, Christine (2021), "Interview with Financial Times," Interview with Christine Lagarde, President of the ECB, conducted by Martin Arnold on 11 July 2021, July 13, 2021. https://www.ecb.europa.eu/press/inter/date/2021/html/ecb.in210713~ff13aa537f.en.html.

Lawrence H. Summers's webpage on secular stagnation. http://larrysummers.com/category/secular-stagnation/.

Maddison, Angus (2006), *The World Economy: A Millennial Perspective (Vol. 1), Historical Statistics (Vol. 2)*. Paris: OECD.

――――. "Historical Statistics of the World Economy: 1-2008 AD." http://www.ggdc.net/maddison/Historical_Statistics/vertical-file_02-2010.xls.

Markey-Towler, Brendan (2017a), *Foundations for Economic Analysis: The Architecture of Socioeconomic Complexity*, PhD thesis, School of Economics, University of Queensland.

―――― (2017b), "Poetry and Economics: Maintaining our link to humanity," from Brendan Markey-Towler's blog, July 24, 2017. https://medium.com/@brendanmarkeytowler/poetry-and-economics-maintaining-our-link-to-humanity-532785047f0e.

McLeay, Michael, Radia, Amar and Thomas, Ryland (2014), "Money Creation in the Modern Economy," *Bank of England Quarterly Bulletin* 2014 Q1, pp. 14–27. https://www.bankofengland.co.uk/-/media/boe/files/quarterly-bulletin/2014/money-creation-in-the-modern-economy.pdf.

Ministry of Commerce, People's Republic of China (2018), "Regular Press Conference of the Chinese Ministry of Commerce," July 5, 2018. http://english.mofcom.gov.cn/article/newsrelease/press/201807/20180702766291.shtml.

Ministry of Employment and Labor, Korea. *Strikes Statistics*.

Ministry of Finance, Japan. *Budget Statistics*.

_____. *Interest Rate*.

Ministry of Finance, Republic of China, Taiwan. *Finance Statistics,* in traditional Chinese.

Ministry of Health, Labour and Welfare, Japan. *Monthly Labour Survey*.

_____. *Survey on Labour Disputes*.

National Statistics Institute, Spain. *Quarterly Spanish National Accounts*.

Nikkei. *Tai Kokyaku Denshin Baibai Soba (Telegraphic Transfer Buying and Selling rate)*.

Nikkei Business (2015), "Tokushu: Nisen Mannin-no Hinkon (20 Million Japanese in Poverty)," in Japanese, Tokyo: Nikkei BP, March 23, 2016, pp. 24–43.

Oakley, David (2009), "A Bold Bid to Revive Lending," *Financial Times*, March 7, 2009. https://next.ft.com/content/9b3fd930-0a90-11de-95ed-0000779fd2ac.

Office for National Statistics, U.K. (2021), "UK Balance of Payments, The Pink Book: 2021," October 29, 2021. https://www.ons.gov.uk/economy/nationalaccounts/balanceofpayments/bulletins/unitedkingdombalanceofpaymentsthepinkbook/2021#trade.

_____. *Average Weekly Earnings Time Series*.

_____. *Consumer Price Inflation*.

_____. *Retail Prices Index: Long Run Series*.

_____. *UK Economic Accounts*.

Organisation for Economic Co-operation and Development (OECD) (2017), *PISA 2015 Results (Volume III): Students' Well-Being*, Paris: OECD Publishing.

_____ (2021), *Unit Labor Costs and Labor Productivity*.

Overholt, William (2020), "Myths and Realities in Sino-American Relations," lecture given for Harvard's Fairbank Center for Chinese Studies on November 12, 2020.

Piketty, Thomas (2014), *Capital in the Twenty-First Century*, translated by Arthur Goldhammer, Cambridge, MA: Belknap Press of Harvard University Press.

Real Capital Analytics. *RCA CPPI (Commercial Property Price Indices)*.

Robinson, Joan (1972), "The Second Crisis of Economic Theory," *American Economic Review* 62(1/2), pp. 1–10.

Rogoff, Kenneth S. (2016), *The Curse of Cash*, Princeton, NJ: Princeton University Press.

Sawa, Takamitsu (2016), *Keizaigaku no Susume: Jimbun-chi to Hihan-seishin no Fukken (Introduction to True Economics: Re-integration of Humanities and Critical Thinking)*, Iwanami Shinsho, Tokyo.

Soros, George (2009), "Soros: General Theory of Reflexivity," *Financial Times*, October 27, 2009, p. 11. https://www.ft.com/content/0ca06172-bfe9-11de-aed2-00144feab49a.

Standard and Poor's (S&P) Dow Jones Indices. *S&P CoreLogic Case-Shiller Home Price Indices*.

_____. *S&P Eurozone Investment Grade Corporate Bond Index*.

_____. *S&P Japan Investment Grade Corporate Bond Index*.

_____. *S&P 500® Investment Grade Corporate Bond Index*.

Statistics Bureau, Ministry of Internal Affairs and Communications, Japan. *Consumer Price Index*.

_____. *Report on Internal Migration in Japan*.

Statistics Canada. *Financial Flow Accounts*.

_____. *Gross Domestic Product, Expenditure-Based*.

Statistics Korea. *Flow of Funds*.

_____. *Internal Migration Statistics*.

_____. *Korea Statistical Year Book*.

_____. *National Accounts*.

Statistics Portugal. *Portuguese National Accounts*.

Stevens, Glenn (2003), "Inflation Targeting: A Decade of Australian Experience," address to South Australian Centre for Economic Studies April 2003 Economic Briefing, April 10, 2003. http://www.rba.gov.au/speeches/2003/sp-dg-100403.html.

Summers, Lawrence H. (2009), "Rescuing and Rebuilding the U.S. Economy: A Progress Report," remarks at the Peterson Institute for International Economics on July 17, 2009. https://piie.com/commentary/speeches-papers/rescuing-and-rebuilding-us-economy-progress-report.

Swiss Federal Statistical Office. *Consumer Prices Index.*

_____. *Swiss Wage Index.*

Swiss National Bank. *Minimum Reserves for Selected Bank Categories.*

Temin, Peter (2017), *The Vanishing Middle Class: Prejudice and Power in a Dual Society*, Cambridge, MA: MIT Press.

The Economist. The Big Mac Index.

Toyotimes "JAMA Chairman Akio Toyoda Talks Earnestly about Carbon Neutrality in Japan," Toyota Motor Corporation's website, January 8, 2021. https://toyotatimes.jp/en/toyota_news/111.html.

Uchihashi, Katsuto (2009), "Shinpan Akumu-no Saikuru: Neo-riberarizumu Junkan" ("Cycle of Nightmares: The Recurrence of Neoliberalism"), updated version, in Japanese, *Bunshun Bunko*, Japan, pp. 88–89.

Ukueberuwa, Mene (2020), "Boomer Socialism Led to Bernie Sanders," *Wall Street Journal*, January 17, 2020. https://www.wsj.com/articles/boomer-socialism-led-to-bernie-sanders-11579304307.

United Nations, Department of Economic and Social Affairs, Population Division (2018), *World Urbanization Prospects: The 2018 Revision.*

_____ (2019), *World Population Prospects 2019, Online Edition.*

U.S. Bureau of Economic Analysis, "U.S. International Transactions, Third Quarter 2021," December 21, 2021. https://www.bea.gov/sites/default/files/2021-12/trans321.pdf.

U.S. Bureau of Labor Statistics, "Union Members—2020," *U.S. Bureau of Labor Statistics Economic News Release*, January 22, 2021. https://www.bls.gov/news.release/archives/union2_01222021.htm.

U.S. Congressional Budget Office, *Historical Budget Data.*

U.S. Department of Commerce, Bureau of Economic Analysis (2021), "U.S. International Transactions, Third Quarter 2021," December 21, 2021. https://www.bea.gov/sites/default/files/2021-12/trans321.pdf

_____. *Gross Domestic Product (GDP).*

_____. *Price Indexes for Personal Consumption Expenditures by Major Type of Product.*

_____. *U.S. International Transactions.*

U.S. Department of Commerce, Census Bureau (2012), *2010 Census*.
_____. *Current Population Survey, 1948 to 2021 Annual Social and Economic Supplements (CPS ASEC)*.
_____. *U.S. Trade in Goods by Country*.
Volcker, Paul A. (2001), "Jinsoku na Furyo-saiken Shori ga Hitsuyo daga Shori no Seigensokudo wa Daiji" ("Prompt Disposal of NPLs Is Needed, But So Is Setting a Speed Limit"), *Shukan Toyo Keizai*, June 23, 2001, p. 58.
Wakakura, Masato (2006), "Kokusai Hikaku: Nihon-no Iryo-hi ha Yasusugiru" ("International Comparison: Japan's Medical Costs Are Too Inexpensive")," Voice, June 2006, Tokyo, PHP Institute, p. 159.
Wakatabe, Masazumi (2016), "Herikoputa Mane to wa Nanika (3)" ("What Is Helicopter Money?"), *Nikkei*, June 20, 2016.
Werner, Richard A. (2016), "A Lost Century in Economics: Three Theories of Banking and the Conclusive Evidence," *International Review of Financial Analysis*, 46: pp. 361–379.
Williams, John C. (2016), "The Right Profile: Economic Drivers and the Outlook," a presentation to Town Hall Los Angeles, February 18, 2016. http://www.frbsf.org/our-district/files/Williams-Speech-The-Right-Profile_Economic-Drivers-and-the-Outlook.pdf.
Wolf, Martin (2015), "A Handy Tool—But Not the Only One in the Box," *Financial Times*, January 4, 2015. https://www.ft.com/content/0d3f41dc-86bf-11e4-8a51-00144feabdc0.

后 记

我非常认真地对待经济学这门日常生活科学，因为我相信，如果经济学家能正确理解生活中所发生的事情，并提出适当的政策建议，那么许多人类悲剧是可以避免的。事实上，人类的福祉往往取决于当时的经济政策制定者如何看待他们周围的世界。

经济学家之于经济就像医生之于人体，因此经济学家肩负着重大的责任。但与医学不同的是，经济学是一门非常年轻的科学，并且需要持续与一些概念和社会热潮做斗争。这些概念和热潮不仅是过时和毫无用处的，而且往往不利于人们理解经济和管理。

每当遇到这些我认为不利于理解经济的概念时，我就觉得作为一名经济学家，有责任撰写论文和书籍与公众分享我的担忧。这在很大程度上是因为我有幸在野村综合研究所[1]工作，野村综合研究所最初是日本最大的投资银行野村证券的研究部。这是一个独特的机构，这里的研究人员就像华尔街投资银行的经济学家和分析师一样，必须向世界各地的投资者和基金经理发表自己的观点，因此他们完全暴露在市场约束下。但与此同时，他们也需要独立于野村证券之外来考虑问题。正是通过与市场保持这种适当的距离，野村综合研究所的研究人员通常能够形成对于市场、行业和经济的广泛看法。

---

[1] 从2001年起，野村综合研究所作为法人实体独立于野村证券。

然而我惊讶地发现，当我从纽约联邦储备银行的研究部转到野村综合研究所工作时，我的工作性质并没有发生转变。因为纽约联邦储备银行也存在于市场中，因此我的前一份工作也同样面临着来自市场的约束，但需要考虑更加广泛和长期的问题。然而有一点不同的是，中央银行的工作人员应该避免与媒体接触，而野村综合研究所的工作人员则应独立思考，通过发表公开言论来赢得公众的信任。

正是这个独特的角色让我不至于偏离研究方向，因为管理着数十亿美元的投资者不想在我身上浪费时间。这个角色需要我长期而认真地思考世界的走向，不仅是对每天的市场波动做出反应。虽然我大约有60%的时间沉浸在市场中，但我可以在剩余40%的时间里跳出市场的固有框架进行思考。

由于新冠肺炎疫情的影响，所有的出差都被迫取消了，因此我用于思考的时间增加了50%，这也是撰写了这本书的原因之一。

撰写一本书需要花费大量的时间，使我无法陪伴家人。因此，我衷心感谢我的妻子千美允许我用这么多的时间来创作这本书。我还要感谢我的女儿嘉玲和我的儿子政贤，他们身在美国，我们通过网络保持着联络，这使我的妻子不会感到太孤独。

此外，如果没有两位得力助手的帮助，这本书是不可能完成的。负责编制所有图表并核对数字的佐佐木雅也先生，一直是资金流动数据方面的本土专家。寺户裕子女士经常比我工作得更加卖力，她管理我在国内外的各项日程，以保证我的健康。对于他们的辛勤工作和奉献我从未表达足够的感谢。

我还要特别感谢编辑手稿的克里斯·格林先生。这是我们合作的第四本书，能有一位理解我想法的编辑，我感到很幸运。我还要感谢世界经济学会的爱德华·富布鲁克先生，他给予我支持并鼓励我完成这本书。在过去的38年里，野村的员工和客户所给予我的帮助、鼓励和具有建设性的批评，对我保持专注于重要问题至关重要，感激他们一直以来对我的支持。

辜朝明
2022 年 3 月于东京